高等学校
工程管理专业应用型本科规划教材

工程项目管理基础

（第二版）

周建国　主　编
刘保华　徐学东　副主编
王恩茂　主　审

人民交通出版社股份有限公司
China Communications Press Co., Ltd.

图书在版编目（CIP）数据

工程项目管理基础/周建国主编. —2版. —北京：人民交通出版社股份有限公司，2015.8
ISBN 978-7-114-12430-3

Ⅰ.①工… Ⅱ.①周… Ⅲ.①工程项目管理 Ⅳ.①F284

中国版本图书馆CIP数据核字（2015）第183564号

书　　名：	工程项目管理基础（第二版）
著 作 者：	周建国
责任编辑：	王　霞　王景景
出版发行：	人民交通出版社股份有限公司
地　　址：	(100011)北京市朝阳区安定门外外馆斜街3号
网　　址：	http://www.ccpress.com.cn
销售电话：	(010)59757973
总 经 销：	人民交通出版社股份有限公司发行部
经　　销：	各地新华书店
印　　刷：	北京盈盛恒通印刷有限公司
开　　本：	787×1092　1/16
印　　张：	25.75
字　　数：	622千
版　　次：	2007年7月　第1版 2015年9月　第2版
印　　次：	2015年9月　第1次印刷
书　　号：	ISBN 978-7-114-12430-3
定　　价：	49.00元

（有印刷、装订质量问题的图书由本公司负责调换）

内容提要

本书依据《建设工程项目管理规范》(GB/T 50326—2006)，融入工程项目管理领域的科研成果和最新动向，构建了工程项目管理完整的知识体系框架，使工程项目管理的基本理论和知识系统化、模块化。本书在内容编排上不拘泥于参与项目的某一方，而是着眼于整个工程项目，侧重于管理过程中所采用的基本管理理论和方法，以及其所遵循的程序和原则。在讲清项目、工程项目、工程项目管理、目标管理等基本概念的基础上，重点阐述进度、成本、质量、风险、环境与安全、信息等方面的工程项目管理，简单介绍了工程项目管理的进展与未来发展趋势。

本书为工程管理、土木工程、工程造价、房地产经营与管理等专业的本科教材，也可供从事工程项目管理的工程技术人员参考。

第二版前言

随着我国投融资体制改革的不断深入,传统的工程建设管理模式已经很难适应市场的需要,基本建设领域正在逐步与国际接轨,工程项目管理作为一种先进的管理模式和管理理念开始受到人们广泛的重视。有专家声称"项目管理是未来的浪潮",工程项目管理正成为管理现代化的重要内容。

现代"项目管理"具有两层不同的含义,其一是指一种管理活动,即一种有意识地按照项目的特点和规律,对项目进行组织管理的活动;其二是指一种管理学科,即以项目管理活动为研究对象的一门学科,它是探求项目活动科学组织管理的理论与方法。前者是一种客观实践活动,后者是前者的理论总结;前者以后者为指导,后者以前者为基础。就其本质而言,二者是统一的,当今的"项目管理"已是一种新的管理方式、一门新的管理学科的代名词。工程项目是最普遍、最为重要的项目类型。工程项目管理是调动和组织人员、材料、设备和费用,在规定的时间、预算和技术性能标准范围内来完成指定工程项目工作的艺术和科学。它的目标是管理人力资源和优化使用非人力资源,经济有效地完成指定的任务。工程项目管理是项目管理的一个重要分支,它将计划、进度和控制的项目管理技术系统地运用到工程建设专业领域,从而达到保证工程质量、缩短工期、降低成本和提高效益的目的。

随着我国社会主义市场经济体制改革的不断深入,中华人民共和国住房和城乡建设部出台了一系列政策、规范、条例来培育、鼓励和扶持项目管理企业和工程总承包企业的发展。在工程建设领域,我国建筑业逐步积累了丰富的经验,1986年国务院提出学习推广鲁布革工程管理经验,借鉴国外先进管理方式和方法,以改革项目施工管理为突破口,推进企业管理体制改革,坚持项目经理责任制和项目成本核算制,以生产要素优化配置和动态管理为主要特征,逐步形成了以工程项目管理为核心的新型经营管理机制,为建筑业企业走向市场,建立现代企业制度奠定了良好的基础。在建筑行业,工程项目管理作为一种先进的管理模式和管理理念,开始受到人们的广泛重视。

本书按照高等学校工程管理专业指导委员会制订的"工程管理"本科专业的培养方案及教学大纲,针对工程管理专业本科教学的需要,在内容上融入了工程项目管理领域的科研成果和最新动向,既有系统的理论性又有很强的实践性和可操作性,特别注意理论和实际的结合,体现学以致用,同时兼顾土木工程类各专业工程项目管理课程教学及建造师培训的需要进行编写。

本书注重理论和实际的结合,特别强调实用性和可操作性,注重项目管理知识体系的完整性,力求将项目管理的基本理论与工程项目管理的具体应用相结合,重视学生基本能力的培养。由于一个项目往往由不同的参与主体(业主方、设计方、监理方、施工方、供货方等)承担不同的建设管理任务,形成了不同类型的项目管理,本书在内容上不拘泥于某一方参与者,而是着眼于整个工程项目,侧重于管理过程中所采用的基本管理理论和方法、所遵循的程序和原则,同时兼顾各个参与方的不同特点。

本书共分12章,其中:

第1章和第2章,主要介绍项目、工程项目、工程项目管理的相关概念及特征,建设项目发展过程及主要管理内容。

第3章主要介绍目标管理的概念及内容,工程项目范围管理的有关内容,包括范围管理的概念,工程项目范围的确定、工程项目结构分析、工程项目范围控制,工程项目系统及系统管理等内容。

第4~11章主要介绍了工程项目各个方面的管理工作,包括进度管理、成本管理、质量管理、风险管理、项目团队与人力资源管理、职业健康安全与环境管理、组织协调与沟通管理、信息管理等内容。

第12章介绍了工程项目管理的进展与未来的发展趋势。

本书由山东建筑大学管理学院周建国主编,西南科技大学土木工程与建筑学院刘宝华副主编,参加编写的有山东建筑大学管理学院周建国、李祥军、亓霞,山东农业大学徐学东,西南科技大学土木工程与建筑学院刘宝华、张欣,河北建筑工程学院管理系张焕。我们希望通过本书的出版,为工程管理专业本科教学提供高质量的教材,也为参与工程项目管理的实际工作者,尤其是项目经理,提供一本实用的工作参考手册。

由于时间仓促、水平有限,书中缺点、错误在所难免,恳请广大读者指正。

编　者

2015.6.28

目录

第1章 项目与项目管理 ... 1
- 1.1 项目与项目管理 ... 1
- 1.2 工程项目与工程项目管理 ... 9
- 1.3 工程项目管理体制 ... 19
- 复习思考题 ... 27

第2章 工程项目过程管理 ... 28
- 2.1 项目的生命周期及工程项目管理过程 ... 28
- 2.2 工程项目的启动 ... 31
- 2.3 工程项目招投标及工程项目合同 ... 41
- 2.4 工程项目计划与工程项目管理规划 ... 50
- 2.5 项目的执行与控制 ... 54
- 2.6 工程项目的后期管理 ... 58
- 工程案例：某大学科技园住宅区项目目标系统设计 ... 66
- 复习思考题 ... 68
- 本章参考文献 ... 69

第3章 工程项目目标与范围管理 ... 70
- 3.1 项目的目标与目标管理 ... 70
- 3.2 工程项目范围管理概述 ... 75
- 3.3 工程项目范围的确定及定义 ... 78
- 3.4 工程项目结构分析 ... 80
- 3.5 工程项目系统及系统管理 ... 89
- 工程案例：邮电通信大楼建设工程项目管理规划 ... 100
- 复习思考题 ... 104
- 本章参考文献 ... 105

第4章 工程项目进度管理 ... 106
- 4.1 工程项目进度目标与进度计划 ... 106
- 4.2 工程项目进度计划的编制 ... 111
- 4.3 工程项目进度计划的实施与控制 ... 140

工程案例：邮电通信大楼建设工程项目管理规划（续）⋯⋯⋯⋯⋯⋯⋯⋯⋯⋯⋯ 151
　　复习思考题⋯⋯⋯⋯⋯⋯⋯⋯⋯⋯⋯⋯⋯⋯⋯⋯⋯⋯⋯⋯⋯⋯⋯⋯⋯⋯⋯⋯⋯ 154
　　本章参考文献⋯⋯⋯⋯⋯⋯⋯⋯⋯⋯⋯⋯⋯⋯⋯⋯⋯⋯⋯⋯⋯⋯⋯⋯⋯⋯⋯ 156

第5章　工程项目成本管理⋯⋯⋯⋯⋯⋯⋯⋯⋯⋯⋯⋯⋯⋯⋯⋯⋯⋯⋯⋯⋯⋯⋯ 157

　　5.1　工程项目成本管理基础⋯⋯⋯⋯⋯⋯⋯⋯⋯⋯⋯⋯⋯⋯⋯⋯⋯⋯⋯⋯⋯ 157
　　5.2　工程项目投资控制⋯⋯⋯⋯⋯⋯⋯⋯⋯⋯⋯⋯⋯⋯⋯⋯⋯⋯⋯⋯⋯⋯⋯ 161
　　5.3　施工项目成本管理⋯⋯⋯⋯⋯⋯⋯⋯⋯⋯⋯⋯⋯⋯⋯⋯⋯⋯⋯⋯⋯⋯⋯ 166
　　5.4　工程项目成本计划⋯⋯⋯⋯⋯⋯⋯⋯⋯⋯⋯⋯⋯⋯⋯⋯⋯⋯⋯⋯⋯⋯⋯ 173
　　5.5　工程项目成本控制⋯⋯⋯⋯⋯⋯⋯⋯⋯⋯⋯⋯⋯⋯⋯⋯⋯⋯⋯⋯⋯⋯⋯ 185
　　5.6　工程项目成本核算⋯⋯⋯⋯⋯⋯⋯⋯⋯⋯⋯⋯⋯⋯⋯⋯⋯⋯⋯⋯⋯⋯⋯ 194
　　5.7　工程项目的成本分析与考核⋯⋯⋯⋯⋯⋯⋯⋯⋯⋯⋯⋯⋯⋯⋯⋯⋯⋯⋯ 198
　　工程案例：邮电通信大楼建设工程项目管理规划（续）⋯⋯⋯⋯⋯⋯⋯⋯⋯⋯⋯ 204
　　复习思考题⋯⋯⋯⋯⋯⋯⋯⋯⋯⋯⋯⋯⋯⋯⋯⋯⋯⋯⋯⋯⋯⋯⋯⋯⋯⋯⋯⋯⋯ 206
　　本章参考文献⋯⋯⋯⋯⋯⋯⋯⋯⋯⋯⋯⋯⋯⋯⋯⋯⋯⋯⋯⋯⋯⋯⋯⋯⋯⋯⋯ 208

第6章　工程项目质量管理⋯⋯⋯⋯⋯⋯⋯⋯⋯⋯⋯⋯⋯⋯⋯⋯⋯⋯⋯⋯⋯⋯⋯ 209

　　6.1　工程项目质量管理概述⋯⋯⋯⋯⋯⋯⋯⋯⋯⋯⋯⋯⋯⋯⋯⋯⋯⋯⋯⋯⋯ 209
　　6.2　工程项目质量管理体系的建立和运行⋯⋯⋯⋯⋯⋯⋯⋯⋯⋯⋯⋯⋯⋯⋯ 215
　　6.3　工程项目质量策划⋯⋯⋯⋯⋯⋯⋯⋯⋯⋯⋯⋯⋯⋯⋯⋯⋯⋯⋯⋯⋯⋯⋯ 225
　　6.4　工程项目质量控制与处置⋯⋯⋯⋯⋯⋯⋯⋯⋯⋯⋯⋯⋯⋯⋯⋯⋯⋯⋯⋯ 230
　　6.5　建筑工程项目质量验收⋯⋯⋯⋯⋯⋯⋯⋯⋯⋯⋯⋯⋯⋯⋯⋯⋯⋯⋯⋯⋯ 238
　　工程案例：邮电通信大楼建设工程项目管理规划（续）⋯⋯⋯⋯⋯⋯⋯⋯⋯⋯⋯ 246
　　复习思考题⋯⋯⋯⋯⋯⋯⋯⋯⋯⋯⋯⋯⋯⋯⋯⋯⋯⋯⋯⋯⋯⋯⋯⋯⋯⋯⋯⋯⋯ 249
　　本章参考文献⋯⋯⋯⋯⋯⋯⋯⋯⋯⋯⋯⋯⋯⋯⋯⋯⋯⋯⋯⋯⋯⋯⋯⋯⋯⋯⋯ 249

第7章　工程项目风险管理⋯⋯⋯⋯⋯⋯⋯⋯⋯⋯⋯⋯⋯⋯⋯⋯⋯⋯⋯⋯⋯⋯⋯ 250

　　7.1　风险管理概述⋯⋯⋯⋯⋯⋯⋯⋯⋯⋯⋯⋯⋯⋯⋯⋯⋯⋯⋯⋯⋯⋯⋯⋯⋯ 250
　　7.2　工程项目风险识别⋯⋯⋯⋯⋯⋯⋯⋯⋯⋯⋯⋯⋯⋯⋯⋯⋯⋯⋯⋯⋯⋯⋯ 254
　　7.3　工程项目风险分析与评价⋯⋯⋯⋯⋯⋯⋯⋯⋯⋯⋯⋯⋯⋯⋯⋯⋯⋯⋯⋯ 260
　　7.4　工程项目风险应对计划⋯⋯⋯⋯⋯⋯⋯⋯⋯⋯⋯⋯⋯⋯⋯⋯⋯⋯⋯⋯⋯ 268
　　7.5　工程项目风险监控⋯⋯⋯⋯⋯⋯⋯⋯⋯⋯⋯⋯⋯⋯⋯⋯⋯⋯⋯⋯⋯⋯⋯ 273
　　7.6　工程项目保险与担保⋯⋯⋯⋯⋯⋯⋯⋯⋯⋯⋯⋯⋯⋯⋯⋯⋯⋯⋯⋯⋯⋯ 279
　　工程案例：长输管道工程EPC项目风险管理计划⋯⋯⋯⋯⋯⋯⋯⋯⋯⋯⋯⋯⋯ 283
　　复习思考题⋯⋯⋯⋯⋯⋯⋯⋯⋯⋯⋯⋯⋯⋯⋯⋯⋯⋯⋯⋯⋯⋯⋯⋯⋯⋯⋯⋯⋯ 291
　　本章参考文献⋯⋯⋯⋯⋯⋯⋯⋯⋯⋯⋯⋯⋯⋯⋯⋯⋯⋯⋯⋯⋯⋯⋯⋯⋯⋯⋯ 291

第8章 项目团队组织与人力资源管理 ··· 293
- 8.1 项目管理中的组织 ··· 293
- 8.2 项目管理中的人 ··· 297
- 8.3 项目团队 ··· 303
- 工程案例：某公司的三人项目团队 ··· 308
- 复习思考题 ··· 309
- 本章参考文献 ··· 309

第9章 工程项目职业健康安全与环境管理 ··· 311
- 9.1 职业健康安全与环境管理体系 ··· 311
- 9.2 施工安全控制 ··· 319
- 9.3 工程项目环境管理 ··· 326
- 工程案例：邮电通信大楼建设工程项目管理规划（续） ··· 334
- 复习思考题 ··· 335
- 本章参考文献 ··· 335

第10章 工程项目沟通管理 ··· 336
- 10.1 概述 ··· 336
- 10.2 工程项目沟通 ··· 343
- 10.3 工程项目沟通计划 ··· 349
- 10.4 工程项目沟通障碍和冲突管理 ··· 354
- 复习思考题 ··· 360
- 本章参考文献 ··· 361

第11章 工程项目信息管理 ··· 362
- 11.1 工程项目信息 ··· 362
- 11.2 工程项目管理信息系统 ··· 366
- 11.3 工程项目管理信息计划 ··· 371
- 11.4 工程项目文档管理 ··· 376
- 工程案例：某大学科技园住宅区项目信息管理手册 ··· 381
- 复习思考题 ··· 387
- 本章参考文献 ··· 387

第12章 工程项目管理的进展与未来 ··· 388
- 12.1 中国工程项目管理的发展现状 ··· 388
- 12.2 工程项目管理所面临的新环境 ··· 390
- 12.3 工程项目管理的发展动态 ··· 392
- 本章参考文献 ··· 399

第1章 项目与项目管理

本章导读

1. 项目及项目管理的概念，工程项目及工程项目管理的概念。
2. 工程项目管理的特点和分类，应注意工程项目的特点、分类及工程项目管理的主要职能，工程项目的利益相关者。
3. 工程项目管理在我国的发展，我国工程项目管理体制。其中，建设工程项目管理基本框架是在实践上逐步形成的，该框架具有中国特色并与国际惯例接轨。
4. 工程项目中的交易方式和管理模式，项目实施的政府监督。

1.1 项目与项目管理

1.1.1 项目的概念

美国学者戴维·克兰德（David Cleland）指出：在应付全球化的市场变动中，战略管理和项目管理将起到关键性的作用。战略管理立足于长远和宏观，考虑的是企业的核心竞争力，以及围绕增强核心竞争力的企业流程再造、企业业务外包和供应链管理等问题；项目管理则立足于一定的时期和微观，考虑的是针对项目进行的计划、组织、实施、协调和控制等问题。

美国《华尔街日报》的一份报告表明，在美国，越来越多的工作是以项目为导向的，具有一个开端、一个中期和一个结局。他们进而描述了项目成瘾者的出现，一种不断扩大的职业队伍，他们的职业生涯就是由一系列独立项目构成的。《国际项目管理杂志》的编辑罗德尼·特纳预言："进入21世纪，基于项目的管理将会扫荡传统的职能式管理。"

项目方法很久以来就是一些行业做生意的风格，其中就有建筑业，现在项目管理正扩散到所有工作领域。今天，项目团队可完成任何事务，从港口扩建、医院改建到信息系统重建。

1. 什么是项目

随着社会的发展，有组织的活动逐步分化为两种类型：一类是连续不断、周而复始的活动，人们称之为"运作"（Operation），如企业日常生产产品的活动；另一类是临时性、一次性的活动，人们称之为"项目"（Project）。项目无处不在，建设桥梁、房屋、公路、高速铁路或其他建筑是项目；安装一套新的生产线、装置或装配线是项目；开发一种新产品或服务，制订一个新的营销计划也是项目；设计和编写软件、撰写书籍等都是项目。

类似于绝大多数组织工作，项目的主要目标是满足客户的需求。除这一基本类似点之外，项目的一些特征有助于将它和组织的其他工作区别开来。项目的主要特征如下：

(1) 明确的目标。
(2) 定义好的生命周期，具有一个起点和一个终点。
(3) 通常涉及多个部门和专业。
(4) 一般情况下，要做以往从未做过的事。
(5) 特别的时间、成本和性能要求。

首先，项目具有定义好的目标——无论是12月1日前完成12层住宅楼的验收，还是尽可能快地开发一套软件。在工人每天都进行同样操作的日常组织工作中，常常缺少这种单纯的目标。其次，由于存在特别目标，所以项目有一个定义好的终点，这与传统工作不断持续的职责和责任相反。在很多情况下，人们是从一个项目转向另一个项目，而不是维持在一个工作上。一个工程师在济南完成邮电大楼的建设后，可能被安排到北京飞机场扩建项目。第三，与根据职能专业分割的许多组织工作不同，项目一般要求多种专家的联合工作。区别是在不同的经理领导下在各自独立的办公室工作，无论是工程师、财务分析人员、市场营销专家，还是质量控制专家，他们都要在一个项目经理的引导下一起工作以完成一个项目。项目的第四个特征是，它是非常规的，有一些独特的组成部分。这不是一个非此即彼的问题，而是程度问题。明显地，要完成以往从未做过的某种事情。最后，特定的时间、成本和性能要求对项目构成了约束。对项目的评价根据完成什么、成本多少和花多少时间来进行。这三种约束产生了在绝大多数工作中通常见到的程度更高的可评价性。这三种约束也突出了项目管理的首要功能之一，也就是在最终满足客户要求的情况下对时间、成本和性能进行权衡。

2. 项目的定义

项目可以定义为：项目是一种复杂的、非常规的和一次性的努力，受到时间、预算、资源及设计用来满足客户需要的性能规格的限制。

质量专家 J. H. 朱兰（J. M. Juran）1989 年提出，一个项目就是一个计划要解决的问题。该定义使人们认识到，项目管理是在大的规模上对问题的处理。

国际项目管理协会［IPMA Competence Baseline（ICB）］给出的定义是：项目是一个特殊的将被完成的有限任务，它是在一定时间内，满足一系列特定目标的多项相关工作的总称。一般来说，项目是指在一定约束条件下，具有特定目标的一次性任务。

1.1.2 项目的特征与分类

1. 项目的特征

项目作为一类特殊的活动（任务），通常具有如下一些特征：

(1) 项目有一个明确界定的目标

项目工作的目的在于得到特定的结果，即项目是面向目标的。目标贯穿于项目始终，一系列的项目计划和实施活动都是围绕这些目标进行的。目标因需求而产生，应该是明确的，可以将项目的目标依照工作范围、进度计划和成本来定义，使之明确。例如，某房地产大厦建设工程的质量目标是争创"鲁班奖"。除了目标明确之外，目标还必须是可实现的，目标不可达到的项目是无法管理的。

(2) 项目的执行要通过完成一系列相互关联的任务

项目的复杂性是固有的。一项工作必须有多个任务才能成为项目，重复进行一个任务，不能成为项目。一个项目里所包含的任务彼此相关，某些任务在其他任务完成之前不能启动，而另一些则必须并行实施，如果这些任务相互之间不能协调地开展，就不能达到整个项目的目标。从这个意义上看，项目也可以被认为是一个系统，即由相关各部分组成的一个整体。

(3) 项目有具体的时间计划或有限的寿命

项目应该是一种临时性的任务，它要在限定的期限内完成，有明确的开始点和结束点，当项目的基本目标达到时意味着项目任务完成。

(4) 项目可能是独一无二的、一次性的努力

在一定程度上，项目与项目之间没有重复性，每个项目都有其独自的特点。如使用一套图纸盖两栋相同的建筑，因为不同的地基、时间、施工人员，也应归纳为两个项目。在大部分情况下，项目是从零开始的开创性工作，且有具体的时间、费用、质量和安全等方面的要求，是一次性的工作。无休止或重复的任务和活动是存在的，但它们不是项目。

(5) 项目包含一定的不确定性

一个项目开始前，应当在一定的假定和预算基础上准备，包括时间、成本的估计。这种假定和预算的组合产生了一定程度的不确定性，将影响项目目标的成功实现。有些项目可能到预定日期会实现，但最终成本可能会高出许多，性能、质量也可能会与计划有差别。项目不像其他事情可以试做，失败了可以重来，这种后果的不可挽回性也决定了项目具有较大的不确定性，它的过程是渐进的，潜伏着各种风险。

(6) 项目需运用各种资源来执行任务

项目无论是简单的还是复杂的都要受到经费、人力、物力的限制，都要消耗资源等。例如，某房地产大厦项目，需要投入施工及管理人员、施工设备、建筑材料等资源。

(7) 项目组织的临时性和开放性

项目开始时要组建项目班子，项目执行过程中班子的成员和职能都在不断地变化，项目结束时班子要解散。参与项目的组织往往有多个，它们通过合同、协议及其他的社会联系组合在一起。项目组织没有严格的边界。

(8) 每个项目都有客户

客户是提供必要的资金，以达到目标的实体，它可能是一个人、一个组织、一个团队或政府。客户有时不仅包括目标资助人，而且还包括其他利害关系方。管理项目的人员和项目团队必须成功地完成项目目标，以使客户满意。

2. 项目参数

项目可由五个参数来描述，即范围、质量、成本、时间、资源。这些参数是一个相互关联的集合，其中一项参数的变化会引起其他参数的变化，以此来保持项目的平衡。

(1) 范围

"范围"是对项目界限的陈述。它不仅定义了要求做什么，也给出了不能做什么。在工程上，通常把它叫做"工作说明"。范围还被叫做谅解文档、范围陈述、项目启动文档、项目需求表。所有随后的项目工作都是以这份文件为基础的。范围的正确性非常关键。

(2) 质量

质量包含两方面的内容：一是"产品质量"，指项目的可交付成果的质量；二是"过

程质量",指项目管理过程本身的质量,焦点在于项目管理过程进行得如何及如何改进。持续质量改进和过程质量管理是用来衡量过程质量的两个工具。

(3) 项目成本

项目成本是指项目形成全过程所耗用的各种费用的总和。主要包括:项目定义与决策成本、项目设计成本、项目获取成本、项目实施成本等。在项目管理的生命周期中,成本是一个主要的考虑因素。

(4) 时间

时间是一个不能被储存的资源。无论使用与否,它都会自行流逝。项目经理的目的是尽量有效且高效率地使用分配给项目的将来时间。客户通常会给出一个项目必须完成的时间框架或者最后期限。对项目经理而言,就是保证项目按进度计划完成项目。

(5) 资源

资源是诸如人、设备、设施或者存货之类的资产。资源数量有限,可以被规划,或者可以从外部租用。有些资源是固定的,有些只是从长期上讲才是可变的。无论哪种情况,它们都是计划项目活动及有序完成项目的核心。

3. 项目的分类

项目可以按照不同的方式分类。

(1) 按照项目的规模,可分为宏观项目、中观项目和微观项目。一般可以将关系到国家宏观经济建设和发展的项目归集为宏观项目,如南水北调、西电东输、三峡水利枢纽工程建设等。中观项目主要指关系到本地区的经济发展、人民生活水平提高的项目,如城市新建污水处理厂、修建绕城高速公路等。微观项目的影响范围主要在某个企业内部,如某工业企业研发一项新产品,建设一座新厂房等。

(2) 按项目的成果,可分为有形产品和无形产品。建设项目既提供有形产品——工程实体,同时,也提供无形产品,如在建设过程中形成的土地使用权、专利技术等。

(3) 按行业领域,可分为建筑项目、制造项目、农业项目、金融项目、电子项目、交通项目等。

(4) 按项目的性质,可分为研发项目、技改项目、风险投资项目、引进项目、转包生产项目等。

(5) 按项目的周期,一般可分为长期项目、中期项目和短期项目。一般情况下,短期项目的周期不超过 1 年,中期项目的周期为 3~5 年,长期项目的周期超过 5 年。

1.1.3 项目管理

1. 项目管理的概念

现代"项目管理"具有两层不同的含义:其一是指一种管理活动,即一种有意识地按照项目的特点和规律,对项目进行组织管理的活动;其二是指一种管理学科,即以项目管理活动为研究对象的一门学科,它是探求项目活动科学组织管理的理论与方法。前者是一种客观的实践活动,后者是前者的理论总结;前者以后者为指导,后者以前者为基础。就其本质而言,二者是统一的。当今的"项目管理"已是一种新的管理方式、一门新的管理学科的代名词。

基于以上观点，将项目管理定义为：项目管理就是以项目为对象的系统管理方法，通过一个临时性的专门柔性组织，对项目进行高效率的计划、组织、指导和控制，以实现项目全过程的动态管理和项目目标的综合协调与优化。

(1) 项目管理是一项整体工作

项目在实施过程中，项目管理者需要以系统理论和思想来管理项目，用系统的观念分析项目，进行整体管理，最终实现整体目标。

(2) 项目管理是一套工作流程和管理方法体系

项目管理包括项目启动、项目计划编制、项目实施和项目收尾等一整套工作流程。项目管理是一种已被公认的管理模式，而不是一次任意的管理过程。

(3) 项目管理是一种工作氛围

项目管理通常以项目组织为基础，项目组织随着项目的开始而形成，随着项目的完成而解体，项目组织具有临时性和弹性的特点。项目组织结构可以有不同的形式，不同的组织能营造出不同的工作氛围。

(4) 项目管理是全过程的动态管理

在项目的生命周期内，项目管理者不断进行资源的配置和协调，不断做出科学决策，从而使项目执行的全过程处于最佳的运行状态，产生最佳的效果。所谓项目目标的综合协调与优化是指项目管理应综合协调好时间、费用及功能等约束性目标，在相对较短的时期内成功地达到一个特定的成果性目标。

(5) 项目管理贯穿于项目的整个寿命周期

它运用高效率的计划、组织、指导和控制手段，并在时间、费用和技术效果上达到预定目标。

(6) 项目管理是以项目经理负责制为基础的目标管理

一般来讲，项目管理是按任务（垂直结构）而不是按职能（平等结构）组织起来的，项目管理的主要任务一般包括项目计划、项目组织、质量管理、费用控制、进度控制五项。日常的项目管理活动通常是围绕这五项基本任务展开的。

2. 项目管理的特点

项目管理具有以下基本特点。

(1) 项目管理是一项复杂的工作

项目一般由多个部分组成，工作跨越多个组织、多个学科、多个行业，项目管理通常没有或很少有可供参考的经验，未知因素太多，需要将不同经历、不同组织、不同特长的人有机地组织在一个临时性的组织中，在有限的资源、较低的成本、严格的工期等约束条件下实现项目目标，这些条件决定了项目管理的复杂性。

(2) 项目管理具有创造性

项目的一次性特点，决定了项目管理既要承担风险又要创造性地进行管理。但创造总是带有探索性，并往往可能会导致失败，因此创造性必须依赖于科学技术的发展和支持，通过对前人经验的继承和积累，综合多种学科成熟的知识和最新研究成果，将多种技术综合起来创造性地完成项目预期的目标。

(3) 项目管理需要集权领导和建立专门的项目组织

项目的复杂性随其范围不同而有很大的变化，通常项目愈大愈复杂，所包含或涉及的学科、技术种类也愈多，项目过程可能出现的各种问题贯穿于各组织部门，要求不同部门做出迅速有效且相互关联、相互依存的反应。因此，需要建立围绕专一任务进行决策的机制和相应的专门组织。

(4) 项目经理起着非常重要的作用

项目管理中起着非常重要作用的人是项目负责人，即项目经理，他受委托在时间有限、资金有限的条件下完成项目目标，有权独立进行计划、资源调配、协调和控制，他必须使他的组织成员成为一支真正的队伍，一个工作配合默契、具有积极性和责任心的高效群体。

1.1.4 项目管理知识体系

项目管理知识体系首先是由美国项目管理学会（PMI）提出，1987年PMI公布了第一个项目管理知识体系（Project Management Body of Knowledge，简称PMBOK），1996～2000年又对其进行了修订。在这个知识体系中，他们把项目管理的知识划分为九个领域，分别是范围管理、时间管理、费用管理、质量管理、人力资源管理、沟通管理、风险管理、采购管理及综合管理。以欧洲国家为主的国际项目管理协会（IPMA）也制定了类似的知识体系。

中国项目管理知识体系（Chinese-Project Management Body of Knowledge，简称为C-PMBOK）的研究工作开始于1993年。是由中国优选法统筹法与经济数学研究会项目管理研究委员会（PMRC）发起并组织实施的，并于2001年5月正式推出了中国的项目管理知识体系文件——《中国项目管理知识体系》（C-PMBOK），2006年10月推出其第2版。

《中国项目管理知识体系》（C-PMBOK）的编写主要是以项目生命周期为基本线索进行展开的，从项目及项目管理的概念入手，按照项目开发的四个阶段（概念阶段、规划阶段、实施阶段及收尾阶段），分别阐述了每一阶段的主要工作及其相应的知识内容，同时考虑到项目管理过程中所需要的共性知识及其所涉及的方法工具。基于这一编写思路，C-PMBOK将项目管理的知识领域共分为88个模块，由此构成的中国项目管理知识体系的框架如表1-1所示。

中国项目管理知识体系框架 表1-1

2 项目与项目管理			
2.1 项目		2.2 项目管理	
3 概念阶段	4 规划阶段	5 实施阶段	6 收尾阶段
3.1 一般机会研究	4.1 项目背景描述	5.1 采购阶段	6.1 范围确认
3.2 特定项目机会研究	4.2 目标确定	5.2 招标采购的实施	6.2 质量验收
3.3 方案策划	4.3 范围规划	5.3 合同管理基础	6.3 费用决算审计
3.4 初步可行性研究	4.4 范围定义	5.4 合同履行和收尾	6.4 项目验收
3.5 详细可行性研究	4.5 工作分解	5.5 实施计划	6.5 项目交接清算
3.6 项目评估	4.6 工作排序	5.6 安全计划	6.6 项目审计
3.7 商业计划的编写	4.7 工作延续时间估计	5.7 项目进展报告	6.7 项目后评价
	4.8 进度安排	5.8 进度控制	
	4.9 资源计划	5.9 费用控制	

续上表

2 项目与项目管理						
2.1 项目			2.2 项目管理			
	4.10	费用估计	5.10	质量控制		
	4.11	费用计划	5.11	安全控制		
	4.12	质量计划	5.12	范围变更控制		
	4.13	质量保证	5.13	生产要素管理		
			5.14	现场管理与环境保护		
7 共性知识						
7.1	项目管理组织	7.7	企业项目管理	7.13	信息分发	7.19	风险监控
7.2	项目办公室	7.8	企业项目管理组织设计	7.14	风险管理规划	7.20	信息管理
7.3	项目经理	7.9	组织规划	7.15	风险识别	7.21	项目监理
7.4	多项目管理处	7.10	团队建设	7.16	风险评估	7.22	行政监督
7.5	目标管理与业务过程	7.11	冲突管理	7.17	风险量化	7.23	新经济项目管理
7.6	绩效评价	7.12	沟通规划	7.18	风险应对计划	7.24	法律法规
8 方法和工具						
8.1	要素分层法	8.7	不确定性分析	8.13	责任矩阵	8.19	质量控制的数理统计方法
8.2	方案比较法	8.8	环境影响评价	8.14	网络计划技术	8.20	净值法
8.3	资金的时间价值	8.9	项目融资	8.15	甘特图	8.21	有无比较法
8.4	评价指标体系	8.10	模拟技术	8.16	资源费用曲线		
8.5	项目财务评价	8.11	里程碑计划	8.17	质量技术文件		
8.6	国民经济评价方法	8.12	工作分解结构	8.18	并行工程		

1.1.5 常见的项目管理软件

目前，市场上大约有 120 多种项目管理软件工具，这些软件各具特色，各有特长。大多数项目管理软件具备下列主要功能：项目的定义，工期计划和控制，成本计划和控制，资源计划和控制，输出功能和其他功能。即使是其他功能也是非常丰富的：可以一次完整地输入另一个项目的全部信息，拼接成一个大网络，这样可以进行多项目的管理；可以对已完成的项目进行统计、分析、计算，以得到并保存该项目的特征信息；文字的编辑功能，可以对项目作各种说明、备注；与其他系统（如操作系统）保持良好的信息接口；可以选择多种语言状态。

常用的项目管理软件介绍如下。

1. Microsoft Project 2013

Microsoft Project 2013 是一种功能强大而灵活的项目管理工具，可用于控制简单或复杂的项目。它能够帮助建立项目计划，对项目进行管理，并在执行过程中跟踪所有活动，使用户实时掌握项目进度的完成情况、实际成本与预算的差异、资源的使用情况等信息。

Microsoft Project 2013 的界面标准，易于使用，具有项目管理所需的各种功能。

2. Oracle Primavera P6（简称"P6"）

P6 原是美国 Primavera System Inc. 公司研发的项目管理软件 Primavera 6.0（2007 年 7 月 1 日正式发布）的缩写，2008 年该公司被 ORACLE 公司收购，对外统一称作 Oracle Primavera P6。

P6 荟萃了 P3 软件 20 年的项目管理精髓和经验，是一个综合的项目组合管理（PPM）解决方案，以计划—协同—跟踪—控制—积累为主线。包括各种特定角色工具，以满足每位团队成员的需求、责任和技能，其采用最新的 IT 技术，P6 软件可以使企业在优化有限的、共享的资源（包括人、材、机等）的前提下来对多项目进行预算、确定项目的优先级、编制项目的计划并且对多个项目进行管理。它可以给企业的各个管理层次提供广泛的信息，各个管理层次都可以分析、记录和交流这些可靠的信息并且及时地做出有充分依据的符合公司目标的决定。

3. Sure Trak Project Manager

Primavera 公司管理中小型项目的软件，是一个高度视觉导向的程序，利用 Sure Trak 的图形处理方式，项目经理能够简便、快速地确定工程进度并实施跟踪。它支持多工程进度计算和资源计划，并用颜色区分不同的任务。对于不同的人以不同方式建立的工程，Sure Trak 也能把它们放在一起作为工程组管理。Sure Trak 还提供 40 多种标准报表，可任意选取、输出所需要的信息。利用电子邮件和网上发布功能，项目组成员可进行数据交流，如上报完成情况、接收上级安排的任务等。利用 VB、C++或 Sure Trak 自身的 SBL 语言，可访问 Sure Trak 的开放式数据库结构和 OLE，必要时可把工程数据合并到其他信息系统。

4. CA-Super Project

Computer Associates International 公司的 CA-Super Project 适合于 Windows、OS/2、Unix/Solaris、DOS 和 VAX/VMS 等多种平台。大量的视图有助于用户了解、分析和管理项目的各方面，容易发现和有效解决资源冲突，并提供各种工具，使用户在多个项目之间调整进度表和资源。CA-Super Project 先进和灵活的进度安排可以让用户准确模拟真实世界。还可以根据预定计划、当前完成情况、剩余情况，精确地重新制订剩余部分的执行计划。

5. Project Management Workbench（PMW）

PMW 项目管理软件是应用商业技术公司（ABT）的产品，该软件可以管理复杂的项目。它运行在 Windows 操作系统下，提供了对项目建模、分析和控制的图形化手段，具有项目管理所需的各种功能，深受广大工程人员的欢迎。

6. Project Scheduler

Project Scheduler 是 Scitor 公司的产品，它可以帮助用户管理项目中的各种活动。其资源优先设置和资源平衡算法非常实用。利用项目分组，用户可以观察到多项目中的一个主进度计划，并可以分析更新。数据可以通过工作分解结构、组织分解结构、资源分解结构进行调整和汇总。Project Scheduler 提供了统一的资源跟踪工作表，允许用户根据一个周期的数据来评价资源成本和利用率，还有详细的"what if"分析功能，通过 ODBC 连接数据库。

7. 广联达、PKPM 等

由国内软件公司制作，一般具有标书制作、造价管理、项目计划编制、现场管理、施工平面布置等系统功能，价格相对便宜，应用较广泛。

1.2 工程项目与工程项目管理

1.2.1 工程项目的概念与分类

1. 工程项目的概念

工程项目,是以建筑物或构筑物为目标产出物的、有开工时间和竣工时间的相互关联的活动所组成的特定过程。又称土木工程项目或建筑工程项目,属项目的一个大类。

这里所说的建筑物,是指房屋建筑物,它满足人们的生产、居住、文化、体育、娱乐、办公和各种社会活动的需要。这里所说的构筑物,是指公路、铁路、桥梁、隧道、水坝、电站及线路、水塔、烟囱、构架等土木产出物。

相互关联的活动,包括施工活动、生产活动、经济活动、经营活动、社交活动和管理活动等,是社会化大生产所需要的广义的人类集体活动。

有开工时间和竣工时间,表明了工程项目的一次性;特定的过程,表明了工程项目的特殊性。

该过程要达到的最终目标应符合预定的使用要求,并满足标准(或业主)要求的质量、工期、造价和资源等约束条件。

2. 工程项目的特点

工程项目是特定的过程,有以下特点。

(1) 明确的建设目标

任何工程项目都具有明确的建设目标,政府主管部门审核项目,主要审核项目的宏观经济效果、社会效果和环境效果;企业则多重视项目的盈利能力等微观财务目标。

(2) 多方面的限制

工程项目目标的实现要受到多方面限制:时间约束,即一个工程项目要有合理的建设工期限制;资源约束,即工程项目要在一定的人、财、物条件下来完成建设任务;质量约束,即工程项目要达到预期的生产能力、技术水平、产品等级或工程使用效益的要求;空间约束,即工程项目要在一定的空间范围内通过科学合理的方法来组织完成。

(3) 一次性和不可逆性

工程项目是一次性的过程;这个过程除了有确定的开工时间和竣工时间外,还有过程的不可逆性、设计的单一性、生产的单件性、项目产品位置的固定性等。工程项目一旦建成,要想改变非常困难。

(4) 影响的长期性

工程项目一般建设周期长,投资回收期长,工程项目的使用寿命长,从概念阶段到结束阶段,少则数月,多则数年乃至几十年,工程质量好坏影响面大,作用时间长。

(5) 投资的风险性

由于工程项目体形庞大,故需要投入的资源多、生命周期长,投资额巨大,建设过程中各种不确定因素多,投资风险、技术风险、自然风险及资源风险量大,发生频率高,在项目管理中必须突出风险管理过程。

(6) 管理的复杂性

工程项目是一个复杂的系统,在概念阶段策划并决策,在设计阶段具体确定,在实施阶段形成,在结束阶段交付使用。在不同的阶段,由不同的实体来完成,有不同的特点,存在着许多结合部,组织管理工作任务繁重且非常复杂,目标控制和协调活动困难重重。

3. 工程项目的分类

按划分的标准不同,工程项目有不同的分类方法。

(1) 按工程项目的性质,可分为基本建设项目和更新改造项目。

①基本建设项目包括新建和扩建项目。新建项目是指从无到有的项目;扩建项目指企业在原有的基础上,投资扩大建设的项目。

②更新改造项目包括改建、恢复、迁建项目。改建项目是指对原有设施、工艺进行技术改造或固定资产更新的项目;恢复项目指原有固定资产已经全部或部分报废,又投资重新建设的项目;迁建项目是为改变生产布局,迁移到另地进行建设的项目。

(2) 按工程项目的专业,可分为建筑工程项目、土木工程项目、线路管道安装工程项目、装修装饰工程项目。

①建筑工程项目亦称房屋建筑工程项目,是产出物为房屋建筑及相关活动构成的过程。

②土木工程项目指产出物为公路、铁路、隧道、水工建筑、矿山、构筑物及相关活动构成的过程。

③线路管道安装工程项目指产出物为安装完成的送变电、通信等线路,给排水、污水、化工等管道,机械、电气、交通等设备,以及相关活动构成的过程。

④装修装饰工程项目指构成装修产品和抹灰、油漆、木作等及相关活动构成的过程。

(3) 按工程项目的规模(设计生产能力或投资规模),可分为大型项目、中型项目和小型项目。

①工业项目按设计生产能力规模或总投资额,确定大、中、小型项目。

②非工业项目按项目的经济效益或总投资额,可分为大、中型和小型项目两种。

(4) 按工程项目的等级,可分为一等项目、二等项目、三等项目。例如:建筑工程项目按工程施工的难易程度(层数、跨度、建筑面积)区分不同的类别(工业建筑工程、装饰工程、民用建筑工程、构筑物工程、桩基础工程、单独土石方工程),划分为Ⅰ、Ⅱ、Ⅲ类。

(5) 按工程项目投资建设的用途,可分为生产性和非生产性工程项目。

①生产性工程项目,即用于物质产品生产的项目。包括工业工程项目和非工业工程项目;工业工程项目包括重工业工程项目、轻工业工程项目等;非工业工程项目包括农业工程项目、IT工程项目、交通运输工程项目、能源工程项目等。

②非生产性工程项目,即满足人们物质文化生活需要的项目。包括居住工程项目、公共工程项目、文化工程项目、服务工程项目等。

(6) 按投资主体,有国家政府投资工程项目、地方政府投资工程项目、企业投资工程项目、三资(国外独资、合资、合作)企业投资工程项目、私人投资工程项目、各类投资主体联合投资工程项目等。

(7) 按隶属关系,有部(委)属工程项目、地方(省、地、县级)工程项目、乡镇工程项目。

（8）按工作阶段，工程项目可分为预备项目、筹建项目、实施工程项目、建设投产工程项目、收尾工程项目。

①预备工程项目，指按照中长期计划拟建而又未立项、只做初步可行性研究或提出设想方案供决策参考，不进行建设的实际准备工作的工程项目。

②筹建工程项目，指经批准立项，正在进行建设前期准备工作而尚未正式开始施工的项目。

③实施工程项目，包括：设计项目，施工项目（新开工项目、续建项目）。

④建成投产工程项目，包括：建成投产项目、部分投产项目和建成投产单项工程项目。

⑤收尾工程项目，指基本全部投产只剩少量不影响正常生产或使用的辅助工程项目。

1.2.2 工程项目管理的概念与内容

1. 工程项目管理的概念

项目管理者为了取得项目的成功，对工程项目运用系统的观念、理论和方法，自项目开始至项目完成，进行有序、全面、科学、目标明确地管理，使得项目的费用目标、进度目标和质量目标得以实现。

一个项目往往由不同的参与主体（业主方、设计方、施工方、供货方等）承担不同的建设任务，由于各个参与单位的工作性质、工作任务和最终利益不同，就形成了不同的项目管理者，形成了不同类型的项目管理。

参与建设工程项目的各方都围绕着同一个工程对象进行"项目管理"，所采用的基本管理理论和方法都是相同的，所遵循的程序和原则又是相近的。例如，业主要进行项目前期策划、设计及计划、采购和供应、实施控制、运行管理等；承包商也要有项目构思（得到招标信息后），确定目标，也要做可行性研究、环境调查，设计和计划，也要分包、材料采购，做实施控制等。所以，对工程项目管理的认识不要拘泥于某一方参与者，应着眼于整个工程项目，从项目开始到项目结束的全过程，涉及各个方面的"工程项目管理"。

2. 工程项目管理的特点

工程项目管理的基本特征是面向工程，以实现工程项目目标为目的，运用系统管理的观点、理论和方法，对工程项目实施的全过程进行高效率、全方位的管理。

（1）工程项目管理是一种一次性的管理

工程项目是最为典型的项目类型，一般投资巨大，建设周期长，具有一次性和不可逆性。在项目管理过程中一旦出现失误，很难纠正，损失严重，项目管理的一次性是成功的关键。所以，对项目建设中的每个环节都应进行严密管理，认真选择项目经理，配备项目人员和设置项目机构。

（2）工程项目管理是一种全过程的综合性管理

工程项目的生命周期是一个有机的成长过程。项目各阶段既有明显界限，又相互有机衔接，不可间断，这就决定了项目管理是对项目生命周期全过程的管理，如对项目可行性研究、勘察设计、招标投标、施工等各阶段全过程的管理。在每个阶段中又包含有进度、质量、成本、安全的管理。因此，项目管理是全过程的综合性管理。

（3）工程项目管理是一种约束性强的控制管理

工程项目管理的一次性特征，其明确的目标（成本低、进度快、质量好）、限定的时间和资源消耗、既定的功能要求和质量标准，决定了约束条件的约束强度比其他管理更高。因此，工程项目管理是强约束管理。这些约束条件是项目管理的条件，也是不可逾越的限制条件。项目管理的重要特点，在于项目管理者如何在一定时间内，在不超过这些条件的前提下，充分利用这些条件，去完成既定任务，达到预期目标。

3. 工程项目管理的职能

（1）策划职能

工程项目策划是把建设意图转换成定义明确、系统清晰、目标具体、活动科学、过程有效的，富有战略性和策略性思路的、高智能的系统活动，是工程项目概念阶段的主要工作。策划的结果是其他各阶段活动的总纲。

（2）决策职能

决策是工程项目管理者在工程项目策划的基础上，通过调查研究、比较分析、论证评估等活动，得出的结论性意见，付诸实施的过程。一个工程项目，其中的每个阶段、每个过程，均需要启动，只有在做出正确决策以后的启动才有可能是成功的，否则就是盲目的、指导思想不明确的，也就可能是失败的。

（3）计划职能

决策只解决启动的决心问题，根据决策做出实施安排、设计出控制目标和实现目标的措施的活动就是计划。计划职能决定项目的实施步骤、搭接关系、起止时间、持续时间、中间目标、最终目标及措施。它是目标控制的依据和方向。

（4）组织职能

组织职能是组织者和管理者个人把资源合理利用起来，把各种作业（管理）活动协调起来，使作业（管理）需要和资源应用结合起来的机能和行为，是管理者对计划进行目标控制的一种依托和手段。工程项目管理需要组织机构的成功建立和有效运行，从而起到组织职能的作用。

（5）控制职能

控制职能的作用在于按计划运行，随时收集信息并与计划进行比较，找出偏差并及时纠正，从而保证计划及其确定的目标的实现。控制职能是管理活动最活跃的职能，所以，工程项目管理学中把目标控制作为最主要的内容，并对控制的理论、方法、措施、信息等做出了大量的研究，在理论和实践上均有丰富的建树，成为项目管理学中的精髓。

（6）协调职能

协调职能就是在控制的过程中疏通关系，解决矛盾，排除障碍，使控制职能充分发挥作用。所以，它是控制的动力和保证。控制是动态的，协调可以使动态控制平衡、有力、有效。

（7）指挥职能

指挥是管理的重要职能。计划、组织、控制、协调等都需要强有力的指挥。工程项目管理依靠团队，团队要有负责人（项目经理），负责人就是指挥者。他把分散的信息集中起来，变成指挥意图；他用集中的意图统一管理者的步调，指导管理者的行动，集合管理力量，形成合力。所以，指挥职能是管理的动力和灵魂，是其他职能所无法替代的。

（8）监督职能

监督是督促、帮助，也是管理职能。工程项目的管理需要监督职能，以保证法规、制度、标准和宏观调控措施的实施。监督的方式有：自我监督、相互监督、领导监督、权力部门监督、业主监督、司法监督、公众监督等。

总之，工程项目管理有众多职能。这些职能既是独立的，又是相互密切相关的，不能孤立地去看待它们。各种职能协调地起作用，才是管理有力的体现。

4. 工程项目管理的类型

每个项目建设都有其特定的建设意图和使用功能要求。中型建设项目往往包括诸多形体独特、功能关联、共同作用的单体工程，形成建筑群体。就单体工程而言，一般都是由基础、主体结构、装修和设备系统共同构成一个有机的整体。

每个建设项目都需要投入巨大的人力、物力和财力等社会资源进行建设，并经历着项目的策划、决策、立项、场址选择、勘察设计、建设准备和施工安装活动等环节，最后才能提供生产或使用，也就是说它有自身的产生、形成和发展过程。这个构成的各个环节相互联系、相互制约，并受到建设条件的影响。

每个建设项目都处在社会经济系统中，它和外部环境发生着各种各样的联系，项目的建设过程渗透着社会经济、政治、技术、文化、道德和伦理观念的影响和作用，是在一定的经济体制下运行的，国家对项目建设的活动有一系列的法规、政策、方针。

(1) 按管理层次划分

按管理层次可分为宏观项目管理和微观项目管理。宏观项目管理是指政府（中央政府和地方政府）作为主体对项目活动进行的管理。一般不以某一具体的项目为对象，而是以某一类或某一地区的项目为对象；其目标也不是项目的微观效益，而是国家或地区的整体综合效益。项目宏观管理的手段是行政、法律、经济手段并存，主要包括：项目相关产业法规政策的制定，项目相关的财、税、金融法规政策，项目资源要素市场的调控，项目程序及规范的实施，项目过程的监督检查等。

微观项目管理是指项目业主或其他参与主体对项目活动的管理。项目的参与主体，一般主要包括：业主，作为项目的发起人、投资人和风险责任人；项目任务的承接主体，指通过承包或其他责任形式承接项目全部或部分任务的主体；项目物资供应主体，指为项目提供各种资源（如资金、材料设备、劳务等）的主体。

微观项目管理，是项目参与者为了各自的利益而以某一具体项目为对象进行的管理，其手段主要是各种微观的经济法律机制和项目管理技术。一般意义上的项目管理，即指微观项目管理。

(2) 按管理的范围和内涵不同划分

按工程项目管理的范围和内涵不同分为广义项目管理和狭义项目管理。

广义项目管理包括从项目投资意向、项目建议书、可行性研究、建设准备、设计、施工到竣工验收、项目后评估全过程的管理。

狭义项目管理指从项目正式立项开始，即从项目可行性研究报告批准后到项目竣工验收、项目后评估全过程的管理。

(3) 按管理主体不同划分

一项工程的建设，涉及不同的管理主体，如项目业主、项目使用者、科研单位、设计单位、施工单位、生产厂商、监理单位等。从管理主体看，各实施单位在各阶段的任务、目的、内容不同，也就构成了项目管理的不同类型，概括起来大致有以下几种项目管理：

①业主方项目管理。业主方项目管理是指由项目业主或委托人对项目建设全过程的监督与管理。按项目法人责任制的规定,新上项目的项目建议书被批准后,由投资方派代表,组建项目法人筹备组,具体负责项目法人的筹建工作,待项目可行性研究报告批准后,正式成立项目法人,由项目法人对项目的策划资金筹措、建设实施、生产经营、债务偿还、资产的增值保值等实行全过程负责,依照国家有关规定对建设项目的建设资金、建设工期、工程质量、生产安全等进行严格管理。

项目投资方可能是政府、企业、城乡个体或外商;可以是独资也可能是合资。项目业主是由投资方派代表组成的,从项目筹建到生产经营并承担投资风险的项目管理班子。

业主以工程项目所有者的身份,作为项目管理的主体,居于项目组织最高层。业主对工程项目的管理深度和范围由项目的承发包方式和管理模式决定。

在现代工程项目中,业主项目管理的内容主要有:

a. 项目管理模式、工程承发包方式的选择;

b. 选择工程项目的实施者(承包商、设计单位、项目管理单位、供应单位),委托项目任务,并以项目所有者的身份与他们签订合同;

c. 工程项目重大技术和实施方案的选择与批准;

d. 工程项目设计和计划的批准,以及对设计和计划的重大修改的批准;

e. 在项目实施过程中重大问题的决策;

f. 按照合同规定对项目实施者支付工程款和接收已完工程等。

项目法人可聘任项目总经理或其他高级管理人员,代替项目法人履行项目管理职权。因此,项目法人和项目经理构成了对项目建设活动的项目管理,由项目总经理组织编制项目初步设计文件,组织设计、施工、材料设备采购的招标工作,组织工程建设实施,负责控制工程投资、工期和质量,对项目建设各参与单位的业务进行监督和管理。项目总经理可由项目董事会成员兼任或由董事会聘任。

②监理方的项目管理。建设工程监理,是指具有相应资质的工程监理企业,接受建设单位的委托,承担其项目管理工作,并代表建设单位对承建单位的建设行为进行监控的专业化服务活动。

建设工程监理只能由具有相应资质的监理企业承担,建设工程监理的行为主体是工程监理企业,这是我国建设工程监理制度的一项重要规定。建设单位与其委托的监理企业应当订立书面建设工程委托监理合同。建设工程监理的实施需要建设单位的委托和授权,监理企业根据委托监理合同和有关建设工程合同的规定实施监理。

建设工程监理的主要内容是控制工程建设的投资、建设工期和工程质量,进行工程建设合同管理,协调有关单位间的工作关系。一般简称为"三控一管一协调"。

在施工阶段,建设工程监理的工作任务主要有:

a. 确定项目监理机构人员的分工和岗位职责;

b. 编写项目监理规划、项目监理实施细则,并管理项目监理机构的日常工作;

c. 审查分包单位的资质,并提出审查意见;

d. 检查和监督监理人员的工作,根据工程项目的进展情况可进行人员调配,对不称职的人员应调换其工作;

e. 召开监理工作会议,签发项目监理机构的文件和指令;

  f. 审定承包单位提交的开工报告、施工组织设计、技术方案、进度计划；
  g. 审核签署承包单位的申请、支付证书和竣工结算；
  h. 审查和处理工程变更；
  i. 主持或参与工程质量事故的调查；
  j. 调解建设单位与承包单位的合同争议、处理索赔、审批工程延期；
  k. 组织编写并签发监理月报、监理工作阶段报告、专题报告和项目监理工作总结；
  l. 审核签认分部工程和单位工程的质量检验评定资料，审查承包单位的竣工申请，组织监理人员对待验收的工程项目进行质量检查，参与工程项目的竣工验收；
  m. 整理工程项目的监理资料。
  ③承包方项目管理。作为承包方，采用的承包方式不同，项目管理的含义也不同。
  a. 工程总承包方的项目管理　业主在项目决策之后，通过招标择优选定总承包单位全面负责工程项目的实施过程，直到最终交付使用功能和质量标准符合合同文件规定的工程项目。因此，总承包方的项目管理是贯穿于项目实施全过程的全面管理，既包括设计阶段，也包括施工安装阶段。其性质和目的是全面履行工程总承包合同，以实现其企业承建工程的经营方针和目标，取得预期经营效益为动力而进行的工程项目自主管理。显然，总承包单位必须在合同条件的约束下，依靠自身的技术和管理优势或实力，通过优化设计及施工方案，在规定的时间内，按质按量地全面完成工程项目的承建任务。从交易的角度看，项目业主是买方，总承包单位是卖方，因此，两者的地位和利益追求是不同的。
  b. 设计方项目管理　设计单位受业主委托承担工程项目的设计任务，以设计合同所界定的工作目标及其责任义务作为该项工程设计管理的对象、内容和条件，通常简称为设计项目管理。设计项目管理也就是设计单位对履行工程设计合同和实现设计单位经营方针目标而进行的设计管理，尽管其地位、作用和利益追求与项目业主不同，但它也是建设工程设计阶段项目管理的重要方面。只有通过设计合同，依靠设计方的自主项目管理才能贯彻业主的建设意图和实施设计阶段的投资、质量及进度控制。
  c. 施工方项目管理　施工单位通过工程施工投标取得工程施工承包合同，并以施工合同所界定的工程范围，组织项目管理，简称为施工项目管理。从完整的意义上说，这种施工项目应该指施工总承包的完整工程项目，包括其中的土建工程施工和建筑设备工程施工安装，最终成果能形成独立使用功能的建筑产品。然而从工程项目系统分析的角度看，分项工程、分部工程也是构成工程项目的子系统，按子系统定义项目，既有其特定的约束条件和目标要求，也是一次性的任务。因此，工程项目按专业、按部位分解发包的情况，承包方仍然可以按承包合同界定的局部施工任务作为其项目管理的对象，这就是广义的施工企业的项目管理。
  目前，我国建筑施工企业实行施工项目管理的基本概念是指：施工企业为履行工程承包合同和落实企业生产经营方针目标，在项目经理负责制的条件下，依靠企业技术和管理的综合实力，对工程施工全过程进行计划、组织、指挥、协调和监督控制的系统管理活动。项目经理的责任目标体系包括工程施工质量（Quality）、成本（Cost）、工期（Delivery）、安全和现场标准化（Safety），简称 QCDS 目标体系。显然这一目标体系，既和工程项目的总目标相联系，又带有很强的施工企业项目管理的自主性特征。

1.2.3 工程项目管理的利益相关者

工程项目利益相关者是在工程项目管理过程中,直接和间接参与管理的组织。不同的利益相关者,对工程项目有不同的期望,享有不同的利益,在工程项目管理中扮演不同的角色,有不同的管理目的和利益追求。为了确保项目管理成功,必须分析各相关者在项目管理中的地位、作用、沟通方式和管理特点,以便充分调动其管理积极性。

工程项目管理的利益相关者包括:投资人、建设单位、中介组织、工程项目产品使用者研究单位、设计单位、施工单位、分包单位、生产厂商、政府建设行政主管部门、质量监督机构、质量检测机构、地区社会等,如图1-1所示。

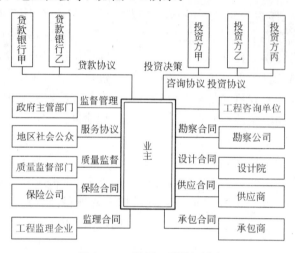

图1-1 工程项目利益相关者

1. 投资人

投资人是为工程项目提供资金的人,可能是项目的发起人,也可能是项目发起人的融资对象。如果是项目发起人,则会对工程项目给予多方面的支持,决定着工程项目的发展方向和产出效果。投资人的目的是通过投资,使工程项目完成,使产品满足其获得收益的期望。作为发起人,其职责是发起项目,提供资金,保证项目的正确方向,为工程项目提供与发起人身份相称的支持,对工程项目范围的界定予以审核、批准,批准工程项目的策划、规划、计划变更报告,监督项目的进程、资金运用和质量,对需要其决策的问题做出反应。

2. 建设单位(或项目法人)

(1) 建设单位的地位

建设单位是受投资人或权利人(如政府)的委托,进行工程项目建设的组织,是建设项目的管理者。国家计委于1996年发布"关于实行建立项目法人责任制的暂行规定",要求国有单位经营性基本建设大中型项目在建设阶段必须组建项目法人,按公司法的规定建立有限责任公司或股份有限公司。所以,建设单位可能是项目法人,也可能是投资者,投资者也可以称为项目业主。从承发包方面看,建设单位也可以称为发包人。建设单位从投资者的利益出发根据建设意图和建设条件,对项目投资和建设方案做出决策,并在项目的实施过程中履行建设单位应尽的义务,为项目的实施者创造必要的条件。建设单位的决策、管理水平、行为的规范性等，对一个项目的建设成功起关键作用。

（2）项目法人的组织形式

国有独资公司设立董事会，董事会由投资方组建。国有控股或参股的有限责任公司、股份有限公司设立股东会、董事会和监事会。董事会在建设期间应至少有一名董事常驻现场。董事会建立例会制度，讨论建设中的重大事宜，对资金支出严格管理，并以决议形式予以确认。

3. 中介组织

建设单位对建设项目进行管理需要一定的资质。当建设单位不具备工程项目要求的相应资质时，或虽然具有资质但自身认为有必要时，或制度要求必须时，可聘请具有相应资质的社会服务性的工程中介组织进行管理或咨询，如进行项目策划，编制项目建议书，进行可行性研究，编制可行性研究报告，进行设计和施工过程的监理、造价咨询、招标代理、项目管理等。中介组织应作为单独一方，而不是代甲方。咨询公司、招标代理公司、造价咨询公司、工程监理公司、工程项目管理公司等，均可为建设单位提供其所需要的服务。中介组织进行的项目管理，称为工程中介项目管理。监理公司进行的工程项目监理，也是工程项目管理。

4. 工程项目产品使用者（用户）

生产性项目或基础性设施的使用者，是工程项目产品移交后的接收者。工程项目使用者可能是建设单位或投资者，也可能是国家，对工程项目的功能要求起主导作用，也有费用、工期和质量要求。非生产性项目包括公共项目、办公楼宇、商业用房、民用住宅等，既是广义的社会财富，又是人们生活的消费资料，使用者就是用户或物业公司。使用者对项目产品既有功能要求，又有质量要求。随着社会生产力的发展和生活水平的提高，消费观念和要求也会发生新的变化，这对工程项目的策划、决策、设计、施工乃至保修，都提出了越来越高的要求。工程项目管理者必须坚持质量第一、用户至上、综合效益满意的指导思想，把使用者的评价作为评价工程项目管理效果的依据。

5. 研究单位

工程项目的实施过程，往往也是新技术、新工艺、新材料、新设备、新管理思想和方法等自然科学和社会科学的新成果转化为社会生产力的过程。因此，研究单位是工程项目的后盾，为工程项目的策划、决策、设计、施工、管理等提供社会化的、直接的或间接的科学技术支持。工程项目管理者都必须充分重视研究单位的作用，注意社会科学技术和生产力发展的新动向，运用新成果，这既对项目管理产生积极影响，又对工程项目产品的运营、使用和效益的提高具有极为重要的意义。

6. 设计单位

设计单位将建设单位的意图、建设法律法规规定和建设条件作为投入，经过设计人员在技术和经济方面综合的智力创造，最终产出可指导施工和安装活动的设计文件。设计单位的工作联系着工程项目的决策和施工两个阶段，既是决策方案的体现，又是编制施工方案的依据。它具体确定了工程项目的功能、总造价、建设规模、技术标准、质量水平等目标。设计单位还要把工作延伸到施工过程，直至竣工验收交付使用的工程项目管理最后阶段，以便处理设计变更和其他技术变更，通过参与验收确认施工中间产品和最终产品与设计文件要求的一致性。因此，设计单位不但责任重大、工作复杂，而且时间长，必须独立地进行设计项目管理。

7. 施工单位（建筑业企业）

施工单位承建工程项目的施工任务，是工程项目产品的生产者和经营者。施工单位是建设市场的主体之一，一般都要参加竞争取得施工任务，通过签订工程施工合同与建设单位建立协作关系，然后编制施工项目管理规划，组织投入人力、物力、财力进行工程施工，实现合同和设计文件确定的功能、质量、工期、费用、资源消耗等目标，产出工程项目产品，通过竣工验收交付给建设单位，继而在保修期限内进行保修，完成全部工程项目的生产经营和管理任务。建设单位对施工单位的主要要求是搞好施工，产品符合要求。施工单位为了满足建设单位的要求，除了搞好施工过程的各种活动以外，还必须进行长期、艰苦、复杂的项目管理。由于施工单位的工作在工程项目中的重要作用和它的生产经营活动在国民经济中的巨大作用，我国进行了施工项目管理的长期实践和创造，《建设工程项目管理规范》（GB/T 50326—2006）的颁布实施，进一步推进了施工项目管理的科学化、规范化和法制化。

8. 分包人

分包人包括设计分包人和施工分包人，从总包人或总承包人已经接到的任务中获得任务。双方成交后建立分包合同关系。分包人不直接与建设单位发生关系，而与总包人发生关系，在工作质量、工程进度、工程造价、安全方面对总包人负责，服从总包人的监督和管理。

9. 生产厂商

生产厂商包括建筑材料、构配件、设备、其他工程用品的生产厂家和供应商。他们为工程项目提供生产要素，是工程项目的重要利益相关者。生产厂商的交易行为、产品质量、价格供货期和服务体系，关系到项目的投资、进度和质量目标的实现。工程项目管理者必须注意供应厂商的这些影响，在进行目标制定、设计、施工、监督中认真选择供应厂商，充分利用市场优化配置资源的基础作用，搞好供应，加强资源计划、采购、供应、使用、核算等各方面的管理，为工程项目取得良好的技术经济效果打下基础。

10. 贷款方

贷款方指银行（或银团），既可以为投资人管理资金，又可以为工程项目提供资金支持，还可以为工程项目管理提供金融服务。工程项目管理组织贷款要与银行签订贷款合同，故应按合同处理两者之间的关系，按金融运行法则和财会制度办事。

11. 政府主管部门

政府主管部门虽然与项目管理组织没有合同关系，但是由于其特殊地位和手中掌握部门管理权力，故它是项目管理的相关组织，具有以下作用：

（1）贯彻工程项目管理的法律、法规，制定发布有关部门规章、标准、规范、规定、办法，保护社会公众利益，满足工程项目管理上层建筑方面的需要。

（2）按照《中华人民共和国建筑法》中关于建筑许可方面的规定，负责发放施工许可证、对项目管理组织资质进行认定与审批、对技术与管理人员执业资格进行认定与审批。

（3）通过调控建设市场，使市场引导企业，企业管理工程项目，从而间接地对工程项目管理发挥作用。

（4）对企业在市场与项目管理中的行为进行行政监督、执法监督、程序监督、价格监督等。

（5）对国有投资工程项目和国有资金控股项目直接确定或进行招标确定项目法人，通过项目法人进行工程项目管理，并作为投资人、监督人和使用人，对工程项目进行相应的监督、检查和管理。

（6）在总体上对工程项目进行计划平衡管理，审批有关重点项目的规划、项目建议书、可行性研究报告、立项、概算、设计，组织对工程项目进行国家验收等。

12. 质量监督机构和质量检测机构

质量监督机构代表政府对工程项目的质量进行监督，对设计、材料、施工、竣工验收进行质量监督，对有关组织的资质与工程项目需要的匹配进行检查与监督，以充分保证工程项目的质量。

我国实行质量检测制度，由国家技术监督部门认证批准建立工程质量检测中心。它分为国家级、省（自治区、直辖市）级和地区级三级，按其资质依法接受委托承担有关工程质量的检测试验工作，出具检测试验报告，为工程质量的认证和评价、质量事故的分析和处理、质量争端的调解与仲裁等提供科学的检测数据和权威性的证据。

质量监督机构和质量检测机构也都是中介服务组织。

13. 地区社会公众

工程项目所在地区有许多系统的接口与配套设施，都对工程项目提供条件和要求，包括供电、供气、给水、排水、消防、安全、通信、环卫、环保、道路、交通、运输、治安、街道居民、商店、其他建筑设施及使用者等，密切的沟通与协调、相互支持和理解是非常必要的。项目管理者不可忽视其中的任何一个方面。

14. 工程项目团队

工程项目团队是在工程项目中有共同目标，有规范的工作方法，紧密协作配合、相互约束，有一定团体文化的群体。工程项目管理团队也称项目管理小组或项目经理部，在项目经理的领导下进行工程项目管理。项目经理的素质、项目管理组织的组建质量和工作质量，决定着工程项目管理的水平与效果、成功与失败。

1.3 工程项目管理体制

1.3.1 工程项目管理在我国的发展

20世纪50—70年代，随着我国经济的发展和人民需求的日益增长，建设事业得到了迅猛发展，进行了数量多、规模大、成就辉煌的建设工程项目管理实践活动。如第一个五年计划的156项重点工程项目管理实践，第二个五年计划的10大国庆工程项目管理实践，大庆油田建设实践，还有南京长江大桥工程等。但在计划经济体制下，许多做法违背项目管理规律，而导致管理效率低下。

自 20 世纪 80 年代以来，随着改革开放和市场经济的发展，许多大型项目开工建设，如长江葛洲坝水电站工程、宝钢工程等，作为在市场经济下产生与发展的工程项目管理理论，根据我国建设领域改革的需要从国外引进，是十分自然和合乎情理的事。1982 年，工程项目管理理论首先从原联邦德国传入我国。之后，其他发达国家，特别是美国、日本和世界银行的项目管理理论及实践经验，随着文化交流和项目建设，陆续传入我国。1987 年，由世界银行投资的鲁布革引水隧洞工程进行工程项目管理和工程监理取得成功后，迅速在我国形成了鲁布革冲击波。1988～1993 年，在建设部的领导下，对工程项目管理和工程监理进行了 5 年试点，于 1994 年在全国全面推行，取得了巨大的经济效益、社会效益、环境效益和文化效益。2001 年和 2002 年，分别实施了《建设工程监理规范》（GB 50319—2000）和《建设工程项目管理规范》（GB/T 50326—2001），使工程项目管理实现了规范化。2004 年，建设部组织有关专家对规范进行了修编，并在网上公布了征求意见稿，广泛听取各方面的意见。2006 年 6 月 21 日，新《建设工程项目管理规范》（GB/T 50326—2006）颁布，并于 2006 年 12 月 1 日实施。《建设工程项目管理规范》（GB/T 50326—2006）的颁布与实施，必将进一步深化和规范建设工程项目管理的基本做法，促进工程项目管理科学化、规范化和法制化，不断提高建设工程项目的管理水平。

1.3.2 我国建设工程项目管理的基本框架

实践证明，从"项目法施工"到"工程项目管理"具有坚实的理论基础，符合马克思、列宁、毛泽东关于解放发展生产力的思想，具有把企业导向适应社会主义市场经济的实践意义，既能借鉴吸取国际先进的管理方法，又能启动我国建筑行业企业组织机构的调整，并在实践上逐步形成了一套具有中国特色并与国际惯例接轨的比较完整规范的工程项目管理基本框架。其主要内容有：

（1）工程项目管理的主要特征是"动态管理，优化配置，目标控制，节点考核"。

（2）工程项目管理的运行机制是"总部宏观调控，项目委托管理，专业施工保障，社会力量协调"。

（3）工程项目管理的组织机构是"两层分离，三层关系"。即管理层与作业层分离；企业层次与项目层次的关系，企业法人代表与项目经理的关系，项目经理部与劳务作业层的关系。

（4）工程项目管理推行的主体是"二制建设"。即项目经理责任制和项目成本核算制。

（5）工程项目管理的基本内容是"四控制，三管理，一协调"。即进度、质量、成本、安全控制，现场（要素）、信息、合同管理和组织协调。

（6）工程项目管理的管理目标是"四个一"。即一套新方法，一支新队伍，一代新技术，一批好工程。

这里有必要指出的是，项目管理是一门科学，有其规律性。在国际上，它被广泛用来进行一次性任务（即特殊过程）的管理，已经成为国际惯例。但国际上的项目管理体系属于广义上的项目管理，对中国建筑业企业来说，缺乏行业和专业适用性。而我国通过实践经验总结和理论提升创新形成的工程项目管理规范化框架体系，不仅吸收了国际项目管理的通用标准，具有国际通用性，而且最重要的是，结合了中国建筑业企业近 20 年来推行项目管理体制改革的实际，比较注重企业管理层次的作用和业务系统化管理，它包含企业项目管理行为和项目管理过程两个方面；与国际上有关项目管理体系或标准（包括ISO）比较，更加具体化、专业化、系统化，具有较强的实用性和操作性。

1.3.3 我国工程项目管理体制

我国现行的工程管理体制，是在政府部门的监管之下，由项目业主、承包商、监理单位直接参加的"三方"管理体制。这种管理体制使直接参加项目建设的业主、承包商、监理单位通过承发包关系、委托服务关系和监理与被监理关系有机地联系起来，形成了既有利于相互协调又有利于相互约束的完整的工程项目组织系统。这个项目组织系统在政府有关部门的监督管理之下规范地、一体化地运行，必然会产生巨大的组织效应，对顺利完成工程项目建设将起巨大作用。

在现行管理体制下，业主作为项目法人承担项目的策划、资金的筹措、组织建设、生产经营、偿还债务、国有资产保值增值等责任。业主可以充分利用市场竞争机制择优选择承包商，并通过签订工程承发包合同与承包商建立承发包关系。承包商在合同和信誉的约束下，依据法律法规、技术标准等实施项目建设。同时，业主可以利用委托合同的方式，与监理单位建立委托服务关系，利用监理的协调约束机制，为工程项目的顺利实施提供保证。根据工程建设监理的规定，以及工程承包合同的进一步明确，在监理与承包商之间建立起监理与被监理关系。监理单位依据法律法规、技术标准和工程建设合同对工程项目实施监理。现行工程项目管理体制结构如图1-2所示。

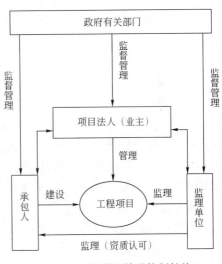

图1-2 工程项目管理体制结构

现行的工程项目管理体制将政府有关部门摆在宏观监督管理的位置上，对项目业主、承包商和监理单位实施纵向、强制性的宏观监督管理，改变过去既抓工程项目的宏观监督又抓工程项目建设的微观管理这一不切合实际的做法，使他们能集中精力去做好立法和执法工作，从而加强了宏观监督管理。同时，现行的管理体制在直接参加项目建设的监理单位与承包商之间又存在着横向、委托性的微观监督管理，使工程项目建设的全过程在监理单位的参与下得以科学有效地监督管理，加强了工程项目的微观监督管理。

1.3.4 工程项目中的交易方式和管理模式

1. 工程项目中的交易方式和分类

（1）工程项目交易方式的概念

工程项目中的交易方式指工程项目的主要利益相关者为了各自的利益在项目的生命周期中围绕工程项目的运行而建立关系的方式；或指企业为建设单位提供服务的方式。这里的主要利益相关者指建设单位、设计单位、监理单位、施工单位、供应单位等。

（2）按工程项目中交易方式分类

①按获得承包任务的途径分类：

a. 直接委托方式。项目发起人把任务直接委托给建设单位、设计单位、监理单位、施工单位的交易方式。直接委托的前提是信任；委托的方式是直接谈判，签订合同。现在，该方式很少采用。

　　b. 招标方式。这是一种竞争方式，用得最多。由发包人发布招标公告或招标邀请书，投标人进行投标，中标者与发包人签订合同成交的方式。招标方式可分为公开招标和邀请招标两类，也可按招标对象分为项目法人招标、总承包招标、咨询招标、设计招标、监理招标、施工招标和采购招标等。

　　c. 指令方式。政府运用行政手段指定承包单位的方式。适用于特殊工程或保密工程。

②按承包内容分类：

　　a. 总承包方式。总承包企业对工程项目进行全过程或若干阶段的承包。它又分为以下几类：交钥匙总承包（EPC）；设计—施工总承包（D-B）；设计—采购总承包（E-P）；采购—施工总承包（P-C）；施工总承包。总承包方式对加强管理、明确责任有利，故成为一个推广方式。

　　b. 专业工程承包。专业承包公司进行专业工程施工任务的承包。这种方式可有力地配合总承包方式。

　　c. 工程项目管理。工程项目管理企业对工程项目的组织实施进行全过程或若干阶段的管理和服务。它又分为两种方式：项目管理服务（PM）与项目管理承包（PMC）。项目管理服务指工程项目管理企业为业主编制可行性报告、进行可行性分析和项目策划，在工程项目实施阶段进行招标代理、设计管理、采购管理、施工管理和试运行等服务。项目管理承包指项目管理企业除了完成项目管理服务（PM）外，还完成合同约定的工程初步设计等工作。该方式有利于项目管理。

③按承包者的地位分类：

　　a. 总承包。即一个工程项目的全过程或其中的一个阶段的全部工作，由一个承包单位全面负责组织实施。适用于大型工程项目。

　　b. 部分承包。承包单位不直接与建设单位发生关系，而从总承包单位任务中分包一个单位工程或专业工程，并对总承包单位负责。

　　c. 独立承包。承包人依靠自身的力量完成承包任务，而不实行分包的承包方式。适用于小型工程项目。

　　d. 联合承包。由两个以上承包单位联合承包一项工程任务。统一与建设单位签订合同共同对建设单位负责，并协调他们之间的关系。由于这种方式可以形成更大的资金优势、技术优势和管理优势，故可用在特大工程项目上。

④按合同的计价方式分类：

　　a. 固定价合同。合同中确定的合同价格在实施期间不因价格的变化而调整。该方式又可分为固定总价合同和固定单价合同。该方式使承包人承担的风险很大。

　　b. 可调价合同。合同中确定的合同价在实施期间可随价格变化而调整。适合于工期较长的项目。建设单位承担通货膨胀的风险，承包人承担其他风险。

　　c. 成本加酬金合同。合同价由成本加酬金组成，其中的成本按现行计价依据计算，酬金则在成本的基础上，按一定的方式确定。该方式分为：成本加固定百分比酬金；成本加固定酬金；成本加奖罚；最高限额成本加固定最大酬金等。不同方式对承包人降低成本会产生不同的激励作用。

2. 工程项目管理模式

(1) 建设单位自管方式（企业基建部门负责制）

这种模式的特点是在工程项目的整个寿命周期内，一切管理工作都由建设单位临时组建的管理班子自行完成。这是一种小生产方式，只有一次教训，没有二次经验。

(2) 工程指挥部

这种模式将军事指挥方式引进到生产管理中，用行政手段管理生产，故难以全面符合生产规律和经济规律的要求，如图 1-3 所示。

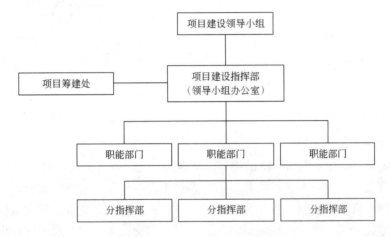

图 1-3　工程指挥部式管理模式

(3) 设计—招标—建造模式（传统管理模式）

这是国际上最为通用的模式，世行、FIDIC 施工合同条件、我国的工程项目法人责任制等都采用这种模式。这种模式的特点是：建设单位进行工程项目的全过程管理，将设计和施工过程通过招标发包给设计单位和施工单位完成，通过竣工验收交付给建设单位工程项目产品。由于这种模式是建立在具有长期积累的丰富管理经验基础之上的，因而有利于合同管理、风险管理和节约投资，如图 1-4 所示。

(4) CM（Construction Management）模式

CM 模式是一种新型管理模式，在这种模式下，业主、业主委托的 CM 经理、建筑师组成联合小组，共同负责组织和管理工程的规划、设计和施工。CM 经理对规划设计起协调作用，完成部分设计后即进行施工发包，由业主与承包人签订合同，CM 经理在实施中负责监督和管理。CM 经理与业主是合同关系，与承包人是监督、管理与协调关系，如图 1-5 所示。

一般在项目初期就任命了 CM 项目经理，他可以充分发挥自己的施工经验和管理技能，使设计、施工等环节合理地搭接，可以节省时间、缩短工期，并提高设计的"可施工性"。

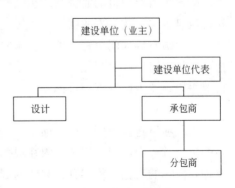

图 1-4　传统管理模式

CM 方式提供给业主的是咨询服务，获得的报酬是业主支付的咨询费，其工作重点是施工阶段的管理。

在 CM 方式中，实现了业主对项目的直接控制。

（5）管理承包（MC）模式

MC（Management Contracting）模式是业主直接找一家公司进行管理承包，并签订合同。设计承包人负责设计；施工承包人负责施工、采购及对分包人进行管理。设计承包人和施工承包人与管理承包人签订合同，而不与业主签订合同。这种方式加强了业主的管理，并使施工与设计做到良好结合，可缩短建设期限，如图 1-6 所示。

图 1-5　CM 管理模式　　　　　　图 1-6　管理承包模式

（6）BOT 模式

BOT 是 Build-Operate-Transfer 的缩写，即建造-运营-移交模式。它适用于大型基础设施、需要大量资金进行建设的工程项目。为了进行工程项目获得足够的资金，东道国政府开放市场，吸收国外资金，授给工程项目公司以特许权，由该公司负责融资和组织建设，建成后负责运营和偿还贷款，在特许期满时将工程无条件移交给东道国政府。这种形式的优点是既可解决资金不足，又可强化全过程的项目管理，可以大大提高工程项目的整体效益。

1.3.5　项目实施的政府监督

政府建设主管部门不直接参与工程项目的建设过程，而是通过法律和行政手段对项目的实施过程和相关活动实施监督管理。由于建筑产品所具有的特殊性，政府机构对工程项目实施过程的控制和管理比其他行业的产品生产都严格，它贯穿项目实施的各个阶段。政府对工程项目的监督管理主要在工程项目和建设市场两个方面。

1. 对项目的监督管理

我国政府对项目的监督管理包括对项目的决策阶段和项目的实施阶段的监督管理。按照我国政府机关行政分工的格局，大体上是项目的决策阶段由计划、规划、土地管理、环保、公安（消防）等部门负责；项目实施阶段主要由建设主管部门负责。它们代表国家行使或委托专门机构行使政府职能，依照法律法规、标准等，运用审查、许可、检查、监督、强制执行等手段，实现监督管理目标。

（1）建立工程项目的建设程序

工程项目建设程序是指一项工程项目从设想、提出到决策，经过设计、施工直至投产使用的整个过程中，应当遵循的内在规律和组织制度。工程项目是一次性任务，项目之间千差万别，但它的实施过程却有着共同的规律。只有尊重这个客观规律，按照科学的建设程序办事，项目建设才能取得预定的成效和综合的社会效益。

我国现行的工程项目建设程序是随着我国社会主义建设的进行，在不断总结长期工程项目建设经验的基础上逐步建立、发展起来的。1952年，我国出台了第一个有关建设程序的全国性文件，对基本建设的大致阶段做了规定；并在此基础上进行了多次修改和补充，形成了现行的比较科学的工程项目建设程序。

我国的工程项目建设程序在计划经济中产生，又长期在计划经济中运用和发展，因此计划经济体制的影响至今依然很深。但是，随着经济体制改革的深入，市场经济因素逐步渗透到工程项目建设程序中，使建设程序更加合理、更加科学。

(2) 工程项目决策阶段的监督管理

政府对项目决策阶段的监督管理包括宏观管理和微观管理。在宏观上，是确定固定资产投资规模、方向、结构、速度和效果；在微观上，则是对工程项目的审定，包括项目建议书和可行性研究报告的审批等工作。

①工程项目建议书的审批。根据我国现行规定，项目的性质不同，建议书的审批程序也不同。如对基本建设项目的建议书的审批规定是：大中型项目由国家发改委审批；投资在2亿元以上的重大项目，由国家发改委审核后报国务院审批；小型项目按隶属关系，由主管部门或省、自治区、直辖市的发改委审批；由地方投资安排建设的院校、医院及其他文教卫生事业的大中型基本建设项目，其项目建议书均不报国家发改委审批，由省、自治区、直辖市和计划单列市发改委审批，同时抄报国家发改委和有关部门备案。

②可行性研究报告的审批。可行性研究报告编制完成后，由投资部门正式报批。根据规定，大中型项目的可行性研究报告，由各主管部门、市、自治区或各全国性专业公司负责预审，报国家发改委审批或由国家发改委委托有关单位审批；重大或特殊项目的可行性研究报告，由国家发改委会同有关部门预审，报国务院审批；小型项目的可行性研究报告按隶属关系，由各主管部门、各省、市、自治区或全国性专业公司审批。

2004年国务院颁布了《关于投资体制改革的决定》，对于企业不使用政府投资建设的项目，一律不再实行审批制，区别不同情况实行核准制和备案制。

(3) 工程项目实施过程的监督管理

政府对项目实施过程的监督管理涉及工程项目实施的各个阶段、各个方面。主要有以下几个方面：

①设计文件审查。我国建设工程质量管理条例规定，业主应当将施工图纸设计文件报县级以上人民政府建设行政主管部门或者其他有关部门审查。没有经过审查批准的施工设计文件不得使用。

②建筑许可。建筑工程在开工前，业主应当按照国家有关规定向工程所在地县级以上人民政府建设行政主管部门申请领取施工许可证。对国务院建设行政主管部门确定的限额以下的小型工程，以及按照国务院规定的权限和程序批准开工报告的建筑工程不需领取施工许可证。业主应当在领取施工许可证之日起三个月内开工，因故不能开工的，应当向发证机关申请延期；延期以两次为限，每次不超过三个月。在建工程因故中止施工的，业主应当自中止施工起一个月内，向发证机关报告，恢复施工时也应当向发证机关报告；中止施工满一年的工程恢复施工时，业主应当报发证机关检验施工许可证。

③工程质量监督。工程项目质量的好坏，既影响到承发包双方的利益，也影响到国家和社会的公共利益，因此，国家实行工程质量监督制度。根据我国工程质量管理条例的规定，

住房和城乡建设部对全国的建设工程质量实施统一监督管理；铁路、交通、水利等部门按照国务院规定的职责分工，负责对全国的有关专业建设工程质量实施监督管理；县级以上地方人民政府建设行政主管部门对本行政区内的建设工程质量实施监督管理；县级以上地方人民政府交通、水利等有关部门在各自的职责范围内，负责本行政区域内的专业建设工程质量的监督管理。建设工程质量监督管理，可以由建设行政主管部门或者其他有关部门委托的建设工程质量监督机构具体实施。在履行监督检查职责时有权采取以下措施：

a. 要求被检查单位提供有关工程质量的文件和资料。

b. 进入被检查单位的施工现场进行检查。

c. 发现影响工程质量的问题时，责令改正。

工程质量监督的基本程序是：业主在领取施工许可证或者开工报告前，按照国家的有关规定办理工程质量监督手续，提交勘察设计资料等有关文件；监督部门在接到文件后确定该工程的监督员，提出监督计划，并通知业主、勘察设计单位、施工单位，按照监督计划依法实施监督检查。

④竣工验收管理。业主在接到建设工程竣工报告后，应当组织设计、施工、监理等单位进行竣工验收，验收合格后才可交工使用。业主在竣工验收合格之日起15日内，将建设工程竣工报告和规划、公安消防、环保等部门出具的认可或许可使用文件报建设行政主管部门或其他有关部门备案。

⑤安全与环保监督管理。安全与环保是工程项目建设的两个重要内容。它是关系到人民生活质量和生命财产的大事。政府各部门对安全与环保的监督管理贯穿于项目建设的全过程。

2. 对建筑市场的监督管理

市场是指商品供求关系的总和，所以，建筑市场可以理解为建筑产品供求关系的总和。建筑市场由建筑交易市场体系、生产要素市场体系、信誉体系、法律和监督管理体系组成，它的主体是发包方、承包方和中介服务方，它的客体主要是指各类工程项目。一个成熟的、秩序良好的建筑市场对建设事业的发展具有重大的推动作用，对国家政治经济的稳定也有很大的影响。因此，对建筑市场的监督管理是政府部门的一项重要任务。

（1）法律体系和监督管理体系的建立

市场经济是法制经济，为了实现市场调控，必须建立一套完整的法律体系。为了加强对建筑市场的管理，国家和有关部门陆续实施了《中华人民共和国建筑法》、《中华人民共和国合同法》、《中华人民共和国招标投标法》、《中华人民共和国反不正当竞争法》、《建设工程质量管理条例》等一系列法律法规，同时建立了一套与我国建筑市场发展相适应的监督管理体系。信誉体系对市场的运行有很大的影响，政府应该注意引导和鼓励建立一套与我国法律和文化相适应的信誉体系。

（2）市场主体的管理

为了规范业主的行为，我国建立了建设项目法人责任制。对从事工程勘察、设计、施工、监理、造价咨询等单位实行资质认证和审批制度，对它们的人员素质、管理水平、资金数量、业务能力等资质条件进行认证和审批，确定其所承担的业务范围，并核发相应的资质证书。规定从事建筑活动的专业技术人员必须取得相应的执业资格，并在执业资格证书许可的范围内从事建筑活动。

(3) 建筑产品的价格管理

价格是市场管理的重要因素，政府部门通过对建筑产品的宏观控制来实现对建筑市场的管理。

(4) 工程项目的合同管理

工程项目的合同管理是政府对建筑市场管理的重要内容之一，主要内容包括：

①制定和贯彻合同管理的法律法规、管理方法和实施细则。

②指导和督促有关单位按照国家法律、法规、政策订立工程项目的各种合同。

③调解和仲裁工程项目合同中的各种纠纷。

本章小结

本章对项目及项目管理的概念进行了重点论述。依据项目的定义可以正确认识经济生活中的项目和项目管理，并熟悉工程项目的分类。

项目管理是针对项目这种特殊的任务而进行的计划、组织、实施、协调与控制等活动，它是一门独立的学科体系，在实践和理论中越来越引起人们的重视。

建设工程项目管理在我国不断发展与完善，逐步形成了适合我国国情的建设工程项目中的交易方式和管理模式。

复习思考题

1. 项目管理的概念及其发展。
2. 项目管理的原理。
3. 项目管理的特点（对象、思想、组织、方式、要点、方法和工具等）。
4. 项目管理的主要内容。
5. 项目管理的主要方法有哪些？
6. 什么是工程项目？它有什么特点？
7. 工程项目按性质如何进行分类？
8. 工程项目按投资者不同如何分类？
9. 试述工程项目管理系统的构成。
10. 什么是工程项目管理？它有哪些特点？
11. 我国工程项目管理发展分为哪几个阶段？
12. 工程项目管理组织的职能有哪些？工程项目的交易方式有哪些类型？
13. 工程项目管理模式有哪些类型？各有什么特点？

第2章 工程项目过程管理

本章导读

本章主要介绍工程项目的管理过程。
1. 工程项目的生命周期及阶段划分。
2. 工程项目的启动过程与内容。
3. 工程项目可行性研究的概念、编制程序及内容。
4. 工程项目招投标及工程项目合同。
5. 工程项目计划与工程项目管理规划。
6. 项目的执行与控制。
7. 工程项目的后期管理。

2.1 项目的生命周期及工程项目管理过程

2.1.1 工程项目的生命周期

工程项目是一次性任务,因而它是有起点和终点的。工程项目生命周期是指一个项目从开始到结束所经历的全部时间或过程,工程项目的生命周期可以建设项目的生命周期为代表。例如,当一个组织准备识别某一可能的项目机会时,通常会进行项目的可行性研究,以决定是否应当进行这个项目。从项目生命周期的角度看,可行性研究是项目的第一个阶段。一旦项目通过了可行性研究并得到批准,那么,项目就进入实施阶段,签订合同、设计、施工等。最后,项目要进行竣工验收,并交付使用。所以,一般的工程项目生命周期可分为四个阶段,如图2-1所示。

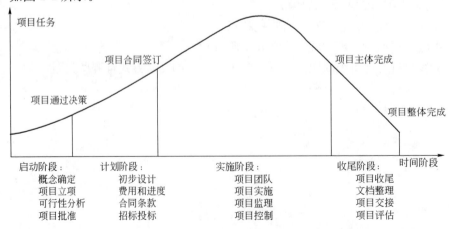

图2-1 工程项目的生命周期

尽管各类项目的生命期阶段的划分有所不同，但总体来看，可以分为概念阶段（Conceive，即启动阶段）、开发阶段（Develop，即计划阶段）、执行阶段（Execute，即实施阶段）和结束阶段（Finish，即收尾阶段）共四个阶段（简称为 C. D. E. F 阶段）。

（1）项目启动阶段

项目启动阶段包括项目构思、需求识别、项目团队或组织，根据客户需求提出需求建议书、方案策略、项目立项、可行性分析、项目评估等。

（2）项目计划阶段

这个阶段是建立解决问题的方案，包括项目背景描述、目标确定、范围计划定义、工作分解排序、进度安排、资源计划、费用估计与预算、质量保证体系、招投标。

（3）项目实施阶段

项目实施阶段是具体实施解决方案，以保证项目目标的最终实现。包括采购计划，招标采购，合同管理、履行与收尾，实施计划，安全计划，进度控制，费用控制，质量控制，安全控制，范围变更控制，现场管理与环境管理。

（4）项目收尾阶段

项目收尾阶段包括范围确认，质量验收，费用决算与审计，项目资料与验收，项目交接与清算，项目审计，项目评估。

2.1.2 工程项目管理过程

项目管理是由多个过程组成的大过程。过程是指产生某种结果的行动序列。对于组成项目的每个阶段的管理过程，将它们分组，则有五个基本的管理过程——启动过程、计划过程、执行过程、控制过程和收尾过程，如图 2-2 所示。

（1）启动过程——批准一个项目或阶段，并且有意往下推进的过程。

（2）计划过程——界定并改进项目目标，从各种备选方案中选择最好的方案，以实现所承担项目的目标。

（3）执行过程——协调人员和其他资源以执行计划。

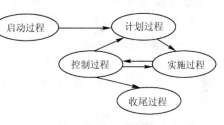

图 2-2　项目的过程

（4）控制过程——通过定期监控和测量进展，确定实际状况与计划存在的偏差，以便在必要时采取纠正措施，从而确保项目目标的实现。

（5）收尾过程——对项目或阶段的正式接收，进而使项目达到有序的收尾。

项目生命周期的每一个阶段都包含了这五大过程，每一个过程都有从输入转化为输出的彼此相关的资源和活动。项目管理过程的这五个分组彼此界限并不分明，而是交叠的。

2.1.3 工程项目建设程序

工程项目的建设程序是指一项工程从设想、提出决策，经过决策论证、工程设计、工程施工，直到投产使用的全过程的各阶段、各环节及各主要工作内容之间必须遵守的先后次序。

目前，我国建设项目的基本建设程序分为五个阶段，即工程建设前期决策阶段、工程建设准备阶段、工程建设实施阶段、工程建设验收阶段及工程保修阶段。

1. 工程建设前期决策阶段的过程

工程建设前期决策阶段的主要工作是对工程项目投资的合理性进行考察与分析，选择合适的投资项目。这个阶段对于工程项目投资者来说非常重要，主要包含投资意向、投资机会分析、项目建议书、可行性研究、审批立项几个环节。

（1）投资意向

投资意向是工程项目的投资人发现社会上存在合适的投资机会所产生的投资愿望。投资意向是工程建设活动的起点，也是工程建设活动得以进行的必备条件。

（2）投资机会分析

投资机会分析是工程项目的投资人对投资机会是否合适、有无良好的投资回报等所进行的初步考察和分析。

（3）项目建议书

项目建议书是投资机会分析结果文字化后所形成的书面文件，以便投资者分析与抉择。项目建议书的主要内容是对工程项目拟建的必要性、建设的客观可行性及获利的可能性所进行的论述。项目建议书是工程项目的投资者向国家提出要求建设某一建设项目的建议文件，是对建设项目的轮廓设想。

（4）可行性研究

在项目建议书获得批准之后，应当对拟建设项目在技术上是否可行、经济上是否合理进行科学的分析和论证，为项目决策提供理论依据。

可行性研究应当对建设项目所涉及的社会、经济、技术问题进行深入的调查研究，进行多方案比较、优化；对建设项目建成后的经济、社会效益进行科学的预测和评价，提出该项目是否可行的结论性意见。

（5）可行性研究报告的审批立项

可行性研究报告是确定建设项目、编制设计文件的主要依据，在建设程序中居于主导地位，一方面把国民经济发展计划落实到建设项目上，另一方面使项目建设或建成投产后所需的人、财、物有可靠的保证。批准后的可行性研究报告是初步设计的依据，不得随意修改或变更。

2. 工程建设准备阶段的过程

工程建设准备是为工程的勘察、设计与施工创造条件所进行的建设现场、施工队伍、建设设备等方面的准备工作。这一阶段主要包括规划、征地、拆迁、报建、工程承发包等主要环节。

3. 工程建设实施阶段的过程

勘察设计是工程项目建设的重要环节，设计文件是制订计划、组织工程施工和控制建设投资的依据，对实现工程项目投资者的愿望起关键作用。勘察设计主要包括工程水文、地质勘测和工程测量，是工程设计必需的原始资料和数据。工程设计包括建筑设计和结构设计两大部分。

施工准备包括工程施工单位在技术、人员、物资等方面对工程施工所做的准备，以及建设单位取得开工许可证。

工程施工是施工队伍具体配置各种施工要素，将工程设计物转化为建筑产品的过程，也是劳动力投入量最大、所耗费时间较长的工作。工程施工管理水平的高低、工作质量的好坏对建设项目的质量和所产生的效益起着十分重要的作用。

4. 工程竣工验收阶段的过程

工程竣工验收是全面考核建设工作，检查是否符合设计要求和工程质量的重要环节，对促进建设项目及时投产，发挥经济效益，总结建设经验有着重要作用。

5. 工程保修阶段的过程

为使建设项目在竣工验收后达到最佳使用条件和使用寿命，施工企业在工程移交时，必须向建设单位提出建筑物及设备使用和保养要领，并在用户开始使用后，认真执行移交后的回访和保修。

2.2 工程项目的启动

2.2.1 工程项目的启动过程

1. 项目启动的概念

启动过程是指开始一个项目或阶段，并且有意往下进行的过程。在一个新工程项目的启动过程中，通常要进行项目构思、情况调查、问题定义、提出项目因素、建立目标系统、目标系统优化、项目定义、项目建议书、可行性研究、项目决策等工作。在项目开始阶段，启动过程的主要成果就是形成一个项目章程和任命项目经理。另外，在项目的每一个阶段也都会有启动过程。启动过程的结果，包括一些项目的初始文件、项目章程、项目经理任命、项目关键的约束、假设条件等。具体工作内容如图 2-3 所示。

2. 项目经理的聘任和项目班子的组建

项目正式开始有两个明确的标志：一是任命项目经理，建立项目管理班子；二是获得项目许可证书。一般来说，应当尽可能早地选定项目经理，并将其委派到项目上去。项目经理无论如何要在项目计划执行之前确定。

2.2.2 工程项目启动的内容

工程项目启动是指把项目建设意图转换成定义明确、系统清晰、目标具体，且具有策略性运作思路的系统活动过程。具体来说，项目策划人员根据项目投资者总的目标要求，通过对工程项目进行系统分析，对项目活动的整体战略进行运筹规划，以便在项目建设活动的时间、空间、结构、资源多维关系中选择最佳结合点，并展开项目运作，为保证项目完成后获得满意的经济效益、环境效益和社会效益提供科学的依据，并最终启动该项目。具体有以下工作内容：

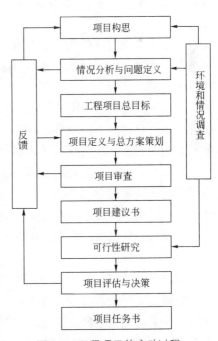

图 2-3 工程项目的启动过程

1. 工程项目的构思

工程项目构思是工程项目建设活动的起点,是对工程项目建设的基本构想,是项目策划的初始步骤。

项目构思是指对策划整体的抽象描述,是成功策划的关键。工程项目构思是一种概念性的策划,是在总目标的指导下,从现实和经验中得出项目策划的一系列前提和假设,并在此基础上形成项目的大致策划轮廓,再对这些策划的轮廓进行论证和选择才形成项目的构思。具体构思内容如图2-4所示。

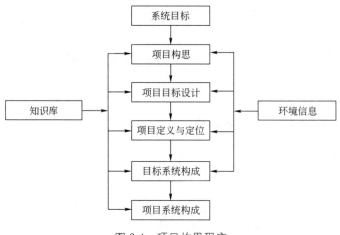

图2-4 项目构思程序

（1）工程项目构思需考虑的因素

①通过市场调研发现新的投资机会、有利的投资领域。如某种产品有庞大的市场容量或潜在市场,应该开辟这个市场;工程项目应以市场为导向,应有市场的可行性和可能性分析。

②上层系统运行存在问题或困难。例如,某地方住房紧张,对住房有巨大的市场需求;市场上某些物资供应紧张,这些问题和困难如果必须由工程项目来解决,这就产生了对工程项目的需求。

③为了实现上层系统的发展战略。例如,为了解决国家、地区的社会发展问题,使经济腾飞,必然有许多工程项目。战略目标和计划常常都是通过工程项目来实施的,所以,一个国家或地区的发展战略或发展计划常常包容许多新的工程项目。对国民经济计划、产业结构和布局、产业政策、社会经济增长状况的分析可以预测项目的机会。在做项目目标设计和项目评价时必须考虑对总体战略的贡献。一个国家、一个地区、一个产业如果正处于发展时期、上升时期,有很好的发展前景,则它必然包容或将有许多工程项目机会。

④项目业务机会。许多企业以工程项目作为基本业务对象,如工程承包公司、成套设备的供应公司、咨询公司、造船企业、国际合作公司和一些跨国公司,在它们业务范围内的任何工程信息（如招标公告）,都是它们承接业务的机会,都可能产生项目。

⑤通过生产要素的合理组合,产生项目机会。现在许多投资者、项目策划者常常通过国际生产要素的优化组合,策划新的项目。最常见的是通过引进外资,引进先进的设备、生产工艺与当地的廉价劳动力、原材料和已有的生产能力组合,生产符合国际市场需求的产品,

产生高效益的工程项目。

在国际工程中,许多承包商通过调查研究,在业主尚未有项目意识时就提出项目构思,并帮助业主进行目标设计、可行性研究、技术设计,以获得这个项目的承包权。这样业主和承包商都能获得非常高的经济效益。

⑥其他。例如,现代企业的资产重组、资本运作、变更管理、创新都会产生项目机会。

项目构思的产生是十分重要的。它在初期可能仅仅是一个"点子",但却是一个项目的萌芽,投资者、企业家及项目策划者对它要有敏锐的感觉,要有艺术性、远见和洞察力。

(2) 构思的选择主要考虑的因素

①技术方面的考虑,在目前现有的技术条件下,项目构思能否实现。

②经济方面的考虑,现有的经济条件能否满足建设需要或项目是否符合经济发展现状。

③法律法规方面的限制,任何项目建设都不能违背国家和地方法律法规的规定,否则应承担法律责任。

④投资效益方面,无论是公益性建设、城市基础设施建设,还是单纯的盈利性开发项目都要考虑该项目建设能否起到推动经济、社会或企业的发展,或能否提高人们生活水平的目的。

总之,项目构思的选择,无论最终是形成一个构思还是多个构思,都需要在项目自身的社会背景和经济条件下,结合自身能力,进行优化选择。

2. 项目目标设计

项目目标是对项目预期结果的期望和描述。项目要取得成功必须有明确、可实现的目标。准确地设定项目目标,是整个策划活动能够解决问题、取得效果的必要前提。

项目目标设计包括项目总目标体系设定和总目标的分解。

首先,进行项目总体目标的设定,通过对项目投资者基本情况的了解与分析,正确把握投资者的战略发展思路;其次,进行环境信息的收集与分析;最后,提出项目目标因素,并建立目标系统。目标因素是指目标的构成要素,如经济性目标、时间性目标等。目标要素的提出应尽可能的明确、详细、定量化。在目标因素的基础上进行整合、排序、选择和结构优化处理,形成目标系统,并给予相应的描述。

3. 项目的定义与定位

项目的定义是描述项目的性质、用途、建设范围和建设的基本内容。项目的定位是描述和分析项目的建设规模、建设水准,描述项目在社会经济发展中的地位、作用和影响力。

项目的定义与定位要注意围绕策划的主题,策划主题是策划工作的中心思想。项目构思只是提出项目策划的概念,是比较抽象的;主题比较具体,是感性的。把握策划主题应使项目目标、明确策划对象的信息个性、满足参与者的心理需求三个方面有机结合。项目目标是策划的宗旨,主题必须服从和服务于项目目标,策划才能做到有的放矢。策划对象的信息个性是指策划对象区别于其他事物的特点。策划的项目具有鲜明的特点,才有生命力,才能引起项目参与者的兴趣。参与者的心理需求是指潜藏在参与者心底的欲望和追求,项目策划只有满足参与者的心理欲望,才能引起参与者的共鸣,使策划得以顺利实施。主题开发是项目定义与定位的灵魂,它需要丰富的想象力和创造力。

(1) 确定项目的地位

项目地位的确定应该与人们的生活需要、企业的发展规划、城市或区域的发展规划及国家的发展规划紧密结合，通过确定项目的地位明确项目建设的重要性和必要性。在确定项目地位时应分别从政治、经济、社会等不同角度加以分析。

(2) 确定项目的影响力

确定项目的影响力也就明确了项目市场的影响范围，即明确了市场定位，从而明确了项目未来建设的目标和内容应围绕着哪些群体的需求而设计。

项目定义和定位的最终目的是明确项目的基本方针，确定项目建设的宗旨和方向，是项目策划的关键环节，也是项目系统设计的前提。

4. 项目系统设计

工程项目的系统设计是工程项目前期策划的重要内容，也是工程项目实施的依据。工程项目的系统设计既包括工程项目的目标系统设计，也包括工程项目的实施系统设计。将经过定义与定位的项目，在时间、空间、结构、资源多维关系中进行运筹安排，找出实施的最佳结合点，形成项目策划的实施系统。项目目标系统应能详细描述项目的总体功能、项目系统内部各单项单位工程的构成，以及各自的功能和相互关系、项目内部系统与外部系统的协调和配套关系、实施方案及其可能性分析。

(1) 工程项目的目标系统设计

工程项目的目标系统设计需按照不同的性质和不同的层次定义系统的各级控制目标。因此，工程项目的目标系统设计是一项复杂的系统工程，具体步骤包括：

①情况的分析。工程项目情况的分析是工程项目目标系统设计的基础，是以该项目构思为依据，对工程项目系统内部条件和外部环境进行调查，并给予综合分析与评价。它是对工程项目构思的进一步确认，并可以为项目目标因素的提出奠定基础。其主要工作是对项目的内外部条件进行调查与分析。

a. 工程项目的内部条件分析　　工程项目的内部条件主要是指对工程项目建设单位（业主）的情况分析，包括对业主本身已经具备的建设和运营条件分析，对项目建设未来发展的预测。

b. 工程项目的外部环境分析　　工程项目的外部环境分析主要包括工程项目的自然环境分析、市场环境分析、社会环境分析、技术环境分析、文化环境分析及法律法规环境等方面的分析。因为外部环境复杂、变化性大，所以外部环境分析应力求全面，并且对于不同性质的项目应突出不同的侧重点。比如，工业开发项目应着重分析当地的资源贮备情况、气候条件，而房地产开发项目要求对当地的经济条件、市场需求状况进行重点的调查与分析。

②问题的定义。问题的定义是目标设计的依据，是目标设计的诊断阶段，其结果是提供项目拟解决问题的原因、背景和界限。

问题的定义过程又是问题识别和分析的过程，工程项目拟解决的问题可能是由几个问题组成，而每个问题可能又是由几个问题组成。另外，有些问题会随着时间的推移或减弱或更加严重。问题定义的关键就是要发现问题的本质并能够准确预测问题的变化趋势，从而制定有效的策略和目标来达到解决问题的目的。

③目标因素的提出。问题定义完成后，在建立目标系统之前还需要确定目标因素。目标因素的提出应该以工程项目的定义和定位为指导、以问题的定义为基础加以确定。在目标因素的提出过程中，应注意以下问题：

a. 要建立在情况分析和问题定义的基础上；

b. 要反映客观实际，不能过于保守，也不能够过于夸大；

c. 目标因素需要一定的弹性；

d. 目标因素是动态变化的，要求具备一定的时效性。

④目标系统的建立。在目标因素确定后，经过一定的结构化就可以形成项目的目标系统。工程项目的建设目标一般情况下并不是唯一的，工程项目的建设过程是工程项目系统多目标优化的过程。工程项目的各种目标构成了项目的目标系统，具体来说，目标系统是由工程项目的各级目标按照一定的从属关系和关联关系而构成的目标体系。

(2) 工程项目实施系统策划

工程项目的实施是项目建设目标得以实现，项目能够投入正常运营的保证。项目实施策划主要包括项目的组织策划、项目的目标控制策划和项目的采购策划三部分内容。

①工程项目的组织策划。这里所说的项目组织策划有两方面的含义：一是指为了使项目达到既定的目标，确立全体项目参加者的分工、协作、相互地位、责任和权利，从而形成组织框架；二是指对项目的实施方式及实施过程的工作任务和流程的组织。因而，项目组织策划包括项目管理机构的组织策划和工程项目实施方式策划。

项目管理机构组织形式策划的目的是确定项目管理机构的组织形式，即工程项目的业主根据工程项目的特点，为了完成既定的工程项目建设目标而采用的管理组织结构。

工程项目实施方式策划的目的是确定工程项目实施的组织管理模式，即工程项目在实施过程中工程项目参与各方之间的组织关系。

工程项目组织策划的内容和程序如下：

a. 确定工作任务　即根据项目目标体系来制定工程项目需要完成的任务，这是项目管理机构组织策划的首要步骤。

b. 选择合适的项目管理组织形式　直线式、项目式、职能式和矩阵式等组织形式有不同的优缺点和具体的适用情况，在项目组织结构策划过程中，要根据项目的具体特点合理采用，并适当调整和变更。

c. 确立组织结构、划分工作部门　在项目管理组织形式确定的前提下，结合项目的特点和工作需要，确定项目管理组织的结构层次和工作部门，在这个过程中要注意管理跨度和管理界面的限制。

d. 确定岗位职责、初步落实相关责任人员　岗位职责的设置要充分遵循责权一致的原则；在选择相关岗位的责任人员时，要最大限度地为工作人员提供发挥才能的空间。

e. 制定工作制度和工作流程　这是项目管理机构组织策划的最后一个环节，就是在已经建立好的组织机构中确定工作的基本制度，并规范各部门工作流程的组织和制定一套完整、规范且标准的工作流程，以此来保证项目管理组织的高效运作。

②工程项目的目标控制策划。工程项目目标包括投资、进度、质量三大目标，以及安全、文明施工等目标。工程项目的目标控制就是通过对工程项目实施过程中各种因素的分析，采取科学有效的方式、方法对工程项目进行控制，使工程项目目标能达到预期的要求。

工程项目目标控制的策划是项目实施策划的重要组成部分，其目的是通过制订科学的目标控制计划和实施有效的目标控制策略使项目的预定目标得以实现。工程项目目标控制策划主要包括以下内容：

a. 分析目标控制的过程　不同工程项目，其目标控制的过程和目标控制的侧重点是不同的，所以在目标控制策划阶段，首先要对目标控制的过程进行分析和确认。工程项目的目标控制过程包括投入的控制、实施过程的控制、实施结果与目标的对比分析和目标纠偏控制。

b. 调查目标控制的环境　工程项目目标控制环境的调查是对工程项目建设前期环境调查和分析工作的深化与拓展，主要是针对工程项目目标控制过程中影响工程项目目标实现的各种因素的调查，要求其调查内容具体、全面。

c. 确立目标控制的方案　在工程项目目标控制环境调查的基础上，根据工程项目实施所面对的实际环境、控制目标的性质、控制目标的层次，制定相应的目标控制方案。

d. 制定目标控制的措施　工程项目的目标控制措施包括组织措施、技术措施、经济措施和合同措施等。

③工程项目的采购策划。工程项目的采购是指从工程项目系统外部获得商品和服务的整个过程，主要包括工程建设材料、设备的采购和工程招标。采购是工程项目成功与否的保证，是工程项目实施的重要环节。因此，必须在采购之前进行采购方案策划，并制订详细而周密的采购计划，以保证工程项目建设的顺利进行。

工程项目采购策划的指导思想：

a. 降低采购成本　工程项目的采购成本是工程项目建设成本的重要组成部分，采购成本控制是工程建设成本控制的重要环节。在制定采购策略时，必须把降低采购成本作为工程项目采购的基本指导思想，从降低采购成本的角度考虑如何制订工程项目的采购策略。

b. 保证公开、公平和公正的竞争环境　采购过程应该遵循公开、公平和公正的基本原则，给每个竞争者提供平等的竞争机会。这样不仅可以使竞争者在良好的竞争环境中充分展示其能力，而且最终的获益者是项目的业主。通过公开、公平和公正的竞争，业主通常可以以较为低廉的价格而获得较为良好的服务。另外，公开、公平和公正原则可以增加工程项目采购过程的透明度，从而有效防止腐败现象的发生。

c. 提高采购过程效率　某些大型工程项目的采购过程错综复杂，涉及的采购项目可能大约有上千种。为了保证项目的顺利实施，必须提高采购过程效率。采购的延期是影响工程工期的重要原因之一。因此，在采购过程中一定要根据项目本身的具体情况来选取合适的采购方式，以提高效率。以国际竞争性招标采购为例，国际竞争性招标采购虽然是公认的一种好的采购方式，但是并不意味着项目所有的采购都采取这一方式。例如，我国的土建施工单位不仅劳动力便宜，而且施工能力也很强，如果在土建工程招标时也采用国际竞争性招标方式，往往会造成招标工作更加烦琐，从而难以得到更好的采购结果。另外，对于一些特殊的情况，还可以采用一些非招标采购方式，如国际询价采购、国内询价采购和直接采购等。这些都可以有效提高项目的采购效率。

5. 策划报告

策划报告的拟定是将整个策划工作逻辑化、文件化、资料化和规范化的过程，它的结果是项目策划工作的总结和表述。项目策划报告书不但要有丰富、翔实的内容，能够完全表达项目策划人的意图，而且还要具有简捷、生动、吸引人的表达方式。

2.2.3　工程项目的可行性研究

1. 工程项目可行性研究的概念

项目可行性研究是指对某工程项目在做出是否投资的决策之前，先对该项目相关的技术、经济、社会、环境等所有方面进行调查研究，对项目各种可能的拟建方案认真地进行技术经济分析论证，研究项目在技术上的先进适用性，在经济上的合理有利性和建设上的可能性，对项目建成后的经济效益、社会效益、环境效益等进行科学的预测和评价，据此提出该项目是否应该投资建设，以及选定最佳投资建设方案等结论性意见，为项目投资决策提供依据。

可行性研究是在工程投资决策之前，运用现代科学技术成果，对工程项目建设方案所进行的系统的、科学的、综合的研究、分析、论证的一种工作方法。它的目的是保证拟建项目在技术上先进可行、经济上合理有利。

项目可行性研究工作是项目重要的前期工作之一，通过可行性研究，使项目的投资决策工作建立在科学、可靠的基础上，从而实现项目投资决策的科学化，减少或避免投资决策的失误，提高项目的经济效益和社会效益。

2. 可行性研究的作用

可行性研究的主要作用有：

(1) 作为工程项目投资决策的依据

可行性研究对与工程项目有关的各个方面都进行了调查研究和分析，并论证了工程项目的先进性、合理性、经济性和环境性，以及其他方面的可行性。项目的决策者主要是根据可行性研究的结果来做项目是否应该投资和应该如何投资的可行性决策。

(2) 作为编制设计任务书的依据

可行性研究中具体研究的技术经济数据，都要在设计任务书中明确规定，它是编制设计任务书的根据。

(3) 作为筹集资金和银行申请贷款的依据

银行在接受项目贷款申请后，通过审查工程项目的可行性研究报告，确认项目的经济效益水平和偿还能力，只有在其承担的风险不太大时，才同意贷款。

(4) 作为与有关协作单位签订合同或协议的依据

根据可行性研究报告和设计任务书，与有关协作单位签订项目所需的原材料、能源、资源和基础设施等方面的协议和合同，以及引进技术和设备的正式签约。

(5) 作为工程项目建设的基础资料

工程项目的可行性研究报告，是工程项目建设的重要基础资料。项目建设过程中的技术性更改，应认真分析其对项目经济社会指标的影响程度，并将这些指标作为项目实施目标控制的重要依据。

(6) 作为环保部门审查项目对环境影响的依据

工程项目的可行性研究报告作为项目对环境影响的依据供环保部门审查，并作为向项目所在地政府和规划部门申请建设执照的依据。

(7) 作为项目的科研试验、机构设置、职工培训、生产组织的依据

根据批准的可行性研究报告，进行与项目相关的科研试验，设置相应的组织机构，进行职工培训等生产准备工作。

(8) 作为项目考核的依据

项目正式投产后，应以可行性研究所制定的生产纲要、技术标准及经济社会指标作为项目考核的标准。

3. 可行性研究的阶段

建设工程项目可行性研究是一个由粗到细的分析研究过程。可行性研究工作一般可分为投资机会研究、初步可行性研究、详细可行性研究和项目评估。投资机会研究、初步可行性研究、详细可行性研究的目的、任务、要求及所需费用和时间各不相同,其研究的深度和可靠程度也不同。

(1) 投资机会研究

机会研究主要是对各种设想的项目和投资机会做出鉴定,并确定有没有必要做进一步的研究。性质比较粗略,主要依靠估计,而不是靠详细的分析。其投资估算误差程度在±30%,研究费用一般占投资的0.2%~1.0%。

(2) 初步可行性研究

在工程项目的规划设想经过机会研究,认为值得进一步研究时,就进入了初步可行性研究阶段。初步可行性研究是投资机会研究和详细可行性研究的一个中间阶段。由于详细地提出可行性报告,是一项很费钱和费时的工作,所以在它之前要进行初步可行性研究,它的主要任务是:进一步判断投资机会是否有前途;是否有必要进一步进行详细的可行性研究;确定项目中哪些关键性问题需要进行辅助的专题研究。初步可行性研究的内容与详细可行性研究大致相同,只是工作的深度和要求的精度不一样。初步可行性研究投资估算的误差一般在±20%,其研究费用一般占投资的0.25%~1.0%。

(3) 详细可行性研究

详细可行性研究也称为技术经济可行性研究,是工程项目投资决策的基础,为项目投资决策提供技术、经济、社会和环境方面的评价依据。它的目的是通过进行深入细致的技术经济分析,进行多方案选优,并提出结论性意见。它的重点是对项目进行财务效益和经济效益评价,经过多方案的比较选择最佳方案,确定项目投资的最终可行性和选择依据标准。

详细可行性研究要求有较高精度,它的投资估算误差要求为±10%,其研究的费用小型项目约占投资的1.0%~3.0%,大型项目为0.2%~1.0%。

(4) 项目可行性研究报告的评估

可行性研究报告的评估是投资决策部门组织或委托有资质的工程咨询公司、有关专家对工程项目可行性研究报告进行全面的审核和评估。它的任务是:通过分析和判断项目可行性研究报告的正确性、真实性、可靠性和客观性,对可行性报告进行全面的评价,提出项目是否可行,并确定最佳的投资方案,为项目投资的最后决策提供依据。评估报告主要包括:项目概况,主要是说明项目的基本情况,提出综合结论意见;评估意见,是对可行性研究报告的各项内容提出的评估意见及综合结论意见;问题和建议,主要是指出可行性报告中存在的或遗留的重大问题、潜在的风险,提出解决问题的途径和方法,建议有关部门采取的措施和方法,并提出下一步工作的建议。

4. 可行性研究的步骤

工程项目可行性研究的工作程序可分为以下几个步骤:

(1) 筹划准备

项目建议书被批准后,建设单位即可组织或委托有资质的工程咨询公司对拟建项目进行可行性研究。双方应当签订合同协议,协议中应明确规定可行性研究的工作范围、目标、前提条件、进度安排、费用支付方法和协作方式等内容。建设单位应当提供项目建议书和项目有关的背景材料、基本参数等资料，协调、检查监督可行性研究工作。可行性研究的承担单位在接受委托时，应了解委托者的目标、意见和具体要求，收集与项目有关的基础资料、基本参数、技术标准等基准依据。

(2) 调查研究

调查研究包括市场、技术和经济三个方面的内容，如市场需求与市场机会、产品选择、需要量、价格与市场竞争；工艺路线与设备选择；原材料、能源动力供应与运输；建厂地区、地点、场址的选择，建设条件与生产条件等。对这些方面都要做深入的调查，全面地收集资料，并进行详细的分析研究和评价。

(3) 方案的制订和选择

这是可行性研究的一个重要步骤。在充分调查研究的基础上制订出技术方案和建设方案，经过分析比较，选出最佳方案。在这个过程中，有时需要进行专题性的辅助研究，有时要把不同的方案进行组合，设计成若干个可供选择的方案，这些方案包括产品方案、生产经济规模、工艺流程、设备选型、车间组成、组织机构和人员配备等方案。在这个阶段有关方案选择的重大问题，都要与建设单位进行讨论。

(4) 深入研究

对选出的方案进行详细的研究，重点是在对选定的方案进行财务预测的基础上，进行项目的财务效益分析和国民经济评价。在估算和预测工程项目的总投资、总成本费用、销售税金及附加、销售收入和利润的基础上，进行项目的盈利能力分析、清偿能力分析、费用效益分析和敏感性分析、盈亏分析、风险分析，论证项目在经济上是否合理有利。

(5) 编制可行性研究报告

在对工程项目进行了技术经济分析论证后，证明项目建设的必要性、实现条件的可能性、技术上的先进可行性和经济上的合理有利性，即可编制可行性研究报告，推荐一个以上的项目建设方案和实施计划，提出结论性意见和重大措施建议供决策单位作为决策依据。可行性报告有它特有的要求和格式，编写时要注意形式的规范化。

5. 工程项目可行性研究报告的主要内容

工程项目种类繁多，建设要求和建设条件也各不相同，因此，项目可行性研究的内容也各有侧重。但是，根据可行性研究的实践，各类工程项目研究的基本内容还是相同的，一般情况下，建设项目可行性研究报告包括以下内容：

(1) 总论：项目背景，可行性研究结论，主要技术经济指标表，存在问题及建议。

(2) 项目背景和发展概况：项目提出的背景，项目发展概况，投资的必要性。

(3) 市场分析与建设规模：市场调查，市场预测，市场推销战略，产品方案和建设规模，产品销售收入预测。

(4) 建设条件与地址选择：资源和原材料、建议地区的选择，地址选择。

(5) 技术方案：项目组成，生产技术方案，总平面布置和运输，土建工程，其他工程。

(6) 环境保护与劳动安全：建设地区的环境现状，项目主要污染源和污染物，项目拟采用的环境保护标准，治理环境方案，环境监测制度的建议，环境保护投资估算，环境影响评估结论，劳动保护与安全卫生。

(7) 企业组织和劳动定员：企业组织，劳动定员和人员培训。

(8) 项目实施进度安排：项目实施的各阶段，项目实施进度表，项目实施费用。

(9) 投资估算与资金措施：项目总投资估算，资金筹措，投资使用计划。

(10) 财务效益、经济和社会效益评价：生产成本和销售收入估算，财务评价，国民经济评价，不确定性分析，社会效益和社会影响分析。

(11) 项目风险分析及风险防控。

(12) 可行性研究结论与建议：结论与建议，附件，附图。

可行性报告的结果并不一定可行，也可能是得出在目前条件下不可行的结论，这是完全正常的。如果限定必须证明可行，那么可行性分析就没有意义了。甚至可以说，判断不可行性比判断可行性的收获还大，因为这避免了巨大的浪费。如果把大量的人力物力投入一个客观条件不具备、事先就认定是一个劳而无功的项目，其损失将是难以预计的。另外，可行性分析的结果也有可能是要求做一些局部性的修改，例如修改某些目标、追加某些资源、等待某些条件的成熟再实施项目等。

6. 工程项目可行性研究报告的审查与批准

(1) 业主对可行性研究报告的审查

建设工程项目可行性研究报告是业主做出投资决策的依据。因此，业主要对可行性研究报告进行详细的审查和评价。业主对可行性研究报告进行审查的主要内容包括：

①审查市场预测是否准确，项目规模是否经济合理，产品的品种、性能、规格构成和价格是否符合国内外市场需求的趋势及有无竞争能力。

②审查选址是否合理，总体布置方案是否符合国土规划、城市规划、土地管理和文物保护的要求和规定。

③审查建设工程项目有无不同方案的比选，推荐的方案是否经济、合理。

④审查建设工程项目采用的标准是否符合国家的有关规定，是否贯彻了勤俭节约的方针。

⑤审查投资估算的依据是否符合国家或地方的有关规定，工程内容和费用是否齐全，有无高估冒算、任意提高标准、扩大规模，以及有无漏项、少算、压低造价等情况。

⑥审查资金筹措方式是否可行，投资计划安排是否得当。

⑦审查各项成本费用计算是否正确，是否符合国家有关成本管理的标准和规定。

⑧审查产品销售价格的确定是否符合实际情况和预测变化趋势，各种税金的计算是否符合国家规定的税种和税率。

⑨审查和分析计算期内各年获得的利润额。

⑩审查确定的项目建设期、投产期、生产期等时间安排是否切实可行。

⑪审查项目的投入费用、产出效益、偿还贷款能力，以及外汇效益等财务状况，由此判断项目财务上的可行性。

⑫审查内部收益率、净现值、投资回收率、投资利润率、投资利税率、借款偿还期、外汇净现值、财务换汇成本等指标的计算是否准确。

⑬对盈亏平衡分析、敏感性分析进行鉴定，以确定项目在财务上、经济上的可靠性和抗风险能力。

业主对以上各方面的内容进行审查后，对项目的投资机会进一步做出总的评价，进而做出投资决策。若业主认为推荐方案成立时，可就审查中所发现的问题，要求咨询单位对可行性研究报告进行修改、补充、完善，提出结论性意见并上报有关部门审批。

(2) 可行性研究报告的报批

按照国家的有关规定，可行性研究报告的审批权限划分为以下几级：

①大中型和限额以上项目的可行性研究报告，按照项目隶属关系由行业主管部门或省、市、自治区和计划单列市审查同意后，报国家发改委。国家发改委委托中国国际工程咨询公司等有资格的咨询公司，对可行性研究报告进行评估，提出评估报告后，再由国家发改委审批。凡投资在2亿元人民币以上的项目由国家发改委审核后报国务院审批。

②地方投资安排的地方院校、医院及其他文教卫生事业的大中型基本建设项目，可行性研究报告由省、市、自治区和计划单列市发改委审批，抄报国家发改委和有关部门备案。

③2004年7月颁布的《国务院关于投资改革的决定》，明确规定：对企业不使用政府投资建设的项目，一律不再实行审批制。政府仅对少数重大项目和限制类项目就是否关系经济安全、影响资源环境、涉及整体布局等公共性问题进行核准，其他项目均由审批制改为登记备案制。本着"谁投资、谁决策、谁收益，谁承担风险"的原则，在不使用政府资金的投资项目中，可行性报告已无须提交。如果企业想投资建设一个项目，由企业自主决策，自担风险，并依法办理相关手续。

政府行政审批的等级一般分为审批、审核、核准和备案等，核准制要求的内容比审批制要简化得多，对国内企业来说，核准制主要从维护经济安全、合理开发利用资源、保护生态环境、优化重大布局、保障公共利益、防止出现垄断等方面进行核准。对于外商投资项目，政府还要考虑对其市场准入、资本项目管理、经济安全、环保、资源利用等方面进行核准。

2.3 工程项目招投标及工程项目合同

2.3.1 工程项目招投标

1. 建设工程招投标的基本概念

招标投标是市场经济条件下进行大宗货物的买卖、建设工程项目的发包及服务项目的采购与提供时，所采用的一种交易方式。招标投标的目的是为了签订合同，其特点是单一的买方设定，包括以功能、质量、期限、价格为主的标的，邀请若干卖方通过投标报价进行竞争，买方从中选择优胜者并与其达成交易协议，随后按合同实现标的。

招标投标，是招标人应用技术经济评价方法和市场竞争机制，有组织地开展择优成交的一种规范和科学的特殊交易方式。通常是由招标人或招标人委托的招标代理机构，通过招标公告或投标邀请信，发布招标采购的信息与要求，邀请潜在的投标人按照事先规定的程序和办法，在同等条件下通过投标竞争，从中择优选定中标人并与其签订合同，达到招标人节约投资、保证质量和资源优化配置目的的一种特殊的交易方式。

这种交易方式包括招标和投标两个最基本方面：

(1) 招标人以一定的方式邀请不特定或一定数量的投标人来投标。

(2) 投标人响应招标人的招标要求参加投标竞争。

没有招标，就不会有供应商或承包商的投标；没有投标，招标人的招标就不能得到响应，也就没有了后续的开标、评标、定标和合同签订等一系列的招标过程。通常所说招投标,是招标投标的简称,包含招标与投标这一对相互对应的两个方面。

2. 招标方式

为了规范招标投标活动,保护国家利益和社会公共利益,以及保护招投标活动当事人的合法权益,《中华人民共和国招标投标法》规定招标方式分为公开招标和邀请招标两大类。

(1) 公开招标

招标人通过新闻媒体发布招标公告,凡具备相应资质符合招标条件的法人或组织,不受地域和行业限制均可申请投标。公开招标的优点是,招标人可以在较广的范围内选择中标人,投标竞争激烈,有利于将工程项目的建设交予可靠的中标人实施,并取得有竞争性的报价。但其缺点是,由于申请投标人较多,一般要设置资格预审程序,而且评标的工作量也较大,所需招标时间长、费用高。

(2) 邀请招标

招标人向预先选择的若干家具备相应资质,符合招标条件的法人或组织发出邀请函,将招标工程的概况、工作范围和实施条件等作一简要说明,请他们参加投标竞争。邀请对象的数目以5~7家为宜,但不应少于3家。被邀请人同意参加投标后,从招标人处获取招标文件,按规定要求进行投标报价。

3. 建设工程招投标程序

招标是招标人选择中标人并与其签订合同的过程,而投标则是投标人力争获得实施合同的竞争过程,招标人和投标人均需遵循招投标法律和法规的规定进行招标投标活动。如图2-5所示公开招标程序。按照招标人和投标人的参与程度,可将招标过程粗略地划分为招标准备阶段、招标投标阶段和决标成交阶段。

(1) 招标准备阶段的主要工作

招标准备阶段的工作由招标人单独完成,投标人不参与。主要工作包括以下几个方面:

①选择招标方式。

a. 根据工程特点和招标人的管理能力确定发包范围。

b. 依据工程建设总进度计划确定项目建设过程中的招标次数和每次招标的工作内容。如监理招标、设计招标、施工招标、设备供应招标等。

c. 按照每次招标前准备工作的完成情况,选择合同的计价方式。如施工招标时,已完成施工图设计的中小型工程,可采用总价合同;若为初步设计

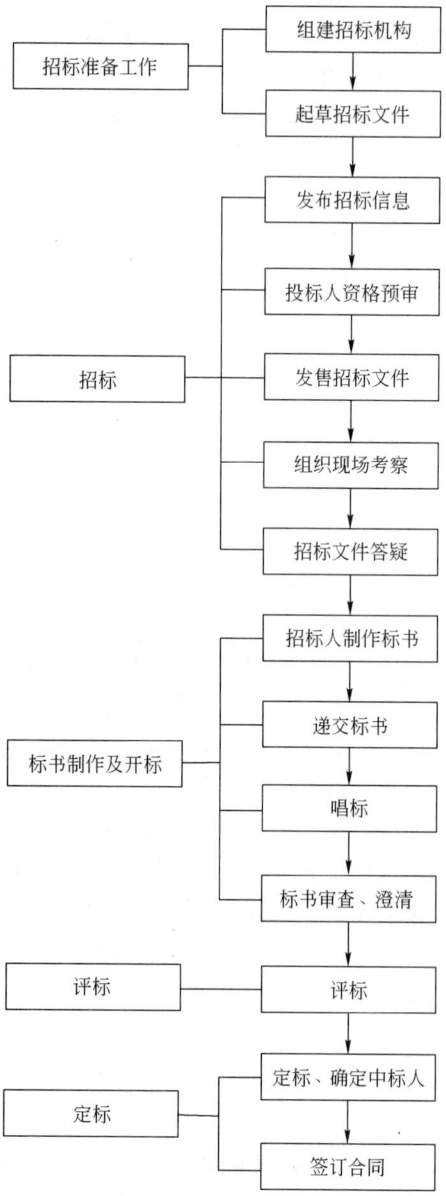

图2-5 建设工程招标工作程序

完成后的大型复杂工程，则应采用估计工程量单价合同。

d. 依据工程项目的特点、招标前准备工作的完成情况、合同类型等因素的影响程度，最终确定招标方式。

②办理招标备案。招标人向建设行政主管部门办理申请招标手续。招标备案文件应说明：招标工作范围、招标方式、计划工期、对投标人的资质要求、招标项目的前期准备工作的完成情况、自行招标还是委托代理招标等内容。获得认可后才可以开展招标工作。

③编制招标的有关文件。招标准备阶段应编制好招标过程中可能涉及的有关文件，保证招标活动的正常进行。这些文件大致包括：招标广告、资格预审文件、招标文件、合同协议书，以及资格预审和评标的方法。

（2）招标阶段的主要工作内容

公开招标时，从发布招标公告开始，若为邀请招标，则从发出投标邀请函开始，到投标截止日期为止的期间称为招标投标阶段。在此阶段，招标人应做好招标的组织工作，投标人则按招标有关文件的规定程序和具体要求进行投标报价竞争。

①发布招标公告。招标公告的作用是让潜在投标人获得招标信息，以便进行项目筛选，确定是否参与竞争。招标公告或投标邀请函的具体格式可由招标人自定，内容一般包括：招标单位名称；建设项目资金来源；工程项目概况和本次招标工作范围的简要介绍；购买资格预审文件的地点、时间和价格等有关事项。

②资格预审。通过资格预审，对潜在投标人进行资格审查，主要考察该企业总体能力是否具备完成招标工作所要求的条件。公开招标时设置资格预审程序，一是保证参与投标的法人或组织在资质和能力等方面能够满足完成招标工作的要求；二是通过评审优选出综合实力较强的一批申请投标人，再请他们参加投标竞争，以减小评标的工作量。

资格预审文件分为资格预审须知和资格预审表两大部分。所有申请参加投标竞争的潜在投标人都可以购买资格预审文件，由其按要求填报后作为投标人的资格预审文件。

招标人通过对各投标人的评定和打分，确定符合合格标准的投标人，并向其发出邀请投标函并请其予以确认。

③招标文件。招标人根据招标项目的特点，编制招标文件。它是投标人编制投标文件和报价的依据，因此应当包括招标项目的所有实质性要求和条件。招标文件通常分为投标须知、合同条件、技术规范、图纸和技术资料、工程量清单几大部分内容。

④现场考察。招标人在投标须知规定的时间组织投标人自费进行现场考察。设置此程序的目的，一方面让投标人了解工程项目的现场情况、自然条件、施工条件及周围环境条件，以便于编制投标书；另一方面也是要求投标人通过自己的实地考察确定投标的原则和策略，避免合同履行过程中投标人以不了解现场情况为理由推卸应承担的合同责任。

⑤解答投标人的质疑。投标人研究招标文件和现场考察后会以书面形式提出某些质疑问题，招标人应及时给予书面解答。招标人对任何一位投标人所提问题的回答，必须发送给每一位投标人，保证招标的公开和公平，但不必说明问题的来源。回答函件作为招标文件的组成部分，如果书面解答的问题与招标文件中的规定不一致，以函件的解答为准。

（3）决标成交阶段的主要工作内容

从开标日到签订合同这一期间称为决标成交阶段，是对各投标书进行评审比较，最终确定中标人的过程。

①开标。公开招标和邀请招标均应举行开标会议，体现招标的公平、公正和公开原则。在投标须知规定的时间和地点由招标人主持开标会议，所有投标人均应参加，并邀请项目建设有关部门代表出席。开标时，由投标人或其推选的代表检验投标文件的密封情况；确认无误后，工作人员当众拆封，宣读投标人名称、投标价格和投标文件的其他主要内容；所有投标函中提出的附加条件、补充声明、优惠条件、替代方案等均应宣读，如果有标底也应公布；开标过程应当记录，并存档备查。开标后，任何投标人都不允许更改其投标书的内容和报价，也不允许再增加优惠条件。投标书经启封后不得再更改招标文件中说明的评标、定标办法。

②评标。评标是对各投标书优劣的比较，以便最终确定中标人，由评标委员会负责评标工作。评标委员会由招标人的代表和有关技术、经济等方面的专家组成，成员人数为5人以上单数，其中招标人以外的专家不得少于成员总数的2/3。专家人选应来自于国务院有关部门或省、自治区、直辖市政府有关部门提供的专家名册中以随机抽取方式确定。与投标人有利害关系的人不得进入评标委员会，已经进入的应当更换，保证评标的公平和公正。

大型工程项目的评标通常分成初评和详评两个阶段进行。

a. 初评　评标委员会以招标文件为依据，审查各投标书是否为响应性投标，确定投标书的有效性。检查内容包括：投标人的资格、投标保证有效性、报送资料的完整性、投标书与招标文件的要求有无实质性背离、报价计算的正确性等。

b. 详评　评标委员会对各投标书的实施方案和计划进行实质性评价与比较。评审时不应再采用招标文件中要求投标人考虑因素以外的任何条件作为标准。设有标底的，评标时应参考标底。

详评通常分为两个步骤进行。首先对各投标书进行技术和商务方面的审查，评定其合理性，以及若将合同授予该投标人在履行过程中可能给招标人带来的风险。在对标书审查的基础上，评标委员会依据评标规则量化比较各投标书的优劣，并编写评标报告。

由于工程项目的规模不同、各类招标的标的不同，评审方法可以分为定性评审和定量评审两大类。对于标的额较小的中小型工程评标可以采用定性比较的专家评议法，而对于大型工程则应采用"综合评分法"或"评标价法"对各投标书进行科学的量化比较。

c. 评标报告　评标报告是评标委员会经过对各投标书评审后向招标人提出的结论性报告，作为定标的主要依据。评标报告应包括：评标情况说明；对各个合格投标书的评价；推荐合格的中标候选人等。如果评标委员会经过评审，认为所有投标都不符合招标文件的要求，可以否决所有投标。出现这种情况后，招标人应认真分析招标文件的有关要求及招标过程，在对招标工作范围或招标文件的有关内容做出实质性修改后再重新进行招标。

③定标。

a. 定标程序　确定中标人前，招标人不得与投标人就投标价格、投标方案等实质性内容进行谈判。招标人应该根据评标委员会提出的评标报告和推荐的中标候选人确定中标人，也可以授权评标委员会直接确定中标人。中标人确定后，招标人向中标人发出中标通知书，同时将中标结果通知未中标的投标人并退还他们的投标保证金或保函。中标通知书对招标人和中标人具有法律效力，招标人改变中标结果或中标人拒绝签订合同均要承担相应的法律责任。

中标通知书发出后的30天内，双方应按照招标文件和投标文件订立书面合同，不得做实质性修改。招标人不得向中标人提出任何不合理要求作为订立合同的条件，双方也不得私下订立背离合同实质性内容的协议。

招标人确定中标人后15天内，应向有关行政监督部门提交招标投标情况的书面报告。

b. 定标原则　《中华人民共和国招标投标法》规定，中标人的投标应当符合下列条件之一：

（a）能够最大限度地满足招标文件中规定的各项综合评价标准；

（b）能够满足招标文件的各项要求，并经评审的价格最低，但投标价格低于成本的除外。

第一种情况即指用综合评分法或评标价法进行比较后，最佳标书的投标人应为中标人。第二种情况适用于招标工作属于一般投标人均可完成的小型工程施工、采购通用的材料、购买技术指标固定、性能基本相同的定型生产的中小型设备等招标，对满足基本条件的投标书主要进行投标价格的比较。

2.3.2 工程项目合同

1. 工程项目合同的概念

工程项目合同，又称建设工程合同，是承包人进行工程建设，发包人支付相应价款的合同。承包人是指在建设工程合同中负责工程项目的勘察、设计、施工任务的一方当事人；发包人是指在建设工程合同中委托承包人进行工程项目的勘察、设计、施工任务的建设单位（业主、项目法人）。

在工程项目合同中，承包人最主要的义务是进行工程建设，即进行工程项目的勘察、设计、施工等工作。发包人最主要的义务是向承包人支付相应的价款。

2. 工程项目合同的特点

工程项目合同是一种特殊的承揽合同，《中华人民共和国合同法》将其作为一种独立的合同类型来规定，其具有承揽合同的一般特征，有诺成合同、双务合同、有偿合同等。但工程项目合同又与一般承揽合同有明显区别，主要特征如下：

（1）建设工程的主体只能是法人

建设工程合同的标的是建设工程，其具有投资大、建设周期长、质量要求高、技术力量要求全面等特点，作为公民个人是不能够独立完成的。同时，作为法人，也并不是每个法人都可以成为建设工程合同的主体，而是需要经过批准加以限制的。合同中的发包人只能是经过批准建设工程的法人，承包人也只能是具有从事勘察设计、施工任务资格的法人。因此，建设工程合同的当事人不仅是法人，而且必须是具有某种资格的法人。

（2）建设项目合同的标的仅限于建设工程

建设工程合同的标的只能是建设工程而不能是其他物。这里所说的建设工程主要是指土木工程、建筑工程、线路管道和设备安装工程及装修工程。建设工程对国家、社会有特殊的意义，其工程建设对合同双方当事人都有特殊要求，这才使建设工程合同成为与一般承揽合同不同的合同。

（3）建设工程合同具有国家管理的特殊性

建设工程的标的为建筑物等不动产，其自然与土地密不可分，承包人所完成的工作成果不仅具有不可移动性，而且需长期存在和发挥作用，是关系到国计民生的大事。因此，国家对建设工程不仅要进行建设规划，而且要实行严格的管理和监督。从工程项目合同的订立到合同的履行，从资金的投放到最终的成果验收都受到国家严格的管理和监督。

(4) 工程项目合同为要式合同

由于建设工程合同通常工程量都较大，当事人的权利、义务关系复杂，因此《中华人民共和国合同法》第270条明确规定，建设工程合同应当采用书面形式。

3. 工程项目合同的类型

工程项目合同按不同的分类方法，有不同的类型，最常用的分类方法有：

(1) 按照工程建设阶段分类

工程项目的建设，需经过勘察、设计、施工等若干个过程才能最终完成，而且这个过程具有一定的顺序性，前一个过程是后一个过程的基础和前提，后一个过程是前一个过程的目的和结果，各个阶段不可或缺。这三个阶段的建设任务虽然有着十分紧密的联系，但仍然有明显的区别，可以单独地存在并订立合同。因而，《中华人民共和国合同法》第269条将建设工程合同分为勘察合同、设计合同和施工合同。

①工程勘察合同。工程勘察合同是指对工程项目进行实地考察或察看，其主要内容包括工程测量、水文地质勘察和工程地质勘察等，其任务是为建设项目的选址、工程设计和施工提供科学、可靠的依据。

②工程设计合同。编制方案设计文件，应当满足编制初步设计文件和控制概算的需要；编制初步设计文件，应当满足施工招标文件、主要设备材料订货和编制施工图设计文件的需要；编制施工图设计文件，应当满足设备材料采购、非标准设备制作和施工的需要，并注明建设工程合理使用年限。

③工程施工合同。工程施工合同是指承包人按照发包人的要求，依据勘察、设计的有关资料和要求，进行建设、安装的合同。工程施工合同可分为施工合同和安装合同两种，《中华人民共和国合同法》将它们合并称为工程施工合同。实践中，这两种合同还是有区别的，施工合同是指承包人从无到有、进行土木建设的合同；安装合同是指承包人在发包人提供基础设施、相关材料的基础上，进行安装的合同。一般来说，施工合同往往包含安装工程的部分，而安装合同虽然也进行施工，但往往是辅助工作。

(2) 按照承发包方式分类

按承发包方式的不同，建设工程合同可分为：

①勘察、设计或施工总承包合同。勘察、设计或施工总承包合同，是指建设单位将全部勘察、设计或施工的任务分别发包给一个勘察、设计单位或一个施工单位作为总承包单位，经发包人同意，总承包单位可以将勘察、设计或施工任务的一部分再发包给其他单位。在这种模式中，发包人与总承包人订立总承包合同，总承包人与分承包人订立分包合同，总承包人与分承包人就工作成果对发包人承担连带责任。这种发承包模式是我国工程建设实践中最常见的形式。

②单位工程施工承包合同。单位工程施工承包，是指一些大型、复杂的建设工程中，发包人可以将专业性很强的单位工程发包给不同的承包商，与承包商分别签订土木工程施工合同、电气与机械工程承包合同，这些承包商之间为平行关系。单位工程施工承包合同常见于大型工业建筑安装工程。

③工程项目总承包合同。工程项目总承包，是指建设单位将包括工程设计、施工、材料和设备采购等一系列工作全部发包给一家承包单位，由其进行实质性设计、施工和采购工作，最后向建设单位交付具有使用功能的工程项目。按这种模式发包的工程主要为"交钥匙工程"，适用于简单、明确的常规性工程，如商业用房、标准化建筑等。对一些专业性较强的工业建筑，如钢铁、化工、水利等工程由专业的承包商进行项目总承包也是常见的。

④工程项目总承包管理合同。工程项目总承包管理，即CM（Construction Management）承包方式。是指建设单位将项目设计和施工的主要部分发包给专门从事设计和施工组织管理工作的单位，再由后者将其分包给若干设计、施工单位，并对它们进行项目管理。

项目总承包管理与项目总承包的不同之处在于：前者不直接进行设计和施工，没有自己的设计和施工力量，而是将承包的设计和施工任务全部分包出去，总承包单位则专心致力于工程项目管理；而后者有自己的设计、施工力量，直接进行设计、施工、材料和设备采购等工作。

⑤BOT承包合同（又称特许权协议书）。BOT承包模式，是指由政府或政府授权的机构授予承包商在一定期限内，以自筹资金建设项目并自费经营和维护，向东道国出售项目产品或服务，收取价款或酬金，期满后将项目全部无偿移交东道国政府的工程承包模式。

(3) 按照承包工程计价方式分类

按照承包工程计价方式，建设工程合同可以分为：

①固定价格合同。这种合同的工程价格在实施期间不因价格变化而调整。在工程价格中应考虑价格风险因素，并在合同中明确固定价格包括的范围。当合同双方在约定价格固定的基础上，同时约定在图纸不变的情况下，工程量不作调整，则该合同就成为固定总价合同。

②可调价格合同。这种合同的工程价格在实施期间可随价格变化而调整，调整的范围和方法应在合同中约定。

③工程成本加酬金合同。这种合同的工程成本按现行计价依据以合同约定的办法计算，酬金按工程成本乘以通过竞争确定的费率计算，从而确定工程竣工结算价。

(4) 与建设工程有关的其他合同

严格地讲，与建设工程有关的其他合同并不属于建设工程合同的范畴。但是这些合同所规定的权利和义务等内容，与建设工程活动密切相关，可以说建设工程合同从订立到履行的全过程离开了这些合同是不可能顺利进行的。这些合同主要有下面几种：

①建设工程委托监理合同。《中华人民共和国建筑法》规定了建筑工程监理制度，作为明确业主与监理单位之间权利义务关系的协议，建设工程委托监理合同在工程建设全过程中发挥着重要作用，与建设工程合同密不可分。

②国有土地使用权出让或转让合同、城市房屋拆迁合同。建设单位进行工程项目的建设，必须合法取得土地使用权，除以划拨方式取得土地使用权以外，都必须通过签订国有土地使用权出让或转让合同来获得。

③建设工程保险合同和担保合同。建设工程保险合同是为了化解工程风险，由业主或承包商与保险公司订立的保险合同。建设工程担保合同是为了保证建设工程合同当事人的适当履约，由业主或承包商作为被担保人，与银行或担保公司签订的担保合同。

建设工程保险合同和工程担保合同是实施工程建设有效风险管理、提高合同当事人履约意识、保证工程质量和施工安全的需要，FIDIC和我国《建设工程施工合同（示范文本）》

等合同条件中都规定了工程保险和工程担保的内容。

4. 建设工程合同索赔

(1) 索赔的概念及特点

一般来说,索赔是指在工程合同履行过程中,合同当事人一方不履行或未正确履行其义务,而使另一方受到损失,受损失的一方通过一定的合法程序向违约方提出经济或时间补偿的要求。

从上述概念可以看出,索赔具有以下基本特征:

①索赔作为一种合同赋予双方的具有法律意义的权利主张,其主体是双向的。在合同的实施过程中,不仅承包商可以向业主索赔,业主也同样可以向承包商索赔。

②索赔必须以法律或合同为依据。只有一方有违约或违法事实,受损方才能向违约方提出索赔。

③索赔必须建立在损害后果已客观存在的基础上,不论是经济损失或权利损害,没有损失的事实而提出索赔是不能成立的。经济损失是指因对方因素造成合同外的额外支出,如人工费、机械费、材料费、管理费等额外开支;权利损害是指虽然没有经济上的损失,但造成了一方权利上的损害,如由于恶劣气候条件对工程进度的不利影响,承包商有权要求工期延长等。

④索赔应采用明示的方式,即索赔应该有书面文件,索赔的内容和要求应该明确而肯定。

⑤索赔是一种未经对方确认的单方行为。

(2) 索赔的起因

引起工程索赔的原因非常多和复杂,大致可以有以下几个方面:

①合同文件引起的索赔。

②不可抗力和不可预见因素引起的索赔。

③业主方原因引起的索赔。

④监理工程师原因引起的索赔。

⑤价格调整引起的索赔。

⑥法规变化引起的索赔。

(3) 索赔的程序

索赔程序是指从索赔事件产生到最终处理全过程所包括的工作内容和工作步骤。索赔工作实质上是承包商和业主在分担工程风险方面的重新分配过程,涉及双方的经济利益,是一项烦琐、细致、耗费精力和时间的过程。因此,合同双方必须严格按照合同规定办事,按合同规定的索赔程序工作,才能获得成功的索赔。

在实际工作中,索赔工作程序一般可分为如下主要步骤:

①索赔的提出。

a. 索赔意向书 在工程实施过程中,一旦发生索赔事件,承包商应在规定的时间内及时向业主或工程师提出索赔意向通知,目的是要求业主及时采取措施消除或减轻索赔起因,以减少损失,并促使合同双方重视收集索赔事件的情况和证据,以利于索赔的处理。

我国建设工程施工合同条件及 FIDIC 合同条件都规定:承包商应在索赔事件发生后的 28 天内,将其索赔意向通知工程师。如果承包商没有在规定的期限内提出索赔意向或通知,承包商则会丧失在索赔中的主动和有利地位，业主和工程师也有权拒绝承包商的索赔要求，这是索赔成立的有效和必备条件之一。因此，承包商应避免由于未能遵守索赔时限的规定而导致合理的索赔要求无效。

b. 索赔申请报告　承包商必须在合同规定的索赔时限内向业主或工程师提交正式的书面索赔报告，其内容一般应包括索赔事件的发生情况与造成损害的情况、索赔的理由和根据、索赔的内容和范围、索赔额度的计算依据与方法等，并附上必要的记录和证明材料。

我国建设工程施工合同条件和FIDIC合同条件都规定，承包商必须在发出索赔意向通知后的28天内或经工程师同意的其他合理时间内，向工程师提交一份详细的索赔报告。如果索赔事件对工程的影响持续时间长，则承包商还应向工程师每隔一段时期提交中间索赔申请报告，并在索赔事件影响结束后的28天内，向业主或工程师提交最终索赔申请报告。

② 索赔报告的审核。工程师根据业主的委托和授权，对承包商索赔报告的审核工作主要为判定索赔事件是否成立和核查承包商的索赔计算是否正确合理两方面，并在业主授权范围内做出自己独立的判断。

承包商索赔要求的成立必须同时具备下列四个条件：

a. 与合同相比较已经造成了实际的额外费用增加或工期损失。

b. 造成费用增加或工期损失的原因不是由于承包商自身的过失所造成。

c. 这种经济损失或权利损害也不是应由承包商应承担的风险所造成。

d. 承包商在合同规定的期限内提交了书面索赔意向通知和索赔报告。

上述四个条件必须同时具备，承包商的索赔才能成立。其后工程师对索赔报告进行审查，我国建设工程合同条件规定，工程师在收到承包人送交的索赔报告和有关资料后于28天内给予答复，或要求承包人进一步补充索赔理由和证据。工程师在收到承包人送交的索赔报告和有关资料后的28天内未予答复或未对承包人作进一步要求，视为该索赔报告已经认可。

③ 索赔的处理。在经过认真分析研究，并与承包人、业主广泛讨论后，工程师应向业主和承包人提出自己的《索赔处理决定》。

工程师在《索赔处理决定》中应该简明地叙述索赔事件、理由和建议，给予补偿的金额及（或）延长的工期。

工程师还需提出《索赔评价报告》，作为《索赔处理决定》的附件。该评价报告根据工程师所掌握的实际情况详细叙述索赔事实依据、合同及法律依据，论述承包人索赔的合理方面及不合理方面，详细计算应给予的补偿。《索赔评价报告》是工程师站在公正的立场上独立编制的。

④ 业主审查索赔处理。当工程师的索赔额超过其权限范围时，必须报请业主批准。

业主首先根据事件发生的原因、责任范围、合同条款审核承包商的索赔申请和工程师的处理报告，再依据工程建设的目的、投资控制、竣工投产期要求，以及针对承包人在施工中的缺陷或违反合同规定等的有关情况，决定是否批准工程师的处理意见。索赔报告经业主批准后，工程师即可签发有关证书。

⑤ 承包人是否接受最终索赔处理。承包人接受最终的索赔处理决定，索赔事件的处理即告结束。如果承包人不同意，就会导致合同争议。应该强调，合同各方应该争取以友好协商的方式解决索赔问题，不要轻易提交仲裁。因为对工程争议的仲裁往往是非常复杂的，要花

费大量的人力、物力、财力和时间，对工程建设会带来不利，有时甚至是严重的影响。

2.4 工程项目计划与工程项目管理规划

2.4.1 工程项目计划

1. 工程项目计划的概念

计划是项目管理的一大职能，又是项目过程中一个极为重要的环节，它在工程项目管理中具有十分重要的地位。项目计划是一个综合的概念，凡是为实现项目目标而从事的活动均应在被计划之列。

工程项目计划是指对工程项目的实施过程（活动）进行的各种计划、安排的总称，是对项目实施过程的设计。

项目计划的编制步骤包括：定义项目目标，把项目范围详细划分为大的"部件"或工作包，为了实现项目目标，界定对应每一个工作包必须实施的具体活动，以网络图表的形式描绘活动，进行时间估计，预计完成每一项活动需花多长时间，为每项活动做一个成本预算，估算项目进度计划及预算额，以决定项目是否能在预定时间内，在既定的资金与可利用资源的条件下完成。

2. 工程项目计划的作用

（1）在工程项目的总目标确定后，通过计划可以分析研究总目标能否实现，总目标确定的费用、工期、功能要求是否能得到保证，是否平衡。

（2）计划既是对目标实现方法、措施和过程的安排，又是目标的分解过程。计划结果是许多更细、更具体的目标的组合，它们将被作为各级组织的责任落实，以保证工程的顺利实施和目标的实现。在项目过程中，计划常常又是中间决策的依据，因为对项目计划的批准是一项重要的决策工作。

（3）计划是实施的指南和实施控制的依据。计划描述了项目实施过程和前景状况。通过科学的计划能合理、科学地协调各工种、各单位、各专业之间的关系，能充分利用时间和空间，可以保证有秩序地工作，可以进行各种技术经济比较和优化，提高项目的整体效益。

计划文件经批准后作为项目的工作指南，必须在项目实施中贯彻执行，以计划作为对实施过程进行监督、跟踪和诊断的依据；最后它又作为评价和检验实施成果的尺度，作为对实施者业绩评价和奖励的依据。所以没有计划，任何控制工作都是没有意义的。

（4）业主和项目的其他方面（如投资者）需要利用计划的信息，以及计划和实际比较的信息，了解和控制工程，做项目阶段决策、安排资金及后期生产准备。

在现代工程项目中，没有周密的计划或计划不能贯彻和保证，是不可能取得成功的。

3. 工程项目计划的内容

由于项目是多目标的，同时有许多项目要素，带来项目计划内容上的复杂性。项目计划的内容十分广泛，包括许多具体的计划工作：

（1）工期计划。将项目的总工期目标分解，确定项目结构各层次单元的持续时间，以及确定各个工程活动开始和结束时间的安排，做时差分析。

(2) 成本（投资）计划。包括：

①各层次项目单元计划成本。

②项目"时间-计划成本"曲线和项目的成本模型（即"时间-累计计划成本"曲线）。

③项目现金流量（包括支付计划和收入计划）。

④项目的资金筹集（贷款）计划等。

(3) 资源计划。包括：

①劳动力的使用计划、招聘计划、培训计划等。

②机械使用计划、采购计划、租赁计划、维修计划等。

③物资供应计划、采购订货计划、运输计划等。

(4) 质量计划。

如质量保证计划、安全保障计划等。

(5) 其他计划。

如现场平面布置、后勤管理计划（如临时设施、水电供应、道路和通信等）、项目的运营准备计划。

不同的项目，不同的项目参加者所负责的计划内容和范围不一样，一般由任务书或合同规定的工作范围、工作责任来确定。

项目计划的各种基础资料和计划的结果应形成文件，以便沟通，且具有可追溯性。项目计划应采用适应不同参加者需要的统一标准化的表达方式，如报告、图、表的形式。

2.4.2 工程项目管理规划

工程项目管理规划作为指导项目管理工作的文件，对项目管理的目标、内容、组织、资源、方法、程序和控制措施进行安排，是施工项目管理各项工作的首要内容。

项目管理规划由项目管理规划大纲和项目管理实施规划两种文件组成。

1. 项目管理规划大纲

(1) 项目管理规划大纲的作用

项目管理规划大纲是由组织的管理层或组织委托的项目管理单位在投标之前编制的，旨在作为投标依据、满足招标文件要求及签订合同要求的文件。项目管理规划大纲主要有两方面的作用：

①作为项目投标人的项目管理总体构思，指导项目投标，争取项目中标，是技术标书的一个组成部分。

②作为项目中标后详细编制可操作性的项目管理实施规划的依据。

(2) 项目管理规划大纲的编制依据

①可行性研究报告。

②招标文件及发包人对招标文件的解释。

③设计文件、标准、规范及有关规定。

④工程现场情况。

⑤有关合同文件。

⑥有关市场与环境信息。

(3) 项目管理规划大纲的编制程序（图 2-6）

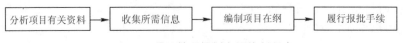

图 2-6 项目管理规划大纲编制程序

(4) 项目管理规划大纲包括的主要内容

①项目概况。主要是对项目性质、规模、结构形式和承包范围的描述。

②项目范围管理规划。针对为完成项目所必需的专业工作、管理工作和行政工作进行详细分析、工作说明的制作，主要包括项目范围的确定、项目结构分析、项目范围控制等。

③项目管理目标规划。包括：施工合同要求的目标，如合同规定的使用功能要求，合同工期、造价、质量标准，合同或法律规定的环境保护标准和安全标准；企业对施工项目的要求，如成本目标、企业形象、对合同目标的调整要求等。

④项目管理组织规划。遵循组织构架科学合理；有明确的管理目标和责任制度；工作人员具备相应的从业资格；根据实际需要对项目管理组织进行调整并保持相对稳定的原则，对各相关项目管理组织之间合理分配项目目标、责任和利益，并承担相应风险。重点在于确定项目经理的人选和项目部组织机构形式。

⑤项目过程管理规划。对工程项目建设进行阶段划分（或里程碑阶段划分），确定工程项目建设和管理的程序及过程中的主要工作内容，以及施工现场管理的目标、原则，现场平面规划图，施工现场的主要技术、组织措施等。

⑥项目成本管理规划。建立、健全项目成本管理责任体系，明确业务分工和责任关系，把管理目标分解与渗透到各项技术工作、管理工作和经营工作中去。包括编制施工预算和成本管理的总原则，项目的总成本目标、成本目标分解和成本计划，以及保证成本目标实现的技术组织措施。

⑦项目进度管理规划。招标文件的工期要求及工期目标的分解，确定进度目标，编制总进度计划和各分部分项工程进度计划，确定施工总进度计划主要的里程碑事件，以及保证工期目标实现的技术组织措施。

⑧项目质量管理规划。招标文件（或发包人）要求的总体质量目标，分解质量目标，建立项目质量保证体系，以及保证质量目标实现的技术组织措施；施工方案描述，如施工程序、重点单位工程或重点分部工程施工方案、保证质量目标实现的主要技术组织措施、拟采用的新技术和新工艺、拟选用的主要施工机械设备等。

⑨项目职业健康安全与环境管理规划。保证项目职业健康安全的主要技术组织措施，总体安全管理体系和目标责任制的建立，以及相关岗位安全职责的确定；本工程项目文明施工和环境保护的特点、组织体系、内容及其技术组织措施。

⑩项目采购与资源管理规划。项目采购规划包括采购部门的设置，制定采购管理制度、工作程序和采购计划；项目资源管理规划的主要工作是建立和完善项目资源管理体系，建立资源管理制度，确定资源管理的责任分配和管理程序的建立，并做到管理的持续改进。包括劳动力管理、材料管理、机械设备管理、技术管理和资金管理的计划、配置、控制和处置。

⑪项目信息管理规划。项目信息管理规划的目的是及时、准确地获得所需的信息。因此，其主要工作包括建立信息管理体系，确定信息传输途径，统一信息整理格式和信息编码，以及信息的分级处理制度和反馈制度等。

⑫项目风险管理规划。首先建立风险管理体系，明确各层次管理人员的风险管理责任，再针对项目的具体情况，预测风险因素、风险发生的概率及可能造成的损失，制定风险预防和控制的针对性措施。

(5) 项目管理规划大纲的编制要求

①由企业投标办公室（或经营部、项目部）组成工作小组进行编制，吸收拟委派的项目经理及技术负责人参加。

②编制时，以为本工程的项目管理服务为宗旨，作为内部文件处理。为了满足发包人的要求，可根据招标文件的要求内容进行摘录，其余的内容作为企业机密。

③"大纲"中规划的各种目标，都应该满足合同目标的要求，但合同目标不能作为企业的计划管理目标，计划管理目标应比合同目标积极可靠，以调动项目管理者的积极性。

④各种技术组织措施的规划应立足于企业的经营管理水平和实际能力，做到可靠、可行、有效。

⑤由于开工前还要编制施工项目管理实施规划，故"大纲"应较好地掌握详略程度，实施性的内容宜粗不宜细，应能对施工项目管理实施规划起指导纲领的作用，待编制施工项目管理实施规划时再细化。

2. 项目管理实施规划

项目管理实施规划必须由项目经理组织的项目经理部在工程开工之前编制完成，是项目管理规划大纲的深化和具体化，要求具体、可行，并体现企业的管理特色。

项目管理实施规划是对项目管理规划大纲进行细化，并使其具有可操作性。

(1) 项目管理实施规划编制的依据

①项目管理规划大纲。

②项目分析资料。

③"项目管理目标责任书"。"项目管理目标责任书"是指由企业法定代表人向项目经理下达的以明确项目经理的管理责任目标为主，包括权限和利益的文件等。

④工程合同及相关文件。

⑤已建成同类项目资料。

(2) 项目管理实施规划编制程序（图2-7）

(3) 项目管理实施规划的主要内容

①工程概况。包括工程特点、建设地点及环境特征、施工条件、项目管理特点及总体要求等。

②工程施工部署和准备工作计划。主要内容有项目的质量、进度、成本及安全目标；拟投入的最高人数和平均人数；分包计划、劳动力使用计划、材料供应计划和机械设备供应计划；施工程序及项目管理总体安排等。

③工程实施方案。主要包括施工流向和施工顺序；施工阶段划分；施工方法和施工机械选择；安全施工设计；环境保护内容及方法等。

④进度计划。包括施工总进度计划、单位工程进度计划及分

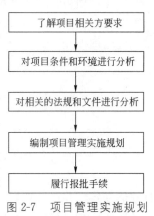

图2-7 项目管理实施规划编制程序

部分项工程施工进度计划。

⑤质量管理计划。包括对用于项目的质量管理体系的过程和资源做出规定的文件与规定项目实现过程和资源的文件。具体来说，有劳动力需求计划；主要材料和周转材料需求计划；机械设备需求计划；预制品订货和需求计划；大型工具、器具需求计划等。

⑥安全生产计划。包括工程概况、安全控制目标、安全控制程序、组织结构、职责权限、安全规章制度、资源配置、安全措施、安全检查评价及奖惩制度。

⑦成本管理计划。包括自下而上进行分级核算，逐层汇总；反映各成本项目指标和降低成本指标；反映各子项的成本和进度计划的相应成本。

⑧资源需求计划。包括保证进度目标的措施；保证质量目标的措施；保证安全目标的措施；保证成本目标的措施；保证季节施工的措施；保证环境的措施；文明施工的措施。各项措施应包括技术措施、组织措施、经济措施及合同措施。

⑨风险管理计划。包括风险因素识别一览表；风险可能出现的概率及损失值估计；风险管理重点；风险防范对策；风险管理责任。

⑩信息管理计划。项目信息管理规划应包括与项目组织相适应的信息流通系统；信息中心的建立规划；项目管理软件的选择与使用规划；信息管理实施规划。

⑪项目现场平面布置图。包括：施工平面图说明，施工平面图，施工平面图管理规划。施工平面图应按现行制图标准和制度要求进行绘制。

⑫各项目标的控制措施。保证进度目标的措施，保证安全目标的措施，保证成本目标的措施，保证季节施工的措施，保护环境的措施，文明施工的措施。各项措施应包括技术措施、组织措施、经济措施及合同措施。

⑬技术经济指标。包括：规划指标，规划指标水平高低的分析和评价，实施难点的对策。其中，规划指标包括总工期、质量标准、成本指标、资源消耗指标、其他指标（如机械化水平等）。

(4) 项目管理实施规划的管理规定

①项目管理实施规划应经会审后，由项目经理签字并报企业主管领导人审批。

②监理机构对项目管理实施规划应按专业和子项目进行交底，落实执行责任。

③当监理机构对项目管理实施规划有异议时，经协商后可由项目经理主持修改。

④执行项目管理实施规划过程中应进行检查和调整。

⑤项目管理结束后，必须对项目管理实施规划的编制，执行的经验和问题进行总结分析，并归档保存。

2.5 项目的执行与控制

1. 工程项目控制的基本概念

管理及工程项目管理，首先开始于制订计划，继而进行组织结构设置和人员配置，实施有效的领导，并在计划的实施过程中进行控制。

所谓控制，是指在实现行为对象目标的过程中，行为主体按预定的计划实施各项工作。由于在实施过程中会遇到许多干扰因素，行为主体应通过检查，收集实施状态的信息，并将它与原计划（标准）作比较，若发现偏差，则采取措施纠正这些偏差，从而保证计划正常实施，达到预定目标的全部活动。这里控制表现为以实现事先预定目标为目的，所以又称为目标控制。

工程项目实施控制的行为对象为工程项目的技术系统，控制主体包括工程项目组织者及各参加者（如设计单位、监理单位、各承包商），控制对象的目标包括工程项目总目标体系、各参加单位的合同目标。

工程项目目标控制问题的要素包括：工程项目、控制目标、控制主体、实施计划、实施信息、偏差数据、纠偏措施、纠偏行为，这些都应是非常具体甚至是需要量化的要素。

2. 工程项目的控制过程

（1）控制模型

控制者进行控制的过程是在预先制定的目标基础上，事先制订实施计划，实施开始后，将计划所要求的劳动力、材料、设备、机具、方法等资源和信息输入受控系统，在输入资源转化为产品的过程中，对受控系统进行检查、监督，并收集相关信息（工作量完成情况、成本、消耗资源情况等），将其与计划或标准相比较，评价计划的实际完成情况。如发现偏差，则应采取纠正措施，或通过信息反馈修正计划，开始控制循环，如图 2-8 所示。

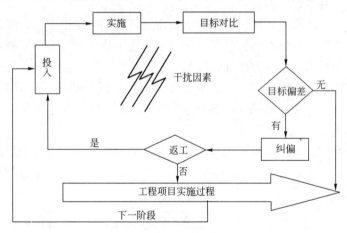

图 2-8　控制模型

（2）工程项目的目标控制

工程项目的实施过程，实际上就是一个目标控制过程，如图 2-9 所示。

这个过程也可以称之为 PDCA 循环控制过程，P 即 Plan，计划；D 即 Do，执行；C 即 Check，检查；A 即 Action，处理。在这一过程中，环境与受控系统及控制系统受外部环境的影响很大。

3. 工程项目控制的特征

从控制的基本概念可以看出，工程项目的实施必须进行控制。工程项目控制的目的就是使工程总目标能圆满实现。这与工程项目的基本内涵是相吻合的。但工程项目控制有自己的特征：

（1）项目管理主要采用目标管理（Management by Objective，缩写 MBO）。所以在项目前期策划阶段，必须明确总目标，在实施阶段通过设计和计划对总目标进行分解，并落实

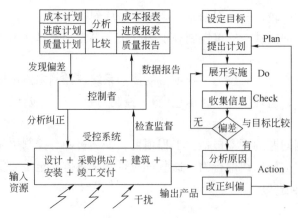

图 2-9 工程项目目标控制

到具体组织部门或个人。这些目标的实现确保了项目的实现，但目标必须通过实施控制才能实现。目标是控制的灵魂，控制是目标实现的重要手段。

（2）现代大中型工程项目越来越多，它们投资大、规模大、技术要求高、系统复杂，新技术、新材料、新工艺层出不穷。因而，投入与实现转换的环节多，其实施难度大，没有良好、有效的控制，项目很难取得成功。

（3）工程项目参加单位多，项目的顺利实施需要将它们在组织上、时间上、空间上及协调上形成一个有机整体。一旦在实施的某个环节上出现干扰并导致紊乱，将会影响整个有机体的正常发挥。因而，需要在这方面加强控制。

（4）许多工程项目（如道路工程、大型桥梁、水利工程、地铁、管道工程等），它们的参加单位因工地条件而分散；另外，一些企业跨部门、跨行业、跨地区甚至跨国的项目越来越多，给项目的控制带来了新的挑战。

（5）工程项目在实施过程中干扰因素太多，容易造成实施过程偏离项目的目标，偏离计划。如果不进行控制，会造成偏离的进一步增大，以至最终可能导致项目的失败。

4. 项目控制的内容

项目实施控制包括极其丰富的内容，以前人们将它归纳为三大控制，即工期（进度）控制、成本（投资、费用）控制和质量控制，这是由项目管理的三大目标引导出的。这三个方面包括了工程实施控制最主要的工作，此外还有一些重要的控制工作，例如：

（1）合同控制

现代工程项目参加单位通常都用合同连接，以确定其在项目中的地位和责权利关系。合同定义着工程的目标、工期、质量和价格，具有综合特点；合同还定义着各方的责任、义务、权力、工作，所以与合同相关的工作也应受到严格控制。

（2）风险控制

目前项目管理中，人们对风险控制做了许多研究，是项目管理的一个热点问题。

（3）项目变更管理及项目的形象管理

控制经常要采取调控措施，而这些措施必然会造成项目目标、对象系统、实施过程和计划的变更，造成项目形象的变化。

尽管按照结构分解方法，控制系统可以分解为几个子系统，本章也是分别介绍各种控制工作内容，但要注意，在实际工程中，这几个方面是互相影响、互相联系的，所以强调综合控制。在分析问题、作项目实施状况诊断时，必须综合分析成本、工期、质量、工作效率状况并作一评价。在考虑调整方案时也要综合地采取技术、经济、合同、组织、管理等措施，对工期、成本、质量进行综合调整。如果仅控制一两个参数，容易造成误导。

5. 控制的基本理论

建立在控制论思想基础上的控制基本理论，主要有以下几点：

（1）控制是一定主体为实现一定的目标而采取的一种行为。要实现最优化控制，必须首先满足两个条件：

①要有一个合格的控制主体。

②要有明确的系统目标。

（2）控制是按事先拟订的计划和标准进行的，控制活动就是要检查实际发生的情况与标准或计划是否存在偏差，偏差是否在允许的范围之内，是否应采取控制措施及采取何种措施以纠正偏差。

（3）检查的方法是检查、分析、监督、引导和纠正。

（4）控制是针对被控系统而言的。既要针对被控系统进行全过程控制，又要对其所有要素进行全面控制。全过程控制有事先控制、事中控制和事后控制，要素控制包括对人力、物力、财力、信息、技术、组织、时间、信誉等要素进行控制。

（5）控制是动态的。

（6）提倡主动控制，即在偏差发生之前预先分析偏差的可能性，采取预防措施，防止发生偏离。

（7）控制是一个大系统，它包括组织、程序、手段、措施、目标和信息六个分系统，其中信息分系统贯穿于实施全过程。

6. 工程项目实施控制的对象

工程项目实施控制的对象是项目控制活动的载体。只有对具体控制对象进行微观控制，并系统集成起来，才能实施对工程项目的全面控制。

（1）工程项目结构分解各层次的单元，直到工作包及其各个工程活动，它们是控制的主要对象。由于它们构成进度计划中的工作任务，所以，通过它们可形成时间、工程量、成本、资源的综合控制。自由控制到最小单元才能控制成本、工期、质量，精确度才可信，才能真正理解偏差。

（2）项目的各生产要素，包括劳动力、材料、现场、费用等。

（3）项目管理任务的各个方面，如成本、质量、工期、合同等。

（4）工程项目实施过程的秩序、安全、稳定性等。

（5）为了便于有效控制和检查，应设置一些控制点。控制点通常是关键点，能最佳地反映目标，如：

①重要的里程碑事件。

②对工程质量、进度、成本有重大影响的工程活动或措施。

③标的大、持续时间长的主要合同。

④主要工程设备、主体工程。

2.6 工程项目的后期管理

2.6.1 工程项目验收

1. 竣工验收的概念

建设工程项目竣工验收是指由业主、施工单位和项目验收委员会（或验收小组），以批准的项目设计任务书和设计文件，以及国家或部门颁发的施工验收规范和质量检验标准为依据，按照一定的程序，在项目建成并试生产合格后（工业生产性项目），对项目的总体进行检验、认证、综合评价和鉴定的活动。

建设工程项目竣工验收是项目建设周期的最后一个环节，也是建设工程项目管理的重要内容和终结阶段的重要工作。实行竣工验收制度，是全面考核建设工程项目，检查其是否符合设计文件要求和工程质量是否符合验收标准，能否交付使用、投产，发挥投资效益的重要环节。通过竣工验收：

（1）全面考察建设工程项目的施工质量。
（2）明确合同责任。
（3）是建设工程项目转入投产使用的必备环节。

2. 建设工程项目竣工验收的内容

（1）工程资料验收

工程资料验收包括工程技术资料验收、工程综合资料验收和工程财务资料验收。

（2）工程内容验收

工程内容验收包括建筑工程验收、安装工程验收。

2.6.2 工程项目回访与保修

建筑工程的回访保修是建筑工程在竣工验收交付使用后，在一定的期限内由承包人主动对发包人和使用人进行工程回访，对工程发生的由施工原因造成的建筑使用功能不良或无法使用的问题，由承包人负责修理，直到达到正常使用的标准。回访用户是一种"售后服务"方式，体现了"顾客至上"的服务宗旨。实行工程质量保修是促进承包人加强工程施工质量管理，保护用户及消费者合法权益的必然要求，承包人应在工程竣工验收之前，与发包人签订质量保修书，对交付发包人使用的工程在质量保修期内承担质量保修责任。

1. 工程回访

（1）回访的方法

承包人的归口管理部门（生产、技术、质量、水电等）负责组织回访的业务工作，回访可采用电话询问、登门拜访、会议座谈等多种形式。

（2）回访方式

①例行性回访。对已交付竣工验收并在保修期限内的工程，一般半年或一年定期组织一次回访，广泛收集用户对工程质量的反映。

②季节性回访。主要是针对具有季节性特点、容易造成负面影响、经常发生质量问题的工程部位进行回访，如雨季回访屋面防水工程、墙面工程的防水和渗水情况，冬季回访采暖系统情况等。

③技术性回访。主要了解施工过程中采用的新材料、新技术、新工艺的技术性能，从用户那里获取使用后的第一手资料，掌握设备安装竣工使用后的技术状态，运行中有无安装质量缺陷，若发现问题须及时处理。

④专题性回访。对某些特殊工程、重点工程、实行保修保险方式的工程应组织专访。

（3）回访的主要内容

①听取用户对项目的使用情况和意见。

②查询或调查现场因自己的原因造成的问题。

③进行原因分析和确认。

④商讨进行返修的事项。

⑤填写回访卡。

2. 工程保修

（1）保修的范围

各种类型的建筑工程及建筑工程的各个部位都应实行保修，由于承包人未按照国家标准、规范和设计要求施工造成的质量缺陷，应由承包人负责修理并承担经济责任。从过去发生的情况看，质量缺陷主要包括以下几个方面：

①屋面、地下室、外墙、阳台、厕所、浴室及厨房等处渗水、漏水。

②各种通水管道（上下水、热水、污水、雨水等）漏水，各种气体管道漏气及风道、烟道、垃圾道不通者。

③水泥砂浆地面较大面积的起砂、裂缝、空鼓。

④内墙面较大面积裂缝、空鼓、脱落或面层起碱脱皮，外墙粉刷自动脱落。

对于因设计者、发包人、使用等方面原因造成的质量缺陷，责任不在施工方，不属于保修范围。

（2）保修期

建筑工程的保修期为自竣工验收合格之日起计算，在正常使用条件下的最低保修期限。《建筑工程质量管理条例》对保修期规定如下：

①基础设施工程、房屋建筑的地基基础工程和主体结构工程，为设计文件规定的该工程的合理使用年限。

②屋面防水工程、有防水要求的卫生间和房间、外墙面的防渗漏，为五年。

③供热与供冷系统，为两个采暖期、供冷期。

④电气管线、给排水管道、设备安装和装修工程，为两年。

⑤其他项目由承包人与发包人在工程质量保修书中具体约定。

（3）工程保修的做法

承包人在向发包人提交工程竣工报告时，应当向发包人出具"房屋建筑工程质量保修书"，质量保修书中应具体约定保修范围及内容、保修期、保修责任、保修费用等。

①保修通知和修理。在保修期内，发现项目出现非使用原因的质量缺陷，使用人（用户）可以用口头通知或直接到承包人接待处领取"工程质量修理通知书"，并如实填写，一

式两份，一份交接待处据此安排保修工作，另一份由使用人（用户）自留备查。

施工单位必须尽快派人前往检查，并会同使用人（用户）共同做出鉴定，需要修理时，提出修理方案，并尽快组织人力、物力进行修理。原承包人在约定的时间和地点，不派人修理的，使用人（用户）可委托其他单位修理，因修理发生的费用，应由原承包人承担赔偿责任。

②验收。在发生质量缺陷的部位或项目修理完毕后，执行项目经理部应安排专职质量人员到现场对修理结果进行自检评定，并签署评定结论。

2.6.3 工程项目竣工结算

1. 竣工结算及其作用

竣工结算是指施工单位完成合同内工程的施工任务并通过交工验收后，所提交的竣工结算书经业主和监理工程师审查签证，送交当地建设银行或地方工程预算审查部门审查签认，然后由银行办理拨付工程价款手续的过程。竣工结算由施工单位编制，是向业主进行建设工程项目最后一次工程价款的结算。

竣工结算具有重要的作用，它是施工单位与业主结清工程费用的依据，也是业主编制竣工决算的主要依据。竣工结算工作的完成，标志着业主与施工单位双方权利和义务的结束，即合同关系的解除。

2. 竣工结算的管理程序

(1) 由施工单位编制并向业主提交竣工结算书。

(2) 收到施工单位提交的竣工结算书后，业主应以单位工程为基础，对承包合同内规定的施工内容进行检查与核对，包括工程项目、工程量、单价取费和计算结果等。

(3) 核查工程的完成情况。

(4) 对核查过程中发现的问题，如多算、漏算或计算错误等，均应予以调整。

(5) 将批准的竣工结算书送交有关部门审查。

(6) 竣工结算书经过确认后，办理工程价款的最终结算拨款手续。

3. 竣工决算的内容

竣工决算是建设工程项目从筹建到竣工投产全过程中发生的所有实际支出，包括建筑安装工程费、设备工器具购置费和其他费用。竣工决算由竣工决算编制说明、竣工财务决算报表、建设工程竣工图和工程造价比较分析四部分组成。

4. 竣工决算的编制依据与要求

竣工决算的编制依据：

(1) 经批准的可行性研究报告及其投资估算。

(2) 经批准的初步设计或扩大初步设计及其概算或修正概算。

(3) 经批准的施工图设计及其施工图预算。

(4) 工程招投标的标底、承包合同、工程结算资料。

(5) 设计交底或图纸会审纪要。

(6) 施工记录、施工签证单及其他施工中发生的费用记录。

(7) 竣工图及各种竣工验收资料。

(8) 历年的基建资料、财务决算及其批复文件。

(9) 设备、材料调价文件和调价记录。
(10) 有关财务核算制度、办法和其他有关资料、文件等。

5. 竣工决算的编制步骤

按照国家财政部印发的财基字（1998）4号关于《基本建设财务管理若干规定》的通知要求，竣工决算的编制步骤如下：

(1) 收集、整理、分析原始资料。从建设工程开始就要按编制依据的要求，收集、清点、整理有关资料（主要包括建设工程档案资料），做到账账、账证、账实、账表相符。对各种设备、材料、工器具等要逐项盘点核实，并填列清单妥善保管，或按照国家有关规定处理，不准任意侵占和挪用。

(2) 对照、核实工程变动情况，重新核实各单位工程、单项工程造价。将竣工资料与原设计图纸进行查对、核实，必要时可实地测量，确认实际变更情况；根据经审定的竣工结算等原始资料，按照有关规定对原概预算进行增减调整，重新核定工程造价。

(3) 将审定后的待摊投资、设备工器具投资、建筑安装工程投资、工程建设其他投资严格划分和核定后，分别计入相应的建设成本栏目内。

(4) 编制竣工决算编制说明，填报竣工财务决算报表。

(5) 做好工程造价对比分析。

(6) 清理、装订好竣工图。

(7) 按照国家规定上报、审批、存档。

6. 竣工决算的编制方法与内容

(1) 竣工决算编制说明。竣工决算编制说明主要反映竣工工程建设成果和经验，是对竣工决算报表进行分析和补充说明的文件，是全面考核分析工程投资与造价的书面总结。

(2) 工程概况和对工程总的评价。主要说明工程的基本情况，以及从进度、质量、造价、安全等方面对工程进行总的评价。

(3) 资金来源与运用的财务分析。主要通过历年资金来源和占用情况、工程价款结算、会计账务处理、财产物资情况及债权债务的清偿情况等方面进行资金来源与运用的财务分析。

(4) 各项技术经济指标分析。

①概预算执行情况分析　根据实际投资完成额与概算进行对比分析，说明资金使用的执行情况。

②新增生产能力的效益分析　说明交付使用财产占总投资额的比例、固定资产占交付使用财产的比例、递延资产占总投资的比例，分析有机构成和成果。

③基本建设投资包干情况分析　说明基本建设收入、投资包干数、实际支用数和节约额、投资包干节余的有机构成和包干节余的分配情况。

(5) 经验教训及有待解决的问题。分析工程建设的经验、教训及项目管理和财务管理工作、竣工财务决算中有待解决的主要问题，并提出解决措施。

2.6.4 工程项目管理后评价

1. 工程项目管理后评价及其作用

建设工程项目管理后评价是指建设工程项目在竣工投产、生产运营一段时间后，对项目的运行进行全面的评价,即将项目决策初期的预期效果与项目实施后的终期实际结果进行全面对比考核,对建设工程项目投资产生的财务、经济等方面的效益与影响进行全面科学的评估。建设工程项目后评价是固定资产投资管理的一项重要内容,后评价的范围既包括基本建设项目,又包括更新改造项目。

建设工程项目后评价是一项比较新的事业,一些西方发达国家和世界银行等国际金融组织开始进行建设工程项目后评价工作也仅有二十多年的历史,我国从1988年以后才正式开始试点工作。通过建设工程项目后评价,可以肯定成绩、总结经验、研究问题、吸取教训、提出建议,从而不断提高建设工程项目决策水平和投资效果。建设工程项目后评价对于投资决策的科学化和项目实施控制具有以下重要的作用:

(1) 进行建设工程项目后评价,有利于提高项目决策水平。一个建设工程项目的成功与否,主要取决于立项决策是否正确。在我国的工程建设实践中,大部分项目的立项是正确的,但也不乏立项决策明显失误的情况。例如,有一些工业项目建设中,没有认真进行市场调研和预测,贪大求洋,盲目上马,结果造成建设规模过大,产品销路不畅,长期亏损,甚至被迫停产或部分停产。建设工程项目后评价将很多教训提供给项目决策者,这对于控制和调整同类项目具有重要的作用。

(2) 进行建设工程项目后评价,有利于提高生产能力和经济效益。建设工程项目投产后,经济效益如何,何时能达到设计生产能力等问题,是后评价十分关心的问题。如果项目到了达产期而不能达产,或虽已达产但效益很差,进行后评价时就要认真分析原因,研究对策,促使其尽快达产,努力提高其经济效益,尽可能使建成后的项目充分发挥作用。

(3) 进行建设工程项目后评价,有利于控制工程造价。大中型建设工程项目投资额巨大,在造价方面稍加控制就可能节约一笔可观的投资。目前,在项目前期决策阶段进行的评价,在建设过程中进行的招标投标等都是控制造价的行之有效的方法。如果仔细认真地进行项目后评价,就可以检验项目前评价、招标投标的理论和方法是否正确、合理,从中引出成功的经验,吸取失误的教训,这对控制工程造价将会起到积极的作用。

2. 建设工程项目后评价的组织与实施

建设工程项目后评价可以按三个层次组织实施,即业主单位的自我评价、项目所属行业(或地区)主管部门的评价和各级计划部门的评价。

所有建设工程项目竣工投产(或营运、使用)一段时间以后,项目业主单位都要进行自我评价,并向行业(或地区)的主管部门提交后评价报告。接到项目业主单位提交的后评价报告后,行业(或地区)的主管部门首先要审查其资料是否齐全,报告是否真实、可靠;同时要根据工作的需要,从行业或地区的角度选择一些项目进行行业或地区评价,如从行业布局、行业发展、同行业的技术水平、经营成果等方面进行评价。行业(或地区)的后评价报告应报同级和上级计划部门。

各级计划部门是建设工程项目后评价工作的组织者、领导者和方法制度的制定者。当收到项目业主单位和行业(或地区)主管部门报来的项目后评价报告后,各级计划部门应根据需要选择一些项目列入年度计划,开展项目后评价的复审工作,也可委托具有相应资质的咨询公司代为组织实施。

3. 建设工程项目后评价的内容

建设工程项目的类型不同,后评价所要求的内容在深度和广度上也会有所不同。归纳起来，在实际工作中往往从以下几个方面对建设工程项目进行后评价：

(1) 影响评价。建设工程项目的影响评价，一般都是有选择地进行，而且评价时间往往是在项目竣工投产（营运、使用）7~8年后。通过项目建成后对社会的经济、政治、技术和环境等方面所产生的影响，来评价项目决策的正确性。如果项目建成后达到了原来预期的效果，对国民经济发展、产业结构调整、生产力布局、人民生活水平提高、环境保护等方面都带来了有益的影响，说明项目的决策是正确的；如果背离了既定的决策目标，就应具体分析，找出原因，引以为戒。

(2) 经济效益评价。建设工程项目经济效益评价是通过项目建成后所产生的经济效益与可行性研究时所预测的经济效益相比较，对项目进行评价。它是衡量项目成功与否的关键。对于生产性项目，要运用投产运营后的实际资料，计算实际内部收益率、实际净现值、实际投资利润率、实际投资利税率、实际借款偿还期等一系列后评价指标，然后与可行性研究阶段所预测的相应指标进行对比，从经济上分析项目建成后是否达到了预期效果。没有达到预期效果的，应分析原因，采取措施，提高经济效益。

(3) 过程评价。建设工程项目过程评价是对项目的立项决策、设计施工、资金使用、竣工投产、生产运营等全过程进行评价和系统分析，找出偏离原预期目标的原因，并提出对策建议，以不断提高项目的建设水平。

以上建设工程项目三个方面的后评价有着密切的联系，必须全面理解和运用，才能做出客观、公正、科学的结论。

4. 建设工程项目后评价的方法和指标

建设工程项目后评价的基本方法是对比法，就是将建设工程项目建成投产后所取得的实际效果、经济效益和社会效益、环境保护等情况与前期决策阶段的预测情况相对比，寻找项目实施过程中存在的偏差，从中发现问题，总结经验教训。

运用对比法进行建设工程项目后评价，主要是通过对一系列评价指标的计算和对比，来分析项目实施中的偏差，并寻求解决问题的方案。

(1) 项目前期和实施阶段后评价指标

①项目决策（设计）周期变化率　它反映项目实际决策（设计）周期与项目预计决策（设计）周期相比的变化程度。

$$\text{项目决策（设计）周期变化率} = \frac{\text{实际决策（设计）周期} - \text{预计决策（设计）周期}}{\text{预计决策（设计）周期}} \times 100\% \qquad (2\text{-}1)$$

②竣工项目定额工期率　它反映项目的实际建设工期与国家统一制定的定额工期或与确定的、计划安排的计划工期的偏离程度。

$$\text{竣工项目定额工期率} = \frac{\text{竣工项目实际工期}}{\text{竣工项目定额（计划）工期}} \times 100\% \qquad (2\text{-}2)$$

③实际工程优良品率　它反映建设工程项目的质量。

$$\text{实际工程优良品率} = \frac{\text{实际单位工程优良品数量}}{\text{验收签订的单位工程总数}} \times 100\% \qquad (2\text{-}3)$$

④实际投资总额变化率　它反映项目实际投资总额与项目前评价中预计的投资总额偏差的大小，包括静态投资总额变化率和动态投资总额变化率。

$$\text{静态投资总额变化率} = \frac{\text{静态实际投资总额} - \text{预计静态投资总额}}{\text{预计静态投资总额}} \times 100\% \quad (2\text{-}4)$$

$$\text{动态投资总额变化率} = \frac{\text{动态实际投资总额} - \text{预计动态投资总额}}{\text{预计动态投资总额}} \times 100\% \quad (2\text{-}5)$$

(2) 项目运营阶段后评价指标

①实际单位生产能力投资 它反映竣工项目的实际投资效果。

$$\text{实际单位生产能力投资} = \frac{\text{竣工验收项目实际投资总额}}{\text{竣工验收项目实际形成的生产能力}} \quad (2\text{-}6)$$

②实际达产年限变化率 它反映实际达产年限与设计达产年限的偏离程度。

$$\text{实际达产年限变化率} = \frac{\text{实际达产年限} - \text{设计达产年限}}{\text{设计达产年限}} \times 100\% \quad (2\text{-}7)$$

③实际销售利润变化率 它反映项目的实际投资效益,并衡量项目实际投资效益与预期投资效益的偏差。其计算分两步:

a. 计算考核期内各年实际销售利润的变化率:

$$\text{各年实际销售利润的变化率} = \frac{\text{该年实际销售利润} - \text{预计年销售利润}}{\text{预计年销售利润}} \times 100\% \quad (2\text{-}8)$$

b. 计算实际销售利润的变化率:

$$\text{实际销售利润的变化率} = \frac{\text{各年实际销售利润的变化率}}{\text{考核年限}} \times 100\% \quad (2\text{-}9)$$

④实际投资利润(利税)率 它指项目达到设计生产能力后的年平均实际利润(利税)与项目实际投资的比率,它是反映建设工程项目投资效果的一个重要指标。

$$\text{实际投资利润(利税)率} = \frac{\text{年平均实际利润(利税)额}}{\text{实际投资额}} \times 100\% \quad (2\text{-}10)$$

⑤实际投资利润(利税)年变化率 它反映了项目实际投资利润(利税)率与预测投资利润(利税)率或国内外其他同类项目实际投资利润(利税)率的偏差。

$$\frac{\text{实际投资利润}}{\text{(利税)变化率}} = \frac{\text{实际投资利润(利税)率} - \text{预测投资利润(利税)率}}{\text{预测投资利润(利税)率}} \times 100\% \quad (2\text{-}11)$$

⑥实际净现值 它是反映项目寿命周期内获利能力的动态指标,是依据项目投产后的年实际净现金流量,并按重新选定的折现率将各年现金流量折现到建设期的现值之和。其计算公式为:

$$\text{RNPV} = \sum_{i=1}^{n} (\text{RCI} - \text{RCO})(1 + i_k)^t \quad (2\text{-}12)$$

式中:RNVP——实际净现值;
   RCI——项目的年实际净现金流入量;
   RCO——项目的年实际净现金流出量;
   i_k——根据实际情况重新选定的折现率;
   n——项目寿命周期;

t——考核期的某一具体年份。

⑦实际内部收益率 它是根据实际发生的年净现金流量现值为零的折现率。其计算公式为：

$$\sum_{i=1}^{n}(\text{RCI}-\text{RCO})(1+i_{\text{RIRR}})^{t}=0 \qquad (2\text{-}13)$$

式中：i_{RIRR}——以实际内部收益率为折现率。

⑧实际投资回收期 它是以项目实际产生的净收益抵偿实际投资总额所需要的时间，分为实际静态投资回收期和实际动态投资回收期。

实际静态投资回收期的计算公式为：

$$\sum_{i=1}^{P_{\text{Rt}}}(\text{RCI}-\text{RCO})_{t}=0 \qquad (2\text{-}14)$$

式中：P_{Rt}——实际静态投资回收期。

实际动态投资回收期的计算公式为：

$$\sum_{i=1}^{P_{\text{Rt}}}\frac{(\text{RCI}-\text{RCO})_{t}}{(1+i_{\text{k}})^{t}}=0 \qquad (2\text{-}15)$$

式中：P_{Rt}——实际动态投资回收期。

⑨实际借款偿还期 它是衡量项目实际清偿能力的一个指标，是根据项目投产后实际可作为还款的利润、折旧和其他收益额偿还固定资产实际借款本息所需的时间。其计算公式为：

$$I_{\text{Ka}}=\sum_{i=1}^{P_{\text{Rd}}}(R_{\text{Rp}}+D_{\text{K}}+R_{\text{Ko}}+R_{\text{Rt}})_{t} \qquad (2\text{-}16)$$

式中：I_{Ka}——固定资产投资借款实际本息之和；

P_{Rd}——实际借款偿还期；

R_{Rp}——实际的年利润总额；

D_{K}——实际可用于还款的折旧；

R_{Ko}——实际可用于还款的年其他收益；

R_{Rt}——还款期的年实际企业留利。

在实际的建设工程项目后评价中，还可以视不同的具体项目和后评价要求的需要，设置其他一些评价指标。通过对这些指标的计算和对比，可以寻求出项目运行情况与预计情况的偏差和偏差程度，在对这些偏差分析的基础上，可以对产生偏差的各种因素采取具有针对性的解决方案，以保证项目的正常运营。

本章小结

项目管理是由多个过程组成的大过程，这些过程按一定顺序发生，但彼此紧密联系。启动过程接受上一个阶段的交付成果，确认下一个阶段的开始；计划过程根据发起提出的要求，制订计划文件作为执行过程的依据；执行过程要定期编制执行进展报告，并指出执行结果与计划的偏差，控制过程根据执行报告制定控制措施，为重新计划过程提供依据；收尾过程要完成工程的验收、移交和后评价。

工程案例：某大学科技园住宅区项目目标系统设计

1. 项目概况

某大学科技园住宅区项目，总占地面积1500亩，规划总建筑面积约105万 m^2，业态组成包括住宅及配套设施。配套设施有小学、中学、幼儿园、沿街商业街、停车场、休闲广场等。中间间隔有绿化带，小区内设有会所和商业服务点，小区交通由小区出入主通道、小区次干道和小区道路组成，距市中心40min车程。

2. 项目情况分析

（1）目前入园高校已达9所，教职工人数约18000人，由于大学新城离市区距离较远，教职工来往不便，非常需要在校区附近有一所住房，考虑不同的购房取向及部分大学自建住宅等因素，预计仍有约50％潜在购房户，共大约9000户左右。

（2）随着居民收入水平的提高，人们的居住观念也在发生着转变，城市郊区化的趋势不可避免。尤其是对于一些中高档收入群体，更强调居住品质，强调回归自然，本楼盘具备这样的居住环境，随着大学城渐成规模及交通环境的改善，会有部分城区居民选择在此购房。

（3）项目前期潜在购房户大部分应为大学教师，基于教师的职业特点，对社区功能要求较高。社区应具备良好的网络化家庭办公环境及智能化的物业管理，社区应提供较大的室外活动绿地，便利的商业及服务设施。

（4）区内居民汽车占有率会很高，小区内应充分考虑交通规划，做到适度的人车分流和足够的停车场地。

3. 项目目标

项目总体目标：建成居于国内领先水平的，能展现现代化住宅风貌的3A级智能型生态商品住宅区。

项目的系统目标包括以下五个方面：

（1）功能目标

①居住功能。小区全部建成后，可完成建筑面积101万 m^2，总户数达6800余户，其中住宅95万 m^2，公建3.3m^2，总容积率1.25。

②使用性能。

a. 住宅的使用性能达到住房和城乡建设部《商品住宅性能认定管理办法》3A级标准。

b. 规划设计、建筑质量、建筑材料、户型、智能化、环境艺术设计、新技术的应用均达到国家康居示范工程有关指标。

c. 小区环境规划设计、能源与环境、室内环境质量、小区水环境、材料与资源等五个指标体系均达到国家生态住宅指标体系的高标准。

③服务功能。

a. 智能化服务功能　本小区应具备智能化的服务功能，利用4C（即计算机、通信与网络、自控和IC卡），通过有效的传输网络，为小区的服务与管理提供高技术的智能化手段，为小区居民提供安全舒适的家居环境，为SOHO一族提供良好的网络化家庭办公环境，小区内应具备以下智能化服务功能：

（a）小区物业管理系统；

(b) 三表抄送系统；

(c) 宽带网接入及计费系统；

(d) 综合布线及计算机网络系统；

(e) 巡更系统；

(f) 有线电视和 VOD 点播系统；

(g) 公共广播系统数字程控电话系统；

(h) 停车场管理系统；

(i) 楼宇可视对讲系统；

(j) 楼宇自动化控制系统。

b. 停车服务功能　小区内车位比应达到 1∶1，提供优质停车服务，满足不同需求层次的要求。在车流组织上应考虑人车分流。机动车停车考虑地面停车与地下、半地下停车相结合，高层底部设置地下停车场、多层底部设置半地下停车场或独立停车库，总计停车 7000 辆，其中地面停车率 35%，地下、半地下停车率 65%。

c. 商业服务功能　小区建成后总人口可达 2.5 万人，小区内应具备良好的商业环境，居民的日常生活应在 6min 步行距离内，区内应合理设置商业服务用房、行政管理用房（物业管理、会所）、市政公用设施（配电房、停车库、幼儿园）等。

d. 休闲娱乐功能　区内应有良好的生活环境，应有各种健身步径、蔽茵小品、草坪绿毯等，函溶居民的休闲活动。

（2）技术目标

①户型及单体。户型面积具体分为≤80m²、80～100m²、100～115m²、120～150m²、150～180m² 等五个等级，力求予购房者有最大的选择余地。

单体住宅设计要功能布置合理、空间利用得当、房间面积适中、装修一次到位。

②道路。道路宽度和消防通道按城市住宅小区建设标准规划。

③结构工程。结构的耐久性措施符合使用年限 50 年的要求，结构设计所采取的技术措施应高于有关规范要求。

④防水工程。设计使用年限满足 3A 级住宅性能定量要求，防水材料应选用住房和城乡建设部推荐的产品，外墙考虑防渗漏措施，首层墙体与首层地面应有防潮措施。

⑤设备与管线工程。从设计到选型其使用年限符合耐用指标要求，施工安装质量验收合格。

⑥围护结构。房屋围护结构要有较好的御寒、隔热功能，应分别采取墙体、屋顶、门窗保温措施，门窗密封性能及隔音效果符合规范要求。

⑦应设置雨水收集设施，将收集到的雨水经适当处理后用于景观和绿化浇洒用水，有利于节水。

⑧停车。采取地面停车与地下、半地下停车相结合，停车用房符合国家标准。

（3）安全性能目标

①结构安全方面。结构工程（含地基基础）设计、施工程序符合国家相关规定，施工质量验收合格并符合备案要求。荷载等级及抗震设防均符合设计规范要求。

②建筑防火。按一级耐火等级设计，灭火与报警系统、防火门窗及疏散设施符合 3A 级

住宅定性定量指标。

③室内污染物控制。墙体材料、室内装修材料及室内有害物质含量均应符合3A级定性定量指标。

（4）质量目标

①住宅建筑一次验收合格。

②会所及教学楼争创山东省优质工程"泰山杯"。

（5）进度目标

①一期工程2008××月×日开工，2008年××月×日完工。

②二期工程2008××月×日开工，2009年××月×日完工。

（6）经济目标

①总投资：项目总概算为××。

②预计××收回投资，项目内部收益率为××。

③投资结构：政府投资。

（7）生态目标

生态住宅主要体现在以下几个方面：

①住宅区物理环境（声、光、热环境）与能源系统。住宅区应规划设计合理，建筑物与周围环境相协调，房间光照充足，通风良好。房屋围护结构要有较好的御寒、隔热功能，门窗密封性能及隔音效果符合规范要求。应有效设计防噪系统，防止噪声污染。供暖、制冷及炊烧等应考虑利用清洁能源，在社区内应考虑太阳能热水器及太阳能电池等太阳能设备的安装。

②水环境系统。饮用水符合国家标准，给、排水系统安装节水器具，小区内应设置中水系统，用于小区内冲洗、灌溉及景观用水。排水实现深度净化，达到二级环保规定指标。

③游憩系统和绿色建材系统。要有足够的户外活动空间，设置户外健身场所及健身路径，考虑儿童活动空间。室内装修简洁适用，采用绿色建材，化学污染和辐射低于环保规定指标。

④绿化系统、废弃物管理与处置系统。小区绿化覆盖率不低于40%，无裸露地面，废弃物管理与处置符合国家规定。

复习思考题

1. 简述目标管理的程序与要点。
2. 简述施工项目目标的制定原则和程序。
3. 在项目管理中有哪些系统可以采用树形结构方式来描述？
4. 简述工程项目结构分解的基本原则、分解过程及分解方法。
5. 何谓工作包？工作包中应包括哪些类型的信息？
6. 简述系统的概念及工程项目系统组成。
7. 确定项目范围对项目管理有何意义？
8. 简述工程项目范围管理的主要内容与过程。
9. 针对一个具体项目，对其进行工作分解，画出WBS和责任矩阵图。

10. 简述界面的概念及工程项目界面管理的内容。
11. 简述系统管理的思想。
12. 项目范围控制的目标和内容是什么？如何做好范围变更控制？

本章参考文献

[1] 白思俊. 现代项目管理[M]. 北京：机械工业出版社，2012.
[2] 毕星，翟丽. 项目管理[M]. 上海：复旦大学出版社，2000.
[3] 边萌，王英杰. 建设工程招投标与合同管理[M]. 北京：机械工业出版社，2001.
[4] 波特尼［美］. 如何做好项目管理[M]. 宁俊，等译. 北京：企业管理出版社，2001.
[5] 布鲁斯·兰登. 项目管理[M]. 王钦，张飞，译. 上海：上海科学技术出版社，2001.
[6] 柴宝善，殷永昌. 项目管理学[M]. 北京：中国经济出版社，2001.
[7] 陈飞. 工程项目管理[M]. 成都：成都科技大学出版社.1993.
[8] 陈灿华，卢守. 工程项目管理与建设法规[M]. 长沙：湖南大学出版社，1998.
[9] 陈光健. 中国建设项目管理实用大全[M]. 北京：经济管理出版社，1993.
[10] 陈永强. 项目采购管理[M]. 北京：北京机械工业出版社，2002.

第3章
工程项目目标与范围管理

本章导读

1. 目标及目标管理的概念，工程项目目标管理的步骤和方法。
2. 工程项目范围的概念与定义，工程项目范围的确定方法。
3. 各种项目系统结构分解方法，它是项目管理最基本，也是最重要的方法之一，它对整个项目管理起纲领性作用。
4. 工程项目系统与系统管理。
5. 工程项目范围控制。

3.1 项目的目标与目标管理

3.1.1 目标及目标管理

1. 目标及目标管理的概念

目标是一定时期集体活动预期达到的成果或结果。

目标管理（MBO，Management by Objectives）指集体中成员亲自参加工作目标的制定，在实施中运用现代管理技术和行为科学，借助人们的事业感、能力、自信、自尊等，实行自我控制，努力实现目标。

目标管理作为一种管理技术起始于20世纪60年代，是一种把总体目标与具体计划相联系的管理方式，也是项目管理所经常使用的管理方法。目标管理的过程实际上是参与管理和自主管理的过程，高层管理人员设定总体目标，该目标作为下属制订各自工作计划的依据，下属员工根据该目标和各自的期望相应地确定每个人的职责范围和工作结果，经理人员定期对其工作结果进行评价。项目的目标管理要发挥作用，必须得到项目管理层的支持。

2. 目标管理的程序

（1）确定项目组织内各层次、各部门的任务分工，对完成项目任务及工作效率提出要求，并把项目组织的任务转换为具体的目标。

（2）落实制定的目标。包括：

①要落实目标的责任主体，即谁对目标的实现负责。

②明确目标主体的责、权、利。

③要落实对目标责任主体进行检查、监督的责任人及手段。

④要落实目标实现的保证条件。

(3) 对目标的执行过程进行调控。即监督目标的执行过程，进行定期检查，发现偏差，分析产生偏差的原因，及时进行协调和控制。对目标执行好的主体进行适当的奖励。

(4) 对目标完成的结果进行评价。即把目标执行结果与计划目标进行对比。评价目标管理的好坏。目标管理的程序如图 3-1 所示。

图 3-1　目标管理程序

3. 目标管理的要点

(1) 目标管理的基本点是以被管理活动的目标为中心，把经济活动和管理活动的任务转换为具体的目标加以实施和控制，通过目标的实现，完成经济活动的任务。

(2) 目标管理的精髓是"以目标指导行动"。目标是一切管理活动的中心和总方向，它决定了计划时的最终目的，执行时的行动方向，考核时的具体标准。只有有效地把握住目标，管理活动才能达到有效和高效。

(3) 目标管理是面向未来的，主动的管理。目标不是现实行为中的既成事物，而是对于未来的期望值。管理者必须自觉以目标为导向，主动追求未来成果，并促使人们发挥最大潜能，提高工作效率，使管理效能达到最高水平。

(4) 目标管理是全体人员参加的管理活动。它通过目标责任体系，明确确立每一管理层次每个人的管理目标，通过自我监督、自我管理、自我控制激发员工积极性，完成目标责任。

目标管理也存在一定的缺点，例如，在项目前期，很多因素不明确，很难设计出完整科学的目标系统；由于目标的刚性，管理者对目标的变更往往犹豫不决；并不是所有项目组成员的工作结果都是可以度量的，而对项目组成员不恰当的评价容易挫伤其积极性。

3.1.2　工程项目目标管理体系

1. 目标系统的建立

工程项目目标的确定需要一个过程。在项目的初始阶段，项目目标往往难以非常清晰，随着项目的进展，目标界定越来越清晰。在项目的不同的发展阶段，目标的确定也有所不同，项目初始目标一般是由项目发起人或者客户提出的，而项目实施目标是项目组织为了满足或超越项目发起人或客户的要求而制定的目标。因此，工程项目的目标系统设计是一项复杂的系统工程。目标系统设计过程如图 3-2 所示。

工程项目是一个系统，工程项目目标的确定必须按照系统工作方法有步骤地进行。在项目的目标系统设计中，首先设立项目总目标，再采用系统方法将总目标分解成子目标和可执行目标。目标系统必须包括项目实施和运行的所有主要方面。

2. 目标系统结构

工程项目的目标系统是由工程项目的各级目标按照一定的从属关系和关联关系而构成的目标体系。工程项目目标系统的建立是工程项目实施的前提，也是项目管理的依据。在目标因素确立后，经过进一步的结构化，即可形成目标系统。工程项目的建设过程是工程项目系统多目标优化的过程。目标系统是由不同层次的目标构成的体系，可以根据项目的实际情况

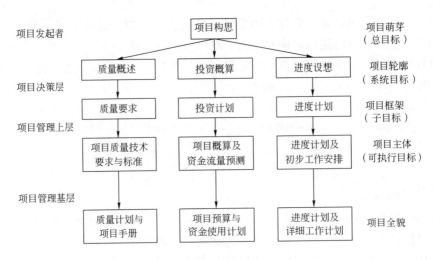

图 3-2 工程项目目标系统的设计

将目标分成若干级，目标体系结构是工程项目的工作任务分解结构的基础。

(1) 按管理对象不同分类

在一个工程项目中，不同的管理对象有不同层次、内容、角度的项目目标，其中影响最大的是业主、承包商、监理工程师三个方面。各种工程项目管理都是以其目标的实现为宗旨的，从而形成了以下分类的工程项目管理目标体系：

①以工程为对象的目标体系，即以建设项目为对象的工程项目管理目标；以单项工程为对象的工程项目管理目标；以单位工程为对象的项目管理目标。

②以管理者为主体的工程项目管理目标，如业主项目管理目标、监理项目管理目标、施工项目管理目标、项目经理部管理目标、作业层管理目标等。

③按业务管理划分的工程项目管理目标，包括进度目标、质量目标、安全目标、成本目标、利润目标、资源节约目标、文明工地目标、环保目标等。

④按施工阶段划分的施工项目管理目标，包括年度目标、季度目标、月度目标等。

⑤按产生的载体分的施工项目管理目标，包括合同目标、规划目标、计划目标等。

(2) 按管理的性质不同分类

①按控制内容的不同，可以分为投资目标、工期目标和质量目标等。

②按重要性的不同，可以分为强制性目标和期望性目标。

③按目标的影响范围，可以分成项目系统内部目标和项目系统外部目标。

④按目标实现的时间，可以分成长期目标和短期目标。

⑤按层次的不同，可以分为总目标、子目标和操作性目标等。

3.1.3 工程项目目标管理

目标管理可以应用于各个领域，下面以一个施工项目目标管理的过程，来说明工程项目目标管理的步骤和内容：

1. 施工项目管理目标的制定

(1) 施工项目目标制定的依据

①工程施工合同提出的建筑施工企业应承担的施工项目总目标；项目经理与企业经理之

间签订的施工项目管理目标责任书中项目经理的责任目标。

②国家的政策、法规、方针、标准和定额。

③生产要素市场的变化动态和发展趋势。

④有关文件、资料，如图纸、招标文件、施工项目管理实施策划等。

⑤对于国际工程施工项目，制定控制目标还应依据工程所在国的各种条件及国际市场情况。

(2) 施工项目目标的制定原则和程序

①原则。

施工项目目标制定的原则是：实现工程承包合同目标；以目标管理方法进行目标展开，将总目标落实到项目组织直至每个执行者；充分发挥施工项目管理实施策划在制定目标中的作用；注意目标之间的相互制约和依存关系。

②程序。

a. 认真研究、核算工程施工合同中界定的施工项目控制总目标，收集制定控制目标的各种依据，为控制目标的落实做准备。

b. 施工项目经理与企业经理签订施工项目管理目标责任书，确定项目经理的控制目标。

c. 项目经理部编制施工项目管理实施策划，确定施工项目经理部的计划总目标。

d. 制定施工项目的阶段控制目标和年度控制目标。

e. 按时间、部门、人员、班组落实控制目标，明确责任。

f. 责任者提出控制措施。

2. 施工项目管理目标的分解

企业总目标制定后，目标应自上而下展开。分解的目的是自下而上保证目标的实现。

(1) 总目标的细化及编制可操作的定量定性指标

管理目标有很多类，应对每类目标进行专业分解，如质量、安全、文明工地等目标进一步细化成各项指标、标准。制定出可操作的、明确具体的定量或定性指标，同时，还有许多为了保证总目标实现而需要大量的管理目标，共同形成完整的指标体系。

(2) 按时间分解，把总目标分解成几个阶段

总目标是整个过程完成后才能实现的。为了便于及时考核与控制，应分解成若干阶段性目标，如年目标、地下室出地面目标、结构封顶目标等。同时要制定季、月目标，以便以月保季、保阶段性目标，从而保证总目标的实现。

(3) 纵横向分解到各层次和个人

纵向分解到各层次、各单位；横向分解到各层次内的各部门，明确主次关联责任。把目标分解到最小的可控制单位和个人，以利于目标的控制和实现，并制定个人的管理职责，确定"人"的各项管理责任。

(4) 制定层层的管理制度

这种管理制度使各项管理都有章可循，各项管理工作都有序地进行，确保目标的实现，确定了"事"的各项管理办法。

目标分解是一个细致的工作，要根据工程项目的具体情况进行分解，要做到分解合理、到位。

3. 责任落实

目标分解不等于落实，落实目标要：

（1）落实目标的责任主体，即谁对目标的实现负责；要定出主要责任人、次要责任人、关联责任人。

（2）明确责任主体的责、权、利。

（3）落实对目标责任主体进行检查、监督的标准及上一级责任人。

（4）落实实现目标的具体措施、手段和各种保证条件。

4. 对目标的执行过程进行调控

监督目标的执行过程，进行定期检查，发现偏差并分析偏差的原因，及时进行协调和控制。

5. 对目标完成的结果进行分析评价

把目标执行结果与计划目标进行对比，以评价目标管理的效果。项目管理层的主要评价指标应是工程质量、工期、成本和安全。

6. 目标管理成功应采取的措施

（1）制定和实现目标要充分调动人的积极性

在制定总目标时，要鼓励下级管理人员、分包单位的管理人员积极参与，上下结合，制定目标准确性高；同时在制定目标过程中，使职工更加了解目标的内涵和实现目标的意义，这是实现目标管理的基础。

目标管理的方法既要重视产品、重视管理工作，也要重视人的因素，把共同制定的目标自上而下的分解和自下而上的目标期望相结合。这样能使职工发现工作的兴趣和价值，在工作中实行自我控制，通过努力工作，满足自我实现的需要，从而实现组织的共同目标。

（2）目标管理应是全方位的、立体的、动态的管理

所谓全方位的是指横向到边，竖向到底的全面的管理。所谓立体的是指管理的人、管理的内容和方法（事）及管理的对象即工程项目（物），即是人、事、物的三维立体管理。所谓动态的是指施工生产在不断发展、不断调整完善的目标管理。

（3）实现管理目标的手段要有相应的控制能力

工程项目是一个系统工程，项目目标的实现又是一个复杂的长时间过程。在这个过程中，由于条件的变化，人为的和天灾的因素会产生突然的变化和不可测事情。因此，管理者必须有极强的控制能力和调节手段，以确保总目标的实现。在这一过程中，由于管理内容多，分包单位多，项目部必须实行统一指挥，通过计划、组织、协调、控制、思想教育、经济奖罚等方法使整个工程各施工单位形成集中统一的整体，确保项目目标的实现。

（4）对实行目标管理而带来的风险应建立激励和约束机制

管理目标的实现要经过努力工作，付出很大的精力才能达到，同时实现的过程中会因为条件变化，管理上的某些失误，造成一定的损失和风险。为了鼓励每个人都要兢兢业业地工作，应实行激励政策。

对管理层人员要健全内部岗位责任制，使各类人员明确责任，使其工作成效与奖金挂钩，重奖突出贡献者；在总分包合同条款及阶段目标责任状中，要建立奖罚条款，形成内部的激励和约束机制。

(5) 管理工作要有全面性、精确性

制定完整的规章制度，在制度的约束下规范自己的行为。要使所有的制度实施不漏项、不含糊、无空隙，使受控面精确到每个人、每件事。研究协调工作的内容、办法和提高协调工作的能力，是使各项管理工作受控运行的重要手段之一。建立行之有效的、严格的控制办法是完成目标的重要保证，尤其是平时日常的检查验收制度，使目标在实践过程中处于正确轨道上。

3.2 工程项目范围管理概述

3.2.1 工程项目范围的概念与定义

工程项目成功依赖于很多因素，如上级的支持、项目团队的工作、清晰的项目任务、明确的需求说明、正确的工作计划等，这里面大多数都是项目范围管理的组成要素。美国凯勒管理研究生院的项目经理威廉·V·黎巴认为，缺少正确的项目定义和范围核实是导致项目失败的主要因素；有研究结果明确显示，不良定义的范围或使命是项目成功的障碍，这是最经常被提到的；史密斯和塔克通过对一个大型炼油厂建设项目的研究发现，项目主要部分的不良范围定义对成本和进度产生的负面影响最大；一项研究发现，在50%以上的成功项目中，明确的使命陈述在项目的概念、计划和执行阶段中是一个良好的预测指标；一项调查发现，缺少明确的目标是超过60%的被访项目经理所表述的主要问题之一；在一项对超过1400名项目经理进行的大型研究中发现，将近有50%的计划问题和不明确的范围与目标定义有关。这些研究反映出项目成功和明确的范围定义之间的强相关性。

1. 工程项目范围的概念

工程项目本身是一个系统，系统应该是有边界的。工程项目范围是指工程项目各过程的活动总和，或指组织为了成功完成工程项目并实现工程项目各项目标所必须完成的各项活动。所谓"必须"完成的各项活动，是指不完成这些活动，工程项目就无法完成；所谓"全部"活动，是指工程项目的范围包括完成该工程项目要进行的所有活动，不可缺少或遗漏。简单地说，确定工程项目范围就是为项目界定一个界限，划定哪些方面是属于项目应该做的，而哪些方面是不应该包括在项目之内的，从而定义工程项目管理的工作边界，确定工程项目的目标和主要可交付成果。一个无法确定范围的工程项目是不可能实现的。

(1) 产品范围与项目范围

在项目环境中，"范围"（Scope）一词可能指产品范围，也可能指项目范围。要注意的是，这两个词的含义是不同的：产品范围（Product-scope），即一个产品或一项服务应该包含哪些特征和功能；项目范围（Project-scope），即为了交付具有所指特征和功能的产品所必须要做的工作。简单地说，项目就是做什么，如何做，才能交付该产品。

通常，产品范围的定义就是对产品要求的度量，而项目范围的定义落实在一系列要做的工作上，两种范围定义立足于不同的角度，结合起来的结果即是经过项目的工作，最终交付一个或一系列满足特定要求的产品和服务。

(2) 工程项目范围的定义

工程项目范围的定义要以其组成的所有产品的范围定义为基础，但是又不限于产品范围，它还包括为了实现这些产品范围内的工作必须要做的管理工作，如工程项目的进度管理、成本管理、质量管理等。

通常来说，确定了项目范围的同时也就定义了项目的工作边界，明确了项目的目标和项目主要的可交付成果。无论是新技术或者是新产品的研发项目或者服务性的项目，恰当的范围定义对于项目的成功来讲是十分关键的。因为，如果项目的范围定义不明确或在实施的过程中不能有效控制，变更就会不可避免的出现，而变更的出现就会破坏项目的节奏、进程、造成返工、延长项目工期、降低项目生产人员的生产效率和士气等，从而造成项目最后的成本大大超出预算的要求。

2. 确定工程项目范围的意义

工程项目管理中最难做的一件工作就是确定工程项目的范围，当然，它也是最重要的一项工作。通过项目范围的界定过程，确定完成项目所必不可少的工作，以及界定出那些不必要的（或无法完成）的工作，是有重要意义的。因为，该做的工作不做，就实现不了项目的目的；而不必要或做不了的工作做了，又浪费资金、人力等资源，白白耗费时间。因此，确定项目范围对项目管理来说可以产生如下作用：

（1）保证了项目的可管理性

范围定义明确了项目的目标和主要的项目可交付成果，可交付成果又可被划分为较小的、更易管理的组成部分。

（2）提高费用、时间和资源估算的准确性

项目的工作边界定义清楚了，项目的具体工作内容明确了，这就为项目所需的费用、时间、资源的估计打下了基础。

（3）确定了进度测量和控制的基准

项目范围是项目计划的基础，如果项目范围确定了，就为项目进度计划和控制确定了基准。

（4）有助于清楚地分派责任

项目范围的确定也就确定了项目的具体工作任务，为进一步分派任务打下了基础。

（5）可作为评价项目成败的依据

项目范围是按照业主或用户的需求来确定的，确定的内容编写在正式的项目范围说明书或项目参考条款中，并记录了修改或变更范围的情况，因此，提供了监督和评价的依据。

总之，工程项目范围的界定是很重要的，它构成了问题解决过程的关键步骤（图3-3），指明了人们筹划工程项目定义的整个过程，显示了人们是怎样达到各自目标的。明确不在工程项目范围之内的工作，或者是因为实现项目的收益不需要这些工作（尽管有它们会更好），或者是因为其他工作会替代它们。有时，为了适应资金的限度，必须减少一些潜在的收益，所以，工程项目的范围一定要清晰陈述。同时，项目干系人必须在项目要产出什么样的产品和服务方面达成共识，也要在如何产出这些产品和服务方面达成一定的共识。

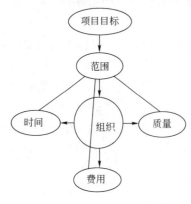

图 3-3 范围界定的作用

3.2.2 工程项目范围管理的主要内容与过程

1. 工程项目范围管理的主要内容

工程项目范围的管理也就是对工程项目应该包括什么和不应该包括什么进行定义和控制，应以确定并完成工程项目目标，保证实施过程和交付工程的完备性为目的，工程项目范围管理的对象应包括为完成项目所必需的专业工作、管理工作和行政工作。

2. 工程项目范围管理的过程

工程项目范围管理应该包括如下过程：

(1) 工程项目启动

工程项目启动就是正式承认一个新项目的存在或一个已有项目应当进入下一个阶段的过程，即阶段启动。虽然项目启动有正式启动（经过论证）和非正式启动（不需专门论证）之分，但是工程项目必须经过论证才能正式启动，绝不允许采取非正式启动方式启动一个工程项目，或启动一个工程项目的一个阶段。工程项目之所以要正式启动，是因为它是一种大型的、复杂的、资源投入多的、耗用时间长的、经济影响和社会影响大的项目，任何草率的做法都会招致不可挽回的重大损失。工程项目启动不是瞬间决策，而是有充分依据和可靠结论后才能启动。而确定能否启动的主要工作就是工程项目范围的确定。所以，工程项目启动是工程项目范围管理的大事。

工程项目启动时要进行工程项目的策划，根据组织的战略计划和经验，选择可行的方案，采取一些决策模型技术，并可依据专家的判断来评价各种方案，最后形成可行性研究评估报告。

工程项目启动过程的一个输出就是项目章程。项目章程是一个重要文档，这个文件正式承认工程项目的存在并对工程项目提供一个概览。对于一个合同项目来说，签署的合同可以作为工程项目许可证，合同条款必须写明约束条件和项目假设。

工程项目启动的一个关键结果就是确定项目经理。应及早定出项目经理，并应参加项目计划的编制。

(2) 工程项目范围计划

范围计划是指进一步形成各种文档，为将来项目决策提供基础，这些文档中，包括范围说明书、辅助性细节、范围管理计划。这些文档定义了项目目标和可交付成果，确定了工程项目的工作边界和管理方法，可以用以帮助项目利益人之间达成共识，并作为项目决策的基础。

(3) 工程项目范围定义

范围定义就是运用一些方法和技术（如工作分解结构 WBS），把工程项目的主要可交付成果（如范围说明书中所定义的）划分为较小的、更易管理的单位。工作分解结构更进一步地确定了工程项目的整个范围，也就是说，WBS 以外的工作不在项目范围之内。WBS 有助于加深对工程项目范围的理解。

(4) 工程项目范围核实

范围核实是项目的利益相关者，如项目投资人或建设单位等，对项目范围进行最终确认和接受的过程。如果项目被提前终止，范围核实过程应确定项目完成的层次和程度，并将其形成文件。

(5) 工程项目范围变更控制

范围变更包括建设单位提出的变更、设计变更、计划变更。工程项目范围变更控制是指对有关工程项目范围的变更施加影响和控制。主要的过程输出是范围变更、纠正行动与教训总结。范围变更控制必须与其他控制过程，如时间控制、成本控制、质量控制等结合起来。

3.3 工程项目范围的确定及定义

确定工程项目范围，其结果需要编写正式的项目范围说明书，包括详细的辅助内容及范围管理计划。工程项目范围说明书是项目组织与项目业主（客户）之间对项目的工作内容达成共识的基础，用来对项目范围达成共同的理解，并确认这样的理解，以此作为将来项目管理的基础。项目范围管理计划描述如何管理项目的范围。

1. 工程项目范围说明书

在进行范围确定前，一定要有范围说明书，因为范围说明书详细说明了为什么要进行这个项目，明确了项目的目标和主要的可交付成果，是项目班子和任务委托者之间签订协议的基础，也是未来项目实施的基础，并随着项目的不断实施进展，需要对范围说明进行修改和细化，以反映项目本身和外部环境的变化。有了项目的范围说明书，就能形成项目的基本框架，使项目所有者或项目管理者能够系统地、逻辑地分析项目关键问题及项目形成中的相互作用要素，使得项目的利益相关者能就项目的基本内容和结构达成一致；并能形成项目结果核对清单，作为项目评估的一个工具，在项目终止以后或项目最终报告完成以前使用，以此作为评价项目成败的依据。

(1) 工程项目范围说明书的内容

项目范围说明书是一个要发布的文件，具体来看，范围说明书应该包括以下三个方面的内容：

①项目的合理性说明：解释为什么要进行这一项目。项目合理性说明为将来提供评估各种利弊关系和识别风险的基础。

②项目目标：确定项目成功所必须满足的某些数量标准。项目目标至少应包括费用、时间进度和技术性能或质量标准。项目目标应当有属性（如费用），衡量单位（如货币单位）和数量（如150万）。未被量化的目标往往具有一定的风险。

③项目可交付成果：一份主要的、具有归纳性层次的产品清单，这些产品完全、满意的交付标志着项目的完成。例如，某一软件开发项目的主要可交付成果可能包括可运行的电脑程序、用户手册等。

(2) 工程项目范围说明书的作用

项目范围说明书起到了如下四个方面的作用：

①形成项目的基本框架。使项目干系人能系统地分析项目的关键问题及项目形成中的相互作用要素，能就项目的基本内容和结构达成一致。

②产生项目有关文件格式的注释。用来指导项目有关文件的产生。

③形成项目结果核对清单。作为项目评估的一个工具，在项目终止以后或项目最终报告

完成以前使用，以此作为评价项目成败的依据。

④可以作为项目整个生命周期中监督和评价项目实施情况的背景文件，作为有关项目计划的基础。

规模大、内容复杂的项目，其范围说明书也可能会很长。政府项目通常会有一个被称作工作说明书（SOW）的范围说明。有的工作说明书可以长达几百页，特别是要对产品进行详细说明的时候。如其他类型的项目管理文件一样，范围说明文件随着项目的进展，可能需要进行调整、修改或细化，以反映项目界限的变化，满足项目管理的需要。项目范围说明书包括的内容见表3-1。

项目范围说明书格式　　　　　　　　　　　　　　　　　　　表3-1

项目范围说明书	
项目名称	
项目编号：	日期：
项目经理：	项目发起人：
项目论证：	
项目产品：	
项目可交付成果：	
不包括的工作：	
项目目标： ・工期 ・预算 ・质量 ・安全	
资源： ・已有资源 ・需采购的资源	
约束条件：	
假设前提：	
项目的主要风险：	

项目经理应当与项目的主要利益相关者共同编制项目范围说明书，客户应当在范围说明书上签字，以表示对项目范围的同意与认可。

2. 工程项目范围管理计划

范围管理计划是对范围变更控制的说明，包括如何管理项目范围及如何将变更纳入到项目范围之内；对项目稳定性的评价；如何识别范围变更及如何对其进行分类等。根据项目的需要，范围管理计划可以是正式的或非正式的，可以很详细，也可以只是一个大概框架。项目范围管理计划包括的内容如下：

（1）如何管理项目的范围及预期的稳定性；预期范围变更频率；预期范围变更幅度。

（2）如何对项目的范围变更进行集成管理；如何（以及由谁）进行项目范围变更的识别与描述；如何对项目的范围变更进行分类；项目范围变更的程序和批准的级别；项目范围变更引起的项目过程调整。

3. 工程项目范围定义

在完成工程项目范围的确定工作之后，项目范围管理进一步的工作就是范围定义，即将项目任务分解为易于操作和管理的单位。范围定义对项目成功非常重要，因为一个好的范围定义可以提高项目的时间、成本及所需资源估算的准确性，便于分工和明确责、权、利，还可以为项目执行绩效评测和项目控制提供一个基准，并有助于清楚地沟通工作职责。

工程项目范围定义就是要将建设项目进行分解和将计划对象进行分解。将建设项目分解就是将它依次分解为单项工程、单位工程、分部工程和分项工程，这也是产品分解体系；将计划对象进行分解就是将总计划分解为阶段计划、月计划、旬计划，或将总计划分解为单项工程计划、单位工程计划和分部工程计划。计划对象的项目划分是以项目产品划分为基础的。

(1) 工程项目范围定义的依据

①一般项目范围定义的依据：

a. 项目范围说明书。这是最重要的范围界定依据。

b. 项目的假设条件。

c. 项目的约束条件。在合同项目中，通常把合同条款视为约束条件。

d. 其他范围计划结果。主要是项目范围管理计划。

e. 历史资料。类似项目的有关资料和信息，可以为项目范围界定提供经验与教训。

②工程项目范围界定的依据。与上述一般项目范围界定的依据类似，工程项目范围界定的依据有：

a. 工程项目策划文件。

b. 可行性研究报告。

c. 设计文件。

d. 合同文件。

e. 类似工程的技术经济资料。

(2) 工程项目范围界定的结果

工程项目范围界定的结果是工程项目分解结构（WBS）及与此相匹配的组织分解结构（OBS）、资源分解结构（RBS）和费用分解结构（CBS）等。WBS是由项目各部分构成的面向成果的"树"，该"树"定义并组成了项目的全部范围，它是项目管理的一个非常基础的文件，是计划和管理项目的进度、成本和变更的基础。项目管理专家认为，没有包含在WBS里的工作是不应该做的。

3.4 工程项目结构分析

3.4.1 工程项目工作分解结构的概念与作用

1. 工程项目工作分解结构的概念

工作分解结构（Work Breakdown Structure，简称WBS）是归纳和定义整个项目范围的一种最常用的方法，是项目计划开发的第一步，指把工作对象（工程项目、其管理过程和其他过程）作为一个系统，把它按一定的目的分解为相互独立、相互制约和相互联系的活动（或过程）。它是项目团队在项目期间要完成或生产出的最终细目的等级树，所有这些细目的完成或产出构成了整个项目的工作范围。进行工作分解是非常重要的工作，它在很大程度上决定项目能否成功。如果项目工作分解的不好，在实施的过程中难免要进行修改，可能会打乱项目的进程，造成返工、延误时间、增加费用等后果。如果用这种方法分解工程项目（或其构成部分、阶段），则称为工程项目工作分解结构。

2. 工程项目工作分解结构的作用

工程项目结构分解是将整个项目系统分解成可控制的活动，以满足项目计划和控制的需求。它是项目管理的基础工作，是对项目进行设计、计划、目标和责任分解、成本核算、质量控制、信息管理、组织管理的对象。工程项目结构分解的基本作用有：

（1）保证项目结构的系统性和完整性。分解结果代表被管理项目的范围和组成部分，还包括项目实施的所有工作，不能有遗漏，这样才能保证项目的设计、计划、控制的完整性。

（2）通过结构分解，使项目的形象透明，使人们对项目一目了然，使项目的概况和组成明确、清晰。这使项目管理者，甚至不懂项目管理的业主、投资者，能把握整个项目，方便地观察、了解和控制整个项目过程；同时可以分析可能存在的项目目标的不明确性。

（3）用于建立目标保证体系。将项目的任务、质量、工期、成本目标分解到各个项目单元。在项目实施过程中，各责任人就可以针对项目单元进行详细的设计，确定施工方案，作各种计划和风险分析，实施控制，对完成状况进行评价。

（4）项目结构分解是进行目标分解，建立项目组织，落实组织责任的依据。通过它可以建立整个项目所有参加者之间的组织体系。

（5）项目结构分解是进行工程项目网络计划技术分析的基础，其各个项目单元是工程项目实施进度、成本、质量等控制的基础。

（6）项目结构分解中的各个项目单元是工程项目报告系统的对象，是项目信息的载体。项目中的大量信息，如资源使用、进度报告、成本开支账单、质量记录与评价、工程变更、会谈纪要等，都是以项目单元为对象收集、分类和沟通的。

项目结构分解的作用可用图 3-4 表示。

图 3-4　工程项目结构分解的作用

3.4.2　工程项目结构分解的层次及表现形式

1. 工程项目结构分解的层次

工程项目的结构分解是一个树形结构，以实现项目最终成果所需进行的工作为分解对象，依次逐级分解，形成越来越详细的若干级别（层次）、类别，并以编码标识的若干大小分成不同的项目单元。WBS 结构应能使项目实施过程中便于进行费用和各种信息数据的汇总。WBS 还考虑诸如进度、合同及技术作业参数等其他方面所需的结构化数据。WBS 最常见的形式是五（六）级别（层次）的关联结构，如图 3-5 所示。

层次		层级分解	描述
管理层	1	项目	整个项目
	2	可交付成果	主要可交付成果
技术层	3	子可交付成果	可交付子成果
	4	最低子可交付成果	最底层的可交付子成果
	5	工作包	可识别的工作活动

图 3-5　工程项目分解的层次

2. 工程项目结构分解的表现形式

WBS 是将项目工作分解为越来越小的、更容易管理和控制的单元系统。图 3-6 是一个简化的分为五层的 WBS，针对的是一个单位工程，将其从上到下分解，按照其实施过程的顺序进行逐层分解而形成的结构示意图。

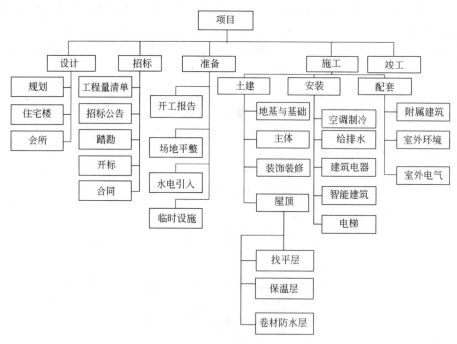

图 3-6　工作分解结构示意图

第一层表现了总的项目目标，即完成项目包含工作的总和，对高层管理人员适用。第二、三层适合中层管理人员，第四、五层则针对一线管理人员。

第二层是项目的主要可交付成果，但不是全部成果。如设计、招标、准备、施工和竣工，主要成果应该包括可交付物及里程碑，如设计的可交付物是施工图纸。里程碑是划分项目阶段的标志，表示了项目进程中从一个阶段进入到另一个阶段的工作内容将发生变化。这一层的主要可交付成果的选择可以从项目工作范围特点的角度选择，还可以从项目的功能构成和组成部分的相对独立性的角度选择。选择这一层面的可交付成果的原则是便于进行管理。

第三、四层是可交付子成果。选择的原则与上一层类似，一个可交付物成果是土建施工，它由四个子可交付物（分部工程）——地基与基础、主体、屋顶、装饰装修，以及最低管理层的可交付子成果（分项工程）——屋面找平层、保温层及卷材防水层组成。在WBS结构的每一层中，必须考虑各层信息如何像一条江河的流水一样由条条支流汇集到干流，流入大海。这个过程要不断地重复，直到可交付的子成果小到管理的最底层乃至个人。这个可交付的子成果又被进一步分解为工作包。分解中应尽量减少结构的层次，层次太多不利于有效管理。

WBS的最低一层被称为工作包，工作包是短时间的任务，是项目的最小可控单元。在这一层次上，应能够满足用户对交流和监控的需要，这是项目经理、工程和建设人员管理项目所要求的最低层次。工作包可能包含不同的工作种类，有明确的起点和终点，消耗一定的资源并占用一定的成本。每个工作包都是一个控制点，工作包的管理者有责任关注这个工作包，使其按照技术说明的要求在预算内被按期完成。

工作包应具有以下特点：

(1) 与上一层次相应单元关联，与同组其他工作包关系明确的独立单元。

(2) 责任能够落实到具体单位或个人，充分考虑项目的组织机构。要与组织的组织分解结构OBS结合起来，使两者紧密结合，以便于项目经理将各个工作单元分派给项目班子成员。

(3) 可确定工期，时间跨度最短。时间跨度的长短反映组织对该工作包项目进度控制的要求，其时间跨度的上限应根据这个原则制定。

(4) 能够确定实际预算、人员和资源需求。

3.4.3 工作分解结构的编制方法

1. 工程项目结构分解的基本原则

项目结构分解有其基本规律，如果不能正确分解，则会导致以此为基础的各项项目管理工作的失误。项目结构分解的基本原则有：

(1) 确保各项目单元内容的完整性，不能遗漏任何必要的组成部分。

(2) 项目结构分解是线性的，一个项目单元J_i只能从属于一个上层项目单元J，不能同时属于两个上层单元J和I。否则，这两个上层项目单元J和I的界面不清。一旦发生这种情况，则必须进行处理，以保证项目结构分解的线性关系。

(3) 由一个上层单元J分解得到的几个下层单元J_1、J_2、J_3……J_n应有相同的性质，或相同的功能，或同为要素，或同为实施过程。

(4) 项目单元应能区分不同的责任者和不同的工作内容，应有较高的整体性和独立性。单元的工作责任之间界面应尽可能小而明确，如此才能方便目标和责任的分解、落实，方便地进行成果评价和责任分析。如果无法确定责任者（如必须由两个人或部门共同负责），则必须清楚说明双方的责任界限。

(5) 工程项目工作分解结构与承包方式、合同结构之间相互影响，应予以充分注意。

(6) 系统分解的合理性还应注意以下方面：

①能方便地应用工期、质量、成本、合同、信息等管理方法和手段，符合计划、项目目标跟踪控制的要求。

②应注意物流、工作流、资金流、信息流等的效率和质量。

③注意功能之间的有机组合和实施工作任务的合理归属。

④最低层次的工作单元（工作包）上的单元成本不要太大、工期不要太长。

(7) 项目分解结构应有一定弹性，以方便于扩展项目范围和内容，变更项目结构。

(8) 在一个结构图内不要有过多层次，通常 4~6 层为宜。如果层次太少，则单元上的信息量太大，失去了分解的意义；如果层次太多，则分解过细，结构便失去了弹性，调整余地小，工作量大量增加，而效果却很差。

2. 工程项目工作结构分解过程

基本思路是：以工程项目目标体系为主导，以工程技术系统范围和工程项目的总任务为依据，由上而下、由粗到细地进行。具体步骤如下：

(1) 将工程项目分解成单个定义且任务范围明确的子项目（单项工程）。

(2) 将子项目的结果做进一步分解，直到最底层（单位工程、分部工程、分项工程）。

(3) 列表分析并评价各层次（直到工作包，即分项工程）的分解结果。

(4) 用系统规则将项目单元分组，构成系统结构图。

(5) 分析并讨论分解的完整性。

(6) 由决策者决定结构图，形成相应文件。

(7) 建立工程项目的编码规则。

3. 工程项目工作结构分解方法

(1) 分解方式

对于一个系统来说，存在多种系统分解的方式，只要这些子系统是相互关联的，并且它们能够综合构成系统的整体。工程项目是一个系统，工程项目分解结构的目的是将项目的过程、产品和组织这三种结构形式综合考虑，主要分解方式有以下几种：

①根据项目组织结构进行分解。

②根据项目的产品构成进行分解。

③根据项目实施的阶段进行分解。

例如，要给一个建筑企业要上一个信息化项目，按照项目的组织结构就可以分解为人事信息系统、生产信息系统、财务信息系统等；而按该项目的产品结构，则可以分解为企业资源计划系统（ERP）、客户关系管理系统（CRM）、供应链系统（SCM）、办公自动化系统（OAS）等；按照项目实施的阶段则可以分解为系统分析、系统设计、系统实施、系统交接等阶段。

(2) 分解考虑因素

实际上，WBS 的第一个层次按某种方式分解后，第二个层次或其他层次往往要以另外一种方式分解。那么，到底采用哪种方式进行分解呢？具体的分解方式应该考虑下面三个因素：

①哪一种更高级的标志会最有意义？

②任务将如何分配？

③具体的工作将如何去做？

根据以上三个因素来分解项目是比较有效的办法。另外，WBS 的每个框或圈中的文字最好能够统一，要么全用"动词+名词"，如"安装设备"，要么全用"名词+动词"，如"设备安装"。

(3) 分解方法

制定 WBS 的方法有自上而下法、集思广益法（头脑风暴法）、两者结合法，及采用原先的模板等四种方法。

①自上而下法是指对项目的分解先从总体考虑，分为几个大部分，然后逐层分解。这种方法优点是层次分明，缺点是有可能遗漏一些小的任务。这种方法适宜采用树形表现形式。

②集思广益法（又叫头脑风暴法）是指先不考虑层次，让项目成员畅所欲言，将所有想到的任务都列出来，然后再用线条将它们联系起来。这种方法不容易漏项，但不够直观，适宜采用气泡图的表现形式。

③两者结合法是指将自上而下法与集思广益法结合起来，先采用集思广益法，画出项目的气泡图，然后再采用自上面下法，整理成树形结构图。由此可知，该方法综合了上述两种方法的优点，既不漏项，又层次分明。并且，我们应了解树形结构图适合供项目的外部用户使用，气泡图适合项目团队内部使用。

④采用模板法是指将做过的成功项目的 WBS 予以抽象，形成某一类项目的模板。有些项目具有相似性，在新项目进行工作结构分解时，就可以在模板库中直接调出相应模板，然后进行相应的添加、删除或修改即可。图 3-7 为某住宅施工项目的工作分解结构示意。

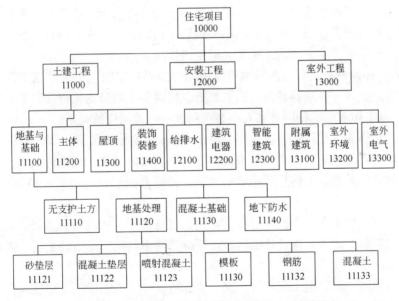

图 3-7 某住宅施工项目结构分解图——树形图

工作分解结构是出于管理和控制的目的而将项目分解成易于管理部分的技术，本项工作是在确定了项目的范围之后进行的，因此对于各具体的项目而言，项目的范围说明书是进行项目分解的直接前提和依据。

4. WBS 编码设计

为适应现代化信息处理的要求，设计一个统一的编码体系，确定编码规则和方法，有利于网络分析、成本管理、数据的储存、分析统计等，且要相互接口，工程项目工作结构分解图采用"父码＋子码"的方法编制。

工作分解结构中的每一项工作单元都要编上号码，用来唯一确定每一个单元，这些号码的全体称为编码系统。编码系统同项目工作分解结构本身一样重要，在项目规划和以后的各个阶段，项目各基本单元的查找、变更、费用计算、时间安排、资源安排、质量要求等各个方面都要参照这个编码系统。若编码系统不完整或编排的不合适，会引起很多麻烦。

利用编码技术对 WBS 进行信息交换，可以简化 WBS 的信息交换过程。编码设计与结构设计是有对应关系的。结构的每一层代表编码的某一位数，有一个分配给它的特定的代码数字。在最高层次，项目不需要代码；在第二层次，如果要管理的关键活动小于 9 个（假设用数字来编码），则编码是一个典型的一位数编码，如果用字母，那么这一层上就可能有 26 个关键活动，如果用字母加数字，那么这一层上就可能有 35 个关键活动；下一层代表上述每一个关键活动所包含的主要任务，这个层次如果是一个两位数编码，其灵活性范围为 1～99，或者如果再加上字母，则灵活性范围更大；以下依此类推。

在图 3-7 中，WBS 编码是由五位数字组成，第一位数表示处于第 0 级的整个项目；第二位数表示处于第 1 级的子工作单元（或子项目）的编码；第三位数是处于第 2 级的具体工作单元的编码；第四位数是处于第 3 级的更细更具体的工作单元的编码。编码的每一位数字，由左到右表示不同的级别，即第 1 位代表 0 级，第 2 位表示 1 级，依此类推。

在 WBS 编码中，任何等级的工作单元，是其余全部次一级工作单元的总和。如第二个数字代表子工作单元（或子项目）——也就是把原项目分解为更小的部分。于是，整个项目就是子项目的总和。所有子项目的编码的第一位数字相同，而代表子项目的数字不同，紧接着后面两位数字是零。再下一级的工作单元的编码依次类推。

在制定 WBS 编码时，责任与预算也可以用同一编码数字制定出来。就责任来说，第一位数字代表责任最大者——项目经理，第二位数字代表各子项目的负责人，第三和第四位数分别代表 2、3 级工作单元的相应负责人。对于预算也有着同样的关系。

编码设计对于作为项目控制系统应用手段的 WBS 来说是个关键步骤。不管用户是高级人员还是其他职员，编码对于所有的人来说都应当有共同的意义。在进行编码设计时，必须仔细考虑收集到的信息和收集信息所用到的方法，使信息能够自然地通过 WBS 编码进入应用记录系统。

在编码设计时，如果在一个既定层次上，应该尽量将同一代码用于类似信息，这样可以使编码更容易被理解。此外，在设计编码时，还应当考虑到用户的方便使用，使编码以用户容易理解的方式出现。

工作分解结构图一旦确定下来以后，除非特殊情况，应当不能随便加以改动。如遇到必须加以改动的情况，就得召开各方会议，如部门主管、项目经理、执行人员、客户和承包商等参与的大会，就项目目标、工作分解结构等情况共同协商，并达成一致意见，且加以确认，省却日后可能遇到麻烦。

5. 工程项目结构分解的结果

（1）工程项目结构图

工程分解结构有三种表现形式，分别是：

①树形图，又称组织结构图形式，见图 3-7。其特点是层次分明、非常直观，但不容易修改也比较难展示项目的全貌。因为一旦修改，层次就不清楚了，而超过五个层次的工程项目不适宜用一张纸画完。

②气泡图。优点是可以任意修改,箭线可以任意弯曲,缺点是不够直观,较难反映项目全貌,图 3-8 为用气泡图表示竣工验收项目的工作分解结构图。

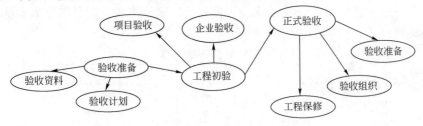

图 3-8 竣工验收项目的 WBS——气泡图

③列表图。列表形式不够直观,但优点是能反映工程全貌。比如像三峡水利枢纽工程这样的大项目,工作内容非常多,可以印制三峡项目的 WBS 手册,手册的表现形式就需要采用列表的形式,如图 3-9 所示。

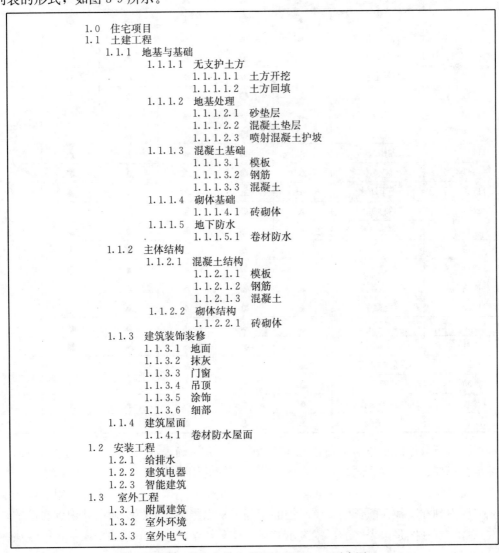

图 3-9 某住宅施工项目的 WBS——列表图

(2) 项目结构分析表

工作分解结构图一旦完成以后,这时就有必要将它与有关组织机构图加以对照,用工作分解结构在有关组织机构当中分配任务和落实责任,这就构成了责任图,或者称为责任矩阵,如表3-2所示。

×××项目结构分析表　　　　　表3-2

编码	工作内容	项目经理	项目总工	技术部	工程部	安全部	办公室
10000	住宅项目	▲	▲				
11000	土建工程	▲	▲				
11100	地基与基础	▲	▲	▲	▲	▲	●
11110	无支护土方	▲	▲	▲	▲	●	□
11111	土方开挖	▲	●	▲	▲		
11112	土方回填	▲	●	▲	▲		
11120	地基处理	▲	▲	▲	▲		□
11121	砂垫层	▲	●	▲	▲	●	
11122	混凝土垫层	▲	●	▲	▲		
11123	喷射混凝土护坡	▲	●	▲	▲		
11130	混凝土基础	▲	▲	▲	▲	▲	□
11131	模板	▲	●	▲	▲	●	
11132	钢筋	▲	●	▲	▲		
11133	混凝土	▲	●	▲	▲		
11140	砌体基础	▲	▲	▲	▲	▲	□
11141	砖砌体	▲	●	▲	▲	●	
11150	地下防水	▲	▲	▲	▲	▲	□
11151	卷材防水	▲	●	▲	▲	●	
11200	主体结构	▲	▲	▲	▲	▲	□
11210	混凝土结构	▲	▲	▲	▲	●	
11211	模板	▲	●	▲	▲	●	
11212	钢筋	▲	●	▲	▲		
11213	混凝土	▲	●	▲	▲		
11220	砌体结构	▲	▲	▲	▲	●	
11221	砖砌体	▲	●	▲	▲	●	
11300	装饰装修	▲	▲	▲	▲	▲	□
11400	建筑屋面	▲	▲	▲	▲	▲	□
12000	安装工程	▲	▲	▲	▲	▲	□
13000	室外工程	▲	▲	▲	▲	▲	□

责任图将所分解的工作落实到有关部门和个人,并明确表示出有关部门或个人对组织工作的关系、责任、地位等。同时,责任图还能够系统的阐述项目组织内部与组织之间,个人与个人之间的相互关系,以及组织或个人在整个系统中的地位和责任,由此,组织或个人就能够充分认识到在与他人配合当中应承担的责任,从而能够充分、全面的认识到自己的全部责任。总之,责任图是以表格的形式表示完成工作分解结构中的单元的个人责任的方法。表3-2是一个住宅施工项目的责任图(也可以作为一张工作分解结构图)。

一般可用数字、字母或几何图形等来表示项目成员在项目中应负的责任、工作的性质、相互的关系等内容，如果用字母来表示，常用的责任代码如：

X——执行任务，D——单独或决定性决策，P——部分或参与决策，S——控制进度，T——需要培训工作。

如果用符号表示，常用的符号如：

▲——负责，○——审批，●——扶助，△——承包，□——通话。

在制定责任矩阵的过程中应结合实际需求来确定。责任矩阵有助于人们了解自己的职责，并且使得自己在整个项目组织中的地位有一个全面的了解，所以说，责任矩阵是一个非常有用的工具。

(3) 项目结构分解说明书

WBS 的结果就是项目的工作范围文件。如果项目任务的完成是一份合同，则 WBS 的结果就是合同工作范围文件。故要全面审查工作范围的完备性，分解的科学性，由决策人批准后，才能作为项目实施的执行文件。

3.5 ▶ 工程项目系统与系统管理

3.5.1 工程项目系统

系统是由多维相关体组成的一个整体。所谓多维相关体是项目系统可以分解成各自独立的项目单元，这些项目单元之间存在着复杂的关系，它们通过相互作用、相互联系、相互影响来实现。任何工程项目都是一个系统，具有鲜明的系统特征；在工程项目管理中，系统方法是最重要的，也是最基本的思想方法和工作方法，项目管理者必须树立起系统观念，并首先用系统的观念分析工程项目。

1. 工程项目系统描述

工程项目系统包括：工程系统、目标系统、技术系统、行为系统、组织系统等，对工程项目系统可以从各个角度、各个方面进行描述。

(1) 工程项目的目标系统

工程项目的目标系统实质上是工程项目所要达到的最终状态的描述系统。由于项目管理采用目标管理方法，所以工程项目具有明确的目标系统，它是项目过程中的一条主线。工程项目目标系统具有如下特点：

①项目目标系统有自身的结构。任何系统目标都可以分解为若干个子目标，子目标又可分解为可操作目标。

②完整性。项目目标因素之和应完整地反映上层系统对项目的要求，特别要保证强制性目标因素，所以，项目通常是由多目标构成一个完整的系统。目标系统的缺陷会导致工程技术系统缺陷、计划的失误和实施控制的困难。

③均衡性。目标系统应是一个稳定且均衡的目标体系。片面、过分地强调某一个目标(子目标)，常常以牺牲或损害另一些目标为代价，会造成项目的缺陷。特别要注意工期、成本(费用、投资)、工程(质量、功能)之间的平衡。

④动态性。目标系统有一个动态的发展过程。它是在项目目标设计、可行性研究、技术设计和计划中逐渐建立起来，并形成一个完整的目标保证体系；由于环境不断变化，上层系统对项目的要求也会变化，项目的目标系统在实施中也会产生变更，如目标因素的增加、减少，指标水平的调整等。这会导致设计方案的变化、合同的变更、实施方案的调整。

项目的目标与项目管理目标有联系又有区别：项目目标是针对整个工程生命周期的，是上层对项目的要求，它主要解决上层系统的问题，所以它常常体现在工程项目的运营阶段上；项目管理的总体目标是保证项目目标的实现，所以项目管理的目标是项目目标的一部分，并为之服务。

目标系统是抽象系统，它由项目任务书、技术规范、合同文件等说明（定义）。

（2）工程项目的对象系统

工程项目是要完成一定功能、规模和质量要求的工程，这个工程是项目的行为对象。它是由许多分部、许多功能面组合起来的综合体，有自身的系统结构形式。例如，一个工厂由各个车间、办公楼、仓库、生活区等构成；每个车间在总系统中提供一定的使用（生产）功能；每一个车间或功能区又可分解为建筑、结构、水电、机械、技术、通信等专业要素，它们之间互相联系、互相影响、互相依赖，共同构成项目的工程系统。它通常是实体系统形式，可以进行实体的分解，得到工程结构。

工程项目的对象系统决定着项目的类型和性质，决定着项目的基本形象和最本质特征，决定项目实施和项目管理的各个方面。

工程项目的对象系统是由项目的设计任务书、技术设计文件（如实物模型、图纸、规范、工程量表）等定义的，并通过项目实施完成。对项目对象系统的要求有：

①空间布置合理，各分部和专业工程协调一致（包括功能协调、生产能力等协调）。

②能够安全、稳定、高效率地运行，达到预期的设计效果（运行功能），运营费用（如生产成本）低，能源、人力消耗省。

③结构合理，没有冗余，各部分、各专业工程投资比例合理，质量和生命期设计均衡。

④它必须是一个均衡的、简约的、高效率运行的整体，具有使工程正常、安全、经济、高效率运行所必需的各个部分和条件。

⑤与环境的协调。工程不仅能符合上层系统的要求，达到预定的目标，而且还必须与自然环境协调，与当地的交通、能源、水电供应、通信等各方面协调，和谐地融合于大系统中。

（3）工程项目的行为系统

工程项目的行为系统是由实现项目目标，完成任务所有必需的工程活动构成的。这些活动之间存在各种各样的逻辑关系，构成一个有序的、动态的工作过程。人们通常指的项目就是指项目的行为系统。项目行为系统的基本要求有：

①它应包括实现项目目标系统必需的所有工作，并将它们纳入计划和控制过程中。

②保证项目实施过程程序化、合理化，均衡地利用资源（如劳动力、材料、设备），降低不均衡性，保持现场秩序。

③保证各分部实施和各专业之间有利的、合理的协调。通过项目管理，将上千个、上万个工程活动导演成为一个有序的、高效率的、经济的实施过程。

项目的行为系统也是抽象系统，由项目结构图、网络计划、实施计划、资源计划等表示。

(4) 工程项目的组织系统

项目组织是由项目的行为主体构成的系统。由于社会化大生产和专业化分工,一个项目的参加单位(或部门)可能有几个、几十个、甚至成百上千个,常见的有业主、承包商、设计单位、监理单位、分包商、供应商等。它们之间通过行政的或合同的关系连接形成一个庞大的组织体系,为了实现共同的项目目标承担着各自的项目任务。项目组织是一个目标明确的、开放的、动态的、自我形成的组织系统。

上述几个系统之间又存在着错综复杂的内在联系,它们从各个方面决定着项目的形象。

2. 工程项目的系统特点

按照系统理论,工程项目具有如下系统特点:

(1) 结合性

任何工程项目系统都是由许多要素组合起来的。不管从哪个角度分析项目系统,如组织系统、行为系统、对象系统、目标系统等,都可以按结构分解方法进行多级、多层次分解,得到子单元(或要素),并可以对子单元进行描述和定义。这是项目管理方法使用的前提。

(2) 相关性

各个子单元之间互相联系、互相影响,共同作用,构成一个严密的、有机的整体。项目的各个系统单元之间、项目各系统与大环境系统之间都存在复杂的联系与界面。

(3) 目的性

工程项目有明确的目标,这个目标贯穿于项目的整个过程和项目实施的各个方面。由于项目目标因素的多样性,它属于多目标系统。

(4) 开放性

任何工程项目都是在一定的社会历史阶段,一定的时间和空间中存在的。在它的发展和实施过程中一直是作为社会大系统的一个子系统,与社会大系统的其他方面(即环境系统)有着各种联系,有直接的信息、材料、能源、资金的交换。

①工程项目的输出可能有:工程设施、产品、服务、利润、信息、满意等。

②工程项目的输入可能有:原材料、设备、资金、劳动力、服务、信息、能源、上层系统的要求、指令等。

项目受到环境系统的制约,必须利用环境系统提供的条件,与系统环境协调并共同作用。

(5) 动态性

项目的各个系统在项目过程中都显示出动态特性,例如:

①整个项目是一个动态的渐进的过程。

②在项目实施过程,由于业主要求和环境的变化,必须相应地修改目标,修改技术设计,调整实施过程,修改项目结构。

③项目组织成员随相关项目任务的开始和结束,进入和退出项目等。

(6) 其他特点

①新颖性。现代工程项目的技术含量越来越高,包括大量的高科技、开发型、研究型的工作任务。在项目设计和实施及运行过程中,需要新知识、新工艺。

②复杂性。这表现在现代工程项目的规模大、投资大、持续时间长、参加单位多等情况

下，需要国际合作，合同条件越来越复杂，环境和其他方面对项目的要求越来越高。

③不确定性。现代工程项目都包含着许多风险，由于外界经济、政治、法律及自然等因素的变化造成对项目的外部干扰，使项目的目标、项目的成果、项目的实施过程有很大的不确定性。

3.5.2 工程项目系统环境与界面

1. 工程项目系统描述体系

工程项目结构分解图展现的是项目的总体范围，是概念性的。分解后的各个项目单元是有具体内容的，包括目标分解、功能要求、质量标准、时间安排、责任人、实施安排、成本、工期等，这些都要通过文件来说明和定义。项目的系统说明文件从各个方面描述和规定了项目和项目单元。工程项目的系统描述文件包括以下内容：

（1）项目系统目标文件。是项目的最高层次的文件，对项目和各方面都具有规定性，如项目建议书、可行性研究报告等。

（2）项目工程技术设计文件。工程的设计文件是按照目标文件编制的、主要描述功能的技术设计文件。

（3）实施方案和计划文件。这一类文件是按照目标文件和设计文件编制的，包括施工方案、施工计划、投标文件、技术措施、项目管理规划等。

（4）工作包说明。最低层次的项目单元就是工作包，是计划和控制的最小单位（特别是成本方面），其相应的说明称为工作包说明。为了进行有效的计划与控制，必须对工作包进行明确的定义，应清楚、详细、便于理解、为实际工作人员所接受。工作包说明，一般应包括以下内容：

①子项目名称：即工作包所属的子项目名称。

②工作包编号：按照 WBS 的编号规则决定。

③日期和修改编号：记载最近一次的变更日期和累计变更次数。

④工作包名称：包括工作包名称和任务范围的简要说明。

⑤工作包内容（结果）：按项目任务书或合同要求确定的该工作包的总体内容，包括位置、工程量、质量标准、技术要求、实施要求。

⑥前提条件：工作条件和紧前工作等。

⑦工序描述：即工作包所含的工序。

⑧责任人：指承包人、分包人小组或部门。

⑨其他参加者：有合作和协调责任的参加者。

⑩费用：指成本或投资，包括计划数和实际数。

2. 项目系统描述体系的管理

项目成功的最关键因素是目标和工作范围的明确，因此，要加强对项目系统描述体系的管理。要点如下：

（1）对项目系统描述体系进行标识在项目前期策划、设计和计划中，要使用一系列文件、图纸、标准来描述项目系统状态。

（2）在项目系统文件确定后，对项目系统的任何变更都要进行严格控制，以确保不影响系统目标、性能、费用和进度,不造成混乱。

(3) 利用系统描述文件对设计、计划、施工过程经常进行检查和跟踪。

(4) 在工程竣工交付前,以项目系统描述体系对项目的实施过程和最终状况进行全面审核,验证项目的目标是否全面完成,是否符合标准和合同要求。

(5) 可以通过模型、CDC技术、协同工作平台等透视项目的实施过程,使人们更好地把握系统结构和其动态过程。

3. 界面

(1) 界面的概念

项目工作结构分解(WBS)是将一个项目分解成各自独立的项目单元,通过结构图对项目进行静态描述。但项目是一个有机整体,系统的功能常常是通过系统单元之间的相互作用、相互联系、相互影响实现的。各类项目单元之间存在着复杂的关系,即它们之间存在着界面。系统单元之间界面的划分和联系是项目系统分析的内容。

在工程项目中,界面具有十分广泛的意义。工程项目的各类系统,如目标系统、技术系统、行为系统、组织系统、系统之间、系统和环境之间等,都存在界面,如目标系统界面、技术系统界面、行为系统界面、组织系统界面,项目各类系统与环境之间的界面等。

(2) 工程项目的界面

①目标系统界面:如质量、进度、成本目标之间的界面。

②技术系统界面:如专业上的依赖和制约关系;各功能之间的关系;平面和空间的关系。

③行为系统界面:指工作活动之间的关系,特别是进度计划中各计划单元之间的关系。

④组织系统界面:包括项目相关利益者之间的关系,组织内部部门之间的关系,上下层之间的关系、项目经理与职能经理之间的关系等。

⑤系统与环境之间的界面:环境向系统输入资源、信息、资金、技术;系统向环境提供产品、服务、信息等。

4. 工程项目界面管理

在工程项目管理中,界面管理是十分重要的,因为大量的矛盾、争执、损失都发生在界面上。它同项目单元一样,都是项目管理的对象。界面管理是现代项目管理的研究热点之一。大型、复杂的工程项目,界面必须经过精心组织和设计,纳入整个项目管理的范围。

(1) 工程项目界面管理的要点

①保证系统界面之间的相容性,使项目系统单元之间有良好的接口。这是项目经济、安全、稳定、高效率运行的基本保证。

②保证系统的完备性,不失掉任何工作、设备、数据等,防止发生工作内容、成本和质量责任归属的争执。在实际工作中,一定不要忘记界面上的工作,更不要推卸界面上的责任。

③要对界面进行定义,形成文件,在项目的实施中保持界面清楚,当工程发生变更时,应特别注意变更对界面的影响。

④界面通常位于专业接口处、项目生命期的阶段连接处。项目控制必须在界面处设置检查验收点和控制点。大量的管理工作存在于界面上,应采用系统的方法从组织、管理、技

术、经济、合同等各个方面主动进行界面管理。

⑤在项目的计划、设计、施工中,必须注意界面之间的联系和制约,解决界面之间的不协调、障碍和争执,主动、积极地管理系统界面的关系,对相互影响的因素进行协调。

⑥在项目管理集成化、综合化中要特别加强界面管理,对重要界面进行设计、计划、说明和控制。

(2) 项目系统界面的定义文件

①项目系统界面的定义文件应能综合表达界面信息,包括界面的位置,组织责任的划分,技术界限(界面上工作的界限和归宿),工期界限(活动关系、资源、信息、时间安排),成本界限等。"界面说明"见表3-3。

界 面 说 明　　　　　　　　　表3-3

项目:			
子项目:			
界面号:			
部门:	部门:		
技术界限:		已清楚	不清楚
工期界限:		已清楚	不清楚
成本界限:		已清楚	不清楚
签字:	签字:		

②在项目结构分析时,应着重注意界面,划清其界限。在项目施工过程中,通过图纸、规范、计划等进一步详细描述界面。目标、设计、实施方案、组织责任的任何变更,都可能影响上述界面的变更,故界面文件必须随工程变更而变更。

3.5.3 系统管理的思想

系统观念强调全局,即考虑工程项目的整体,需要进行整体管理。系统观点强调目标,把目标作为系统,在整体目标优化的前提下进行系统的目标管理。系统观念强调相关性,把握各个组成部分的相互联系和相互制约关系来进行工程项目运行与管理。

在项目管理中,系统方法是最重要、最基本的思想方法和工作方法,这在项目和项目管理的各个方面都有体现。在相关联的各个学科中,项目管理与系统工程有最大的交集。

任何项目管理者,项目的参加者,工程技术人员首先必须确立基本的系统观念。这体现在:

(1) 全局的观点,系统地观察问题,解决问题,作全面的整体的计划和安排,减少系统失误。在采取措施,做出决策和计划并付诸实施时都要考虑各方面的联系和影响。例如,考虑项目结构各单元之间的联系,各个实施阶段的联系,各个管理职能的联系,组织成员的联系,还要考虑到项目与上层系统的联系,使它们之间互相协调。所以,项目管理应强调综合管理、综合运用知识和措施,协调各方面矛盾和冲突,使各子系统正常运行。

（2）追求项目的整体最优化，强调系统目标的一致性，强调项目的总目标和总效果，而不是局部优化。这个整体常常不仅指整个项目（建设过程），而且指整个工程的生命周期，甚至还包括对项目的整个上层系统（如企业、地区、国家）的影响。

（3）在现代工程项目管理中，人们越来越强调系统的集成，把项目的各部分有机地结合在一起，保证一切目标、子系统、资源、信息、活动及组织单位结合起来，按照计划形成一个协调运行的综合体。将项目管理的各个职能，如成本管理、进度管理、质量管理、合同管理、信息管理等综合起来；将项目的目标系统设计、可行性研究、决策、设计和计划、供应、实施控制、运行管理等综合起来，形成集成管理系统。

3.5.4 工程项目范围控制

工程项目是一个动态平衡系统。在系统没有开始工作时，系统是平衡的。而在工作开始不久，就一定会发生变化。可能是建设方要求追加一向在计划阶段未曾预想的功能特性；可能是市场环境发生变化等，因此，需要项目组织严格按照项目的范围和工作分解结构文件对项目的范围进行控制。

1. 一般项目范围核实

（1）项目范围核实的含义

项目范围核实是指项目或项目阶段结束时，项目管理组织在将最终应交付的项目产品（或服务）交给业主（或客户）之前，由项目的相关利益者、项目管理组织等，对项目范围给予正式确认和接受，并对已完成的工作成果进行审查，核实项目范围内各项工作是否按计划完成，项目的应交付成果是否令人满意。

（2）项目范围核实的工作内容

项目范围核实工作的内容有两个方面：

①审核项目启动和范围界定工作的结果，包括项目说明书和项目分解结构。

②对项目或其各阶段所完成的可交付成果进行检查，看其是否按计划或超计划完成。

（3）项目范围核实工作的依据

项目范围核实的依据有：项目说明书；项目范围说明书；工作结果；项目产品文件（包括项目计划、项目规范、产品技术文件、产品图纸等）。

（4）项目范围核实的方法

项目范围核实使用项目范围核验表和项目工作结构核验表等。

①核实项目或项目各阶段可交付成果时，可采用观察、检查、测量、试验等方法。

②项目范围核验表的内容包括：

a. 项目目标是否完整、准确。

b. 项目目标的衡量标准是否科学。

c. 项目的约束条件是否真实。

d. 项目的假设条件是否合理。

e. 项目的风险是否可以接受。

f. 项目是否有成功把握。

g. 项目范围界定是否能保证上述目标实现。

h. 项目范围是否能产生净收益。
i. 项目范围界定是否需要进一步进行辅助性研究。
③工作分解结构核验表的主要内容：
a. 项目目标的描述是否清楚。
b. 项目产出物的各项成果描述是否清楚。
c. 项目产出物的所有成果是否都是为实现项目目标服务的。
d. 项目的各项成果是否是工作分解的基础。
e. 工作包是否都是为形成成果服务的。
f. 项目目标层次的描述是否清楚。
g. 项目工作成果、目标之间是否一致、合理。
h. 工作分解结构的层次与项目目标层次的关系是否一致。
i. 项目目标的衡量标准是否是定量指标。
j. 项目工作分解结构中的工作是否有合理的定量指标。
k. 项目目标的指标值与项目工作绩效的度量标准是否匹配。
l. 项目工作分解结构的层次结构、工作内容、工作包之间的相互关系、工作所需资源、考核指标、总体协调等是否合理。

(5) 项目范围核实的结果
①对项目范围界定工作的结果正式认可。
②对项目或项目阶段的可交付成果正式验收。
核实结果应以正式文件确认；如果未得到认可，则项目必须宣告终止。

2. 工程项目的范围核实
(1) 工程项目范围核实的特点
①工程项目范围核实是工程项目管理的重要制度。制度规定，工程项目的所有产品、工作和过程都要经过认证、审批，否则不予验收、不予认可和不予接收。涉及工程项目产品的（包括中间产品），由使用人、建设单位、监理单位、设计单位、施工单位的相关法定代表人、技术负责人、部门负责人、项目经理等，按照分工和权限进行核实；涉及过程和工作的，由下一过程或过程结果的接受者核实。也就是说，在工程项目管理中，范围的核实不只是理论上的阐述，而且是实际运行的需要，是制度乃至法规的规定，是"必须"而不是"应当"或"可以"。

②工程项目范围核实是有关组织领导的日常工作，是权力的体现。每个组织的领导人员参与工程项目管理，其职责就是决策、领导、指导、监督、激励等工作，这些工作没有一项是可以离开项目范围核实的。例如，合同签订以后必须由法定代表人签字盖章，这是法定代表人对合同（范围计划）的核实和确认；一个分项工程完成后，要由监理总工程师检查、验收和签认；一项单位工程的竣工验收，要由设计单位、施工单位、建设单位的负责人，共同在竣工验收报告上签字等。

③工程项目范围核实，需要各利益相关者共同核实或相互核实。一个工程项目涉及众多的利益相关者，其范围核实往往不是一个组织内部的事，而是几个利益相关者之间的事。例如，设计文件完成后，既需要设计负责人核实，也需要设计单位的技术负责人核实，还需要

消防、规划、环保、建设单位、政府领导等众多单位参加核实；一项工程项目完成后，要由验收委员会进行检查、验收、接收等。

④工程项目的范围核实者要承担法律责任。工程项目的范围核实往往要依据法律、法规的规定进行。例如，《中华人民共和国建筑法》第七条规定，"建设单位应按照国家有关规定向工程所在地县级以上人民政府建设行政主管部门申请领取施工许可证。"第三十一条规定，"建设单位与其委托的监理单位应当订立书面监理委托合同。"第三十二条规定，"工程监理人员认为工程不符合工程设计要求、施工技术标准和合同约定的，有权要求建筑施工企业改正。"

（2）工程项目范围核实的内容

工程项目范围核实的内容列举如下：

①项目建议书须经权力部门批准。

②可行性研究报告须经权力部门批准。

③设计文件须经建设单位验收。

④工程变更须经监理单位批准。

⑤工程的阶段验收和竣工验收须经建设单位（监理单位）、设计单位、施工单位共同进行，并在工程竣工验收报告上签字。

⑥工程项目交付使用须经验收委员会验收签字。

⑦各种合同须经双方法定代表人审核签字。

⑧各种计划须经组织的主管领导审批。

⑨施工组织设计除由组织的主管领导审核、审批、签字外，还要由监理单位审批，由发包人认可。

⑩工程的预算、结算、决算等，都要按要求由有关领导和部门审批。

3. 工程项目范围变更及控制

（1）工程项目范围变更的原因

①一般项目范围变更的原因。项目干系人常常由于各种原因对项目的最终产品或最终服务范围的增加、修改或删减，这一类修改或变化叫做变更。造成范围变更的原因很多，主要有：

a. 项目外部环境发生变化。例如，政府颁布了新法令，竞争对手生产出了新产品，汇率或利率浮动，会使项目范围受到影响而改变。

b. 项目范围的初始规划不周，有错误或遗漏。例如，在设计企业信息系统时未考虑到因特网的广泛使用。

c. 出现了或设计人员提出了新技术、手段或方案。例如，项目实施后出现了制订范围管理计划时尚未出现的、可大幅度降低成本的新技术、新材料、新设备、新工艺，可能会对项目实施产生重大影响，采用到项目中会导致项目范围发生变化。

d. 项目实施组织本身发生变化，如项目所在单位和其他单位合并，项目经理变更，重要技术人员变更等。

e. 项目业主对项目、项目产品的要求发生变化。例如，业主希望汽车公路桥增加通过轻轨列车的能力等。

范围变更出现后，应修改有关技术文件和项目计划，并通知有关的项目干系人。对范围变更采取措施，进行处理之后，应当将造成范围变更的原因、采取的措施及采取的措施的理由、从此次变更中吸取的教训等都记录在案，形成书面文件，存入本项目和其他项目的数据库。

②工程项目范围变动的原因。工程项目范围变动和一般项目范围变动的原因基本是一样的，主要原因有以下几项：

a. 建设单位提出的变更。包括增减投资的变更，使用要求的变更，预期项目产品的变更，市场环境的变更，供应条件的变更等。

b. 设计单位提出的变更。包括改变设计，改进设计，弥补设计不足，提高设计标准，增加设计内容等。

c. 施工单位提出的变更。包括增减合同中约定的工程量，改变施工时间和顺序，提出合理化建议，施工条件发生变化，材料、设备的换用等。

d. 不可抗力引起的工程项目范围变更。

(2) 工程项目范围变更控制

对工程项目范围变更进行控制时，要以工作分解结构、项目进展报告、来自项目内外的变更请求和范围管理计划为依据。变更请求可以是口头或书面的、直接或间接的，可以来自项目外部也可以来自内部的，可以是法律要求的也可以是由项目班子加以选择的。除紧急情况外，口头变更必须形成书面文件之后才能受理。

进行范围变更控制必须经过范围变更控制系统。所谓范围变更控制系统就是一套事先确定的修改项目范围应遵循的程序，其中，包括必要的表格或其他书面文件，责任跟踪和变更审批制度、人员和权限。

①工程项目范围变更管理应符合下列要求：

a. 工程项目范围变更要有严格的审批程序和手续。

b. 范围变更后应调整相关的计划。

c. 重大的项目变更，应提出影响报告。

②工程项目范围变更控制的内容。

a. 首先要对引起项目范围变更因素和条件进行识别、分析和评价。

b. 所有工程项目范围变更都要经过权力人核实、认可和接受。

c. 需要进行设计的工程项目范围变更，要首先进行设计。

d. 涉及施工阶段的变更，必须签订补充合同文件，然后才能实施。

e. 工程项目目标控制必须控制变更，且把变更的内容纳入控制范畴，使工程项目尽量不与原核实的目标发生偏离或偏离最小。

③工程项目范围变更控制的依据。

a. 可行性研究报告。可行性研究报告经批准后，便是工程项目范围控制的基本依据，无论是项目构成、质量标准、使用功能、项目产品、工程进度、估算造价等，都应是范围控制的依据，更应是范围变更控制的约束。国家规定，如果初步设计概算造价高于可行性研究报告的10%，必须报原审批单位批准。用造价限额控制工程项目范围变更，是一项有力的措施。

b. 工作分解结构的分解结果。它是控制工程项目具体范围变更的依据。

c. 设计文件及其造价。设计文件是确定工程项目范围的文件，是控制工程项目范围变更的直接依据。任何涉及设计的范围变更和过程变更，都要依据原设计文件。

d. 工程施工合同文件。工程施工合同文件（包括补充合同文件），是控制工程项目范围变更的直接依据。

e. 工程项目实施进度报告。该报告既总结分析了项目的实际进展情况，又明确了实际与计划的偏差情况，还对项目的未来进展进行预测，可以提供信息的提示，以便进行项目范围变更的控制。

f. 各有关方提出的工程变更要求。包括变更内容和变更理由。

④工程项目范围变更控制的方法。

a. 投资限额控制法。即用投资限额约束可能增加项目范围的变更。

b. 合同控制法。即用已经签订的合同限制可能增加的项目范围变更。

c. 标准控制法。即用技术标准和管理标准限制可能增减项目范围的变更。

d. 计划控制法。即用计划控制项目范围的变更。如需改变计划，则应对计划进行调整并经过权力人进行核实和审批。

e. 价值工程法。利用价值工程提供的提高价值的五条途径对工程项目范围变更的效果进行分析，以便做出是否变更的决策。这五条途径是：增加功能，降低成本；功能不变，减低成本；减低辅助功能，更多降低成本；功能增加，成本不变；增加少量成本，获得更多功能。

(3)《建设工程施工合同（示范文本）》关于工程变更的通用条款

《建设工程施工合同（示范文本）》（GF—2013—0201）的通用条款第 10 章对工程变更做出了规定，内容如下：

①变更的范围。

除专用合同条款另有约定外，合同履行过程中发生以下情形的，应按照本条约定进行变更：

a. 增加或减少合同中任何工作，或追加额外的工作；

b. 取消合同中任何工作，但转由他人实施的工作除外；

c. 改变合同中任何工作的质量标准或其他特性；

d. 改变工程的基线、高程、位置和尺寸；

e. 改变工程的时间安排或实施顺序。

②变更权。

发包人和监理人均可以提出变更。变更指示均通过监理人发出，监理人发出变更指示前应征得发包人同意。承包人收到经发包人签认的变更指示后，方可实施变更。未经许可，承包人不得擅自对工程的任何部分进行变更。

涉及设计变更的，应由设计人员提供变更后的图纸和说明。如变更超过原设计标准或批准的建设规模时，发包人应及时办理规划、设计变更等审批手续。

③变更程序。

a. 发包人提出变更。

发包人提出变更的，应通过监理人向承包人发出变更指示，变更指示应说明计划变更的工程范围和变更的内容。

b. 监理人提出变更建议。

监理人提出变更建议的，需要向发包人以书面形式提出变更计划，说明计划变更工程范围和变更的内容、理由，以及实施该变更对合同价格和工期的影响。发包人同意变更的，由监理人向承包人发出变更指示。发包人不同意变更的，监理人无权擅自发出变更指示。

c. 变更执行。

承包人收到监理人下达的变更指示后，认为不能执行，应立即提出不能执行该变更指示的理由。承包人认为可以执行变更的，应当书面说明实施该变更指示对合同价格和工期的影响，且合同当事人应当按照第10.4款（变更估价）约定确定变更估价。

(4) 工程项目范围变更结果

①工程项目范围变更的结果之一是范围变更文件。该文件说明范围变更的理由、变更的内容及变更对目标（指标）的影响。该文件要经权力人签订确认。

②工程项目范围变更的结果之二是签订合同。这主要是涉及施工过程中发生的工程变更需要施工单位组织施工的，该合同是原合同的补充文件。

③纠偏措施。这是一种控制措施，即当发现工程范围变更引起了原目标实施的偏差时，为了不改变原目标而采取的措施。当偏差被纠正，范围变更措施便得到了积极效果。

④调整基准计划。由于工程项目范围变更已不能用纠正偏差的办法进行控制时，便应改变原计划，变更计划范围及由范围确定的进度、造价、质量、工程量等目标（或指标）。调整计划应利用科学方法，如网络计划法和挣值法等。

⑤吸取经验教训。工程项目范围变更有的是积极的，对工程项目和相关利益者都有利；有的范围变更是消极的，对工程项目和相关利益者均不利，但不得不变更，如不可抗力造成的变更就是消极的变更。因此，要从变更的原因中吸取经验和教训并形成文件，作为管理储备加以保存备用。

本章小结

本章主要讨论了项目目标、目标管理及项目范围管理的有关问题。

项目目标就是实施项目所要达到的期望结果。它明确了项目管理的努力方向，明确了项目成员的沟通方式，产生一定的激励作用，是项目管理的指南、项目成功的判断依据。

目标的制定方式可以作为执行和指导一个组织实现目标的管理手段。因此，目标管理可以作为一种有效的管理工具。

在管理中，确定一个有效的范围对项目取得成功非常重要。作为一个管理者，只有确定了项目的工作边界，才能顺利地获得良好业绩。项目范围是指为了成功达到项目的目标，项目所规定要做的内容。简单地说，确定项目范围就是为项目界定一个界限，划定哪些方面是属于项目应该做的，而哪些是不应该包括在项目之内的。项目管理中的范围可以指产品范围或产品规范、项目范围。确定项目范围的结果就是编写出项目范围说明书。项目范围说明书应包括如下内容：项目目标、项目的合理性说明和项目的可交付成果。

工程案例：邮电通信大楼建设工程项目管理规划

1. 项目概况

本项目要建造一幢具有一流设施和智能型邮电通信大楼，项目概况见第一章工程案例中表

1-4。建筑周围布置绿地,道路周边绿化,地块绿化覆盖率23%,地块西侧设有地上机动车位,可停车20辆,各个配套项目已向有关单位征询,可配套解决。项目计划投资3.9亿元人民币,建设周期2.5年,要求工程于2006年1月1日开工。

2. 项目承发包

经过招投标,本项目由××建筑公司承担。××建筑公司是国营大型建筑一级施工企业,有30多年的施工经历,拥有先进的技术装备和高素质的管理与施工队伍,具有土木建筑、设备安装、高级装饰、道桥修筑、技术开发、混凝土构件生产、房地产开发、物资贸易等综合施工经营能力,是首批通过GB/T 19002—ISO 9002国际质量体系认证的国内建筑企业之一。面向21世纪,公司坚持走科技兴企,质量兴业之路,建立和完善现代企业制度,努力发展成为现代化的新型企业。

公司在接到项目后,按照项目经理负责制要求,内聘了该项目的项目经理,组建了项目部,对项目全过程进行管理。基于公司的实力,公司有信心也有能力把邮电通信大楼项目建设成为优质工程。

3. 项目特点

项目部首先对建设邮电通信大楼项目的特点进行了分析,认为本项目是一个系统的综合工程,包括勘察设计和施工工程两方面的内容,实施项目的主要特点如下:

(1) 对大楼工程进行全过程、全专业的方案设计和施工设计。

(2) 施工工程包括以下三个方面的工作:

① 主体结构、装修、水暖通风、电气、消防、电梯及智能化系统的施工;

② 地下车库和地上机动车位工程;

③ 配套市政工程的道路和绿地建设。

(3) 大楼建筑物内部主要设备先进,而且达到智能型邮电通信功能。

4. 项目范围的确定

(1) 项目目标与项目描述

根据工程承包合同,项目经理部与业主、监理等项目的相关各方协商确定了项目的主要目标为:

① 交付成果。设计建造一幢一流设施和智能型的邮电通信大楼,地上建筑面积 $28001m^2$,地下建筑面积 $4042m^2$,总建筑面积 $32043m^2$。

② 工期要求。2006年1月3日~2008年8月30日竣工。

③ 成本要求。总投资39000万元。

为了使项目各相关方和项目团队成员准确理解项目内容,明确项目目标,项目经理部用简练的表格形式对项目进行了描述(表3-4)。

邮电通信大楼建设项目描述表　　　　　　　　　　　　　　　　表3-4

项目名称	邮电通信大楼建设项目
项目目标	2.5年完成邮电大楼的设计、建造工程,总投资3.9亿元
交付物	一幢总建筑面积 $32043m^2$、具有一流设施和职能型的邮电大楼
交付物完成准则	工程设计、建造、室内和室外装修的要求
工作描述	主体结构、公用系统、职能化系统、室外道路和绿化工程

续上表

项目名称	邮电通信大楼建设项目
工作规范	依据国家建设建筑工程的有关规范
所需资源估计	人力、材料、设备的需求预计
重大里程碑事件	开工日期 2006 年 1 月 3 日，工程设计完成日期 2006 年 7 月 14 日，基础工程完成日期 2006 年 10 月 27 日，主楼工程完工日期 2007 年 10 月 21 日，安装工程完工日期 2008 年 2 月 18 日，装修工程完工日期 2008 年 5 月 19 日，工程验收日期 2008 年 6 月 18 日
项目经理审核意见：按要求保质保量完成任务	
签名：×××　　　　日期：2006 年 1 月	

(2) 项目重大里程碑

针对项目的目标要求，结合项目的特点和各方的要求，项目经理部分析确定了本项目的主要里程碑事件，制作了反映项目重大里程碑事件关系的里程碑计划图（表3-5）。

项目里程碑事件进度表　　　　　　　　　　　表 3-5

标识号	任务名称	2006 年						2007 年						2008 年		
		1	3	5	7	9	11	1	3	5	7	9	11	1	3	5	7	9
1	工程设计				◆7—14												
2	基础工程						◆10—27										
3	主体工程												◆10—21				
4	安装工程															◆2—18	
5	装修工程																◆5—19
6	验收工程																◆6—18

(3) 项目工作分解

本项目涉及范围广，工程量大，工作内容多，为了准确地明确项目的工作范围，项目经理部按照工作分解结构的原理对项目进行了分解，经过与业主、监理的协商，确定了项目的工作范围（表3-6）。

项目工作结构分解编码表　　　　　　　　　　表 3-6

工作结构分解编码	内容	工作结构分解编码	内容
1100	勘察设计	1231	给排水
1110	勘察	1232	设备
1120	方案设计	1233	采暖通风
1130	初步设计	1234	电气
1140	施工图设计	1235	消防
1200	施工工程	1240	装修工程
1210	基础工程	1241	外装修
1211	土方	1242	内装修
1212	基础	1250	室外工程
1220	主体工程	1251	停车场及道路
1221	地下室	1252	室外照明
1222	群楼工程	1253	绿化
1223	主楼工程	1260	竣工验收
1230	安装工程	1300	项目管理

(4) 项目的工作描述

在项目分解完成后,为了使项目团队成员更准确的理解项目所包含的各项工作的具体内容和要求,项目经理部对 WBS 分解所得的所有工作进行了描述。工作描述的依据是项目目标、项目描述和项目工作分解结构,其结构是工作描述表(表 3-7)。

施工图设计工作描述表　　　　　　　　　表 3-7

工 作 名 称	施工图设计
工作交付物	施工图
验收标准	项目经理签字,确定施工方案
技术条件	施工图设计规范
工作描述	根据项目要求和设计规范,进行施工图设计并报批
假设条件	勘察和方案设计工作均正确无误
信息源	勘察、方案和初步设计所收集的信息
约束条件	初步设计所规定的大纲
其他需要描述的问题	风险:初步设计大纲不准确 防范计划:勘察工作要详细、准确,以保证初步设计大纲的正确性
签名	签名:××× 　　　　日期:2006 年 1 月

5. 项目管理组织形式

项目管理组织形式见图 3-10。

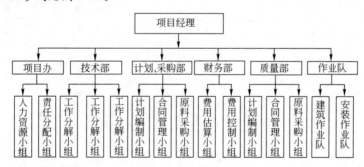

图 3-10　项目组织形式图

6. 项目责任分配

为了对项目在执行过程中进行有效的监督、协调和管理,项目经理部采用责任分配矩阵的形式对参与项目各方进行表述(表 3-8)。

项目责任分配表　　　　　　　　　表 3-8

任务名称	项目办	技术部	计划部	采购部	质量部	财务部	建筑队	安装队	项目经理
1100 工程设计	○		○						★
1110 勘察	○	▲			◆		○		
1120 方案设计	○	▲							
1130 初步设计	○	▲							
1140 施工图设计	○	▲							

续上表

任务名称	项目办	技术部	计划部	采购部	质量部	财务部	建筑队	安装队	项目经理
1210 基础工程	○		○						★
1211 土方	○				◆		▲		
1212 基础工程	○				◆		▲		
1220 主体工程	○								★
1221 地下工程	○	○			◆		▲		
1222 群楼工程	○	○			◆		▲		
1223 主楼工程	○				◆		▲		
1230 安装工程	○		○						★
1231 给排水工程安装	○			○	◆	○		▲	
1232 采暖工程安装	○			○	◆	○		▲	
1233 设备安装	○			○	◆	○		▲	
1234 电气安装	○			○	◆			▲	
1235 消防系统安装	○			○	◆			▲	
1240 装修工程	○		○						★
1241 外装修	○				◆		▲		
1242 内装修	○				◆			▲	
1250 户外工程	○		○						★
1251 停车场及道路附设	○				◆		▲		
1252 室外照明	○			○	◆		▲	○	
1253 绿化	○			◆		▲			
1260 竣工验收	▲	○		○	○	○			★
1300 项目管理	▲	○	○	○	○				★

注：▲——负责；○——参与；◆——监督；★——批准。

（未完，下面章节续）

复习思考题

1. 简述项目范围的过程和工作内容。
2. 在项目管理中有哪些系统可以采用树形结构方式来描述？
3. 在以后各章的学习中，如何最有效地利用项目结构分解的结果（WBS）？
4. 确定项目范围对项目管理有何意义？
5. 项目选择的准则与方法有哪些？应用的条件有哪些？
6. 为何要定义项目的工作分解结构？如何把项目分解成更小的任务单元？分解时要掌握什么原则？
7. 什么是"范围蔓延"，它会造成什么影响？
8. 项目范围控制的目标和内容是什么？如何做好范围变更控制？

9. 针对一个具体项目，对其进行工作分解，画出 WBS 和责任矩阵图。
10. 工作包中包括哪些类型的信息？
11. 什么是工作包中时间分段的预算？

本章参考文献

[1] 吉多(Gido. J)，[美]克莱门斯(Clementsj. P). 成功的项目管理[M]. 金成，等译. 北京：机械工业出版社. 1999.

[2] 纪燕萍. 中外项目管理案例[M]. 北京：人民邮电出版社，2002.

[3] 陈飞. 工程项目管理[M]. 成都：成都科技大学出版社. 1993.

[4] 陈灿华，卢守. 工程项目管理与建设法规[M]. 长沙：湖南大学出版社，1998.

[5] 陈光健. 中国建设项目管理实用大全[M]. 北京：经济管理出版社，1993.

[6] 陈永强. 项目采购管理[M]. 北京：机械工业出版社，2002.

[7] 成虎. 工程项目管理[M]. 3版. 北京：中国建筑工业出版社，2009.

[8] 丛培经. 实用工程项目管理手册[M]. 北京：中国建筑工业出版社，1999.

[9] 杜嘉伟，郑煜，梁兴国. 哈佛模式———项目管理[M]. 北京：人民出版社，2001.

[10] [英]菲尔德(Field. M). 项目管理[M]. 严勇，等译. 大连：东北财经大学出版社，2003.

第4章 工程项目进度管理

本章导读

1. 叙述工程项目进度计划的概念、进度目标的确定和进度计划表示方法。
2. 介绍工程项目工作界定、工作排序、工作时间估算、网络计划技术、工程项目进度计划的编制和工程项目进度计划的优化。
3. 介绍工程项目进度检查与分析方法,以及工程项目进度计划的调整方法。

4.1 工程项目进度目标与进度计划

工程项目实施活动的时间进度计划是工程项目计划体系中最重要的组成部分,是其他计划的基础。工程项目进度目标的确定对项目管理和项目实施的各个方面都有很大的影响。

4.1.1 工程项目进度目标的确定

1. 时间进度计划

工程项目实施活动的时间进度计划,即工期计划。工期计划是表达项目中各项工作的开展顺序、开始时间、完成时间及其相互衔接关系的计划,是工程项目计划体系中最重要的组成部分,是其他计划的基础。目前,许多项目管理软件都以工期计划为主体。工期计划包括如下工作:

(1) 明确工程项目进度目标。
(2) 安排并确定项目活动间的逻辑关系。
(3) 根据所需的资源、具体的条件,估计各项活动的持续时间。
(4) 按总的进度目标编制详细的进度计划,将项目的时间目标、活动之间的相互关系和持续时间联系起来,形成网络并进行网络分析。

工程项目的时间进度计划决定了项目中资源是如何综合起来并保证其良好的协调性,它在确定项目的资源在时间上的使用计划、评价工程项目的进度具有非常重要的作用。

2. 进度目标的确定

工程项目的进度目标是项目的三大目标(投资、进度、质量)之一,对整个工期计划具有规定性和限制性。一般在目标设计阶段它就被确定,并在可行性研究阶段被分解、细化、论证或修改。项目组织者在编制进度计划时,往往分析研究可行性研究报告中对进度目标的定义。项目进度目标首先被分解到工程项目生命周期的各个阶段（如批准、设计完成、现场开工、交付使用）。各主要阶段的开始或结束时间作为工程项目的里程碑时间计划。项目组织者一般还根据工程项目的分标和总体合同模式，考虑将项目各技术子系统实施进度目标分解。

各个阶段的技术子系统的进度目标，以及确定各项工作完成的阶段性目标将作为重要的目标因素定义在一份招标文件及合同文件中。招标文件及其合同条件是项目参与者或承包商确保其实施进度计划目标的依据。

项目的总进度目标的确定对项目管理和项目实施的各个方面都有很大的影响。它关系到工程能否顺利进行，关系到成本和工程所能达到的质量标准。项目的总进度目标和几个主要阶段的进度安排通常可以通过如下途径做出。

（1）分析过去同类或相似工程项目的实际工期资料，并根据本工程的特点推算。在使用这些资料时应核查在现有项目条件下的适应性，并调整估计值。

（2）采用工期定额。一定种类和规模的工程项目，其总工期、设计工期和施工工期都有一定的行业标准。这种行业标准是在过去许多工程资料统计的基础上得到的。例如，原建设部颁布的《建筑建设周期定额》。按照定额标准可以进行一些总体的安排。但是由于技术的进步和管理水平的提高，工期定额与实际工期的差距越来越大。目前，在许多工程中合同工期仅为定额的60%。由此可见，工期定额的参照价值越来越小。

（3）在实际工程中，总工期目标通常由上层决策者从战略的角度确定，如从市场、经营的角度确定。工程项目的工期计划通常以批准的项目使用和运行期限为目标，先安排工程施工阶段的里程碑计划，再以它为依据安排设计、设备供应、招标和现场的工作。

（4）工作包的进一步分解。随着项目结构分解的细化，工期计划也一步步细化。项目最低层次的单元是工作包，工期计划中，工作包可以进一步分解到工序，这些工序构成子网络，它们是项目总网络的基础。在详细的工期计划中，通常首先确定这些工序的持续时间，进而分析工作包（子网络）的持续时间，再作总网络的分析。工作包进一步分解要考虑如下问题：

①持续时间和工作过程的阶段性。
②工作过程不同的专业特点和不同的工作内容。
③工作不同的承担者。
④建筑物不同的层次和不同的工作区段等因素。

例如，通常基础混凝土施工可以分解为垫层、支模板、扎钢筋、浇捣混凝土、拆模板、回填土等；设备安装可分为预埋、安装设备进场、初安装、主体安装、试车、装饰等。

4.1.2 工程项目进度计划的种类

工程项目进度计划的表示方法有多种，常用的有横道图、里程碑图和网络图三种表示方法。

1. 横道图

横道图也称甘特图，是美国人甘特（Gantt）在20世纪20年代提出的。由于其形象、直观，且易于编制和理解，因而长期以来被广泛应用于工程项目进度控制之中。

用横道图表示的工程项目进度计划，一般包括两个基本部分，即左侧的工作名称及工作的持续时间等基本数据部分和右侧的横道线部分。图 4-1 所示即为用横道图表示的某桥梁工程施工进度计划。该计划明确地表示出各项工作的划分、工作的开始时间和完成时间、工作的持续时间、工作之间的相互搭接关系，以及整个工程项目的开工时间、完工时间和总工期。

序号	工作名称	持续时间（天）	进度（天）									
			5	10	15	20	25	30	35	40	45	50	55
1	施工准备	5											
2	预制梁	20											
3	运输梁	2											
4	东侧桥台基础	10											
5	东侧桥台	8											
6	东桥台后填土	5											
7	西侧桥台基础	25											
8	西侧桥台	8											
9	西侧台后填土	5											
10	架梁	7											
11	与路基连接	5											

图 4-1　某桥梁工程施工进度横道计划

利用横道图表示工程进度计划，存在下列缺点：

（1）不能明确地反映出各项工作之间错综复杂的相互关系，因而在计划执行过程中，当某些工作的进度由于某种原因提前或拖延时，不便于分析其对其他工作及总工期的影响程度，不利于建设工程进度的动态控制。

（2）不能明确地反映出影响工期的关键工作和关键线路，也就无法反映出整个工程项目的关键所在，因而不便于进度控制人员抓住主要矛盾。

（3）不能反映出工作所具有的机动时间，看不到计划的潜力所在，无法进行最合理的组织和指挥。

（4）不能反映工程费用与工期之间的关系，因而不便于缩短工期和降低工程成本。

由于横道计划存在上述不足，给工程项目进度控制工作带来很大不便。即使进度控制人员在编制计划时已充分考虑了各方面的问题，在横道图上也不能全面地反映出来，特别是当工程项目规模大、工艺关系复杂时，横道图就很难充分暴露矛盾。而且在横道计划的执行过程中，对其进行调整也是十分繁琐和费时的。由此可见，利用横道计划控制工程项目进度有较大的局限性。

2. 里程碑图

里程碑图是以项目中某些重要事件的完成或开始时间作为基准所形成的计划，是一个战略计划或项目框架，以中间产品或可实现的结果为依据。它显示了项目为达到最终目标必须经过的条件或状态序列，描述了项目在每一阶段应达到的状态，而不是如何达到。图 4-2 是里程碑图的一个例子。

项 目 名 称	1月	2月	3月	4月	5月	6月
里程碑事件	上中下	上中下	上中下	上中下	上中下	上中下
技术方案确定	30/1▲					
研究试验				15/4▲		
技术设计					15/5▲	
制作组装						15/6▲

图 4-2 里程碑图

3. 网络图

工程项目进度计划用网络图来表示，可以使工程项目进度得到有效控制。国内外实践证明，网络计划技术是用于控制工程项目进度的最有效工具。无论是工程项目建设设计阶段的进度控制，还是施工阶段的进度控制，均可使用网络计划技术。作为工程项目管理人员，必须熟练掌握和应用网络计划技术。

（1）网络计划的种类

网络计划技术自20世纪50年代末诞生以来，已得到迅速发展和广泛应用，其种类也越来越多。但总的说来，网络计划可分为确定型和非确定型两类。如果网络计划中各项工作及其持续时间和各工作之间的相互关系都是确定的，就是确定型网络计划，否则属于非确定型网络计划。如计划评审技术（PERT）、图示评审技术（GERT）、风险评审技术（VERT）、决策关键线路法（DN）等均属于非确定型网络计划。在一般情况下，工程项目进度控制主要应用确定型网络计划。

对于确定型网络计划来说，除了普通的双代号网络计划和单代号网络计划以外，还根据工程实际的需要，派生出下列几种网络计划：

①时标网络计划。时标网络计划是以时间坐标为尺度表示工作进度安排的网络计划，其主要特点是计划时间直观明了。

②搭接网络计划。搭接网络计划是可以表示计划中各项工作之间搭接关系的网络计划，其主要特点是计划图形简单。常用的搭接网络计划是单代号搭接网络计划。

③有时限的网络计划。有时限的网络计划是指能够体现由于外界因素的影响而对工作计划时间安排有限制的网络计划。

④多级网络计划。多级网络计划是一个由若干个处于不同层次且相互间有关联的网络计划组成的系统，它主要适用于大中型工程建设项目，用来解决工程进度中的综合平衡问题。

除上述网络计划外，还有用于表示工作之间流水作业关系的流水网络计划和具有多个工期目标的多目标网络计划等。

（2）网络计划的特点

利用网络计划控制建设工程进度，可以弥补横道计划的许多不足。图4-3和图4-4分别为双代号网络图和单代号网络图表示的某桥梁工程施工进度计划。与横道计划相比，网络计划具有以下主要特点：

①网络计划能够明确表达各项工作之间的逻辑关系。所谓逻辑关系，是指各项工作之间的先后顺序关系。网络计划能够明确地表达各项工作之间的逻辑关系，对于分析各项工作之

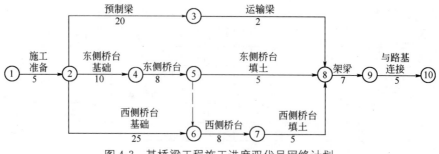

图 4-3 某桥梁工程施工进度双代号网络计划

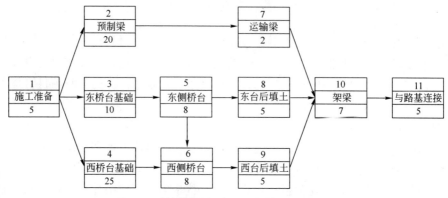

图 4-4 某桥梁工程施工进度单代号网络计

间的相互影响及处理它们之间的协作关系具有非常重要的意义，同时也是网络计划比横道计划先进的主要特征。

②通过网络计划时间参数的计算，可以找出关键线路和关键工作。在关键线路法（CPM）中，关键线路是指在网络计划中从起点节点开始，沿箭线方向通过一系列箭线与节点，最后到达终点节点为止所形成的通路上所有工作持续时间总和最大的线路。关键线路上各项工作持续时间总和即为网络计划的工期，关键线路上的工作就是关键工作，关键工作的进度将直接影响到网络计划的工期。通过时间参数的计算，能够明确网络计划中的关键线路和关键工作，也就明确了工程进度控制中的工作重点，这对提高工程项目进度控制的效果具有非常重要的意义。

③通过网络计划时间参数的计算，可以明确各项工作的机动时间。所谓工作的机动时间，是指在执行进度计划时除完成任务所必需的时间外尚剩余的、可供利用的富余时间，亦称"时差"。在一般情况下，除关键工作外，其他各项工作（非关键工作）均有富余时间。这种富余时间可视为一种"潜力"，既可以用来支援关键工作，也可以用来优化网络计划，降低单位时间资源需求量。

④网络计划可以利用电子计算机进行计算、优化和调整。对进度计划进行优化和调整是工程进度控制工作中的一项重要内容。如果仅靠手工进行计算、优化和调整是非常困难的，必须借助于电子计算机。而且由于影响建设工程进度的因素有很多，只有利用电子计算机进行进度计划的优化和调整，才能适应实际变化的要求。网络计划就是这样一种模型，它能使进度控制人员利用电子计算机对工程进度计划进行计算、优化和调整。正是由于网络计划的这一特点，使其成为最有效的进度控制方法，从而受到普遍重视。

当然,网络计划也有其不足之处,如不像横道计划直观明了等,但这可以通过绘制时标网络计划得到弥补。

4.2 工程项目进度计划的编制

4.2.1 工程项目工作界定

为了更明确地描述项目包含各项工作的具体内容和要求,需要对工作进行界定,即工作描述。工作描述作为编辑项目计划的依据,同时便于实施过程中更清晰地领会各项工作的内容。工作描述的依据是项目描述和项目工作分解结构,其结构是工作描述表及项目工作列表。表 4-1 是工作描述表的一个例子。

工作(任务)描述表　　　　　　　表 4-1

任 务 名	定购材料 D
任务交付物	签名并发出订单
验收标准	部门经理签字,订单发出
技术条件	本公司采购工作程序
任务描述	根据第 x 号表格和工作程序第 y 条规定,完成订单并报批
假设条件	所需材料存在
信息源	采购部、供应商广告等
约束	必须考虑材料的价格
其他	风险:材料可能不存在 防范计划:事先通知潜在的供应商,了解今后该材料的供货可能性
签名	项目组成员 A

工作列表是项目所有工作的汇总,其所包含的主要内容如表 4-2 所示。

工作列表包含的内容　　　　　　　表 4-2

工作代码	用计算机管理工作的唯一标识符,可看出工作之间的父子关系
工作名称	该工作的名称
输出	完成该工作后应输出的信息(包含产品、图纸、技术文件、工装及有关决策信息),以及对输出信息的规范和内容定义
输入	完成本工作所要求的前提条件(包含设计文档、技术文件、资料等)
内容	定义本工作要完成的具体内容和流程(包含应用文件、支撑环境、控制条件、工作流程)
负责单位	本工作的负责单位或部门
协作单位	完成本工作的协作单位和部门
子工作	WBS 树形结构中与本工作直接相连的下属工作

项目工作列表的基本形式如表 4-3 所示。

项目工作列表　　　　　　　　　　表 4-3

工作编码	工作名称	输入	输出	内容	负责单位	协作单位	相关工作
⋮	⋮	⋮	⋮	⋮	⋮	⋮	⋮

4.2.2 工程项目工作排序

任何工作的执行必须依赖于一定工作的完成。也就是说,它的执行必须在某些工作完成之后才能执行,这就是工作的先后依赖关系。工作的先后依赖关系有两种:一种是工作之间本身存在的、无法改变的逻辑关系;另一种是人为组织确定的,两项工作可先可后的组织关系。例如,生产—设计是逻辑关系;生产 A 产品—生产 B 产品是组织关系。确定工作先后关系的原则是从逻辑关系到组织关系,即先确定逻辑关系,再确定组织关系。

（1）强制性逻辑关系的确定

这是工作相互关系的基础,工作逻辑关系的确定相对比较容易,由于它是工作之间所存在的内在关系,通常是不可调整的,主要依赖于技术方面的限制,因此确定起来较为明确,通常由技术和管理人员的交流就可完成。

（2）组织关系的确定

对于无逻辑关系的那些工作,由于其工作先后具有随意性,从而将直接影响到项目计划的总体水平。工作组织关系的确定一般比较难,它通常取决于项目管理人员的知识和经验,因此,组织关系的确定对于项目的成功实施是至关重要的。

（3）外部制约关系的确定

在项目的工作和非项目工作之间通常会存在一定的影响,因此,在项目工作计划的安排过程中也需要考虑到外部工作对项目工作的一些制约及影响,这样才能充分把握项目的发展。

工作相互关系确定的最佳结果是要得到一张描述项目各项工作相互关系的项目网络图,以及工作的详细关系列表。项目网络图通常是表示项目各工作的相互关系基本图形,通常可由计算机或手工绘制,它包括整个项目的详细工作流程。工作列表包括了项目各工作的详细说明,是项目工作的基本描述。表 4-4 是工作列表的一个例子。

项目管理软件开发项目工作列表　　　　　　　　表 4-4

序号	WBS 编码	任务名称	工期（天）	紧后工作	搭接关系
1	111	用户需求调研	8	2	
2	112	用户需求确认	2	3	
3	121	系统概要设计	7	4	
4	122	系统详细设计	20	5	
5	123	设计评审确认	3	6	
6	131	项目及工作信息录入模块开发	10	7,8,9,10	
7	132	网络计划图绘制模块开发	15	11	
8	133	项目时间计划安排模块开发	15	11	
9	134	甘特图计划制定模块开发	12	11	

续上表

序号	WBS 编码	任 务 名 称	工期（天）	紧后工作	搭接关系
10	1 3 5	项目执行信息录入与分析模块开发	20	11	
11	1 3 6	计划报表输出模块开发	10	12	
12	1 4 1	系统分模块测试	10	13	
13	1 4 2	系统总体测试	5	14	
14	1 5 1	系统初步验收	2	15	
15	1 5 2	系统试运行	20	16	
16	1 5 3	系统正式验收	3		

4.2.3 工程项目工作时间估算

工作持续时间是指在一定的条件下，直接完成该工作所需时间与必要停歇时间之和。工作延续时间的估算是制订项目计划中一项重要的基础工作，它直接关系到各事项、各工作网络时间的计算和完成整个项目工作所需的总时间。若工作时间估算的太短，则会在工作中造成被动紧张的局面；相反，若工作时间估算的太长，就会使整个工程的完工工期延长。

为了论述的方便，在工期计划中可以将工序、工作包和更高层的项目单元统一称为工程活动。因为有的工作包，甚至更高层的项目单元内容比较简单，活动单一，持续时间可以直接确定。工程活动持续时间的估算应由本活动的负责人完成。当需要时，顾客和其他利益相关者也应参与该项工作。

1. 能定量化的过程活动

对于有确定的工作范围的工作量，又可以确定劳动效益的工程活动，可以比较精确的计算持续时间。一般经历：

（1）工程范围的确定及工作量的计算。这可以由合同、规范、图纸、工作量表得到。

（2）劳动组合和资源投入量的确定。在工程中，完成上述工程活动，需要确定什么工种的劳动力，什么样的班组组合（人数、工种级配和技术级配）。这里要注意：

①项目可用的总资源限制。如劳动力限制、运输设备限制，这常常要放到企业的总计划的资源平衡中考虑。

②合理的专业和技术级配。如混合班组中各专业的搭配，技工、操作工、强壮工人数比例合理，可以按工作性质安排人，达到经济、高效的组合。

③各工序（或操作活动）人数安排比例合理。例如，混凝土班组中上料、搅拌、运输、浇捣、面处理的等工序人数比例合理，使各个环节都达到高效率、不浪费人工和机械。

④保证每人一定的工作面。工作面小会造成互相影响，降低工作效率。

（3）确保劳动效率。劳动效率可以用单位时间完成的工程数量或单位工程量的工时消耗量表示。它除了决定该工程活动的性质、复杂程度外，还受以下因素制约：

①劳动者的培训和工作熟练程度。

②季节、气候条件。

③实施方案。

④准备水平，工器具的完备性和使用性。

⑤现场平面布置和条件。

⑥人的因素，如工作积极性等。

在确定劳动效率时，通常考虑一个工程小组在单位时间内的生产能力，或完成该工程活动所需的时间。

我国有通用的劳动定额，在具体工程中使用通用定额时应考虑前述六种情况，可以用系数加以调整。

(4) 计算持续时间。单个工序的持续时间是易于确定的，其公式为：

$$\text{持续时间（天）} = \frac{\text{工作量}}{\text{总投入人数} \times \text{每天班次} \times 8 \text{小时} \times \text{产量效率}} \tag{4-1}$$

2. 非定量化的工作

有些工程活动的持续时间无法定量计算得到，因为其工作量和生产效率无法定量化。例如，项目的技术设计，招标投标工作，以及一些附属于管理阶层的工作，对于这些工作可以考虑：

(1) 按过去工程的经验或资料分析确定。

(2) 充分地与任务承担者协商确定。

特别是有些活动由其他的分包商、供应商承担，在给他们下达任务，确定分包合同时应认真协商，确定持续时间，并以书面（合同）的形式确定下来。在这里要分析研究他们的能力，在对他们进行管理时通常要考虑到行为科学的作用。

3. 持续时间不确定情况的分析

有些活动的持续时间不能确定，这通常是由于：

(1) 工作量不确定。

(2) 工作性质不确定，如基坑开挖，土的类别会有变化，劳动效率也会有很大的变化。

(3) 受其他方面的制约，例如，对由承包商提供的图纸，合同规定监理工程师的审查批准期在14天之内。

(4) 环境的变化，如气候对持续时间的影响等。

这在实际工作中很普遍，也很重要，但没有实用的计算方法来确定这些活动的持续时间，通常可用以下方法来估计：

①蒙特卡罗（Monte Carlo）模拟法。即采用仿真技术对工程的状况进行模拟。但由于工程影响因素太多，实际使用效果不佳。

②德尔菲（Delphi）专家评议法。即请有实践经验的工程专家对持续时间进行评议，在评议时，应尽可能多地向他们提供工程的技术和环境资料。

③用三种时间估计的办法。即对一个活动的持续时间分析各种影响因素，得出最乐观的值（OD），最悲观的值（PD）以及最大可能的值（HD），则取持续时间（MD）计算公式为：

$$MD = \frac{OD + 4HD + PD}{6} \tag{4-2}$$

例如，某工程基础混凝土施工，施工期在六月份，若一切顺利（如天气晴朗，没有周边环境干扰），需要施工工期为42天（即OD），若出现最不利的天气情况，同时发生一些周边环境的干扰，施工工期为52天（即PD）；按过去的气象统计资料及现场可能的情况分析，最大可能的工期为50天（即HD）。则持续时间为：

$$MD = (OD + 4HD + PD)/6 = (42 + 4 \times 50 + 52)/6 = 49 \text{ 天}$$

这种方法在实际工程中使用较多。这里的变动幅度（$PD-OD$）对后面的工期压缩有很大的作用。人们常将它与德尔菲法结合，即用专家评议法确定 OD、HD、PD。

4. 工程活动和持续时间都不能确定的情况

在计划阶段有时尚不能预见（或详细定义）后面的实施过程，例如，在研究、革新、开发项目中，后期工作可能有很多选择，而每种选择的必要性、内容、范围、所包括的活动等，依赖前期工作所获得的项目成果，或当时的环境状态。在对这样的工程活动进行安排时应注意：

（1）采用滚动计划安排，对近期的确定性工作做详细安排，对远期计划不做确定安排，如不过早地订立合同。但为了节约工期常常又必须预先做方案准备，建立各种任务的委托意向联系。

（2）加强对中间决策点的控制。一般按照上阶段的成果来确定下阶段目标和总计划，进而详细安排下阶段的工作计划。

对这种情况，可以采用一些特殊的网络形式，如 GERT（图形评审技术）网络。

4.2.4 工程项目进度计划的编制

1. 网络计划技术

在工程项目进度控制工作中，较多地采用确定型网络计划。确定型网络计划的基本原理是：首先，利用网络图的形式表达一项工程计划方案中各项工作之间的互相关系和先后顺序关系；其次，通过计算找出影响工期的关键线路和关键工作；接着，通过不断调整网络计划，寻求最优方案并付诸实施；最后，在计划实施过程中采取有效措施对其进行控制，以合理使用资源，高效、优质、低耗地完成预定任务。由此可见，网络计划技术不仅是一种科学的计划方法，同时也是一种科学的动态控制方法。

（1）基本概念

①网络图和工作。网络图由箭线和节点组成，用来表示工作流程的有向、有序网状图形，一个网络图表示一项任务。网络图中的工作是计划任务按需要的粗细程度划分而成的、消耗时间同时也消耗资源的一个子项目或子任务。工作可以是单位工程，也可以是分部工程、分项工程，一个施工过程也可以作为一项工作。在一般情况下，完成一项工作既需要消耗时间，也需要消耗劳动力、原材料、施工机具等资源。但也有一些工作只消耗时间而不消耗资源，如混凝土浇筑后的养护过程和墙面抹灰后的干燥过程等。

网络图有双代号网络图和单代号网络图两种。双代号网络图又称箭线式网络图，它是以箭线及其两端节点的编号表示工作；同时，节点表示工作的开始或结束及工作之间的连接状态。单代号网络图又称节点式网络图，它是以节点及其编号表示工作，箭线表示工作之间的逻辑关系。网络图中工作的表示方法如图 4-5 和图 4-6 所示。

网络图中的节点都必须有编号，其编号严禁重复，并应使每一条箭线上箭尾节点编号小于箭头节点编号。

在双代号网络图中，一项工作必须有唯一的一条箭线和相应的一对不重复出现的箭尾、箭头节点编号。因此，一项工作的名称可以用其箭尾和箭头节点编号来表示。而在单代号网络图中,一项工作必须有唯一的一个节点及相应的一个编号,该工作的名称可以用其节点编号来表示。

图4-5 双代号网络图中工作的表示方法　　图4-6 单代号网络图中工作的表示方法

在双代号网络图中,有时存在虚箭线,虚箭线不代表实际工作,我们称之为虚工作。虚工作既不消耗时间,也不消耗资源。虚工作主要用来表示相邻两项工作之间的逻辑关系。但有时为了避免两项同时开始、同时进行的工作具有相同的开始节点和完成节点,也需要用虚工作加以区分。

在单代号网络图中,虚拟工作只能出现在网络图的起点节点或终点节点处。

②工艺关系和组织关系。工艺关系和组织关系是工作之间先后顺序关系——逻辑关系的组成部分。

a. 工艺关系　生产性工作之间由工艺关系过程决定的、非生产性工作之间由工作程序决定的先后顺序关系称为工艺关系。如图4-7所示,支模1→绑扎钢筋1→混凝土1为工艺关系。

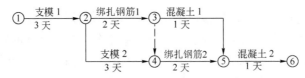

图4-7 某混凝土工程双代号网络计划

b. 组织关系　工作之间由于组织安排需要或资源(劳动力、原材料、施工机具等)调配需要而规定的先后顺序关系称为组织关系。如图4-7所示,支模1→支模2;绑扎钢筋1→绑扎钢筋2等为组织关系。

③紧前工作、紧后工作和平行工作。

a. 紧前工作　在网络图中,相对于某工作而言,紧排在该工作之前的工作称为该工作的紧前工作。在双代号网络图中,工作与其紧前工作之间可能有虚工作存在。如图4-7所示,支模1仍然是支模2在组织关系上的紧前工作;绑扎钢筋1和绑扎钢筋2之间虽然存在虚工作,但绑扎钢筋1仍然是绑扎钢筋2在组织关系上的紧前工作;支模1则是绑扎钢筋1在工艺关系上的紧前工作。

b. 紧后工作　在网络图中,相对于某工作而言,紧排在该工作之后的工作称为该工作的紧后工作。在双代号网络图中,工作与其紧后工作之间也可能有虚工作存在。如图4-7所示,绑扎钢筋2是绑扎钢筋1在组织关系上的紧后工作;混凝土1是绑扎钢筋1在工艺关系上的紧后工作。

c. 平行工作　在网络图中,相对于某工作而言,可以与该工作同时进行的工作即为该工作的平行工作。如图4-7所示,绑扎钢筋1和支模2互为平行工作。

紧前工作、紧后工作及平行工作是工作之间逻辑关系的具体表现,只要能根据工作之间的工艺关系和组织关系明确其紧前或紧后关系,即可据此绘出网络图。它是正确绘制网络图的前提条件。

④先行工作和后续工作。

a. 先行工作　相对于某工作而言,从网络图的第一个节点(起点节点)开始,顺箭头方向经过一系列箭线与节点到达该工作为止的各条通路上的所有工作,都称为该工作的先行工作。如图4-7所示,支模1、绑扎钢筋1、混凝土1、支模2、绑扎钢筋2均为混凝土2的先行工作。

b. 后续工作　相对于某工作而言,从该工作之后开始,顺箭头方向经过一系列箭线与节点到网络图最后一个节点(终点节点)的各条通路上的所有工作,都称为该工作的后续工作。如图4-7所示,绑扎钢筋1的后续工作有混凝土1、绑扎钢筋2和混凝土2。

在工程项目进度控制中,后续工作是一个非常重要的概念。因为,在工程网络计划的实施过程中,如果发现某项工作进度出现拖延,则受到影响的工作必然是该工作的后续工作。

⑤线路、关键线路和关键工作。

a. 线路　线路是网络图中从起点节点开始,沿箭头方向顺序通过一系列箭线与节点,最后到达终点节点的通路。线路既可依次用该线路上的节点编号来表示,也可依次用该线路上的工作名称来表示。如图4-7所示,该网络图中有三条线路,这三条线路既可表示为:①—②—③—⑤—⑥、①—②—③—④—⑤—⑥和①—②—④—⑤—⑥,也可表示为:支模1→绑扎钢筋1→混凝土1→混凝土2、支模1→绑扎钢筋1→绑扎钢筋2→混凝土2和支模1→支模2→绑扎钢筋2→混凝土2。

b. 关键线路和关键工作　在关键线路法(CPM)中,线路上所有工作的持续时间总和称为该线路的总持续时间。总持续时间最长的线路称为关键线路,关键线路的长度就是网络计划的总工期。如图4-7所示,线路①—②—④—⑤—⑥或支模1→支模2→绑扎钢筋2→混凝土2为关键线路。

在网络计划中,关键线路可能不止一条。而且在网络计划执行过程中,关键线路还会发生转移。

关键线路上的工作称为关键工作。在网络计划的实施过程中,关键工作的实际进度提前或拖后,均会对总工期产生影响。因此,关键工作的实际进度是工程项目进度控制工作中的重点。

(2) 网络图的绘制

①双代号网络图的绘制规则。在绘制双代号网络图时,一般应遵循以下基本规则:

a. 网络图必须按照已定的逻辑关系绘制。由于网络图是有向、有序的网状图形,所以其必须严格按照工作之间的逻辑关系绘制,这同时也是为了保证工程质量和资源优化配置及合理使用所必需的。例如,已知工作之间的逻辑关系如表4-5所示,若绘出网络图如图4-8a)所示,则是错误的,因为工作A不是工作D的紧前工作。此时,可用虚箭线将工作A和工作D的联系断开,如图4-8b)所示。

逻 辑 关 系 表　　　　　　　　　表4-5

工作	A	B	C	D
紧前工作	—	—	A、B	B

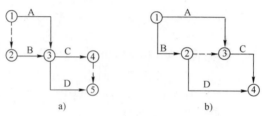

图 4-8 按表 4-5 绘制的网络图
a) 错误画法；b) 正确画法

b. 网络图中严禁出现从一个节点出发，顺箭头方向又回到原出发点的循环回路。如果出现循环回路，会造成逻辑关系混乱，使工作无法按顺序进行。如图 4-9 所示，网络图中存在不允许出现的循环回路 BCGF。当然，此时节点编号也发生错误。

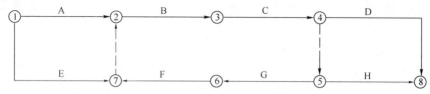

图 4-9 存在循环回路的错误网络图

c. 网络图中的箭线（包括虚箭线，以下同）应保持自左向右的方向，不应出现箭头指向左右的水平箭线和箭头偏向左方的斜向箭线。若遵循该规则绘制网络图，就不会出现循环回路。

d. 网络图中严禁出现双向箭头和无箭头的连线。图 4-10 所示即为错误的工作箭线画法，因为工作进行的方向不明确，因而不能达到网络图有向的要求。

e. 网络图中严禁出现没有箭尾节点的箭线和没有箭头节点的箭线。图 4-11 即为错误的画法。

图 4-10 错误的工作箭线画法
a) 双向箭头；b) 无箭头

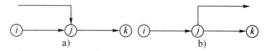

图 4-11 错误的画法
a) 存在没有箭尾节点的箭线；b) 存在没有箭头节点的箭线

f. 严禁在箭线上引入或引出箭线，图 4-12 即为错误的画法。

图 4-12 错误的画法
a) 在箭线上引入箭线；b) 在箭线上引出箭线

但当网络图的起点节点有多条箭线引出（外向箭线）或终点节点有多条箭线引入（内向箭线）时，为使图形简洁，可用母线法绘图。即将多条箭线经一条共用的垂直线段从起点节点引出，或将多条箭线经一条共用的垂直线段引入终点节点，如图 4-13 所示。对于特殊线型的箭线，如粗箭线、双箭线、虚箭线、彩色箭线等，可在从母线上引出的支线上标出。

g. 因尽量避免网络图中工作箭线的交叉。当交叉不可避免时，可以采用过桥法或指向法处理，如图 4-14 所示。

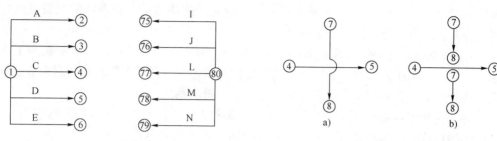

图 4-13　母线法

图 4-14　箭线交叉的表示方法
a) 过桥法；b) 指向法

h. 网络图中应只有一个起点节点和一个终点节点（任务中部分工作需要分期完成的网络计划除外）。除网络图的起点节点和终点节点外，不允许出现没有外向箭线的节点和没有内向箭线的节点。图 4-15 所示，网络图中有两个起点节点①和②，两个终点节点⑦和⑧。该网络图的正确画法如图 4-16 所示，即将节点①和②合并为一个起点节点，将节点⑦和⑧合并为一个终点节点。

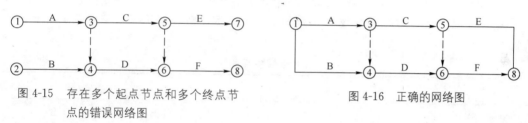

图 4-15　存在多个起点节点和多个终点节点的错误网络图

图 4-16　正确的网络图

② 双代号网络图的绘图方法。当已知每一项工作的紧前工作时，可按下述步骤绘制双代号网络图：

a. 绘制没有紧前工作的工作箭线，使它们具有相同的开始节点，以保证网络图只有一个起点节点。

b. 依次绘制其他工作箭线。这些工作箭线的绘制条件是其所有紧前工作箭线都已经绘制出来。在绘制这些工作箭线时，应按下列原则进行：

(a) 当所要绘制的工作只有一项紧前工作时，则将该工作箭线直接画在其紧前工作箭线之后即可。

(b) 当所要绘制的工作有多项紧前工作时，应按以下情况分别予以考虑：

i. 对于所要绘制的工作（本工作）而言，如果在其紧前工作之中存在一项只作为本工作紧前工作的工作（即在紧前工作栏目中，该紧前工作只出现一次），则应将本工作箭线直接画在该紧前工作箭线之后，然后用虚箭线将其他紧前工作箭线的箭头节点与本工作箭线的箭尾节点分别相连，以表达它们之间的逻辑关系。

ii. 对于所要绘制的工作（本工作）而言，如果在其紧前工作之中存在多项只作为本工作紧前工作的工作，应先将这些紧前工作箭线的箭头节点合并，再从合并后的节点开始，引出本工作箭线，最后用虚箭线将其他紧前工作箭线的箭头节点与本工作箭线的箭尾节点分别相连，以表达它们之间的逻辑关系。

iii. 对于所要绘制的工作（本工作）而言，如果不存在上述两种情况时，应判断本工作的所有紧前工作是否都同时作为其他工作的紧前工作（即在紧前工作栏目中，这几项紧前工作是否均同时出现若干次）。如果上述条件成立，应先将这些紧前工作箭线的箭头节点合并后，再从合并后的节点开始画出本工作箭线。

iv. 对于所要绘制的工作（本工作）而言，如果不存在前三种情况时，则应将本工作箭线单独画在起紧前工作箭线之后的中部，然后用虚箭线将其各紧前工作箭线的箭头节点与本工作箭线的箭尾节点分别相连，以表达它们之间的逻辑关系。

c. 当各项工作箭线都绘制出来之后，应合并那些没有紧后工作之工作箭线的箭头节点，以保证网络图只有一个终点节点（多目标网络计划除外）。

d. 当确认所绘制的网络图正确后，即可进行节点编号。网络图的节点编号在满足前述要求的前提下，既可采用连续编号的方法，也可采用不连续编号的方法，如 1、3、5……或 5、10、15……等，以避免以后增加工作时而改动整个网络图的节点编号。

以上所述是已知每一项工作的紧前工作时的绘图方法，当已知每一项工作的紧后工作时，也可按类似的方法进行网络图的绘制，只是其绘图顺序由前述的从左向右改为从右向左。

③绘图示例。这里举例说明双代号网络图的绘制方法。

[例 4-1] 已知各工作之间的逻辑关系如表 4-6 所示，则可按下述步骤绘制其双代号网络图。

工作逻辑关系表　　　　　　　　　　　　　　表 4-6

工作	A	B	C	D
紧前工作	—	—	A、B	B

（1）绘制工作箭线 A 和工作箭线 B，如图 4-17a) 所示。

（2）按前述原则（b）中的情况 i 绘制工作箭线 C，如图 4-17b) 所示。

（3）按前述原则（a）绘制工作箭线 D 后，将工作箭线 C 和 D 的箭头节点合并，并保证网络图只有一个终点节点。当确认给定的逻辑关系表达正确后，再进行节点编号。表 4-6 给定逻辑关系所对应的双代号网络图，如图 4-17c) 所示。

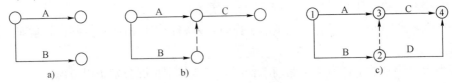

图 4-17　[例 4-1] 绘制过程

[例 4-2] 已知各工作之间的逻辑关系如表 4-7 所示，则可按下述步骤绘制其双代号网络图：

工作逻辑关系表　　　　　　　　　　　　　　表 4-7

工作	A	B	C	D	E
紧前工作	—	—	A	A、B	B

（1）绘制工作箭线 A 和工作箭线 B，如图 4-18a) 所示。

（2）按前述原则（a）分别绘制工作箭线 C 和工作箭线 E，如图 4-18b) 所示。

(3) 按前述原则（b）中的情况 iv 绘制工作箭线 D，并将工作箭线 C、工作箭线 D 和工作箭线 E 的箭头节点合并，以保证网络图的终点节点只有一个。当确认给定的逻辑关系正确后，再进行节点编号。表 4-7 给定逻辑关系所对应的双代号网络图，如图 4-18c) 所示。

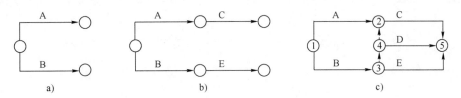

图 4-18　[例 4-2] 绘制过程

(3) 单代号网络图的绘制

①绘图规则。单代号网络图的绘图规则与双代号网络图的绘图规则基本相同，主要区别在于：

当网络图中有多项开始工作时，应增设一项虚拟工作（S），作为该网络图的起点节点；当网络图中有多项结束工作时，应增设一项虚拟工作（F），作为该网络图的终点节点。如图 4-19 所示，其中 S 和 F 为虚拟工作。

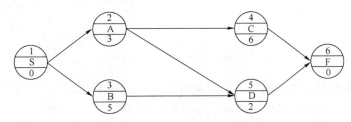

图 4-19　具有虚拟起点节点和终点节点的单代号网络图

②绘图示例。绘制单代号网络图比绘制双代号网络图容易，现举例说明单代号网络图的绘制方法。

[例 4-3] 已知各工作之间的逻辑关系如表 4-8 所示，绘制单代号网络图的过程如图 4-20 所示。

工作逻辑关系表　　　　　　　　表 4-8

工作	A	B	C	D	E	G	H	I
紧前工作	—	—	—	—	A、B	B、C、D	C、D	E、G、H

2. 网络计划时间参数的计算

所谓网络计划，是指在网络图上加注时间参数而编制的进度计划。网络计划时间参数的计算应在各项工作的持续时间确定之后进行。

(1) 网络计划时间参数的概念。

所谓时间参数，是指网络计划、工作及节点所具有的各种时间值。

①工作持续时间和工期。

a. 工作持续时间　工作持续时间是指一项工作从开始到完成的时间。在双代号网络计划中，工作 i—j 的持续时间用 D_{i-j} 表示；在单代号网络计划中，工作 i 的持续时间用 D_i 表示。

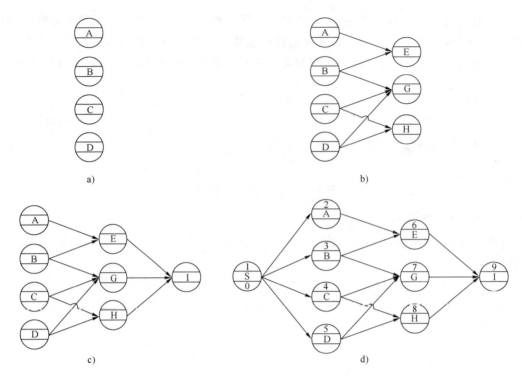

图 4-20 ［例 4-3］绘图过程

b. 工期　工期泛指完成一项任务所需要的时间。在网络计划中，工期一般有以下三种：

（a）计算工期。计算工期是根据网络计划时间参数计算而得到的工期，用 T_c 表示。

（b）要求工期。要求工期是任务委托人所提出的指令性工期，用 T_r 表示。

（c）计划工期。计划工期是指根据要求工期和计算工期所确定的作为实施目标的工期，用 T_p 表示。

当已规定了要求工期时，计划工期不应超过要求工期，即：

$$T_p \leqslant T_r \tag{4-3}$$

当未规定要求工期时，可令计划工期等于计算工期，即：

$$T_p = T_c \tag{4-4}$$

②工作的六个时间参数。除工作持续时间外，网络计划中工作的六个时间参数是：最早开始时间、最早完成时间、最迟完成时间、最迟开始时间、总时差和自由时差。

a. 最早开始时间和最早完成时间　工作的最早开始时间是指在其所有紧前工作全部完成后，本工作有可能开始的最早时刻。工作的最早完成时间是指在其所有紧前工作全部完成后，本工作有可能完成的最早时刻。工作的最早完成时间等于本工作的最早开始时间与其持续时间之和。

在双代号网络计划中，工作 $i—j$ 的最早开始时间和最早完成时间分别用 ES_{i-j} 和 EF_{i-j} 表示；在单代号网络计划中，工作 i 的最早开始时间和最早完成时间分别用 ES_i 和 EF_i 表示。

b. 最迟完成时间和最迟开始时间　工作的最迟完成时间是指在不影响整个任务按期完

成的前提下，本工作必须完成的最迟时刻。工作的最迟开始时间是指在不影响整个任务按期完成的前提下，本工作必须开始的最迟开始时刻。工作的最迟开始时间等于本工作的最迟完成时间与其持续时间之差。

在双代号网络计划中，工作 $i-j$ 的最迟完成时间和最迟开始时间分别用 LF_{i-j} 和 LS_{i-j} 表示；在单代号网络计划中，工作 i 的最迟完成时间和最迟开始时间分别用 LF_i 和 LS_i 表示。

c. 总时差和自由时差　工作的总时差是指在不影响总工期的前提下，本工作可以利用的机动时间。但是在网络计划的执行过程中，如果利用某项工作的总时差，则有可能使该工作后续工作的总时差减少。在双代号网络计划中，工作 $i-j$ 的总时差用 TF_{i-j} 表示；在单代号网络计划中，工作 i 的总时差用 TF_i 表示。

工作的自由时差是指在不影响其紧后工作最早开始时间的前提下，本工作可以利用的机动时间。在双代号网络计划中，工作 $i-j$ 的自由时差用 FF_{i-j} 表示；在单代号网络计划中，工作 i 的自由时差用 FF_i 表示。

从总时差和自由时差的定义可知，对于同一项工作而言，自由时差不会超过总时差。当工作的总时差为零时，其自由时差必然为零。

③节点最早开始时间和最迟时间。

a. 节点最早时间　节点最早时间是指在双代号网络计划中，以该节点为开始节点的各项工作的最早开始时间。节点 i 的最早时间用 ET_i 表示。

b. 节点最迟时间　节点最迟开始时间是指在双代号网络计划中，以该节点为完成节点的各项工作的最迟完成时间。节点 i 的最迟完成时间用 LT_i 表示。

④相邻两项工作之间的时间间隔。

相邻两项工作之间的时间间隔是指本工作的最早完成时间与其紧后工作最早开始时间之间可能存在的差值。工作 i 与工作 j 之间的时间间隔用 $LAG_{i,j}$ 表示。

(2) 双代号网络计划时间参数的计算

双代号网络计划的时间参数既可以按工作计算，也可以按节点计算。

①按工作计算法。所谓按工作计算法，就是以网络计划中的工作为对象，直接计算各项工作的时间参数。这些时间参数包括：工作的最早开始时间和最早完成时间、工作的最迟开始时间和最迟完成时间、工作的总时差和自由时差。此外，还应计算网络计划的计算工期。

为了简化计算，网络计划时间参数中的开始时间和完成时间都应以时间单位的终了时刻为标准。如第 4 天开始即是指第 4 天终了（下班）时刻开始，实际上是第 5 天上班时刻才开始；第 6 天完成即是指第 6 天终了（下班）时刻完成。

下面以图 4-21 所示双代号网络计划为例，说明按工作计算法计算时间的过程。其计算结果如图 4-22 所示。

a. 计算工作的最早开始时间和最早完成时间　工作最早开始时间和最早完成时间的计算应从网络计划的起点节点开始，顺着箭线方向依次进行。其计算步骤如下：

(a) 以网络计划起点节点为开始节点的工作，当未规定其最早开始时间时，其最早开始时间为零。如在本例中，工作 1—2、工作 1—3 和工作 1—4 的最早开始时间都为零，即：

$$ES_{1-2} = ES_{1-3} = ES_{1-4} = 0$$

(b) 工作的最早完成时间可利用下式进行计算：

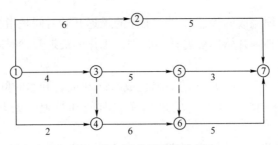

图 4-21 双代号网络计划

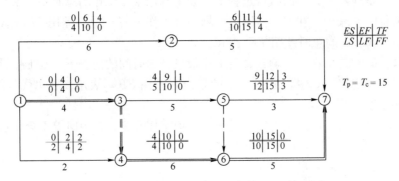

图 4-22 双代号网络计划的时间参数（六时标注法）

$$EF_{i-j} = ES_{i-j} + D_{i-j} \tag{4-5}$$

式中：EF_{i-j}——工作 $i-j$ 的最早完成时间；

ES_{i-j}——工作 $i-j$ 的最早开始时间；

D_{i-j}——工作 $i-j$ 的持续时间。

例如，在本例中，工作 1—2、工作 1—3 和工作 1—4 的最早开始时间分别为：

工作 1—2　$EF_{1-2} = ES_{1-2} + D_{1-2} = 0 + 6 = 6$

工作 1—3　$EF_{1-3} = ES_{1-3} + D_{1-3} = 0 + 4 = 4$

工作 1—4　$EF_{1-4} = ES_{1-4} + D_{1-4} = 0 + 2 = 2$

（c）其他工作的最早开始时间应等于其紧前工作最早完成时间的最大值，即：

$$ES_{i-j} = \max\{EF_{h-i}\} = \max\{ES_{h-i} + D_{h-i}\} \tag{4-6}$$

式中：ES_{i-j}——工作 $i-j$ 的最早开始时间；

EF_{h-i}——工作 $i-j$ 的紧前工作 $h-i$（非虚工作）的最早完成时间；

ES_{h-i}——工作 $i-j$ 的紧前工作 $h-i$（非虚工作）的最早开始时间；

D_{h-i}——工作 $i-j$ 的紧前工作 $h-i$（非虚工作）的持续时间。

例如，在本例中，工作 3—5 和工作 4—6 的最开始时间分别为：

$$ES_{3-5} = EF_{1-3} = 4$$

$$ES_{4-6} = \max\{EF_{1-3}, EF_{1-4}\} = \max\{4, 2\} = 4$$

（d）网络计划的计算工期应等于以网络计划终点节点为完成节点的工作的最早完成时间的最大值，即：

$$T_c = \max\{EF_{i-n}\} = \max\{EF_{i-n} + D_{i-n}\} \tag{4-7}$$

式中：T_c——网络计划的计算工期；

EF_{i-n}——以网络计划终点节点 n 为完成节点的工作的最早完成时间；

D_{i-n}——以网络计划终点节点 n 为完成节点的工作的持续时间。

例如，在本例中，网络计划的计算工期为：

$$T_c = \max\{EF_{2-7}, EF_{5-7}, EF_{6-7}\} = \max\{11, 12, 15\} = 15$$

b. 确定网络计划的计划工期　网络计划的计划工期应按公式（4-3）或公式（4-4）确定。

在本例中，假设未规定要求工期，则其计划工期就等于计算工期，即：

$$T_p = T_c = 15$$

计划工期应标注在网络计划终点节点的右上方，如图 4-22 所示。

c. 计算工作的最迟完成时间和最迟开始时间　工作最迟完成时间和最迟开始时间的计算应从网络计划的终点节点开始，逆着箭线方向依次进行。其计算步骤如下：

（a）以网络计划终点节点为完成节点的工作，其最迟完成时间等于网络计划的计划工期，即：

$$LF_{i-n} = T_p \tag{4-8}$$

式中：LF_{i-n}——以网络计划终点节点 n 为完成节点的工作的最迟完成时间；

T_p——网络计划的计划工期。

例如，在本例中，工作 2—7、工作 5—7 和工作 6—7 的最迟完成时间为：

$$LF_{2-7} = LF_{5-7} = LF_{6-7} = T_p = 15$$

（b）工作的最迟开始时间可利用公式（4-8）进行计算：

$$LS_{i-j} = LF_{i-j} - D_{i-j} \tag{4-9}$$

式中：LS_{i-j}——工作 $i-j$ 的最迟开始时间；

LF_{i-j}——工作 $i-j$ 的最迟完成时间；

D_{i-j}——工作 $i-j$ 的持续时间。

例如，在本例中，工作 2—7、工作 5—7 和工作 6—7 的最迟开始时间为：

$$LS_{2-7} = LF_{2-7} - D_{2-7} = 15-5 = 10$$

$$LS_{5-7} = LF_{5-7} - D_{5-7} = 15-3 = 12$$

$$LS_{6-7} = LF_{6-7} - D_{6-7} = 15-5 = 10$$

（c）其他工作的最迟完成时间应等于其紧后工作最迟开始时间的最小值，即：

$$LF_{i-j} = \min\{LS_{j-k}\} = \min\{LF_{j-k} - D_{j-k}\} \tag{4-10}$$

式中：LF_{i-j}——工作 $i-j$ 的最迟完成时间；

LS_{j-k}——工作 $i-j$ 的紧后工作 $j-k$（非虚工作）最迟开始时间；

LF_{j-k}——工作 $i-j$ 的紧后工作 $j-k$（非虚工作）最迟完成时间；

D_{j-k}——工作 $i-j$ 的紧后工作 $j-k$（非虚工作）的持续时间。

例如，在本例中，工作 3—5 和工作 4—6 的最迟完成时间分别为：

$$LF_{3-5} = \min\{LS_{5-7}, LS_{6-7}\} = \min\{12, 10\} = 10$$

$$LF_{4-6} = LS_{6-7} = 10$$

d. 计算工作的总时差　工作的总时差等于该工程最迟完成时间与最早完成时间之差，或该工作最迟开始时间与最早开始时间之差，即：

$$TF_{i-j} = LF_{i-j} - EF_{i-j} = LS_{i-j} - ES_{i-j} \tag{4-11}$$

式中：TF_{i-j}——工作 $i-j$ 的总时差；其余符号同前。

例如，在本例中，工作 3—5 的总时差为：
$$TF_{3-5} = LF_{3-5} - EF_{3-5} = 10 - 9 = 1$$
或
$$TF_{3-5} = LS_{3-5} - ES_{3-5} = 5 - 4 = 1$$

e. 计算工作的自由时差　工作自由时差的计算应按以下两种情况分别考虑：

(a) 对于有紧后工作的工作，其自由时差等于本工作之紧后工作最早开始时间减本工作最早完成时间所得之差的最小值，即：

$$\begin{aligned}FF_{i-j} &= \min\{ES_{j-k} - EF_{i-j}\}\\ &= \min\{ES_{j-k} - EF_{i-j} - D_{i-j}\}\end{aligned} \quad (4\text{-}12)$$

式中：FF_{i-j}——工作 $i-j$ 的自由时差；

ES_{j-k}——工作 $i-j$ 的紧后工作 $j-k$（非虚工作）的最早开始时间；

EF_{i-j}——工作 $i-j$ 的最早完成时间；

ES_{i-j}——工作 $i-j$ 的最早开始时间；

D_{i-j}——工作 $i-j$ 的持续时间。

例如，在本例中，工作 1—4 和工作 1—5 的自由时差分别为：
$$FF_{1-4} = ES_{4-6} - EF_{1-4} = 4 - 2 = 2$$
$$FF_{3-5} = \min\{ES_{5-7} - EF_{3-5}, ES_{6-7} - EF_{3-5}\}$$
$$= \min\{9\text{-}9, 10\text{-}9\} = 0$$

(b) 对于无紧后工作的工作，也就是以网络计划终点节点为完成节点的工作，其自由时差等于计划工期与本工作最早完成时间之差，即：

$$FF_{i-n} = T_p - EF_{i-n} = T_p - ES_{i-n} - D_{i-n} \quad (4\text{-}13)$$

式中：FF_{i-n}——以网络计划终点节点 n 为完成节点的工作 $i-n$ 的自由之差；

T_p——网络计划的计划工期；

EF_{i-n}——以网络计划终点节点 n 为完成节点的工作 $i-n$ 的最早完成时间；

ES_{i-n}——以网络计划终点节点 n 为完成节点的工作 $i-n$ 的最早开始时间；

D_{i-n}——以网络计划终点节点 n 为完成节点的工作 $i\text{-}n$ 的持续时间。

例如，在本例中，工作 2—7、工作 5—7 和工作 6—7 的自由时差分别为：
$$FF_{2-7} = T_p - EF_{2-7} = 15 - 11 = 4$$
$$FF_{5-7} = T_p - EF_{5-7} = 15 - 12 = 3$$
$$FF_{6-7} = T_p - EF_{6-7} = 15 - 15 = 0$$

需要指出的是，对于网络计划中以终点节点为完成节点的工作，其自由时差与总时差相等。此外，由于工作的自由时差是其总时差的构成部分，所以，当工作的总时差为零时，其自由时差必然为零，可不必进行专门计算。如在本例中，工作 1—3、工作 4—6 和工作 6—7 的总时差全部为零，故其自由时差也全部为零。

f. 确定关键工作和关键线路　在网络计划中，总时差最小的工作为关键工作。特别地，当网络计划的计划工期等于计算工期时，总时差为零的工作就是关键工作。

如在本例中，工作 1—3、工作 4—6 和工作 6—7 的总时差均为零，故它们都是关键工作。

找出关键工作之后，将这些关键工作首尾相连，便构成从起点节点到终点节点的通路，位于该通路上各项工作的持续时间总和最大，这条通路就是关键线路。在关键线路上可能有虚工作存在。

关键线路一般用粗箭线或双线箭线标出，也可以用彩色箭线标出。例如，在本例中，线路①—③—④—⑥—⑦即为关键线路。关键线路上各项工作的持续时间总和应等于网络计划的计算工期，这一特点也是判别关键线路是否正确的标准。

在上述计算过程中，是将每项工作的六个时间参数均标注在图中，故称为六时标注法，如图 4-22 所示。

② 按节点计算法。所谓按节点计算法，就是先计算网络计划中各个节点的最早时间和最迟时间，然后再根据此计算各项工作的时间参数和网络计划的计算工期。

下面仍以图 4-21 所示双代号网络计划为例，说明按节点计算法计算时间参数的过程。其计算结果如图 4-23 所示。

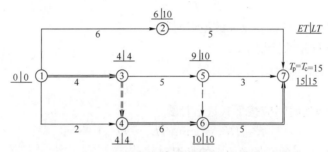

图 4-23　双代号网络计划的时间参数（按节点计算法）

a. 计算节点的最早时间和最迟时间。

（a）计算节点的最早时间。节点最早时间的计算应从网络计划的起点节点开始，顺着箭线方向依次进行。其计算如下：

i. 网络计划起点节点，如未规定最早时间时，其值等于零。如在本例中，起点节点①的最早时间为零，即：

$$ET_1 = 0$$

ii. 其他节点的最早时间应按下式进行计算：

$$ET_j = \max\{ET_i + D_{i-j}\} \tag{4-14}$$

式中：ET_j——工作 i—j 的完成节点 j 的最早时间；

ET_i——工作 i—j 的开始节点 i 的最早时间；

D_{i-j}——工作 i—j 的持续时间。

如在本例中，节点③和节点④的最早时间分别为：

$$ET_3 = ET_1 + D_{1-3} = 0 + 4 = 4$$
$$ET_4 = \max\{ET_1 + D_{1-4}, ET_3 + D_{3-4}\}$$
$$= \max\{0+2, 4+0\}$$
$$= 4$$

iii. 网络计划的计算工期等于网络计划终点节点的最早时间，即：

$$T_c = ET_n \tag{4-15}$$

式中：T_c——网络计划的计算工期；

ET_n——网络计划终点节点 n 的最早时间。

如在本例中，其计算工期为：
$$T_c = ET_7 = 15$$

(b) 确定网络计划的计划工期。网络计划的计划工期应按公式（4-3）或公式（4-4）确定。

如在本例中，假设未规定要求工期，则其计划工期就等于计算工期，即：
$$T_p = T_c = 15$$

计划工期应标注在终点节点的右上方，如图 4-23 所示。

(c) 计算节点的最迟时间。节点最迟时间的计算应从网络计划的终点节点开始，逆着箭线方向依次进行。其计算步骤如下：

i. 网络计划终点节点的最迟时间等于网络计划的计划工期，即：
$$LT_n = T_p \tag{4-16}$$

式中：LT_n——网络计划终点节点 n 的最迟时间；

T_p——网络计划的计划工期。

如在本例中，终点节点⑦的最迟时间为：
$$LT_7 = T_p = 15$$

ii. 其他节点的最迟时间应按下式进行计算：
$$LT_i = \min\{TL_j - D_{i-j}\} \tag{4-17}$$

式中：LT_i——工作 $i\text{—}j$ 的开始节点 i 的最迟时间；

LT_j——工作 $i\text{—}j$ 的完成节点 j 的最迟时间；

D_{i-j}——工作 $i\text{—}j$ 的持续时间。

如在本例中，节点⑥和节点⑤的最迟时间分别为：
$$LT_6 = LT_7 - D_{6-7} = 15 - 5 = 10$$
$$LT_5 = \min\{LT_6 - D_{5-6}, LT_7 - D_{5-7}\}$$
$$= \min\{10 - 0, 15 - 3\}$$
$$= 10$$

b. 根据节点的最早时间和最迟时间判定工作的六个时间参数。

(a) 工作的最早开始时间等于该工作开始节点的最早时间，即：
$$ES_{i-j} = ET_i \tag{4-18}$$

如在本例中，工作 1—2 和工作 2—7 的最早开始时间分别为：
$$ES_{1-2} = ET_1 = 0$$
$$ES_{2-7} = ET_2 = 6$$

(b) 工作的最早完成时间等于该工作开始节点的最早时间与其持续时间之和，即：
$$EF_{i-j} = ET_i + D_{i-j} \tag{4-19}$$

如在本例中，工作 1—2 和工作 2—7 的最早完成时间分别为：
$$EF_{1-2} = ET_1 + D_{1-2} = 0 + 6 = 6$$
$$EF_{2-7} = ET_2 + D_{2-7} = 6 + 5 = 11$$

(c) 工作的最迟完成时间等于该工作完成节点的最迟时间，即：

$$LF_{i-j} = LT_j \tag{4-20}$$

如在本例中，工作 1—2 和工作 2—7 的最迟完成时间分别为：
$$LF_{1-2} = LT_2 = 10$$
$$LF_{2-7} = LT_7 = 15$$

(d) 工作的最迟开始时间等于该工作完成节点的最迟时间与其持续时间之差，即：
$$LS_{i-j} = LT_j - D_{i-j} \tag{4-21}$$

如在本例中，工作 1—2 和工作 2—7 的最迟开始时间分别为：
$$LS_{1-2} = LT_2 - D_{1-2} = 10 - 6 = 4$$
$$LS_{2-7} = LT_7 - D_{2-7} = 15 - 5 = 10$$

(e) 工作的总时差可根据公式（4-11）、公式（4-19）和公式（4-20）得到：
$$TF_{i-j} = LF_{i-j} - EF_{i-j}$$
$$= LT_j - (ET_i + D_{i-j})$$
$$= LT_j - ET_i - D_{i-j} \tag{4-22}$$

由公式（4-22）可知，工作的总时差等于该工作完成节点的最迟时间减去该工作开始节点的最早时间所得差值再减其持续时间。

如在本例中，工作 1—2 和工作 3—5 的总时差分别为：
$$TF_{1-2} = LT_2 - ET_1 - D_{1-2} = 10 - 0 - 6 = 4$$
$$TF_{3-5} = LT_5 - ET_3 - D_{3-5} = 10 - 4 - 5 = 1$$

(f) 工作的自由时差可根据公式（4-11）和公式（4-17）得到：
$$FF_{i-j} = \min\{ES_{j-k} - ES_{i-j} - D_{i-j}\}$$
$$= \min\{ES_{j-k}\} - ES_{i-j} - D_{i-j}$$
$$= \min\{ET_j\} - ES_{i-j} - D_{i-j} \tag{4-23}$$

由公式（4-23）可知，工作的自由时差等于该工作完成节点的最早时间减工作开始节点的最早时间所得差值再减其持续时间。

如在本例中，工作 1—2 和 3—5 的自由时差分别为：
$$FF_{1-2} = ET_2 - ET_1 - D_{1-2} = 6 - 0 = 6$$
$$FF_{3-5} = ET_5 - ET_3 - D_{3-5} = 9 - 4 = 5$$

特别需要注意的是，如果本工作与其各紧后工作之间存在虚工作时，其中的 ET_j 应为本工作紧后工作开始节点的最早时间，而不是本工作完成节点的最早时间。

c. 确定关键线路和关键工作。

在双代号网络计划中，关键线路上的节点称为关键节点。关键工作两端的节点必为关键节点，但两端为关键节点的工作不一定是关键工作。关键节点的最迟时间与最早时间的差值最小。特别地，当网络计划的计划工期等于计算工期时，关键节点的最早时间与最迟时间必然相等。

例如，在本例中，节点①、③、④、⑥、⑦就是关键节点。关键节点必然处在关键线路上，但由关键节点组成的线路不一定是关键线路。如在本例中，由关键节点①、④、⑥、⑦组成的线路就不是关键线路。

在双代号网络计划中，当计划工期等于计算工期时，关键节点具有一些特性，掌握好这些特性，有助于确定工作的时间参数。

(a) 开始节点和完成节点均为关键节点的工作，不一定是关键工作。

例如，在图 4-23 所示网络计划中，节点①和节点④为关键节点，但工作 1—4 为非关键工作。由于其两端为关键节点，机动时间不可能为其他工作所利用，故其总时差和自由时差均为 2。

(b) 以关键节点为完成节点的工作，其总时差和自由时差必然相等。

例如，在图 4-23 所示网络计划中，工作 1—4 的总时差和自由时差均为 2；工作 2—7 的总时差和自由时差均为 4；工作 5—7 的总时差和自由时差均为 3。

(c) 当两个关键节点间有多项工作，且工作间的非关键节点无其他内向箭线和外向箭线时，则两个关键节点间各项工作的总时差均相等。在这些工作中，除以关键节点为完成的节点的工作自由时差等于总时差外，其余工作的自由时差均为零。

例如，在图 4-23 所示网络计划中，工作 1—2 和工作 2—7 的总时差均为 4。工作 2—7 的自由时差等于总时差，而工作 1—2 的自由时差为零。

(d) 当两个关键节点间有多项工作，且工作间的非关键节点有外向箭线而无其他内向箭线时，则两个关键节点间各项工作的总时差不一定相等。在这些工作中，除以关键节点为完成的节点的工作自由时差等于总时差外，其余工作的自由时差均为零。

例如，在图 4-23 所示网络计划中，工作 3—5 和工作 5—7 的总时差分别为 1 和 3。工作 5—7 的自由时差等于总时差，而工作 3—5 的自由时差为零。

③标号法。标号法是一种快速寻求网络计划计算工期和关键线路的方法。它利用按节点计算法的基本原理，对网络计划中的每一个节点进行标号，然后利用标号值确定网络计划的计算工期和关键线路。

下面仍以图 4-21 所示网络计划为例，说明标号法的计算过程。其计算结果如图 4-24 所示。

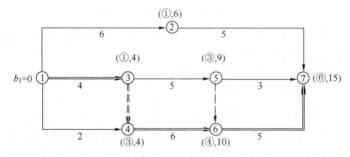

图 4-24 双代号网络计划的时间参数（标号法）

a. 网络计划起点节点的标号值为零。如在本例中，节点①的标号值为零，即：
$$b_1 = 0$$

b. 其他节点的标号值应根据下式按节点编号从小到大的顺序逐个进行计算：
$$b_j = \max\{b_i + D_{i-j}\} \tag{4-24}$$

式中：b_j——工作 i—j 的完成节点 j 的标号值；

b_i——工作 i—j 的开始节点 i 的标号值；

D_{i-j}——工作 i—j 的持续时间。

如在本例中，节点③和节点④的标号值分别为：
$$b_3 = b_1 + D_{1-3} = 0 + 4 = 4$$

$$b_4 = \max\{b_1 + D_{1-4}, b_3 + D_{3-4}\}$$
$$= \max\{0+2, 4+0\}$$
$$= 4$$

当计算出节点的标号值后,应该用其标号值及其源节点对该节点进行双标号。所谓源节点,就是用来确定本节点标号值的节点。

如在本例中,节点④的标号值4是由节点③所确定,故节点④的源节点就是节点③。如果源节点有多个,应将所有源节点标出。

c. 网络计划的计算工期就是网络计划终点节点的标号值。

如在本例中,其计算工期就等于终点节点⑦的标号值15。

d. 关键线路应从网络计划的终点节点开始,逆着箭线方向按源节点确定。

如在本例中,从终点节点⑦开始,逆着箭线方向按源节点就可以找出关键线路①—③—④—⑥—⑦。

(3) 单代号网络计划时间参数的计算

单代号网络计划与双代号网络计划只是表现形式不同,它们所表达的内容则完全一样。用节点表示工作是单代号网络图的特点,节点编号就是工作的代号,箭杆只表示工作的顺序关系,因此并不像双代号网络图那样,要区分节点时间和工作时间。下面以图4-25所表示单代号网络计划为例,说明其时间参数的计算过程。计算结果如图4-26所示。

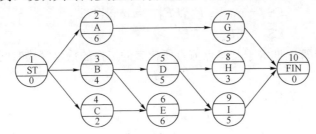

图4-25 单代号网络计划

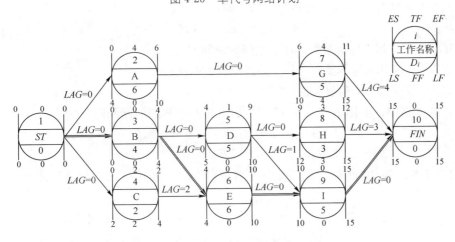

图4-26 单代号网络计划的时间参数

①计算工作的最早开始时间和最早完成时间。工作最早开始时间和最早完成时间的计算应从网络计划的起点节点开始,顺着箭线方向按节点编号从小到大的顺序依次进行。其计算

步骤如下:

a. 网络计划起点节点所代表的工作,其最早开始时间未规定时取值为零。

如在本例中,起点节点 ST 所代表的工作(虚工作)的最早开始时间为零,即:

$$ES_1 = 0$$

b. 工作的最早完成时间应等于本工作的最早开始时间与其持续时间之和,即:

$$EF_i = ES_i + D_i \tag{4-25}$$

式中:EF_i——工作 i 的最早完成时间;
   ES_i——工作 i 的最早开始时间;
   D_i——工作 i 的持续时间。

如在本例中,虚拟工作 ST 和工作 A 的最早完成时间分别为:

$$EF_1 = ES_1 + D_1 = 0 + 0 = 0$$
$$EF_2 = ES_2 + D_2 = 0 + 6 = 6$$

c. 其他工作的最早开始时间应等于其紧前工作最早完成时间的最大值,即:

$$ES_j = \max\{EF_i\} \tag{4-26}$$

式中:ES_j——工作 j 的最早开始时间;
   EF_i——工作 j 的紧前工作 i 的最早完成时间。

如在本例中,工作 E 和工作 G 的最早开始时间分别为:

$$ES_6 = \max\{EF_3, EF_4\} = \max\{4, 2\} = 4$$
$$ES_7 = EF_2 = 6$$

d. 网络计划的计算工期等于其终点节点所代表的工作的最早完成时间。即:

$$T_c = EF_i \tag{4-27}$$

如在本例中,其计算工期为:

$$T_c = EF_{15} = 15$$

②计算相邻两项工作之间的时间间隔。相邻两项工作之间的时间间隔是指其紧后工作的最早开始时间与本工作最早完成时间的差值,即:

$$LAG_{i,j} = ES_j - EF_i \tag{4-28}$$

式中:$LAG_{i,j}$——工作 i 与其紧后工作 j 之间的时间间隔;
   ES_j——工作 i 与其紧后工作 j 的最早开始时间;
   EF_i——工作 i 的最早完成时间。

例如,在本例中,工作 A 与工作 G、工作 C 与工作 E 的时间间隔分别为:

$$LAG_{2,7} = ES_7 - EF_2 = 6 - 6 = 0$$
$$LAG_{4,6} = ES_6 - EF_4 = 4 - 2 = 2$$

③确定网络计划的计划工期。网络计划的计划工期仍按公式(4-3)或公式(4-4)确定。

如在本例中,假设未规定要求工期,则其计划工期就等于计算工期,即:

$$T_p = T_c = 15$$

④计算工作的总时差。工作总时差的计算应从网络计划的终点节点开始,逆着箭线方向按节点标号从大到小的顺序依次进行。

a. 网络计划终点节点 n 所代表的工作的总时差应等于计划工期与计算工期之差,即:

$$TF_n = T_p - T_c \tag{4-29}$$

当计划工期等于计算工期时,该工作的总时差为零。

如在本例中,终点节点⑩所代表的工作 FIN(虚拟工作)的总时差为:

$$FT_{10} = T_p - T_c = 15 - 15 = 0$$

b. 其他工作的总时差应等于本工作与其各紧后工作之间的时间间隔加该紧后工作的总时差所得之和的最小值,即:

$$TF_i = \min\{LAG_{i,j} + TF_j\} \tag{4-30}$$

式中:TF_i——工作 i 的总时差;

$LAG_{i,j}$——工作 i 与其紧后工作 j 之间的时间间隔;

TF_j——工作 i 与其紧后工作 j 的总时差。

如在本例中,工作 H 和工作 D 的总时差分别为:

$$TF_8 = LAG_{8,10} + TF_{10} = 3 + 0 = 3$$
$$TF_5 = \min\{LAG_{5,8} + TF_8, LAG_{5,9} + TF_9\}$$
$$= \min\{0 + 3, 1 + 0\}$$
$$= 1$$

⑤计算工作的自由时差。

a. 网络计划终点节点 n 所代表的工作的自由时差等于计划工期与本工作的最早完成时间之差。即:

$$FF_n = T_p - EF_n \tag{4-31}$$

式中:FF_n——终点节点 n 所代表的工作的自由时差;

T_p——网络计划的计划工期;

EF_n——终点节点 n 所代表的工作的最早完成时间(即计算工期)。

例如,在本例中,终点节点⑩所代表的工作 FIN 的自由时差为:

$$FF_{10} = T_p - EF_{10} = 15 - 15 = 0$$

b. 其他工作的自由时差等于本工作与其紧后工作之间时间间隔的最小值,即:

$$FF_i = \min\{LAG_{i,j}\} \tag{4-32}$$

如在本例中,工作 D 和工作 G 的自由时差分别为:

$$FF_5 = \min\{LAG_{5,8}, LAG_{5,9}\} = \min\{0, 1\} = 0$$
$$FF_7 = LAG_{7,10} = 4$$

⑥计算工作的最迟完成时间和最迟开始时间。工作的最迟完成时间和最迟开始时间的计算可按以下两种方法进行:

a. 根据总时差计算。

(a) 工作的最迟完成时间等于本工作的最早完成时间与其总时差之和,即:

$$LF_i = EF_i + TF_i \tag{4-33}$$

如在本例中,工作 D 和工作 G 的最迟完成时间分别为:

$$LF_5 = EF_5 + TF_5 = 9 + 1 = 10$$
$$LF_7 = EF_7 + TF_7 = 11 + 4 = 15$$

(b) 工作的最迟开始时间等于本工作的最早开始时间与其总时差之和,即:

$$LS_i = ES_i + TF_i \tag{4-34}$$

如在本例中，工作 D 和工作 G 的最迟开始时间分别为：
$$LS_5 = ES_5 + TF_5 = 4 + 1 = 5$$
$$LS_7 = ES_7 + TF_7 = 6 + 4 = 10$$

b. 根据计划工期计算。

工作最迟完成时间和最迟开始时间的计算应从网络计划的终点节点开始，逆着箭线方向按节点标号从大到小的顺序依次进行。

（a）网络计划终点节点 n 所代表的工作的最迟完成时间等于该网络计划的计划工期，即：
$$LF_n = T_p \tag{4-35}$$

如在本例中，终点节点⑩所代表的工作 FIN（虚拟工作）的最迟完成时间为：
$$LF_{10} = T_p = 15$$

（b）工作的最迟开始时间等于本工作的最迟完成时间与其持续时间之差，即：
$$LS_i = LF_i - D_i \tag{4-36}$$

如在本例中，虚拟工作 FIN 和工作 G 的最迟开始时间分别为：
$$LS_{10} = LF_{10} - D_{10} = 15 - 0 = 15$$
$$LS_7 = LF_7 - D_7 = 15 - 5 = 10$$

（c）其他工作的最迟完成时间等于该时间该工作各紧后工作最迟开始时间的最小值，即：
$$LF_i = \min\{LS_j\} \tag{4-37}$$

式中：LF_i——工作 i 的最迟完成时间；

LS_j——工作 i 的紧后工作 j 的最迟开始时间。

如在本例中，工作 H 和工作 D 的最迟完成时间分别为：
$$LF_8 = LS_{10} = 15$$
$$LF_5 = \min\{LS_8, LS_9\}$$
$$= \min\{12, 10\}$$
$$= 10$$

⑦确定网络计划的关键线路。

a. 利用关键工作确定关键线路　如前所述，总时差最小的工作为关键工作。将这些关键工作相连，并保证相邻两项关键工作之间的时间间隔为零而构成的线路就是关键线路。

如在本例中，由于工作 B、工作 E 和工作 I 的总时差均为零，故它们为关键工作。由网络计划的起点节点①和终点⑩与上述三项关键工作组成的线路上，相邻两项工作之间的时间间隔全部为零，故线路①—③—⑥—⑨—⑩为关键线路。

b. 利用相邻两项工作之间的时间间隔确定关键线路　从网络计划的终点节点开始，逆着箭线的方向依次找出相邻两项工作之间时间间隔为零的线路就是关键线路。

如在本例中，逆着箭线的方向可以直接找出关键线路①—③—⑥—⑨—⑩，因为在这条线路上，相邻两项工作之间的时间间隔均为零。

在网络计划中，关键线路可以用粗箭线或双箭线标出，也可以用彩色箭线标出。

3. 时间坐标网络计划

时间坐标网络计划简称为时标网络，是网络计划的另一种表现形式。在前述网络计划中,箭杆长短并不表明时间的长短,而在时间坐标网络计划中,节点位置及箭杆的长短即表示工作的时间进程,这是与一般网络计划的主要区别。

时间坐标网络计划是网络图与横道图的结合,在编制过程中既能看出前后工作的逻辑关系,表达形式比较直观,又能一目了然地看出各项工作的开工和结束时间,便于在图上计算劳动力、材料用量等资源用量,并能在图上调整时差,进行网络计划的时间和资源的优化,是一种得到广泛应用的计划形式。但调整时间坐标网络计划的工作较繁琐,这是由于它是用箭杆或线段的长短来表示每一活动的持续时间,若改变时间,就需要改变箭杆的长度和节点的位置,这样往往会引起整个网络图的变动,因此,时间坐标实用于编制工艺过程较简单的施工计划。对于工作项目较多的计划,仍以常用的网络计划为宜。

下面介绍如何绘制双代号时间坐标网络图。

双代号时间坐标网络图中,箭杆一般是沿水平方向画,细实线箭杆表示工作,双线箭杆表示关键工作,虚箭杆表示虚工作,波形线表示时差。

双代号时标网络图中所有符号在时间坐标上的位置及其水平投影,都必须与其所代表的时间值相对应。节点的中心必须对准时标的刻度线。虚工作必须以垂直的虚箭杆来表示。

双代号时间坐标网络计划可按工作最早可能开始时间来绘制,也可以按最迟必须开始时间来绘制。

按工作最早可能开始时间绘制时间坐标网络计划的方法一般有两种:

(1) 先计算网络计划的时间参数,再根据时间参数在有横向时间坐标的草图上进行绘制。

用先算后绘制的方法时,先按每项工作的最早开始时间将节点定位在时标表上,再用规定线型按比例绘出两节点间的工作箭杆,不足部分即为该工作的自由(局部)时差,也按规定线型绘出。

如图 4-27 所示的双代号网络计划,有 A、B、C、D、E 五项工作,各有两个施工段,持续时间为天,可分别按其最早可能开始时间将各节点画在相应的时间坐标位置上,根据规定线型绘出各种箭杆,并以波形线表示出了局部时差,如图4-28 所示。

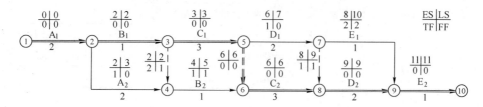

图 4-27 以双代号网络计算时间参数

在图 4-28 中,判定关键线路的方法是自结束节点开始逆箭杆方向检查,始终不出现波形线的线路。

在图 4-28 中,判定各个工作的总时差应自右向左,在其诸多紧后工作的总时差都判定后才能判定,其值等于其诸紧后工作总时差的最小值加上本工作局部时差之和,公式如下:

$$TF_{i-j} = \min\{TF_{j-k}\} + FF_{i-j} \quad (i<j<k) \tag{4-38}$$

(2) 不计算网络计划的时间参数,直接按草图在时间坐标表上绘制

其步骤如下:

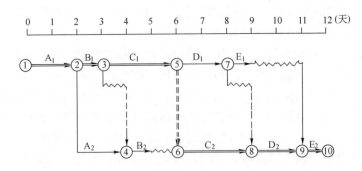

图 4-28 时间坐标网络图

①将原始节点定位于时标表的起始刻度线上。

②按工作持续时间在时标表上绘制原始节点的外向箭杆。

③工作的箭头节点必须在其所有指向箭杆绘出以后，定位在这些内向箭杆中最晚完成的实箭杆箭头处。某些指向箭杆长度不足以达到箭头节点时，可用波形线补足。

④用上述方法自左向右依次确定其他节点，直至结束节点定位绘制完。

4. 工程项目进度计划的编制程序

当应用网络计划技术编制工程项目进度计划时，其编制程序一般包括四个阶段 10 个步骤，见表 4-9。

工程项目进度计划的编制程序　　　　　　表 4-9

编 制 阶 段	编 制 步 骤
I. 计划准备阶段	1. 调查研究
	2. 确定网络计划目标
II. 绘制网络图阶段	3. 进行项目分解
	4. 分析逻辑关系
	5. 绘制网络图
III. 计算时间参数及确定关键线路阶段	6. 计算工作持续时间
	7. 计算网络计划时间参数
	8. 确定关键线路和关键工作
IV. 优化网络计划阶段	9. 优化网络计划
	10. 编制优化后网络计划

（1）计划准备阶段

①调查研究。调查研究的目的是为了掌握足够充分、准确的资料，从而为确定合理的进度目标、编制科学的进度计划提供可靠依据。调查研究的内容包括：

a. 工程任务情况、实施条件、设计资料。

b. 有关标准、定额、规程、制度。

c. 资源需求与供应情况。

d. 资金需求与供应情况。

e. 有关统计资料、经验总结及历史资料等。

调查研究的方法有：

a. 实际观察、测算、询问。

b. 会议调查。

c. 资料检索。

d. 分析预测等。

②确定网络计划目标。网络计划的目标由工程项目的目标决定，一般可分为以下三类：

a. 时间目标　时间目标即工期目标，是指建设工程合同中规定的工期或有关主管部门要求的工期。工期目标的确定应以建筑设计周期定额和建筑安装工程工期定额为依据，同时充分考虑类似工程实际进展情况、气候条件及工程难易程度和建设条件的落实情况等因素。建设工程设计和施工进度安排必须以建筑设计周期定额和建筑安装工程定额为最高时限。

b. 时间—资源目标　所谓资源，是指工程建设过程中所需要投入的劳动力、原材料及施工机具等。在一般情况下，时间—资源目标分为两类：资源有限，工期最短。即在一种或几种资源供应能力有限的情况下，寻求工期最短的计划安排；工期固定，资源均衡。即在工期固定的前提下，寻求资源需用量尽可能均衡的计划安排。

c. 时间—成本目标　时间—成本目标是指以限定的工期寻求最低成本或寻求最低成本时的工期安排。

(2) 绘制网络图阶段

①进行项目分解。将工程项目由粗到细进行分解，是编制网络计划的前提。如何进行工程项目的分解，工作划分的粗细程度如何，将直接影响到网络图的结构。对于控制性网络计划，其工作划分得应粗一些；而对于实施性的网络计划，工作应划分得细一些。工作划分的粗细程度，应根据实际需要来确定。

②分析逻辑关系。分析各项工作之间的逻辑关系时，既要考虑施工程序或工艺技术过程，又要考虑组织安排或资源调配需要。对施工进度计划而言，分析其工作之间的逻辑关系时，应考虑：

a. 施工的工艺要求。

b. 施工方法和施工机械的要求。

c. 施工组织的要求。

d. 施工质量的要求。

e. 当地的气候条件。

f. 安全技术的要求。

分析逻辑关系的主要依据是施工方案、有关资源供应情况和施工经验等。

③绘制网络图。根据已确定的逻辑关系，即可按绘图规则绘制网络图。既可以绘制单代号网络图，也可以绘制双代号网络图。还可根据需要，绘制双代号时标网络计划。

(3) 计算时间参数及确定关键路线阶段

①计算工作持续时间。工作持续时间是指完成该工作所花费的时间。其计算方法有多种，既可以凭以往的经验进行估算，也可以通过实验推算。当有定额可用时，还可以利用时间定额或产量定额进行计算。

a. 时间定额　时间定额是指某种专业的工人班组或个人，在合理的劳动组织与合理使用材料的条件下，完成符合质量要求的单位产品所必须的工作时间，包括准备与结束时间、基本生产时间、辅助生产时间、不可避免的中断时间及工人必需的休息时间。时间定额通常以工日为单位，每一工日按 8 小时计算。

b. 产量定额　产量定额是指在合理的劳动组织与合理使用材料的条件下，某种专业、某种技术等级的工人班组或个人在单位工日中所应完成的质量合格的产品数量。产量定额与时间定额成反比，二者互为倒数。

对于搭接网络计划，还需要按最优施工顺序及施工需要，确定出各项工作之间的搭接时间。如果有些工作有时限要求，则应确定其时限。

②计算网络计划时间参数。网络计划是指在网络图上加注各项工作的时间参数而成的工作进度计划。网络计划时间参数一般包括：工作最早开始时间、工作最早完成时间、工作最迟开始时间、工作最迟完成时间、工作总时差、工作自由时差、节点最早时间、节点最迟时间、相邻两项工作之间的时间间隔、计算工期等。应根据网络计划的类型及其使用要求选算上述时间参数。网络计划时间参数的计算方法有：图上计算法、表上计算法、公式法等。

③确定关键线路和关键工作。在计算网络计划时间参数的基础上，便可根据有关时间参数确定网络计划中的关键线路和关键工作。

(4) 编制正式网络计划阶段

当初始网络计划的工期满足所要求的工期及资源需求量能得到满足而无需进行网络优化时，初始网络计划即可作为正式的网络计划。否则，需要对初始网络计划进行优化。

根据所追求的目标不同，网络计划的优化包括工期优化、费用优化和资源优化三种。应根据工程的实际需要选择不同的优化方法。

根据网络计划的优化结果，便可编绘正式的网络计划，同时编制网络计划说明书。网络计划说明书的内容应包括：编制原则和依据，主要根据计划指标一览表，执行计划的关键问题，需要解决的主要问题及其主要措施，以及其他需要说明的问题。

4.2.5　工程项目进度计划的优化

工程项目进度计划的优化，即工期优化。所谓工期优化，是指网络计划的计算工期不满足要求工期时，通过压缩关键工作的持续时间以满足要求工期目标的过程。

1. 工期优化方法

网络计划工期优化的基本方法是在不改变网络计划中各项工作之间逻辑关系的前提下，通过压缩关键工作的持续时间来达到优化目标。在工期优化过程中，按照经济合理的原则，不能将关键工作压缩成非关键工作。此外，当工期优化过程中出现多条关键线路时，必须将各条关键线路的总持续时间压缩相同数值；否则，不能有效地缩短工期。

网络计划的工期优化可按下列步骤进行：

(1) 确定初始网络计划的计算工期和关键线路。

(2) 按要求工期计算应压缩的时间 ΔT：

$$\Delta T = T_c - T_r \tag{4-39}$$

式中：T_c——网络计划的计算工期；

T_r——要求工期。

(3) 选择应缩短持续时间的关键工作。选择压缩对象时宜在关键工作中考虑下列因素：

①缩短持续时间对质量和安全影响不大的工作。

②有充足备用资源的工作。

③缩短持续时间所需增加的费用最少的工作。

（4）将所选定的关键工作的持续时间压缩至最短，并重新确定计算工期和关键线路。若被压缩的工作变成非关键工作，则应延长其持续时间，使之仍为关键工作。

（5）当计算工期仍超过要求工期时，则重复上述（2）～（4），直至计算工期满足要求工期或计算工期已不能再缩短为止。

（6）当所有关键工作的持续时间都已达到其能缩短的极限而寻求不到继续缩短工期的方案，但网络计划的计算工期仍不能满足要求工期时，应对网络计划的原技术方案和组织方案进行调整，或对要求工期重新审定。

2. 工期优化示例

[例4-4] 某工程双代号网络计划如图4-29所示，图中箭线下方括号外数字为工作的正常持续时间，括号内数字为工作的最短持续时间；箭线上方括号内数字为优选系数，该系数综合考虑质量、安全和费用增加情况而确定。选择关键工作压缩其持续时间时，应选择优选系数最小的关键工作。若同时压缩多个关键工作的持续时间时，则它们的优选系数之和（组合优选系数）最小者应优先作为压缩对象。现假设要求工期为12，试对其进行工期优化。

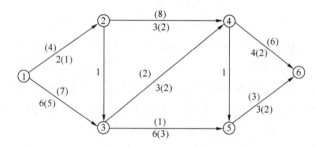

图4-29 初始网络计划

[解] 该网络计划的工期优化可按以下步骤进行：

（1）根据各项工作的正常持续时间，用标号法找出初始网络计划的计算工期和关键线路，如图4-30所示。$T_c=15$ 天，关键线路为：①—③—⑤—⑥。

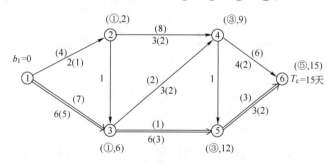

图4-30 初始网络计划中的关键线路

（2）计算应压缩的时间：$T_r=12$ 天，故应压缩的工期为 $\Delta T = T_c - T_r = 15 - 12 = 3$ 天。

（3）在关键工作1—3，3—5，5—6当中，3—5工作的优选系数最小，应优先压缩。

（4）将关键工作3—5的持续时间由6天压缩成3天，这时的关键线路为1—3—4—6，不经过1—3—5—6，故关键工作3—5被压缩成非关键工作，这是不合理的。将3—5的持续时间压缩到4天，这时关键线路有三条，分别为1—3—5—6，1—3—4—5—6和1—3—

4—6，如图 4-31 所示，这时关键工作 3—5 仍然为关键工作，所以是可行的。

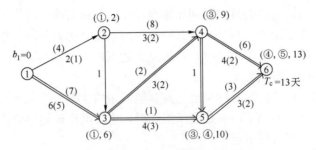

图 4-31　第一次压缩后的网络计划

(5) 第一次压缩后，计算工期 $T_c=13$ 天，仍然大于要求工期 T_r，故需要继续压缩。此时，网络图中有三条关键线路，要想有效缩短工期，必须在每条关键线路上压缩相同数值。在上图所示网络计划中，有以下四种方案：

① 压缩工作 1—3，优选系数为 7；
② 同时压缩工作 3—4 和 3—5，组合优选系数为：2+1=3；
③ 同时压缩工作 3—4 和 5—6，组合优选系数为：2+3=5；
④ 同时压缩工作 4—6 和 5—6，组合优选系数为：6+3=9。

上述四种方案中，由于同时压缩工作 3—4 和 3—5，组合优选系数最小，故应选择同时压缩工作 3—4 和 3—5 的方案。

(6) 将工作 3—4 和 3—5 的持续时间同时压缩 1 天，此时重新用标号法计算网络计划时间参数，关键线路仍为三条，即：1—3—4—6 和 1—3—4—5—6 及 1—3—5—6，关键工作 3—4 和 3—5 仍然是关键工作，所以第二次压缩是可行的。

(7) 经第二次压缩后，网络计划如图 4-32 所示，此时计算工期 $T_c=12$ 天，满足要求工期 T_r。故经过两次压缩达到了工期优化的目标。

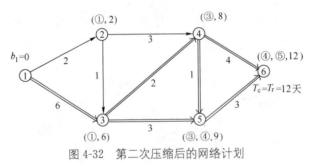

图 4-32　第二次压缩后的网络计划

4.3 ▶ 工程项目进度计划的实施与控制

确定工程项目进度目标，编制一个科学、合理的进度计划是工程项目管理人员实现进度控制的首要前提。但是在工程项目的实施过程中，由于外部环境和条件的变化，进度计划的编制者很难事先对项目在实施过程中可能出现的各种问题进行全面的估计。气候的变化、不可预见事件的发生，以及其他条件的变化均会对工程进度计划的实施产生影响，从而造成实际进度偏离计划进度，如果实际进度与计划进度的偏差得不到及时纠正，就会影响进度总目标的实现。为此，在进度计划的执行过程中，必须采取有效的监测手段对进度计划的实施过程进行监控，以便及时发现问题，并运用行之有效的进度调整方法来解决问题。

4.3.1 工程项目进度的检查与分析

在工程项目实施过程中，项目管理人员应经常地、定期地对进度计划的执行情况进行跟踪检查，发现问题后，及时采取措施加以解决。

1. 进度计划执行中的跟踪检查

对进度计划的执行情况进行跟踪检查是计划执行信息的主要来源，是进度分析和调整的依据，也是进度控制的关键步骤。跟踪检查的主要工作是定期收集反映工程实际进度的有关数据，收集的数据应当全面、真实、可靠，不完整或不正确的进度数据将导致判断不正确或决策失误。为了全面、准确地掌握进度计划的执行情况，项目管理人员应认真做好以下三方面的工作：

（1）定期收集进度报表资料

进度报表是反映工程实际进度的主要方式之一。进度计划执行单位应按照进度监督制度规定的时间和报表内容，定期填写进度报表。项目管理人员通过收集进度报表资料掌握工程实际进展情况。

（2）现场实地检查工程进展情况

派管理人员常驻现场，随时检查进度计划的实际执行情况，这样可以加强进度监测工作，掌握工程实际进度的第一手资料，使获取的数据更加及时、准确。

（3）定期召开现场会议

定期召开现场会议，项目管理人员通过与进度计划执行单位的有关人员面对面的交谈，既可以了解工程实际进度情况，同时也可以协调有关方面的进度关系。

一般说来，进度控制的效果与收集数据资料的时间间隔有关。究竟多长时间进行一次进度检查，这是项目管理人员应当确定的问题。如果不能经常地、定期地收集实际进度数据，就难以有效地控制实际进度。进度检查的时间间隔与工程项目的类型、规模、监督对象及有关条件等多方面因素有关，可视工程的具体情况，每月、每半月或每周进行一次检查。在特殊情况下，甚至需要每日进行一次进度检查。

2. 实际进度数据的加工处理

为了进行实际进度与计划的比较，必须对收集到的实际进度数据进行加工处理，形成与计划进度具有可比性的数据。例如，对检查时段实际完成工作量的进度数据进行整理、统计和分析，确定本期累计完成的工作量、本期已完成的工作量占计划总工作量的百分比等。

4.3.2 实际进度与计划进度的比较分析方法

将实际进度数据与计划进度数据进行比较，可以确定工程项目执行状况与计划目标之间的差距。实际进度与计划进度的比较是建设工程进度检测的主要环节。常用的进度比较方法有横道图、前锋线、列表比较法、S曲线和香蕉曲线。

1. 横道图比较法

横道图比较法是指将项目实施过程中检查实际进度时收集到的数据，经加工整理后直接用横道线平行绘于原计划的横道线处，进行实际进度与计划进度的比较方法。采用横道图比较法，可以形象、直观地反映实际进度与计划进度的比较情况。

例如，某工程项目基础工程的计划进度和截止到第9周末的实际进度如图4-33所示，其中双线条表示该工程计划进度，粗实线表示实际进度。从图中实际进度与计划进度的比较可以看出，到第9周末进行实际进度检查时，挖土方和做垫层两项工作已经完成；支模板按计划也应该完成，但实际只完成75%，任务量拖欠25%；绑扎钢筋按计划应该完成60%，而实际只完成20%，任务量拖欠40%。

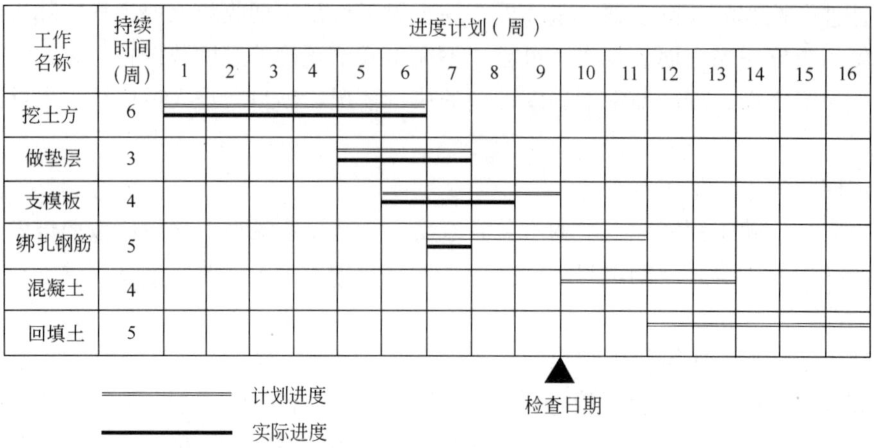

工作名称	持续时间（周）	进度计划（周）															
		1	2	3	4	5	6	7	8	9	10	11	12	13	14	15	16
挖土方	6																
做垫层	3																
支模板	4																
绑扎钢筋	5																
混凝土	4																
回填土	5																

═══ 计划进度
━━━ 实际进度
▲ 检查日期

图4-33　某工程项目基础工程的计划进度

根据各项工作的进度偏差，进度控制者可以采取相应的纠偏措施对进度计划进行调整，以确保该工程按期完成。

图4-33所表达的比较方法仅适用于工程项目中的各项工作都是均匀进展的情况，即每项工作在单位时间内完成的任务量都相等的情况。事实上，工程项目中各项工作的进展不一定是匀速的。根据工程项目中各项工作的进展是否匀速，可分别采用以下两种方法进行实际进度与计划进度的比较。

（1）匀速进展横道图比较法

匀速进展是指在工程项目中，每项工作在单位时间内完成的任务量都是相等的，即工作的进展速度是均匀的。此时，每项工作累计完成的任务量与时间呈线性关系，如图4-34所示。完成的任务量可以用实物工程量、劳动消耗量或费用支出表示。为了便于比较，通常用上述物理量的百分比表示。

采用匀速进展横道图比较法时，其步骤如下：

①编制横道图进度计划。

②在进度计划上标出检查日期。

③将检查收集到的实际进度数据经加工整理后按比例用涂黑的粗线标于计划进度的下方，如图4-35所示。

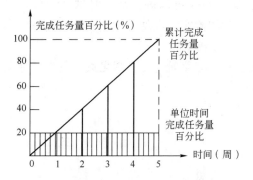 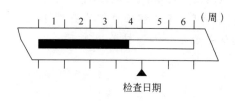

图 4-34　工作匀速进展时任务量与时间关系线　　图 4-35　匀速进展横道比较图

④对比分析实际进度与计划进度：

a. 如果涂黑的粗线右端落在检查日期左侧，表明实际进度拖后。

b. 如果涂黑的粗线右端落在检查日期右侧，表明实际进度超前。

c. 如果涂黑的粗线右端与检查日期重合，表明实际进度与计划进度一致。

必须指出，该方法仅适用于工作从开始到结束的整个过程中，其进展速度均为固定不变的情况。如果工作的进展速度是变化的，则不能采取这种方法进行实际进度与计划进度的比较；否则，会得出错误的结论。

(2) 非匀速进展横道图比较法

当工作在不同单位时间里的进展速度不相等时，累计完成的任务量与时间的关系就不可能是线性关系。此时，应采用非匀速进展横道图比较法进行工作实际进度与计划进度的比较。

非匀速进展横道图比较法在用涂黑粗线表示工作实际进度的同时，还要标出其对应时刻完成任务量的累计百分比，并将该百分比与其同时刻计划完成任务量的累计百分比相比较，判断工作实际进度与计划进度之间的关系。

采用非匀速进展横道图比较法时，其步骤如下：

①编制横道图进度计划。

②在横道线上方标出各主要时间工作的计划完成任务量累计百分比。

③在横道线下方标出相应时间工作的实际完成任务量累计百分比。

④用涂黑粗线标出工作的实际进度，从开始之日标起，同时反映出该工作在实施过程中的连续与间断情况。

⑤通过比较同一时刻实际完成任务量累计百分比和计划完成任务量累计百分比，判断工作实际进度与计划进度之间的关系：

a. 如果同一时刻横道线上方累计百分比大于横道线下方累计百分比，表明实际进度拖后，拖欠的任务量为二者之差。

b. 如果同一时刻横道线上方累计百分比小于横道线下方累计百分比，表明实际进度超前，超前的任务量为二者之差。

c. 如果同一时刻横道线上下方两个累计百分比相等，表明实际进度与计划进度一致。

可以看出，由于工作进展速度是变化的，因此，在图中的横道线，无论是计划的还是实际的，只能表示工作的开始时间、完成时间和持续时间，并不表示计划完成的任务量和实际完成的任务量。此外，采用非匀速进展横道图比较法，不仅可以进行某一时刻（如检查日期）实际进度与计划进度的比较，而且还能进行某一时间段实际进度与计划进度的比较。当然，这需要实施部门按规定的时间记录当时的任务完成情况。

[例 4-5] 某工程项目中的基槽开挖工作按施工进度计划安排需要 7 周完成，每周计划完成的任务量百分比如图 4-36 所示。

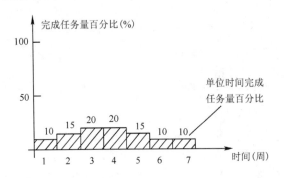

图 4-36　某基槽开挖工作进展时间与完成任务量关系图

[解]（1）编制横道图进度计划，如图 4-37 所示。

（2）在横道线上方标出基槽开挖工作每周计划累计完成任务量的百分比，分别为 10%、25%、45%、65%、80%、90%、100%。

（3）在横道线下方标出第 1 周至检查日期（第 4 周）每周实际累计完成任务量的百分比，分别为 8%、22%、42%、60%。

（4）用涂黑粗线标出实际投入的时间。图 4-37 表明，该工作实际开始时间晚于计划开始时间，在开始后连续工作，没有中断。

（5）比较实际进度与计划进度。从图 4-37 中可以看出，该工作在第一周实际进度比计划进度拖后 2%，以后各周末累计拖后分别为 3% 和 5%。

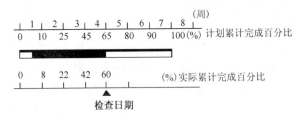

图 4-37　非匀速进展横道图比较图

横道图比较法虽有记录和比较简单、形象直观、易于掌握、使用方便等优点，但由于其以横道计划为基础，因而带有不可克服的局限性。在横道计划中，各项工作之间的逻辑关系表达不明确，关键工作和关键线路无法确定。一旦某些工作实际进度出现偏差时，难以预测其对后续工作和工程总工期的影响，也就难以确定相应的进度计划调整方法。因此，横道图比较法主要用于工程项目中某些工作实际进度与计划进度的局部比较。

2. 前锋线比较法

前锋线比较法是通过绘制某检查时刻工程项目实际进度前锋线，进行工程实际进度与计划进度比较的方法，它主要适用于时标网络计划。所谓前锋线，是指在原时标网络计划上，从检查时刻的时标出发，用点划线依次将各项工作实际进展位置点连接而成的折线。前锋线比较法就是通过实际进度前锋线与原进度计划中各工作箭线交点的位置来判断工作实际进度与计划进度的偏差，进而判定该偏差对后续工作及总工期影响程度的一种方法。

采用前锋线比较法进行实际进度与计划进度的比较，其步骤如下：

(1) 绘制时标网络计划图

工程项目实际进度前锋线是在时标网络计划图上标示，为清楚起见，可在时标网络计划图的上方和下方各设一时间坐标。

(2) 绘制实际进度前锋线

一般从时标网络计划图上方时间坐标的检查日期开始绘制，依次连接相邻工作的实际进展位置点，最后与时标网络计划图下方坐标的检查日期相连接。

工作实际进展位置点的标定方法有两种：

①按该工作已完成任务量比例进行标定。假设工程项目中各项工作均为匀速进展，根据实际进度检查时刻该工作已完任务量占其计划完成总任务量的比例，在工作箭线上从左至右按相同的比例标定其实际进展位置点。

②按尚需作业时间进行标定。当某些工作的持续时间难以按实物工程量来计算而只能凭经验估算时，可以先估算出检查时刻到该工作全部完成尚需作业的时间，然后在该工作箭线上从右向左逆向标定其实际进展位置点。

(3) 进行实际进度与计划进度的比较

前锋线可以直观地反映出检查日期有关工作实际进度与计划进度之间的关系。对某项工作来说，其实际进度与计划进度之间的关系可能存在以下三种情况：

①工作实际进展位置点落在检查日期的左侧，表明该工作实际进度拖后，拖后的时间为二者之差。

②工作实际进展位置点与检查日期重合，表明该工作实际进度与计划进度一致。

③工作实际进展位置点落在检查日期的右侧，表明该工作实际进度超前，超前的时间为二者之差。

(4) 预测进度偏差对后续工作及总工期的影响

通过实际进度与计划进度的比较确定进度偏差后，还可根据工作的自由时差和总时差预测该进度偏差对后续工作及项目总工期的影响。由此可见，前锋线比较法既适用于工作实际进度与计划进度之间的局部比较，又可用来分析和预测工程项目整体进度状况。

值得注意的是，以上比较是针对匀速进展的工作。对于非匀速进展的工作，比较方法较复杂，这里不赘述。

3. 列表比较法

当工程进度计划用非时标网络图表示时，可以采用列表比较法进行实际进度与计划进度的比较。这种方法是记录检查日期应该进行的工作名称及其已经作业的时间，然后列表计算有关时间参数，并根据工作总时差进行实际进度与计划进度比较的方法。

采用列表比较法进行实际进度与计划进度的比较，其步骤如下：

(1) 对于实际进度检查日期应该进行的工作，根据已经作业的时间，确定其尚需作业时间。

(2) 根据原进度计划计算检查日期应该进行的工作从检查日期到原计划最迟完成时尚余时间。

(3) 计算工作尚有总时差,其值等于工作从检查日期到原计划最迟完成时间尚余时间与该工作尚需作业时间之差。

(4) 比较实际进度与计划进度,可能有以下几种情况:

①如果工作尚有总时差与原有总时差相等,说明该工作实际进度与计划进度一致。

②如果工作尚有总时差大于原有总时差,说明该工作实际进度超前,超前的时间为二者之差。

③如果工作尚有总时差小于原有总时差,且仍为非负值,说明该工作实际进度拖后,拖后的时间为两者之差,但不影响总工期。

④如果工作尚有总时差小于原有总时差,且为负值,说明该工作实际进度拖后,拖后的时间为二者之差,此时工作实际进度偏差将影响总工期。

4. S曲线比较法

S曲线比较法是以横坐标表示时间,纵坐标表示累计完成任务量,绘制一条按计划时间累计完成任务量的S曲线;然后将工程项目实施过程中各检查时间实际累计完成任务量的S曲线也绘制在同一坐标系中,进行实际进度与计划进度比较的一种方法。

从整个工程项目实际进展全过程看,单位时间投入的资源量一般是开始和结束时较少,中间阶段较多。与其相对应,单位时间完成的任务量也呈同样变化规律,如图4-38a)所示。而随工程进展累计完成的任务量则应呈S形变化,如图4-38b)所示。由于其形似英文字母"S",S曲线因此而得名。

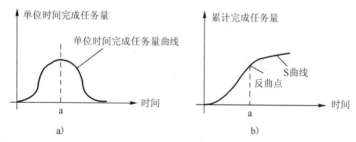

图4-38 时间与完成任务量关系线

同横道图比较法一样,S曲线比较法也是在图上进行工程项目实际进度与计划进度的直观比较。在工程项目实施过程中,按照规定时间将检查时收集到的实际累计完成任务量绘制在原计划S曲线图上,即可得到实际进度S曲线,如图4-39所示。通过比较实际进度S曲线和计划进度S曲线,可以获得如下信息:

(1) 工程项目实际进展情况

如果工程实际进展点落在计划S曲线左侧,表明此时实际进度比计划进度超前,如图4-39中的a点;如果工程实际进展点落在计划S曲线右侧,表明此时实际进度拖后,如图4-39中的b点;如果工程实际进展点正好落在计划S曲线上,则表明此时实际进度与计划进度一致。

(2) 工程项目实际进度超前或拖后的时间

在S曲线比较图中可以直接读出实际进度比计划进度超前或拖后的时间。如图4-39所示，ΔT_a 表示 T_a 实际进度超前的时间；ΔT_b 表示 T_b 时刻实际进度拖后的时间。

（3）工程项目实际超额或拖欠的任务量

在 S 曲线比较图中也可直接读出实际进度比计划进度超额或拖欠的任务量。如图 4-39 所示，ΔQ_a 表示 T_a 时刻超额完成的任务量，ΔQ_b 表示 T_b 时刻拖欠的任务量。

（4）后期工程进度预测

如果后期工程按原计划速度进行，则可做出后期工程计划 S 曲线如图 4-39 中虚线所示，从而可以确定工期拖延预测值 ΔT。

5．香蕉曲线比较法

香蕉曲线是由两条 S 曲线组合而成的闭合曲线。由 S 曲线比较法可知，工程项目累计完成的任务量与计划时间的关系，可以用一条 S 曲线表示。对于一个工程项目的网络计划来说，如果以其中各项工作的最早开始时间安排进度而绘制 S 曲线，称为 ES 曲线；如果以其中各项工作的最迟开始时间安排进度而绘制 S 曲线，称为 LS 曲线。两条 S 曲线具有相同的起点和终点，因此，两条曲线是闭合的。在一般情况下，ES 曲线上的其余各点均落在 LS 曲线的相应点左侧。由于该闭合曲线形似"香蕉"，故称为香蕉曲线，如图 4-40 所示。

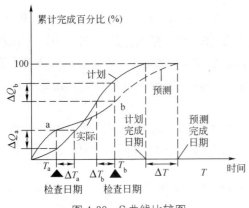

图 4-39　S 曲线比较图

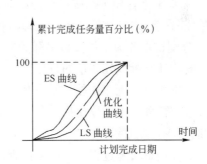

图 4-40　香蕉曲线比较图

（1）香蕉曲线比较法的作用

香蕉曲线比较法能直观地反映工程项目的实际进展情况，并可以获得比 S 曲线更多的信息。其主要作用有：

①合理安排工程项目进度计划。如果工程项目中各项工作均按其最早开始时间安排进度，将导致项目投资的加大；而如果各项工作都按其最迟开始时间安排进度，则一旦受到进度影响因素的干扰，又将导致工期拖延，使工程进度风险加大。因此，一个科学合理的进度计划优化曲线应处于香蕉曲线所包络的区域之内，如图 4-40 中的点划线所示。

②定期比较工程项目的实际进度与计划进度。在工程项目的实施过程中，根据每次检查收集到的实际完成任务量，绘制出实际进度 S 曲线，便可以与计划进度进行比较。工程项目实施进度的理想状态是任一时刻工程实际进展点应落在香蕉线图的范围之内。如果工程实际进展点落在 ES 曲线左侧，表明此刻实际进度比各项工作按其最早开始时间安排的计划进度超前；如果工程实际进展点落在 LS 曲线的右侧，则表明此刻实际进度比各项工作按其最迟开始时间安排的计划进度拖后。

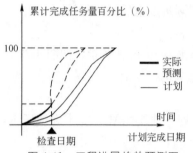

图 4-41 工程进展趋势预测图

③预测后期工程进展趋势。利用香蕉曲线可以对后期工程的进展情况进行预测。例如，在图 4-41 中，该工程项目在检查时，实际进度超前。检查日期之后的后期工程进度安排如图中虚线所示，预计该工程项目将提前完成。

（2）香蕉曲线的绘制方法

香蕉曲线的绘制方法与 S 曲线的绘制方法基本相同，所不同之处在于香蕉曲线是以工作按最早开始时间安排进度和按最迟开始时间安排进度分别绘制的两条 S 曲线组合而成。其绘制步骤如下：

①以工程项目的网络计划为基础，计算各项工作的最早开始时间和最迟开始时间。

②确定各项工作在各单位时间的计划完成任务量。分别按以下几种情况考虑：

a. 根据各项工作按最早开始时间安排的进度计划，确定各项工作在各单位时间的计划完成任务量。

b. 根据各项工作按最迟开始时间安排的进度计划，确定各项工作在各单位时间的计划完成任务量。

c. 计算工程项目总任务量，即对所有工作在各单位时间计划完成的任务量累加求和。

d. 分别根据各项工作按最早开始时间、最迟开始时间安排的进度计划，确定工程项目在各单位时间计划完成的任务量，即将各项工作在某一单位时间内计划完成的任务量求和。

e. 分别根据各项工作按最早开始时间、最迟开始时间安排的进度计划，确定不同时间累计完成的任务量或任务量的百分比。

f. 分别根据各项工作按最早开始时间、最迟开始时间安排的进度计划而确定的累计完成任务量或任务量的百分比描绘各点，并连接各点得到 ES 曲线和 LS 曲线，由 ES 曲线和 LS 曲线组成香蕉曲线。

在工程项目实施过程中，根据检查得到的实际累计完成任务量，按同样的方法在原计划香蕉曲线图上绘出实际进度曲线，便可以进行实际进度与计划进度的比较。

4.3.3 工程项目进度计划的调整

1. 分析进度偏差对后续工作及总工期的影响

在工程项目实施过程中，当通过实际进度与计划进度的比较，发现有进度偏差时，需要分析该偏差对后续工作及总工期的影响，从而采取相应的调整措施对原进度计划进行调整，以确保工期目标的顺利实现。进度偏差的大小及其所处的位置不同，对后续工作和总工期的影响程度也是不同的，分析时需要利用网络计划中工作总时差和自由时差的概念进行判断。分析步骤如下：

（1）分析出现进度偏差的工作是否为关键工作

如果出现进度偏差的工作位于关键线路上，即该工作为关键工作，则无论其偏差有多大，都将对后续工作和总工期产生影响，必须采取相应的调整措施；如果出现偏差的工作是非关键工作，则需要根据进度偏差值与总时差和自由时差的关系进一步分析。

(2) 分析进度偏差是否超过总时差

如果工作的进度偏差大于该工作的总时差,则此进度偏差必将影响其后续工作和总工期,必须采取相应的调整措施;如果工作的进度偏差未超过该工作的总时差,则此进度偏差不影响总工期。至于对后续工作的影响程度,还需要根据偏差值与其自由时差的关系做进一步分析。

(3) 分析进度偏差是否超过自由时差

如果工作的进度偏差大于该工作的自由时差,则此进度偏差将对其后续工作产生影响,此时应根据后续工作的限制条件确定调整方法;如果工作的进度偏差未超过该工作的自由时差,则此进度偏差不影响后续工作,因此,原进度计划可以不做调整。

通过对进度偏差的分析,进度控制人员可以根据进度偏差的影响程度,制定相应的纠偏措施进行调整,以获得符合实际进度情况和计划目标的新进度计划。

2. 进度计划的调整方法

当实际进度偏差影响到后续工作、总工期而需要调整进度计划时,其调整方法主要有两种:

(1) 改变某些工作间的逻辑关系

当工程项目实施过程中产生的进度偏差影响到总工期,且有关工作的逻辑关系允许改变时,可以改变关键线路和超过计划工期的非关键线路上的有关工作之间的逻辑关系,达到缩短工期的目的。例如,将顺序进行的工作改为平行作业、搭接作业及分段组织流水作业等,都可以有效地缩短工期。

(2) 缩短某些工作的持续时间

这种方法是不改变工程项目中各项工作之间的逻辑关系,而通过采取增加资源投入、提高劳动效率等措施来缩短某些工作的持续时间,使工程速度加快,以保证按计划工期完成该工程项目。这些被压缩持续时间的工作是位于关键线路和超过计划工期的非关键线路上的工作。同时,这些工作又是其持续时间可被压缩的工作。这种调整方法通常可以在网络图上直接进行。其调整方法根据限制条件及对其后续工作的影响程度不同而有所区别,一般可以分为以下三种情况:

①网络计划中某项工作进度拖延的时间已超过其自由时差但未超过其总时差。如前所述,此时该工作的实际进度不会影响总工期,而只对其后续工作产生影响。因此,在进行调整前,需要确定其后续工作允许拖延的时间限制,并以此作为进度调整的限制条件。该限制条件的确定常常较复杂,尤其是当后续工作由多个平行的承包单位负责实施时更是如此。后续工作如不能按原计划进行,在时间上产生的任何变化都可能使合同不能正常履行,而导致蒙受损失的一方提出索赔。因此,寻求合理的调整方案,把进度拖延对后续工作的影响减少到最低程度,是工程项目管理人员的一项重要工作。

②网络计划中某项工作进度拖延的时间超过其总时差。如果网络计划中某项工作进度拖延的时间超过其总时差,则无论该工作是否为关键工作,其实际进度都将对后续工作和总工期产生影响。此时,进度计划的调整方法又可分为以下三种情况:

a. 项目总工期不允许拖延 如果工程必须按照原计划工期完成,则只能采取缩短关键线路上后续工作持续时间的方法来达到调整计划的目的。这种方法实质上就是工期优化的方法。

b. 项目总工期允许拖延　如果项目总工期允许拖延，则此时只需以实际数据取代原计划数据，并重新绘制实际进度检查日期之后的简化网络计划即可。

c. 项目总工期允许拖延的时间有限　如果项目总工期允许拖延，但允许拖延的时间有限。则当实际进度拖延的时间超过此限制时，也需要对网络计划进行调整，以便满足要求。

具体的调整方法是以总工期的限制时间作为规定工期，对检查日期之后尚未实施的网络计划进行工期优化，即通过缩短关键线路上后续工作持续时间的方法来使总工期满足规定工期的要求。

以上三种情况均是以总工期为限制条件调整进度计划的。值得注意的是，当某项工作实际进度拖延的时间超过其总时差而需要对进度计划进行调整时，除需考虑总工期的限制条件外，还应考虑网络计划中后续工作的限制条件，特别是对总进度计划的控制更应注意这一点。因为在这类网络计划中，后续工作也许就是一些独立的合同段。时间上的任何变化，都会带来协调上的麻烦或者引起索赔。因此，当网络计划中某些后续工作对时间的拖延有限制时，同样需要以此为条件，按前述方法进行调整。

③网络计划中某项工作进度超前。项目管理人员对工程项目实施进度控制的任务就是在工程进度计划的执行过程中，采取必要的组织协调和控制措施，以保证建设工程按期完成。在建设工程计划阶段所确定的工期目标，往往是综合考虑了各方面因素而确定的合理工期。因此，时间上的任何变化，无论是进度拖延还是超前，都可能造成其他目标的失控。例如，在一个建设工程施工总进度计划中，由于某项工作的进度超前，致使资源的需求发生变化，而打乱了原计划对人、材、物等资源的合理安排，亦将影响资金计划的使用和安排；特别是当多个平行的承包单位进行施工时，由此引起后续工作时间安排的变化，势必给项目管理人员的协调工作带来许多麻烦。因此，如果工程项目实施过程中出现进度超前的情况，进度控制人员必须综合分析进度超前对后续工作产生的影响，并同承包单位协商，提出合理的进度调整方案，以确保工期总目标的顺利实现。

本章小结

项目时间管理即项目工期管理或项目进度管理。项目的时间管理是在项目范围确定以后，为实现项目的目标、生成项目的产出物和完成项目范围计划所规定各项工作所开展的一种项目管理活动。它是要通过做好项目的工期计划和项目工期的控制管理工作合理分配资源、发挥最佳工作效率，以确保项目的按时完成。其内容包括工程项目进度目标的确定与进度计划表示方法，工程项目进度计划的编制和工程项目进度计划实施与调整。

工程项目的进度目标是项目的目标之一，对整个工期计划具有规定性和限制性。工程项目进度计划的表示方法常用的有横道图、里程碑图和网络图三种表示方法。网络计划技术是一种有效的系统分析和优化技术。工程项目进度计划用网络图来表示，可以使工程项目进度得到有效控制。作为工程项目管理人员，必须掌握和应用网络计划技术，在工程项目进度控制工作中，较多地采用确定型网络计划。确定型网络计划的基本原理是：首先，利用网络图的形式表达一项工程计划方案中各项工作之间的互相关系和先后顺序关系；其次，通过计算找出影响工期的关键线路和关键工作；接着，通过不断调整网络计划，寻求最优方案并付诸实施；最后，在计划事实过程中采取有效措施对其进行控制，以合理使用资源，高效、优质、低耗地完成预定任务。

工程案例：邮电通信大楼建设工程项目管理规划（续）

7. 项目的进度计划与控制

（1）进度计划的编制

利用计算机，使用项目管理集成系统软件（PMIS）等进行管理，大大减少了工作量，提高了工作效率。

首先，在明确项目目标的基础上，对整个项目进行工作分解，确定工程所有可能包含的分项工程，如图 4-42 所示；其次，按照项目的要求及各项约束条件，用 PNIS 软件等绘制项目进度计划的横道图（图 4-43）、网络图（图 4-44 和图4-45），同时确定各项资源的需求和使用计划，绘制资源负荷图和累积图（略）。

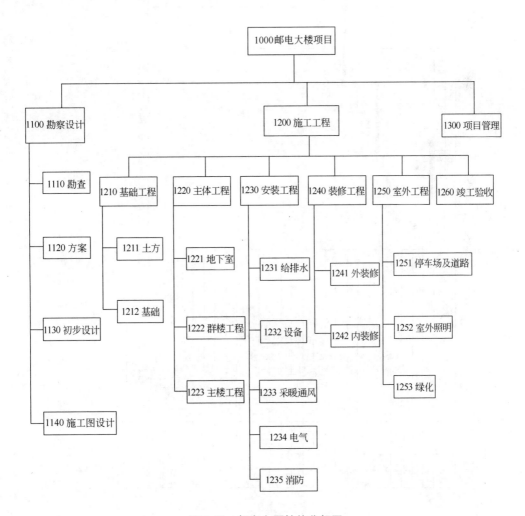

图 4-42 邮电大厦结构分解图

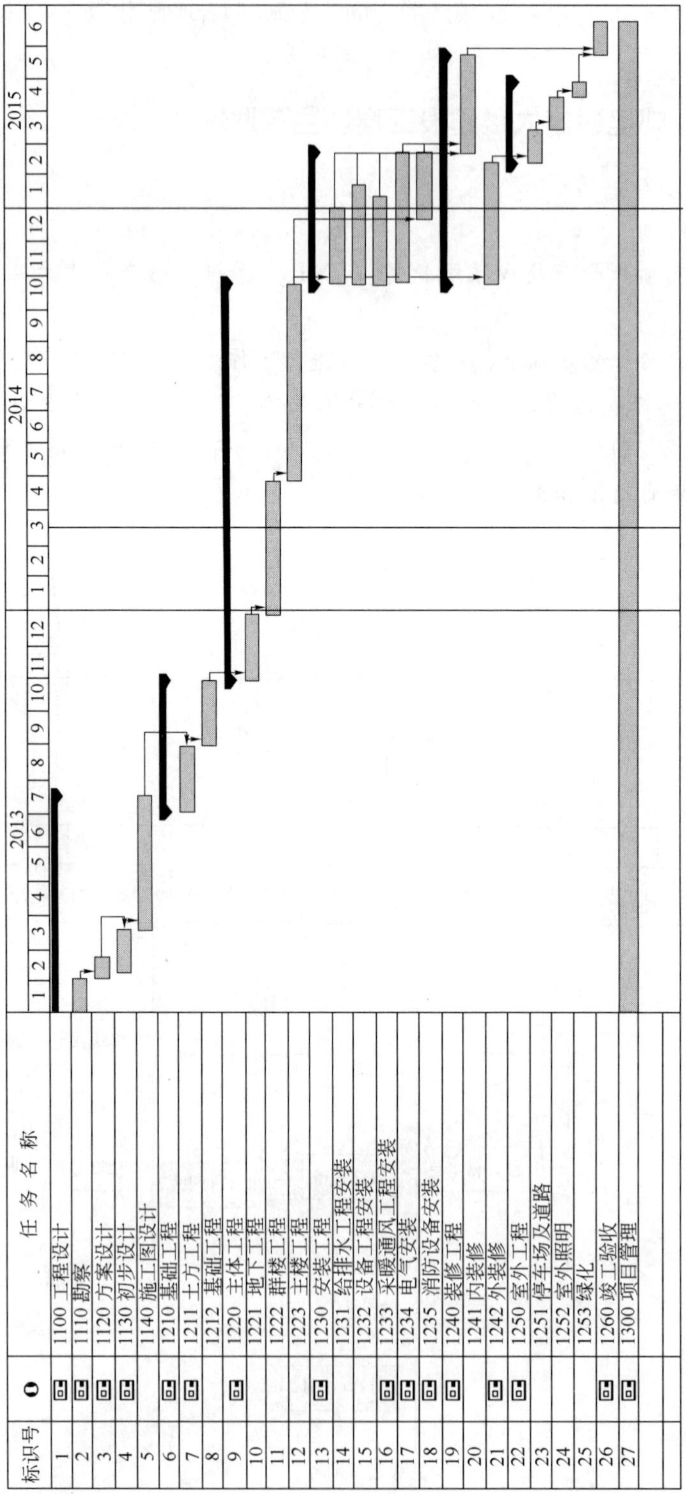

图 4-43 邮电大厦工程进度横道图

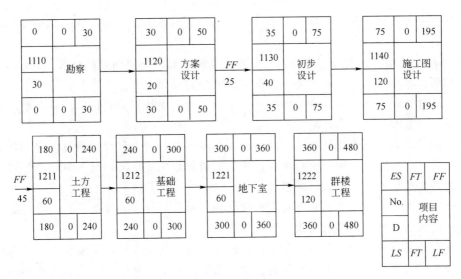

图 4-44 邮电通信大厦建设项目网络计划图

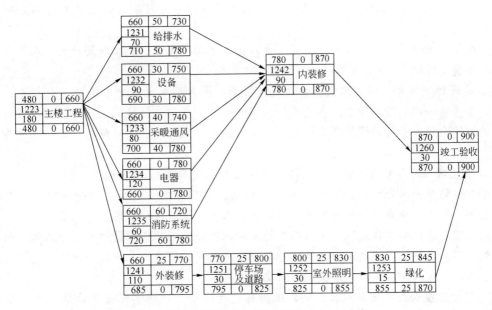

图 4-45 邮电通信大厦建设项目网络计划图（续）

（2）计划的控制

实施阶段项目计划的控制分形象进度计划控制和阶段进度控制两个方面，下面分别对两个方面进行说明：

①形象计划控制工作流程。

a. 三月流动计划。总承包商现场办公室根据项目总体计划（MCS）及现场实际情况制定详细计划，每月初做出三月滚动计划，每月作一次，每次作三个月，第一个月为实施计划，后两个月为预期计划。

三月滚动计划是现场的承包商应该遵循的总计划。每月初的第一次周计划会上由总承包商书面提出，交各承包商讨论。对于不合适的地方，承包商可以在会上提出修改意见，最后由总承包商在会上裁决。会后第二天总承包商发送修改后的三月计划，这个滚动的三月计划各承包商都必须严格执行。

b. 三周滚动计划。承包商根据MCS及三月滚动计划。每周四须编制好三周滚动计划，书面一式八份，参加由总承包商主持，建设单位参加的周计划会。

三周滚动计划每周排一次，每次排四周，第一周为上周计划完成情况，第二周为本周执行计划，第三、第四周为预期计划。

每周四的周计划会，由建设单位、总承包商及各承包商的工程计划部门参加，会上对承包商的三周滚动计划进行详细讨论和审查，确认上周计划完成情况。对上周未按计划完成的项目，承包商要作出解释并提出补救措施。

将周计划会上的重要决定或争议写成会议纪要，称为周计划会议高亮点，此高亮点连同修改后的三周滚动计划交每周六高级计划会讨论确认。

高级计划会每周六举行，由总承包商施工经理主持，建设单位施工经理参加，各承包商项目经理和施工经理参加。会上各承包商宣读自己的三周滚动计划，由总承包商和建设单位质疑审查，并在各承包商间进行协调。这个会议确认的三周滚动计划作为实施计划。

c. 专题计划。形象计划控制除三月滚动计划、三周滚动计划外，还要求对部分项目作出专题计划。

专题计划附在项目的开工报告之后，包括施工平面布置图、施工时间计划、人力动员计划及机具动员计划。

d. 专题协调计划。遇有比较重要的施工活动，或者是对进度要求很紧，或者是问题比较多，或者这一施工活动牵涉到多个承包商同时施工。在这些情况下，总承包商的协调员将对此施工活动作出专题协调计划，以统一目标，统一计划进度，同时解决交叉作业中存在的问题。

e. 承包商内部计划调度会。每周二、五晚上承包商内部安排有计划调度会。

每月初的第一次会议讨论落实三月滚动计划，以后每周二的会议讨论落实三周滚动计划，每周五的会议检查计划执行情况，同时进行人力、机具及物资的平衡调度。

②数理进度控制工作流程。进行数理进度控制十分重要的环节是进度统计工作，因此必须得到一些基础数据才能利用计算机进行数理进度控制。项目的基础数据通过进度日报、月进度报告的方式获得。数理进度控制的主要内容有：

a. 实际进度曲线及实际施工计划。根据月进度报告，作出实际进度曲线及实际施工计划。将实际进度曲线与目标进度曲线进行比较，便可对进度实现动态控制。将实际施工计划作在MCS上可看出计划提前、正点或拖期。

b. 预测的施工计划。

c. 工程综合进度统计表。每月制作一个工程综合进度统计表。利用此表对实际进度进行分析，详细安排下月施工计划。

复习思考题

一、名词解释

工期计划　横道图　里程碑图　网络图　工程项目工作界定　工程项目工作排序　工程

项目工作时间估算

二、思考题

1. 工程项目进度计划的常用表示方法？各自的特点是什么？
2. 何谓网络图？何谓工作？工作和虚工作有何不同？
3. 何谓工艺关系和组织关系？试举例说明。
4. 简述网络图的绘制规则。
5. 何谓工作的总时差和自由时差？关键线路和关键工作的确定方法有哪些？
6. 双代号时标网络计划的特点有哪些？
7. 工程项目进度计划的编制程序？
8. 工程项实际进度与计划进度的比较方法有哪些？各有何特点？
9. 匀速进展与非匀速进展横道图比较法的区别是什么？
10. 实际进度前锋线如何绘制？
11. 利用 S 曲线比较法可以获得哪些信息？
12. 香蕉曲线是如何形成的？其作用有哪些？
13. 如何分析进度偏差对后续工作及总工期的影响？
14. 进度计划的调整方法有哪些？如何进行调整？

三、计算题

1. 已知工作之间的逻辑关系如下列各表所示，试分别绘制双代号网络图和单代号网络图。

(1)

工作	A	B	C	D	E	G	H
紧前工作	C、D	E、H	—	—	—	D、H	—

(2)

工作	A	B	C	D	E	G
紧前工作	—	—	—	—	B、C、D	A、B、C

(3)

工作	A	B	C	D	E	G	H	I	J
紧前工作	E	H、A	J、G	H、I、A	—	H、A	—	—	E

2. 某网络计划的有关资料如下表所示，试绘制双代号网络计划，并在图中标出各项工作的六个时间参数。最后，用双箭线标明关键线路。

工作	A	B	C	D	E	F	G	H	I	J	K
持续时间（周）	22	10	13	8	15	17	15	6	11	12	20
紧前工作	—	—	B、E	A、C、H	—	B、E	E	F、G	F、G	A、C、I、H	F、G

3. 某网络计划的有关资料如下表所示，试绘制双代号网络计划，在图中标出各个节点的最早时间和最迟时间，并据此判定各项工作的六个主要时间参数。最后，用双箭线标明关

键线路。

工作	A	B	C	D	E	G	H	I	J	K
持续时间（周）	2	3	4	5	6	3	4	7	2	3
紧前工作	—	A	A	A	B	C、D	D	B	E、H、G	G

4. 某网络计划的有关资料如下表所示，试绘制单代号网络计划，并在图中标出各项工作的六个时间参数及相邻两项工作之间的时间间隔。最后，用双箭线标明关键线路。

工作	A	B	C	D	E	G
持续时间（周）	12	10	5	7	6	4
紧前工作	—	—	—	B	B	C、D

5. 某网络计划的有关资料如下表所示，试绘制双代号时标网络计划，并判定各项工作的六个时间参数和关键线路。

工作	A	B	C	D	E	G	H	I	J	K
持续时间（周）	2	3	5	2	3	3	2	3	6	2
紧前工作	—	A	A	B	B	D	G	E、G	C、E、G	H、I

本章参考文献

[1] 陆惠民，苏振民，王延树. 工程项目管理[M]. 南京：东南大学出版社，2002.

[2] 成虎. 工程项目管理[M]. 北京：中国建筑工业出版社，2001.

[3] 卢向南. 项目计划与控制[M]. 北京：机械工业出版社，2004.

[4] 赵志缙，应惠清. 建筑施工[M]. 上海：同济大学出版社，2004.

[5] 中国建设监理协会. 建设工程进度控制[M]. 北京：中国建筑工业出版社，2003.

[6] 徐悦. 建筑施工组织[M]. 北京：机械工业出版社，2005.

[7] 李庆华. 中国网络计划技术大全[M]. 北京：地震出版社，1993.

第5章
工程项目成本管理

本章导读

1. 成本的概念及构成，成本管理的概念与职能。
2. 工程项目投资控制。在项目的各个阶段，把投资控制在批准的限额以内，保证投资目标的实现。
3. 施工项目的成本管理。在项目成本的形成过程中，通过成本管理，将各项费用控制在计划成本范围内，保证成本目标的实现。
4. 工程项目成本计划。成本目标的确定，成本计划的编制方法，工程项目成本模型（S曲线）的绘制方法。
5. 工程项目成本控制的内容和方法。
6. 工程项目成本核算、成本状况分析、成本考核与评价的内容和方法。

5.1 工程项目成本管理基础

5.1.1 成本的概念及作用

1. 成本的概念

根据马克思主义政治经济学原理，商品的价值（W）可用下式表述：

$$W = C + V + M \tag{5-1}$$

式中： C——商品中的物化劳动价值；

V——劳动者为自己劳动创造的价值；

M——劳动者为社会劳动创造的价值；

$C+V$——生产成本。

上式表明了商品价值与成本之间的关系。成本是商品价值的重要组成部分，是为了获得某种产品，在生产经营活动中发生的人力、物力和财力的耗费。

2. 成本的作用

（1）成本是企业经营管理水平的综合反映

随着市场经济的发展，企业的生产力水平和成本状况已成为衡量企业管理水平和竞争能力的主要标志。作为一个生产企业，要在激烈的市场竞争中站稳脚跟，得到发展，就必须为社会提供质量高、工期短、价格低的产品，而企业能否获得较大的经济利益，关键是能否得到低廉的成本。只有这样，企业才能在获得工程任务的同时获得盈利。成本是衡量企业管理水平的一个综合指标。

（2）成本是制定产品价格的重要依据

企业生产的产品，只有通过制定合理的价格，才能在市场激烈的价格战中胜出。建筑业企业在投标竞争中，价格的竞争是最主要的竞争。在满足招标文件执行要求的前提下，在建筑业工程量清单计价的模式下，一般是经评审的全面权衡后，投标价格低者中标，而工程成本是制定投标价格的主要依据。

(3) 成本是企业进行经营决策、实行经济核算的重要手段

企业生产经营过程中，对重大问题决策时，必须全面地进行技术经济分析，其中，决策方案经济效果是技术经济分析的重点，而产品成本是考察和分析方案经济效果的重要指标。

企业各方面活动的经济效果，如资金周转的快慢、原材料消耗的多少等，都能由成本反映出来，因而成本是经济核算的基本内容。

5.1.2 工程项目成本

工程项目成本是指工程项目从设计到完成期间所需全部费用的总和。工程项目成本包括基础投资、前期的各种费用、项目建设中的贷款利息、管理费及其他各种费用等。准确估算项目投资额和科学制定资金筹措方案是降低项目成本，提高投资效益的重要途径。同时，只有依据现行的经济法规和价格政策，准确地估算出有关财务数据，才能控制计划成本，提高投资效益。

工程项目成本对于不同的工程建设参与方来讲，内涵是不同的。从业主角度来讲，工程项目成本就是指对建设项目的投资。从承包商角度来讲，工程项目成本则是指承包商在整个工程中所花费的所有生产资料转移价值和劳动者的必要劳动所创造价值的货币形式。

1. 工程项目成本的内容

工程项目成本一般包括以下内容：

(1) 工程项目决策成本

决策是项目形成的第一个阶段，对项目建成后的经济效益与社会效益会产生重要影响。为对项目进行科学决策，在这一阶段要进行详实的市场调查，掌握资料，进行可行性研究。完成这些工作所耗用的资金构成了项目的决策成本。

(2) 招标成本

投资者不管是自行招标或委托招标，都需要一笔费用开支，这就是招标成本。

(3) 勘察设计成本

根据可行性研究报告进行勘察，根据勘察资料和可行性研究报告进行设计，这些工作耗用的费用总和构成了勘察设计成本。

(4) 工程项目施工成本

在施工过程中，为完成项目的建筑安装施工所耗用的各项费用总和构成了工程项目施工成本。包括施工生产过程中所耗费的生产资料转移的价值和劳动耗费所创造的价值中以工资和附加费的形式分配给劳动者的个人消费金。具体包括人工费、材料费、机械使用费、其他直接费和施工管理费。其中前四项称为"直接费或直接成本"，最后一项称为"间接费或间接成本"。

项目的成本构成如图 5-1 所示。

工程项目的施工成本是项目总成本的主要组成部分，虽然决策质量、勘察设计结果都将直接影响施工成本，但在正确的决策和勘察设计条件下，在项目总成本中，施工成本一般占总成本的 90% 以上。因此，从这种意义上讲，工程项目成本管理实际上是施工成本的管理。

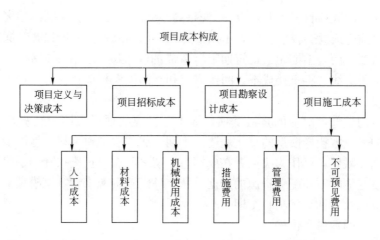

图 5-1　工程项目的成本构成

2. 影响工程项目成本的因素

影响一个工程项目成本的因素有许多，而且对不同的项目参与方及不同的应用领域，其影响项目成本的因素也会不同。但是最为重要的因素包括如下四个方面：

（1）工程项目工期

工程项目的成本与工期直接相关，而且是随着工期的变化而变化的。项目的工期和成本预算是否合理，将直接影响着项目的顺利实施和经济效益的高低。成本—工期模型就是用来解决项目工期和成本预算的关系。

项目建设的直接成本（材料成本、人工成本等）与工期之间存在一定的对应关系。周期越短，因突击施工而增加的直接成本越多；相反，周期延长，突击施工的程度就会降低，项目直接成本也越低。将这种关系表示在工期—成本图中，就可得到一条直接成本曲线（如图 5-2）。

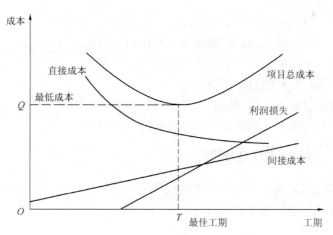

图 5-2　工期—成本抉择模型

构成项目总成本除直接成本之外还有间接成本。间接成本包括管理费、贷款利息及其他与项目工期成正比的支付款项。将间接成本与工期的关系展示于工期—成本图中，得到一条直线（见图 5-2）。

在权衡项目工期和项目成本时，有一个容易被忽视的因素，就是利润损失。建设项目的目标是盈利，提前建成就会提前受益，工期推迟则造成利润损失。所以，利润损失并不是实际发生的支付款项，而是工期超过最短期限后造成的收入减少。在上述的工期—成本图中，利润损失也是一条直线。将直接成本、间接成本和利润损失相加在一起，得到项目总成本随时间变化的曲线。

总成本曲线的最低点对应的是最低项目成本，对应的项目工期为经济意义上的最佳工期。这就是工期—成本抉择模型的直接表述。工期—成本抉择模型科学地展示出了成本与项目工期之间的内在联系，可作为决策者在成本与工期之间做出正确抉择的手段；在项目建设期间可作为进度变更时重新配置资源的依据。从合理配置资源来看，该模型最重要的意义在于指明了最优投资数额和最优项目工期。

(2) 耗用资源的数量和价格

项目成本受两个因素的影响，其一是项目各项活动所消耗和占用资源的数量，其二是项目各项活动所消耗与占用资源的价格。这表明，项目的成本管理必须要管理好整个项目消耗与占用资源的数量和所消耗与占用的资源价格这两个要素。在这两个要素中，资源消耗与占用的数量是第一位的，资源的价格是第二位的。因为通常资源消耗与占用数量是一个内部要素，是相对可控的；而所消耗与占用资源价格是一个外部要素，主要是由外部条件决定的，是一个相对不可控因素。

(3) 工程项目质量

工程项目质量是指项目能够满足客户需求的特性与指标。一方面，项目所要求的质量越高，所需要的成本自然越高。另一方面，一个项目的实现过程就是项目质量的形成过程，在这过程中为达到质量的要求，还需开展两个方面的工作，一是质量的检验与保障工作，二是质量失败的补救工作。这两项工作都要消耗资源，从而都会产生质量成本。如果放松对项目质量的要求，不但会减少项目的直接成本，还会减少上述的项目质量成本。

(4) 工程项目范围

任何一个工程项目的成本最根本是取决于项目的范围，即项目究竟需要做些什么事情和做到什么程度。从广度上说，项目范围越大，显然项目的成本就会越高，项目范围越小，项目的成本就会越低。从深度上说，如果项目所需完成的任务越复杂，项目的成本就会越高，而项目的任务越简单，项目的成本就会越低。

根据上述分析可以看出，要实现对工程项目成本的科学管理，还必须通过开展对工程项目的工期、耗用资源的价格、质量和范围等要素的集成管理。

5.1.3　工程项目成本管理

工程项目成本管理是指在保证工期和满足质量的前提下，为保障工程项目实际发生的成本不超过项目预算而开展的成本管理活动。

1. 工程项目成本管理的内容

工程项目成本管理是工程项目管理中的一项重要工作，它通常通过成本的预测和决策，确定项目的目标成本；根据目标成本编制成本计划，作为成本控制、分析考核的依据；根据成本计划，对成本形成过程中的一切耗费进行严格的控制，正确、及时地进行成本核算，对脱离成本目标和计划的差异进行分析，找出原因，及时调节，纠正偏差，确保成本控制在标准范围之内。因此，工程项目成本管理的主要内容为：成本预测与决策、成本计划、成本控制、成本核算、成本分析与考核。成本管理的内容如图 5-3 所示。

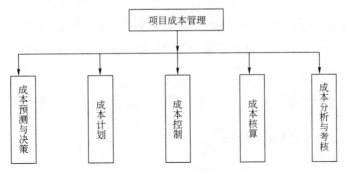

图 5-3　工程项目成本管理的内容

2. 工程项目成本管理的参加者

在成本管理的不同阶段，有不同的参加者。主要可分为：

(1) 业主方的工程项目投资控制

一般来说，业主或项目组织者对整个项目的成本负责。在投资决策阶段、设计阶段、建设项目招标发包阶段和工程施工阶段，把工程项目投资或者费用控制在批准的目标限额以内，随时纠正发生的偏差以确保工程项目目标的实现，使人力、物力、财力能够得到有效的使用，取得良好的经济效益和社会效益。

(2) 承包商的施工项目成本管理

对承包商来讲，就是针对合同任务对象根据合同价，利用各种有效手段把实际施工成本费用控制在目标成本以内，以获得预期利润。承包商的成本管理效果一般对项目的总成本影响较小，但对工程项目的顺利完成有较大的影响。

至于监理、设计等咨询单位，他们主要协助业主完成成本控制，他们自身的成本管理任务相对较少，较简单。

5.2　工程项目投资控制

工程项目投资控制，就是在投资决策阶段、设计阶段、发包阶段和实施阶段，把工程项目投资的发生控制在批准的投资限额以内，随时纠正发生的偏差，以保证项目投资目标的实现，以求在工程项目中合理使用人力、物力、财力，取得较好的投资效益和社会效益。

对于工程项目的投资控制，投资控制目标的确是非常重要的，它是投资控制的组成部分。项目管理中要实现投资估算控制设计概算，设计概算控制设计预算，设计预算控制承包合同价。这实际就是一个强有力的投资控制。投资控制目标与项目的目标控制设计对象、系统的策划、工程项目的设计是密不可分的，如果投资控制目标不正确或目标水平太低，投资高估冒算，或目标水平太低，投资有缺口，那么就不能实现良好的投资控制。

要有效地控制工程项目投资，应从组织、技术、经济、合同、信息管理等多方面采取措施。实践表明，技术与经济相结合是控制项目费用最有效的手段。在工程建设过程中，把技术与经济有机结合,要通过技术比较、经济分析和效果评价来正确处理技术先进与经济合理两者之间的对立统一关系,力求在技术先进条件下的经济合理,在经济合理基础上的技术先进。

工程项目投资控制应该采用各种有效的控制手段,特别是应该加强事前控制,也就是在事前主动采取有效措施,以尽量避免实际值与目标值的偏离。一般工程项目投资控制的过程有下述阶段。

5.2.1 工程项目决策、设计、招标发包阶段的投资控制

1. 工程项目决策阶段的投资控制

(1) 工程项目策划

该阶段的首要任务是根据项目建设意图进行项目的定义和定位,全面构思一个拟建的项目系统。在明确项目的定义和定位的基础上,通过项目系统的功能分析,确定项目系统的组成结构,并据此提出初步投资建议,对拟建项目作出初步的经济评价,使项目的基本构想变为具有明确内容和要求的行动方案,为项目的投资决策提供客观科学的基本保证。

(2) 建设项目可行性研究

建设项目目标设计已经完成,项目已进行定义,并且项目的建设地点、技术协作条件已经落实。项目组织者可对项目各种拟建方案进行初步投资估算,估算项目所需资金总额并测算建设期分年资金使用计划。对各种可能的建设方案,在功能上、技术上和财务上进行比较论证,并对项目建成后的经济效益进行预测和评价。

2. 工程项目设计阶段的造价控制

在设计阶段进行投资控制就是用批准的投资估算来控制初步设计,在初步设计阶段编制设计概算(有技术设计阶段的,还要编制修正概算),用设计概算(或修正概算)控制施工图设计,在施工图设计阶段还要编制施工图预算。这样就形成了用估算控制概算、用概算控制预算的完整动态控制过程。除此之外,设计阶段的投资控制还要采用各种有效的方法和措施来提高设计的经济合理性,降低工程项目的全寿命周期费用,这些方法和措施包括推行标准设计、推行限额设计、进行价值工程分析等。

(1) 设计概算

设计概算在工程项目的投资控制中具有重要作用。设计概算是确定和控制建设投资、编制建设计划的依据。工程建设项目总概算经有关部门批准后即为工程建设项目总投资的最高限额,一般不得突破。设计概算是对设计方案经济评价与选择的依据,设计人员根据设计概算进行设计方案技术经济分析、多方案评价并优选方案,以提高工程项目设计的经济效果;设计概算为下阶段施工图设计确定了投资控制的目标;经主管部门批准的设计概算或修正概算是主管单位和包干单位签订包干合同、控制包干数额的依据;设计概算也是项目建设业主单位进行项目核算、建设工程"三算"对比、考核项目工程成本和投资经济效果的重要依据。

(2) 施工图预算

施工图预算是指根据批准的施工图设计图纸、施工图预算定额、单位估价表及各种费率取费标准等计算和编制的单位工程预算造价的文件。单位工程施工图预算是编制单项工程综

合预算的基础。

（3）标准设计

工程标准设计是指在工程设计中尽量采用通用的标准图纸，以促进工业化水平、加快工程进度、节约材料、降低建设投资。采用标准设计一般可加快设计进度1~2倍，节约建设投资10%~15%。重复建造的建筑类型及生产性质、能力相类似的工厂、单独的房屋建筑和构筑物都应采用标准设计。对不同用途和要求的建筑物应按统一的建筑模数、建筑标准、设计规范、技术规定等进行设计。

（4）限额设计

限额设计就是按批准的投资估算控制初步设计，按批准的初步设计概算控制施工图设计，将上一阶段审定的投资额作为下一设计阶段投资控制的目标，把本阶段的投资控制目标分解到各专业，然后再分解到各单位工程和分部工程，各专业在保证满足使用功能的前提下按分配的投资限额控制设计，严格控制技术设计和施工图设计的不合理变更，以保证总投资限额不被突破。进行限额设计必须保证投资估算的准确性，尤其是要合理确定各专业、各单位工程的设计限额。限额设计贯穿于项目可行性研究、初步勘察、初步设计、详细勘察、技术设计、施工图设计等各个阶段，在每个专业、每项设计中，都应将限额设计作为重点工作内容。各专业限额设计的实现是限额目标得以实现的重要保证。

（5）价值工程

价值工程又称价值分析，是对所研究对象的功能与成本进行对比分析，旨在提高所研究对象价值的管理思想和技术。价值工程里的价值是指功能和成本的比值，即 $V=F/C$，其中 V 为价值，F 为功能，C 为成本。价值工程的核心工作是功能系统分析、功能评价和方案创新。具体地讲，价值工程就是分析研究对象的功能组成情况和成本构成情况，在保证用户所需功能的前提下，尽量降低成本以提高产品的价值。价值工程是提高设计经济合理性的重要手段，通过进行价值工程的研究可以有效地减少工程项目的全寿命周期费用。事实上，进行价值工程研究的能力是衡量一个设计单位综合能力的重要因素之一，也是咨询单位在设计阶段的重要工作内容之一。

3. 工程项目招投标阶段的投资控制

招投标阶段是业主和承包商进行交易的阶段，合同价格将在这个阶段确定。

工程量清单招标是在建设工程施工招投标时招标人依据工程施工图纸、招标文件要求，以统一的工程量计算规则和统一的施工项目划分规定，为投标人提供实物工程量项目和技术性措施项目的数量清单。业主在此阶段的投资控制主要是编制合理准确的工程量清单，组织招标、评标，保证中标价格的合理性。

5.2.2 工程项目施工阶段投资控制

施工阶段投资控制的基本原理是把计划投资额作为投资控制的目标，在工程施工过程中定期地把投资实际值与目标值进行比较，通过比较发现并找出实际投资与投资控制目标值之间的偏差，分析产生偏差的原因，并采取有效措施加以控制，以保证投资控制目标的实现。建设工程施工阶段与投资控制有关的工作主要有：资金使用计划的编制、工程计量及结算、工程变更和索赔的处理，以及投资偏差分析等。

1. 资金使用计划

投资控制的前提是建立投资控制的目标，因此，必须编制资金使用计划，合理地确定投资控制目标值，包括投资的总目标值、分目标值、各详细目标值。如果没有明确的投资控制目标，就无法进行项目投资实际支出值与目标值的比较；不能进行比较也就不能找出偏差；不知道偏差程度，就会使控制措施缺乏针对性。在编制资金使用计划过程中，最重要的步骤就是项目投资目标的分解。根据投资控制目标和要求的不同，投资目标的分解可以分为按投资构成分解、按子项目分解、按时间进度分解三种类型。这三种编制资金使用计划的方法并不是相互独立的，在实践中往往是将这三种方法结合使用。

（1）按投资构成分解的资金使用计划

工程项目的投资主要分为建筑安装工程投资，设备工器具购置投资及工程建设其他投资。由于建筑工程和安装工程在性质上存在着较大差异，投资的计算方法和标准也不尽相同，所以，在实际操作中往往将建筑工程投资和安装工程投资分解开来。

（2）按子项目分解的资金使用计划

大中型的工程项目通常是由若干单项工程构成的，而每个单项工程包括了多个单位工程，每个单位工程又是由若干个分部分项工程构成的，因此，首先要把项目总投资分解到单项工程和单位工程中。一般来说，由于概算和预算大都是按照单项工程和单位工程来编制的，所以，将项目总投资分解到各单项工程和单位工程中是比较容易的。

（3）按时间进度分解的资金使用计划

工程项目的投资总是分阶段、分期支出的，资金应用是否合理与资金的时间安排有密切关系。编制按时间进度的资金使用计划，通常可利用控制项目进度的网络图进一步扩充而得。即在绘制网络图时，一方面确定完成各项工作所需花费的时间，另一方面同时确定完成这一工作的合适的投资支出预算。在编制网络计划时应在充分考虑进度控制对项目划分要求的同时，还要考虑确定投资支出预算对项目划分的要求，做到二者兼顾。

2. 工程计量与价款结算

工程计量是根据设计文件及承包合同中关于工程量计算的规定，项目的监理单位对承包商申报的已完成工程的工程量进行的核验。经过监理单位计量的工程量是向承包商支付任何款项的凭证。工程计量的作用不仅是控制项目的投资支出，也是约束承包商履行合同义务、强化承包商合同意识的手段。

工程价款的结算是指业主按照合同约定定期地对施工承包方在本期完成的、经过监理单位计量的、符合合同质量要求的工程进行支付。工程价款的主要结算方式有以下几种：

（1）按月结算

它是先预付工程预付款，在施工过程中按月结算工程进度款，竣工后进行竣工结算。这种按月结算方式是一种最常用的结算方式。

（2）竣工后一次结算

建设项目或单项工程全部建筑安装工程建设期在 12 个月以内，或者工程承包合同价值在 100 万元以下的，可以实行工程价款每月月中预支，竣工后一次结算的方式。

（3）分段结算

它是当年开工，当年不能竣工的单项工程或单位工程按照工程形象进度，划分不同阶段进行结算。分段结算可以按月预支工程款。实行竣工后一次结算和分段结算的工程，当年结算的工程款应与分年度的工作量一致，年终不另清算。

（4）结算双方约定的其他结算方式

在工程价款结算时还必须注意动态结算的问题。动态结算是指在结算的时候要考虑各种动态因素，使结算额能够反映实际的费用。常用的动态结算办法有：

①按实际价格计算价差（按实际价格结算法）。

②按主材计算价差。发包人在招标文件中列出需要调整价差的主要材料表及其基期价格（一般采用当时当地工程造价管理机构公布的材料信息价或结算价），工程竣工结算时按竣工当时当地工程造价管理机构公布的材料信息价或结算价，与招标文件中列出的基期价比较计算材料差价。

③竣工调价系数法。按工程造价管理机构公布的竣工调价系数及调价计算方法计算差价。

④调值公式法（又称动态结算公式法）。在发包方和承包方签订的合同中要明确规定调值公式。调值公式法是国际上最常用的方法。

工程竣工验收报告经业主认可后，承包商向业主递交竣工结算报告及完整的结算资料，双方进行工程竣工结算。监理单位对承包商报送的竣工结算报表进行审核，在与业主、承包商协商一致后，签发竣工结算文件和最终的工程款支付证书。工程保修金一般为施工合同价款的3%，在合同专用条款中具体规定，在质量保修期满后14天之内退还给承包商。

3. 工程变更

工程变更是指在工程项目的实施过程中导致合同内容变化的变更因素，包括设计变更、现场施工条件变化及其他变更情况。由于工程项目的复杂性，工程变更是工程建设中常见的现象。由于工程变更所引起的工程量的变化、承包商的索赔等，都有可能使项目投资超出原来的目标投资额，所以必须对工程变更进行严格控制，注意其对未完工程投资支出的影响及对工期的影响。

由工程变更引起的价格变更应该由承包商提出变更价格，经监理单位确认后执行。如果业主和承包商未能就工程变更的费用达成协议，监理单位应提出一个暂定的价格，作为临时支付工程款的依据。该工程款最终结算时应以业主与承包商达成的协议为依据。

4. 施工索赔

工程施工索赔是工程施工承包合同履行中，一方当事人因对方不履行或不完全履行合同规定的义务，或者由于对方的行为使权利人受到损失时，要求对方补偿损失的权利。索赔是工程承包中常发生的现象。施工现场条件、气候条件的变化，施工进度计划的修改及合同条款、技术规范、施工图纸的变更等因素都会使得工程施工中不可避免地出现索赔。对索赔的管理是施工阶段投资控制的重要内容。

施工索赔虽然可以分为承包商向业主提出的索赔和业主向承包商提出的索赔两种情况，但是一般来讲索赔往往是指前者，即承包商向业主提出的索赔。一般地说，可索赔的费用包括人工费、材料费、施工机械使用费、分包费用、利息、现场管理费、企业管理费、利润等。业主可对承包商不合理的索赔或索赔中的不合理部分进行反驳，有理有据地确定索赔款。

5. 偏差分析

为了有效地进行投资控制,必须定期地进行投资计划值(目标)与实际值的比较,当实际值偏离计划值时,应该分析产生偏差的原因,采取适当的纠偏措施,以使投资超支尽可能减少。

在投资控制中,把投资的实际值与计划值的差异叫做投资偏差,即:

$$投资偏差 = 已完工程实际投资 - 已完工程计划投资 \qquad (5-2)$$

结果为正表示投资超支,结果为负表示投资节约。偏差分析的方法常用的有横道图法、表格法和曲线法等。

偏差分析的一个重要目的就是要找出引起偏差的原因,从而尽可能采取有针对性的措施,减少或避免相同情况的再次发生。在进行偏差原因分析时,首先应将已经导致和可能导致偏差的各种原因逐一列举出来。导致不同工程项目产生投资偏差的原因具有一定共性,因而可以通过对已建项目的投资偏差原因进行归纳、总结,为该项目采用预防措施提供依据。

6. 竣工决算

竣工决算是工程建设项目经济效益的全面反映,是项目法人核定各类新增资产价值、办理其交付使用的依据。通过竣工决算,一方面能够正确反映工程建设项目的实际造价和投资结果;另一方面可以通过对竣工决策与概算、预算的对比分析,考核投资控制的工作成效,总结经验教训,积累技术经济方面的基础资料,提高未来建设工程的投资效益。竣工决算是工程建设项目从筹建到竣工投产全过程中发生的所有实际支出,包括设备工器具购置费、建筑安装工程费和其他费用等。

竣工决算由竣工财务决算报表、竣工财务决算说明书、竣工工程平面示意图、工程造价比较分析四部分组成。其中,竣工财务决算报表和竣工财务决算说明书属于竣工财务决算的内容。竣工财务决算是竣工决算的组成部分,是正确核定新增资产价值、反映竣工项目建设成果的文件,是办理固定资产交付使用手续的依据。

5.3 施工项目成本管理

施工项目成本是指工程项目的施工成本,是在工程施工过程中所发生的全部生产费用的总和,是建筑施工企业以工程项目作为核算的对象,在施工过程中所耗费的生产资料转移价值和劳动者的必要劳动所创造的价值的货币形式。工程项目施工成本是施工企业的主要产品成本,一般以建设项目的单位工程作为成本核算的对象,通过各单位工程成本核算的综合来反映工程项目的施工成本。

施工项目的成本管理,通常是指在项目成本的形成过程中,对生产经营所消耗的人力资源、物质资源和费用开支,进行指导、监督、调节和限制,及时纠正将要发生和已经发生的偏差,把各项生产费用控制在计划成本范围内,以保证成本目标的实施。

施工项目成本管理纵向贯穿从工程投标到施工准备、施工、竣工结算的全过程,横向覆盖企业的经营、技术、物资、财务等管理部门及项目管理部门等现场管理部门。施工项目成本管理包括两个层次的管理:

(1) 企业管理层的成本管理

企业管理层负责项目成本管理的决策,根据与业主签订的合同价剔除其中经营性利润部分和企业应收款的费用部分,将其余部分作为成本目标并连同合同赋予它的各项责任,下达转移到施工项目部门,形成施工项目经理的目标责任。

(2) 项目管理层的成本管理

项目管理层负责项目成本的实施及可控责任成本的控制,实现项目管理目标责任书中的成本目标。

5.3.1 施工项目成本组成

根据住房和城乡建设部、财政部联合颁发的(建标〔2013〕44号)《关于印发〈建筑安装工程费用项目组成〉的通知》规定,建筑安装工程费按照费用构成要素划分,由人工费、材料(包含工程设备,下同)费、施工机具使用费、企业管理费、利润、规费和税金组成。其中人工费、材料费、施工机具使用费、企业管理费和利润包含在分部分项工程费、措施项目费、其他项目费中。

(1) 人工费

人工费是指支付给从事建筑安装工程施工的生产工人和附属生产单位工人的各项费用。

(2) 材料费

材料费是指施工过程中耗费的原材料、辅助材料、构配件、零件、半成品或成品、工程设备的费用。

(3) 施工机具使用费

施工机具使用费是指施工作业所发生的施工机械、仪器仪表使用费或其租赁费。

(4) 企业管理费

企业管理费是指建筑安装企业组织施工生产和经营管理所需的费用。

(5) 利润

利润是指施工企业完成所承包工程获得的盈利。

(6) 规费

规费是指按国家法律、法规规定,由省级政府和省级有关权力部门规定必须缴纳或计取的费用。

(7) 税金

税金是指国家税法规定的应计入建筑安装工程造价内的营业税、城市维护建设税、教育费附加以及地方教育附加。

5.3.2 施工项目成本管理的内容

施工项目成本管理是建筑施工企业项目管理系统中的一个子系统,具体包括预测、决策、计划、控制、核算、分析和考核等一系列工作环节。它们各自发挥着特定的作用,并以生产经营过程中的成本控制为核心,依靠成本信息的传递和反馈结合为一个有效运转的有机整体。

在施工项目成本管理系统中,各方面的管理功能有着一定的内在联系。具体而言,建筑业企业成本管理应包括以下内容:企业进行项目成本预测,项目经理部编制成本计划,实施成本计划,进行成本核算,成本分析和成本考核。

1. 施工项目成本预测

施工项目成本预测是根据选定的预测方法,对施工项目未来的成本水平及其发展趋势所作的描述与判断。

2. 施工项目成本计划

施工项目成本计划是项目经理部对项目成本进行计划管理的工具。它是以货币形式编制施工项目在计划期内的生产费用、成本水平、成本降低率及为降低成本所采取的主要措施和规划的书面方案,它是建立施工项目成本管理责任制、开展成本控制和核算的基础。

3. 实际施工成本的形成控制

施工成本的形成控制主要指项目经理部对施工项目成本的实施控制。

4. 施工项目成本核算

施工项目成本核算是指项目施工过程中所发生的各种费用和形成施工项目成本与计划目标成本,在保持统计口径一致的前提下,进行两相对比,找出差异。

5. 施工项目成本分析

施工项目成本分析是在施工成本跟踪核算的基础上,动态分析各成本项目的节超原因。它贯穿于施工项目成本管理的全过程,也就是说,施工项目成本分析主要利用施工项目的成本核算资料(成本信息),与目标成本(计划成本)、预算成本及类似的施工项目的实际成本等进行比较,了解成本的变动情况,同时也要分析主要技术经济指标对成本的影响,系统地研究成本变动的因素,检查成本计划的合理性;并通过成本分析,深入揭示成本变动的规律,寻找降低施工项目成本的途径。

6. 施工项目成本考核

所谓成本考核,就是施工项目完成后对施工项目成本形成中的各责任者,按施工项目成本目标责任制的有关规定,将成本的实际指标与计划、定额、预算进行对比和考核,评定施工项目成本计划的完成情况及责任者的业绩和责任,并据此给以相应的奖励和处罚。

5.3.3 施工项目成本管理的原则

施工项目成本管理必须遵循以下原则:

1. 领导者推动原则

企业的领导者是企业成本的责任人,必然是工程项目成本的责任人。领导者应该制定项目成本管理的方针和目标,建立项目成本管理体系,创造使企业全体员工能充分参与项目成本管理、实现企业成本目标的内部环境。

2. 以人为本,全员参与原则

管理的本质是人,管理的每一项工作,每一个内容都需要相应的人员来完成。抓住本质,全面提高人的积极性和创造性,是搞好项目施工成本管理的前提。由于项目成本管理工作是一项系统工程,项目的进度、质量、安全、施工技术、物资管理、劳务管理、计划统计、财务管理等一系列管理工作都关系到项目成本,因此,项目成本管理是项目管理的中心工作,必须让企业全体人员共同参与。只有如此,才能保证项目成本管理工作顺利地进行。

3. 目标分解，责任明确原则

工程项目成本管理的工作业绩最终要转化为定量指标，而这些指标的完成是通过各级各个岗位的工作来实现的。为明确各级各岗位的成本目标和责任，就必须进行指标分解。

企业确定项目责任成本指标和成本降低率指标，是对工程成本进行一次目标分解。企业的责任是降低企业管理费用和经营费用，组织项目经理部完成项目施工责任成本指标和成本降低率指标。

项目经理部还要对项目责任成本指标和成本降低率目标进行二次目标分解。根据岗位不同、管理内容不同，确定每个岗位的成本目标和所承担的责任，把总目标进行层层分解，落实到每一个人，通过每个指标的完成来保证总目标的实现。

4. 管理层次与管理内容一致性原则

施工项目成本管理是企业各项专业管理的一个部分，从管理层次上讲企业是决策中心、利润中心，项目是成本中心。项目完成了材料和半成品在空间和时间上的利用，也完成了绝大部分要素或资源的价值转换，并要求实现增值，因此项目上的成本责任非常大。

5. 施工项目成本控制的动态性、及时性、准确性原则

项目施工成本控制是为了实现项目施工成本目标而进行的一系列管理活动，是对项目施工成本实际开支的动态管理过程。由于项目施工成本的构成是随着工程施工的进展而不断变化的。因而，动态性是施工项目施工成本管理的属性之一。

进行项目施工成本控制的过程要不断调整项目施工成本支出与计划目标的偏差，使项目施工成本支出基本与目标一致。这就需要进行项目施工成本的动态控制。它决定了项目施工成本控制不是一次性的工作，而是项目施工全过程每日每时都在进行的工作。

项目施工成本控制需要及时、准确地提供成本核算信息，不断反馈，为上级部门或项目经理进行项目施工成本控制提供科学的决策依据。如果这些信息的提供严重滞后，就起不到及时纠偏、亡羊补牢的作用。

项目施工成本控制所编制的各种成本计划、消耗量计划，统计的各项消耗、各项费用支出，必须是实事求是的、准确的。如果计划的编制不准确，各项成本控制就失去了基准；如果各项统计不实事求是、不准确，成本核算反映就不真实，出现虚盈或虚亏，而导致决策失误。

6. 过程控制和系统控制原则

施工项目成本是由施工过程的各个环节的资源消耗形成的。因此，项目施工成本的控制必须采用过程控制的方法，分析每一个过程影响成本的因素，制定工作程序和控制程序，使之时时处于受控状态。

项目施工成本形成每一个过程又是与其他过程互相关联的。一个过程成本的降低，可能会引起关联过程成本的提高。因此，项目施工成本的控制，必须遵循系统控制的原则，进行系统分析，制定过程的工作目标必须从全局利益出发，不能拘泥于小团体的利益，而损害了整体利益。

5.3.4 施工项目成本管理的层次和职责

1. 施工项目成本管理的层次

项目施工成本管理是一个系统工程，它应该是对企业全员工、全过程的管理。根据目前我

国国有施工企业管理体制的现状,项目施工成本管理可分为以下三个层次:

(1) 公司管理层次

这里所说的"公司"是广义的公司,是指直接参与经营管理的一级机构,并不一定是《中华人民共和国公司法》所指的法人公司。这一级机构可以在上级公司的领导和授权下独立开展经营和施工管理活动。它是工程项目施工的直接组织者和领导者,对项目工程成本负责;对项目施工成本管理的领导、组织、监督、考核负责。各企业可以根据自己的管理体制,决定它的名称。

(2) 项目管理层次

项目管理层次一般称为"项目经理部",是经公司授权在现场直接管理工程项目施工的部门。它根据公司管理层的要求,结合本项目实际情况和特点,确定的本项目部成本管理的组织及人员,在公司管理层的领导和指导下,负责本项目部所承担工程的施工成本管理,对本项目的施工成本及成本降低率负责。

(3) 岗位管理层次

是指项目经理部的各管理岗位。它在项目经理部的领导和组织下,执行公司及项目部制定的各项成本管理制度和成本管理程序,在实际管理过程中,完成本岗位的成本责任指标。

施工项目成本管理划分为公司管理、项目管理、岗位管理三个层次,是项目施工成本管理的客观要求;有利于分清责任、更有效地发挥各级、各类人员参与项目施工成本管理的积极性。同时,将项目施工成本管理划分成三个层次管理,也是建立项目施工成本管理体系的依据。

公司管理层、项目管理层、岗位管理层三个管理层次之间的关系是互相关联、互相制约的。岗位管理层次是项目施工成本管理的基础,项目管理层次是项目施工成本管理的主体,公司管理层次是项目施工成本管理的龙头。项目层次和岗位层次在公司管理层次的控制和监督下行使成本管理的职能。岗位层次对项目层次负责,项目层次对公司层次负责。

2. 各管理层次的项目施工成本管理职责

(1) 公司管理层次的职责

公司管理层次对项目施工成本的管理是宏观的,是项目施工成本管理的最高层次,负责全公司的项目施工成本管理工作,对项目施工成本管理工作负领导和管理责任。其具体职责有:

①负责制定项目施工成本管理的总目标及各项目(工程)的成本管理目标。
②负责本单位成本管理体系的建立及运行情况考核、评定工作。
③负责对项目施工成本管理工作进行监督、考核及奖罚、兑现工作。
④负责制定本单位有关项目施工成本管理的政策、制度、办法等。

(2) 项目管理层次的职责

项目管理层次对项目施工成本的管理则是具体的,是对公司管理层次项目施工成本管理工作意图的落实。项目管理层次既要对公司管理层次负责,又要对岗位管理层次进行监督、指导。因此,项目管理层次是项目施工成本管理的主体。项目管理层次的成本管理工作的好坏是公司项目施工成本管理工作成败的关键。项目管理层次对公司确定的项目施工责任成本及成本降低率负责。其具体职责有:

①遵守公司管理层次制定的各项制度、办法,接受公司管理层次的监督和指导。
②在公司项目施工成本管理体系中,建立本项目的施工成本管理体系,并保证其正常

运行。

③根据公司制定的项目施工成本目标制定本项目的目标成本和保证措施、实施办法。

④分解成本指标，落实到岗位人员身上，并监督和指导岗位成本的管理工作等。

(3) 岗位管理层次的职责

岗位管理层次对岗位成本责任负责，是项目施工成本管理的基础。项目管理层次将本工程的施工成本指标分解时，要按岗位进行分解，然后落实到岗位，落实到人。其具体职责有：

①遵守公司及项目制定的各项成本管理制度、办法，自觉接受公司和项目的监督、指导。

②根据岗位成本目标，制定具体的落实措施和相应的成本降低措施。

③按施工部位或按月对岗位成本责任的完成及时总结并上报，发现问题要及时汇报。

④按时报送有关报表和资料等。

5.3.5 施工项目成本管理的程序

施工项目成本管理的程序是指从成本估算开始，经编制成本计划，进行成本控制、成本分析及成本核算等一系列管理工作的过程，一般程序如图5-4所示。

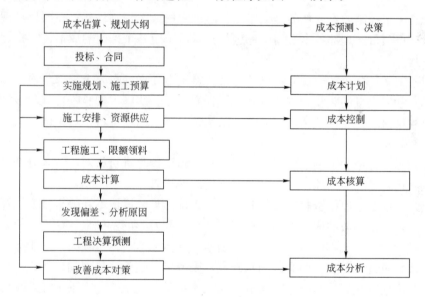

图5-4 成本管理的程序

5.3.6 各施工阶段成本管理的任务

施工项目的成本管理，应伴随项目建设进程渐次展开，同时要注意各个时期的特点和要求。各个阶段的工作内容不同，成本管理的主要任务也不同。

1. 施工前期的成本管理

(1) 工程投标阶段

投标阶段成本管理的主要任务是编制适合本企业施工管理水平和施工能力的报价。

①根据工程概况和招标文件，了解建筑市场和竞争对手的情况，进行成本预测，提出投标决策意见。

②中标以后，应根据项目的建设规模，组建与之相适应的项目经理部，同时以标书为依据确定项目的成本目标，并下达给项目经理部。

(2) 施工准备阶段

①根据设计图纸和有关技术资料，对施工方法、施工顺序、作业组织形式、机械设备选型、技术组织措施等进行认真的研究分析，并运用价值工程原理，制定出科学先进、经济合理的施工方案。

②根据企业下达的成本目标，以分部分项工程的实物工程量为基础，结合劳动定额、材料消耗定额和技术组织措施的节约计划，在优化施工方案的指导下，编制明细而具体的成本计划，并按照部门、施工队和班组的分工进行分解，把部门、施工队和班组的责任成本落实下去，为今后的成本控制做好准备。

③根据项目建设时间的长短和参加建设人数的多少编制间接费用预算，并对上述预算进行明细分解，以项目经理部有关部门（或业务人员）责任成本的形式落实下去，为今后的成本控制和绩效考评提供依据。

2. 施工期间的成本管理

施工阶段成本控制的主要任务是确定项目经理部的成本控制目标；在项目经理部建立成本管理体系；将项目经理部各项费用指标进行分解以确定各个部门的成本控制指标；加强成本的过程控制。

(1) 加强施工任务单和限额领料单的管理，特别是要做好每一个分部分项工程完成后的验收（包括实际工程量的验收和工作内容、工程质量、文明施工的验收），以及对实耗人工、实耗材料的数量核对，以保证施工任务单和限额领料单的结算资料绝对正确，为成本控制提供真实可靠的数据。

(2) 将施工任务单和限额领料单的结算资料与施工预算进行核对，计算分部分项工程的成本差异，分析差异产生的原因，并采取有效的纠偏措施。

(3) 做好月度成本原始资料的收集和整理，正确计算月度成本，分析月度预算成本与实际成本的差异。对于一般的成本差异要在充分注意不利差异的基础上，认真分析差异产生的原因，以防对后续作业成本产生不利影响或因质量低劣而造成返工损失；对于盈亏比例异常的现象，要特别重视，并在查明原因的基础上，采取果断措施，尽快加以纠正。

(4) 在月度成本核算的基础上，实行责任成本核算。也就是利用原有会计核算的资料，重新按责任部门或责任者归集成本费用，每月结算一次，并与责任成本进行对比，由责任部门或责任者自行分析成本差异和产生差异的原因，自行采取措施纠正差异，为全面实现责任成本创造条件。

(5) 经常检查对外经济合同的履约情况，为顺利施工提供物质保证。如遇拖期或质量不符合要求时，应根据合同规定向对方索赔；对缺乏履约能力的单位，要采取果断措施，立即中止合同，并另找可靠的合作单位，以免影响施工，造成经济损失。

(6) 定期检查各责任部门和责任者的成本控制情况，检查成本控制责、权、利的落实情况（一般为每月一次）。发现成本差异偏高或偏低的情况，应会同责任部门或责任者分析产生差异的原因，并督促他们采取相应的对策来纠正差异；如有因责、权、利不到位而影响成本控制工作的情况,应针对责、权、利不到位的原因,调整各有关方的关系,落实责、权、利相结合的原则,使成本控制工作得以顺利进行。

3. 竣工验收阶段的成本管理

(1) 精心安排,干净利落地完成工程竣工扫尾工作。从现实情况看,很多工程一到竣工扫尾阶段,就把主要施工力量抽调到其他在建工程上,以致扫尾工作拖拖拉拉,战线拉得很长,机械、设备无法转移,成本费用照常发生,使在建阶段取得的经济效益逐步流失。因此,一定要精心安排,把竣工扫尾时间缩短到最低限度。

(2) 重视竣工验收工作,顺利交付使用。在验收以前,要准备好验收所需要的各种书面资料(包括竣工图)送甲方备查;对验收中甲方提出的意见,应根据设计要求和合同内容认真处理。如果涉及费用,应请甲方签证,列入工程结算。

(3) 及时办理工程结算。一般来说:工程结算造价=原施工图预算±增减账。但在施工过程中,有些按实际结算的经济业务,是由财务部门直接支付的,项目预算若不掌握资料,往往会在工程结算时遗漏。因此,在办理工程结算以前,要求项目预算员和成本员进行一次认真全面的核对。

(4) 在工程保修期间,应由项目经理指定保修工作的责任者,责任者要根据实际情况提出保修计划(包括费用计划),以此作为控制保修费用的依据。

5.4 工程项目成本计划

工程项目成本计划是工程项目全面计划管理的核心,是工程项目成本管理的一个重要环节,是实现工程项目成本目标的指导性文件。在项目成本管理的不同阶段,有不同的参加者,制订成本计划的角度可能不同,但他们都是以工程上的价值消耗为依据,他们实质上有统一性,因此,他们的计划和控制方法是相同的。

5.4.1 工程项目成本计划的特征

1. 积极的成本计划

成本计划不应仅仅是被动地按照已确定的技术设计、工期、实施方案和施工环境来预算工程的成本,更应该进行技术经济分析,从总体上考虑项目工期、成本、质量和实施方案之间的相互影响和平衡,以寻求最优的解决途径。

2. 采用全生命期成本计划方法

成本计划不仅针对建设成本,还要考虑运营成本。在通常情况下,对建设项目的功能要求高、建筑标准高,则建设过程中的工程成本增加,但今后使用期内的运营费用会降低;反之,如果工程成本低,则运营费用会提高。这就在确定成本计划时产生了争执,于是,通常通过对项目全生命期作总经济性比较和费用优化来确定项目的成本计划。

3. 全过程的成本计划管理

项目不仅要在计划阶段进行周密的成本计划,而且要在实施过程中将成本计划和成本控制合为一体,不断根据新情况,如工程设计的变更、施工环境的变化等,随时调整和修改计划,预测项目施工结束时的成本状况及项目的经济效益,形成一个动态控制过程。

4. 成本计划的目标要与项目盈利的最大化相统一

盈利的最大化经常是从整个项目的角度分析的。如经过对项目的工期和成本的优化选择,得到一个最佳的工期,以降低成本,但是,如果通过加班加点适当压缩工期,使得项目提前竣工投产,使合同获得的奖金高于工程成本的增加额,这时,成本的最小化与盈利的最大化并不一致,但从项目的整体经济效益出发,提前完工是值得的。

5.4.2 工程项目成本计划过程与内容

在项目的策划及实施过程中,成本计划有若干个阶段,每个阶段都会产生成本计划。它们分别在项目目标设计、可行性研究、设计和计划、施工过程、最终结算中产生,形成一个不断修改、补充、调整、控制和反馈过程。成本计划工作与项目各阶段的其他管理工作融为一体,是一项专业性很强的技术工作。从总体看,成本计划通常经过了确定项目总成本目标,成本目标逐层分解,项目单元成本估算,再由下而上逐层汇总,并进行对比分析的过程。从阶段上看,在项目成本管理的不同阶段,有不同的参加者,成本计划都有各自的特点。

1. 在项目的目标设计时提出总投资目标

在工程项目的策划阶段,项目管理者根据项目总目标、总规模、项目解决实际问题的能力、项目使用要求等方面对工程项目进行定义,形成项目目标系统。可行性研究对总投资目标进行进一步分析论证。项目被批准立项后,则该项目的计划总成本确定。这个成本将对项目的功能、规模、使用性能、标准等起决定性的影响;或者说,根据工程项目的自身特性(工业建筑、民用建筑、公路工程、桥梁工程、地铁工程、石油化工工程等)、项目的使用要求、项目的规模、项目的技术水平、设计规范等所确定的项目技术系统设计目标,对各个专业技术子系统进行成本估算,并汇总形成项目技术系统成本,同时分别估算设计和计划的成本,包括土地使用费、准备工作成本、招标成本、设备采购招标等相关费用,最后将各项费用汇总而成工程项目总成本计划。这一阶段的工作主要由业主负责。业主可自行组织项目部负责,也可委托咨询公司、设计单位完成。

由于仅仅是投资估算,设计尚未开始,不可能有准确的成本计划。所以,投资估算的精确度在项目建议书阶段在±30%以内,初步可行性研究阶段在±20%以内,详细可行性研究阶段在±10%以内,估算精确度的提高在于工程项目技术系统的进一步确定。

2. 设计阶段的成本计划

有了投资估算基准,设计部门可依此进行限额设计。设计部门按照批准的设计任务书及投资估算控制初步设计,按照批准初步设计总概算控制施工图设计,同时各专业在保证达到使用功能的前提下,按照其专业技术在系统的投资限额控制设计。

(1) 当初步设计或扩大初步设计完成后,工程项目进一步确定。这时,各单位工程及分部工程设计的范围初步确定,可比较可靠地进行估算。工程初步设计阶段的成本计划就可形成。将这些估算值通过汇总形成各专业技术子系统的估算,并与其限额相比较。当其小于要求时,工程项目的设计规模、设计标准、工程数量就可确定下来,并进一步作施工图设计。

(2) 在施工图设计阶段,人们对地质报告、设备、材料的供应、协作条件、物资采购供应价格等得到相对确认,使得施工图设计深度加深,各单位工程的分部分项工作量可精确描述，相应地制订详细的实施计划，工程项目结构分解可在其工作包级中对工作包的成本进行比较精确的计算。这样就形成了施工图设计阶段的成本计划。

在此阶段，由于不能确定具体的实施方案，工程估算一般按常规做法进行，所以，施工图设计阶段成本计划与承包商的施工成本计划可能有比较明显的差别。

设计阶段的成本计划是由设计单位通过限额设计作出的，它要求不能突破投资估算所允许的范围，这是业主赋予设计单位的责任。目前，我国业主一般聘请造价事务所根据施工图预算做标底，一旦施工图设计阶段的成本计划得到确认，则工程项目的成本计划就相对固定下来。

3. 招标阶段的成本计划

业主一般通过招标选择承包商，承包商根据招标文件和对施工环境的调查了解编制投标报价。由于承包商的管理水平和技术水平的差异，以及招投标市场手段的调节，承包商的投标策略的不同，各承包商的报价一般有比较明显的差额。经过资格审查后，业主往往选择报价较低的承包商，并签订工程承包合同。

业主同样采用招标投标方法选择材料、设备供应商，并签订供货合同。合同签订后，承包商及供应商的报价就成为合同价。这就形成了工程项目施工阶段的计划成本。事实上，业主是按施工项目的时间进度来分部支付合同价款的，同时，不同的项目实施进度，其成本计划不同，所以成本计划必然与项目进度计划相关。

4. 投标阶段的成本估算

投标报价是施工企业采取投标方式承揽施工项目时，以发包人招标文件中的合同条件、技术规范、设计图纸与工程量表、工程的性质和范围、价格条件说明和投标须知等为基础，结合调研和现场考察所得的情况，根据企业自己的定额、市场价格信息和有关规定，计算和确定承包该项工程的投标报价。

施工投标报价的基础是成本估算。企业首先应依据反映本企业技术水平和管理水平的企业定额，计算确定完成拟投标工程所需支出的全部生产费用，即估算该施工项目施工生产的直接成本和间接成本，包括人工费、材料费、机械使用费、其他直接费、现场管理费用等。施工项目成本估算的步骤：

(1) 熟悉和研究招标文件

搜集、熟悉各种资料、工程技术文件，包括招标文件、施工图纸、市场价格信息等。

(2) 进行施工技术和组织方案策划

要根据拟投标项目，对项目的施工组织进行策划，拟定管理组织结构形式、管理工作流程；对项目的施工流程、施工顺序、施工方法进行策划，确定施工方案。

(3) 确定施工项目分解结构

对整个施工项目按子项或分部分项进行施工任务分解。

(4) 计算工程量，编制投标书报价表

根据项目施工图纸，有关技术资料和工程量规则进行工程量的计算，准确估算项目施工成本。

5. 施工阶段的成本计划

(1) 项目经理部的责任目标成本的确定

每个施工项目，在实施项目管理之前，首先由企业与项目经理协商，将合同预算的全部造价收入，分为现场施工费用（制造成本）和企业管理费用两部分。其中，以现场施工费用核定的总额，作为项目成本核算的界定范围和确定项目经理部责任成本目标的依据。将正常情况下的制造成本确定为项目经理的可控成本，形成项目经理的责任目标成本，如图5-5所示。

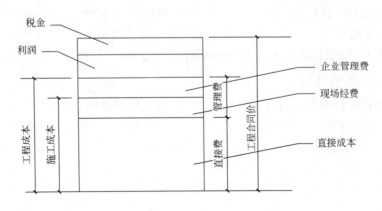

图5-5 工程项目责任目标成本构成

由于按制造成本法计算出来的施工项目成本，实际上是项目的施工现场成本，反映了项目经理部的成本管理水平，这样，用制造成本法既便于对项目经理部成本管理责任的考核，也为项目经理部节约开支、降低消耗提供可靠的基础。

责任目标成本是企业对项目经理部提出的指令成本目标，是以施工图预算为依据，也是对项目经理部进行施工项目管理规划、优化施工方案、制定降低成本的对策和管理措施提出的要求。

责任目标成本确定的过程和方法如下：

①在投标报价时所编制的工程估价单中，各项单价由企业内部价格构成，形成直接费中的材料费、人工费的目标成本。

②以施工组织设计为依据，确定机械台班和周转设备材料的使用量。

③其他直接费中的各子项目均按具体情况或内部价格确定。

④现场施工管理费也按各子项目视项目的具体情况确定。

⑤投标中压价让利的部分，原则上由企业统一承担，不列入施工项目责任目标成本。

确定以上各项成本、用量的过程中，应在仔细研究投标报价的各项目清单和估价的基础上，由企业职能部门主持，公司经理、副经理、总工程师、总会计师、项目经理等参加，会同有关部门（一般组成合议组）共同分析研究确定，将测算过程及依据、测算结论以文件形式表现。由企业法定代表人或其授权人同项目经理协商并作出交底，写入"项目管理目标责任书"。

（2）项目经理部的计划目标成本的确定

项目经理部在接受企业法定代表人委托之后，应通过主持编制项目管理实施规划来寻求降低成本的途径，组织编制施工预算，确定项目的计划目标成本。

计划目标成本是项目或企业对未来时期产品成本所规定的奋斗目标。它比已经达到的实际成本要低，但又是经过努力可以达到的成本目标。目标成本管理是现代化企业经营管理的重要组成部分,是市场竞争的需要,是企业挖掘内部潜力、不断降低产品成本、提高企业整体工作质量的需要,是衡量企业实际成本节约或超支、考核企业在一定时期内成本管理水平高低的依据。

施工项目的成本管理实质上就是一种目标管理。项目管理的最终目标是低成本、高质量、短工期,而低成本是这三大目标的核心和基础。目标成本有很多形式,可能以计划成本、定额成本或标准成本作为目标成本,它随成本计划编制方法的不同而表现为不同的形式。一般地,施工项目的目标成本的计算公式为:

$$项目目标成本 = 预计结算收入 - 税金 - 项目目标利润 \quad (5-3)$$

$$目标成本降低额 = 项目预算成本 - 项目目标成本 \quad (5-4)$$

$$目标成本降低率 = \frac{目标成本降低额}{项目预算成本} \times 100\% \quad (5-5)$$

项目经理部根据企业下达的责任成本目标,在编制详细的施工项目管理规划中不断优化施工技术方案和合理配置生产要素的基础上,通过工料消耗分析和制定节约成本措施之后确定计划成本,也称现场目标成本。一般情况下,施工预算总额应控制在责任成本目标的范围内,并留有一定余地。在特殊情况下,若项目经理部经过反复挖潜,仍不能把施工预算总额控制在责任成本目标范围内时,则应与企业进一步协商修正责任成本目标或共同探索进一步降低成本的措施,以使施工预算建立在切实可行的基础上。

(3) 施工项目成本计划及编制程序

施工项目成本计划是项目成本计划的核心内容,是项目组织以施工定额和采取可行的技术措施为依托,预先确定的以货币表示的项目成本耗用的计划。

施工项目的成本计划的编制,是一项非常重要的工作,不应仅仅把它看作是几张计划表的编制,更重要的是选定技术上可行、经济上合理的最优降低成本方案。同时,通过成本计划把目标成本层层分解,落实到施工过程的每个环节,以调动全体职工的积极性,有效地进行成本控制。编制成本计划的程序,因项目的规模大小、管理要求不同而不同。大、中型项目一般采用分级编制的方式,即先由各部门提出部门成本计划,再由项目经理部汇总编制全项目的成本计划;小型项目一般采用集中编制方式,即由项目经理部先编制各部门成本计划,再汇总编制全项目的成本计划。无论采用哪种方式,其编制的基本程序如下:

①搜集和整理资料。广泛搜集资料并进行归纳整理是编制成本计划的必要步骤。所需搜集的资料也是编制成本计划的依据。这些资料主要包括:

a. 国家和上级部门有关编制成本计划的规定。

b. 项目经理部与企业签定的承包合同及企业下达的成本降低额、降低率和其他有关技术经济指标。

c. 设计文件。

d. 市场价格信息。

e. 项目管理实施规划。

f. 企业定额。

g. 同类项目的成本、定额、技术经济指标资料及增产节约的经验和有效措施。

此外,还应深入分析当前情况和未来的发展趋势,了解影响成本升降的各种有利和不利因素，研究如何克服不利因素和降低成本的具体措施，为编制成本计划提供丰富具体和可靠的成本资料。

②确定计划目标成本。项目经理部的财务部门在对资料整理分析的基础上，特别是在对基期成本计划完成情况进行分析的基础上，根据有关的设计、施工等计划，按照工程项目应投入的物资、材料、劳动力、机械、能源及各种设施等，结合计划期内各种因素的变化和准备采取的各种增产节约措施，进行反复测算、修订、平衡后，估算生产费用支出的总水平，进而提出全项目的成本计划控制指标，最终确定目标成本。

③计划目标成本的分解和责任落实。成本计划的编制过程中最重要的步骤是项目计划目标成本的分解。根据成本控制目标和要求的不同，计划目标成本的分解可以分为按成本组成分解、按子项分解和按时间分解的三种类型。

a. 按成本组成分解　工程项目的费用一般可分为建筑安装工程费用、设备工器具购置费用及其他费用。由于建筑工程和安装工程在性质上存在着较大差异，费用的计算方法和标准也不尽相同。因此，在实际操作中往往将建筑工程费用和安装工程费用分解开来。

b. 按子项分解的费用计划　大中型建设项目通常是由若干个单项工程构成的，每个单项工程又包含多个单位工程，每个单位工程又可分解为若干个分部分项工程。因此，首先要把项目总费用分解到单项工程和单位工程。

需要注意的是，按这种方法分解项目总费用，不能只分解建筑工程、安装工程和设备工器具购置费用，还应该分解项目的其他费用。但项目其他费用既有与单项或单位工程有关的内容，也有与整个建设项目有关的内容。因此，必须将项目的其他费用合理地分解到各个单项工程和单位工程。最常用的方法就是按单项工程的建筑安装工程费用和设备工器具购置费用之和的比例分摊。但其结果可能与实际支出的费用相差甚远。因此，实践中一般要对工程项目的其他费用的具体内容进行分析，将其中确实与各单项工程和单位工程有关的费用分离出来，按照一定比例分解到相应的工程内容上，其他与整个建设项目有关的费用则不分解到各单项工程和单位工程上。

c. 按时间进度分解的成本费用计划　工程项目的费用总是分阶段、分期支出的，资金应用是否合理与资金的时间安排有密切关系。为了编制成本费用计划，有必要将项目总费用按其使用时间进行分解。编制按时间进度的成本费用计划，通常可利用控制项目进度的网络图进一步扩充而得。即建立网络图时，一方面确定完成各项作业所需花费的时间，另一方面同时确定完成这一作业的合适的费用支出预算。

以上三种编制成本费用计划的方法并不是相互独立的，在实践中往往将这几种方法结合起来使用，从而达到扬长避短的作用。

分解的目的是为了落实成本控制责任，项目经理部应编制"目标成本控制措施表"，把目标成本及总的目标分解并落实到各个相关责任者身上。

④编制成本计划草案。对大中型项目，经项目经理部批准下达成本计划指标后，各职能部门应充分发动群众进行认真的讨论，在总结上期成本计划完成情况的基础上，结合本期计划指标，找出完成本期计划的有利和不利因素，提出挖掘潜力、克服不利因素的具体措施，以保证计划任务的完成。为了使指标真正落实，各部门应尽可能将指标分解落实下达到各班组及个人，使得目标成本的降低额和降低率得到充分讨论、反馈、再修订，使成本计划既能够切合实际，又成为群众共同奋斗的目标。

各职能部门亦应认真讨论项目经理部下达的费用控制指标,拟定具体实施的技术经济措施方案,编制各部门的费用预算。

⑤综合平衡,编制正式的成本计划。在各职能部门上报部门成本计划和费用预算后,项目经理部首先应结合各项技术经济措施,检查各计划和费用预算是否合理可行,并进行综合平衡,使各部门计划和费用预算之间相互协调、衔接;其次,要从全局出发,在保证企业下达的成本降低任务或本项目目标成本实际可行的情况下,以生产计划为中心,分析研究成本计划与生产计划、劳动工时计划、材料成本与物资供应计划、工资成本与工资基金计划、资金计划等相互协调平衡关系。经反复讨论多次综合平衡,最后确定的成本计划指标,即可作为编制成本计划的依据,成本计划表通常由成本计划任务表(表5-1)、技术组织措施表(表5-2)、降低成本计划表(表5-3)施工现场管理费计划表(表5-4)组成。

成本计划任务表 表5-1

工程名称	项目经理	编制日期	(单位:)
项 目	预算成本	计划成本	计划成本降低额	计划成本降低率
1. 直接成本				
人工费				
材料费				
机具使用费				
其他直接费				
2. 间接成本				
现场管理费				
税金				
合计				

技术组织措施表 表5-2

工程名称		项目经理		编制日期					(单位:)
措施项目	措施内容	涉及对象			降低成本来源		成本降低额				
		实物名称	单位	数量	预算收入	计划开支	人工费	材料费	机具使用费	其他直接费	合计

降价成本计划表 表5-3

工程名称		项目经理		编制	日期		(单位:)
分项工程名称	成本降价额						
	直接成本					间接成本	
	人工费	材料费	机具使用费	其他直接费	合计		

施工现场管理费计划表 表 5-4

| 工程名称 | | 项目经理 | | 编制 | | 日期 | | （单位： ） |

项　目	预算数	计划数	计划降价额	计划降价率
1. 管理人员工资				
2. 管理人员奖金				
3. 工资附加费				
4. 固定资产折旧、修理费				
5. 办公费				
6. 差旅费				
7. 差旅交通费				
8. 劳动保护费				
9. 取暖费				
10. 财产保险费				
11. 检验试验费				
12. 工程保修费				
13. 排污费				
14. 其他				
合计				

项目经理部编制的正式成本计划，上报企业有关部门后即可正式下达至各职能部门执行。上述项目计划的编制程序框图如图 5-6 所示。

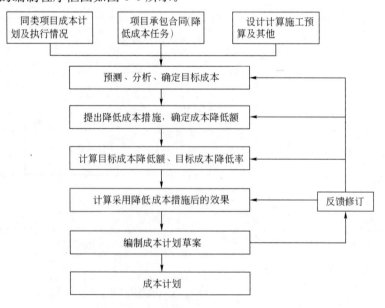

图 5-6　成本计划编制程序

5.4.3 施工项目成本计划的编制方法

施工项目成本计划工作主要是在项目经理负责下,在成本预测、决策基础上进行的。编制中的关键前提——确定目标成本,这是成本计划的核心,是成本管理所要达到的目的。成本目标通常以项目成本总降低额和降低率来定量地表示。项目成本目标的方向性、综合性和预测性,决定了必须选择科学的确定目标的方法。常用的施工项目成本计划的编制方法主要有:

1. 定额估算法

在概、预算编制力量较强、定额较完备的情况下,特别是施工预算与施工预算编制经验比较丰富的施工企业,工程项目的成本目标可由定额估算法产生。所谓施工图预算,它是以施工为依据,按照预算定额和规定的取费标准及图纸工程量计算出项目成本,反映为完成施工项目建筑安装任务所需的直接成本和间接成本。它是招标投标中计算标底的依据,评标的尺度,是控制项目成本支出、衡量成本节约或超支的标准,也是施工项目考核经营成果的基础。施工预算是施工单位(各项目经理部)根据施工定额编制的,作为施工单位内部经济核算的依据。

应用定额估算法编制施工项目成本计划按下列步骤进行:

(1) 根据已有投标、预算资料,求出中标合同价与施工图预算的总价格差,以及施工图预算与施工预算的总价格差。

(2) 对施工预算未能包括的项目,参照定额进行估算。

(3) 对实际成本与定额差距大的子项,按实际支出水平估算出实际与定额水平之差。

(4) 考虑价格因素、不可预见和工期制约等风险因素,进行测算调整。

(5) 综合计算项目的成本降低额和降低率。

2. 直接估算法

以施工图和施工方案为依据,以计划人工、机械、材料等消耗量和实际价格为基础,由项目经理部各职能部门(或人员)归纳计算各项计划成本,据此估算项目的实际成本,确定目标成本。直接估算法的具体步骤是:

(1) 将施工项目逐级分解为便于估算的小项,按小项自下而上估算

① 人工费的计划成本,由项目管理班子的劳资部门(人员)计算。

$$人工费的计划成本 = 计划用工量 \times 实际水平的工资率 \quad (5\text{-}6)$$

其中,计划用工量=Σ(某项工程量×工日定量),工日定额可根据实际水平,考虑先进性,适当提高定额。

② 材料费的计划成本,由项目管理班子的材料部门(人员)计算。

$$\begin{aligned}材料费的\\计划成本\end{aligned} = \Sigma(主要材料的计划用量 \times 实际价格) + \Sigma(装饰材料的计划用量 \times 实际价格) + \Sigma(周转材料的使用量 \times 日期 \times 租赁) + \Sigma(构配件的计划用量 \times 实际价格) + 工程用水的水费 \quad (5\text{-}7)$$

③ 机械使用费的计划成本,由项目管理班子的机管部门(人员)计算。

机械使用的计划成本＝∑（施工机械的计划台班数×规定的台班单价） (5-8)

或

机械使用的计划成本＝∑（施工机械计划使用台班数×机械租赁费＋机械施工
用电的电费） (5-9)

④其他直接费的计划成本，由项目管理班子的施工生产部门和材料部门（人员）共同计算。

计算的内容包括现场两次搬运费，临时设施摊销费，使用生产工具用具的费用，工程定位复测费，工程交点费，以及场地清理费等的费用测算。

⑤间接费用的计划成本，由施工项目经理部的财务成本人员计算。

一般根据施工项目管理部门的计划职工平均人数按历史成本的间接费用，以及压缩费用的措施人均支出数进行测算。

(2) 进行汇总，得到整个施工项目的估算数据

(3) 最后考虑风险和物价的影响，予以调整

项目实际成本＝单项工程成本之和×（1＋取费率）×（1＋价格风险系数） (5-10)

3. 计划成本法

施工项目成本计划中的计划成本的编制方法，通常有以下几种：

(1) 施工预算法

施工预算法是指主要以施工图中的工程实物量，套以施工工料消耗定额，计算工料消耗量，并进行工料汇总，然后统一以货币形式反映其施工生产耗费水平。以施工工料消耗定额计算施工生产耗费水平，基本是一个不变的常数。一个施工项目要实现较高的经济效益（即提高降低成本水平），就必须在这个常数基础上采取技术节约措施，以降低消耗定额的单位消耗量和降低价格等措施，来达到成本计划的目标成本水平。因此，采用施工预算法编制成本计划时，必须考虑结合技术节约措施计划，以进一步降低施工生产耗费水平，用公式来表示：

$$\begin{matrix} 计划成本 \\ （目标成本） \end{matrix} = \begin{matrix} 施工预算施工生产耗费水平 \\ （工料消耗费用） \end{matrix} - 计划节约额 \quad (5-11)$$

(2) 技术节约措施法

技术节约措施法是指以该施工项目计划采取的技术组织措施和节约措施所能取得的经济效果为施工项目成本降低额，然后求施工项目的计划成本的方法。

用公式表示为：

$$\begin{matrix} 施工项目 \\ 计划成本 \end{matrix} = \begin{matrix} 施工项目 \\ 预算成本 \end{matrix} - \begin{matrix} 技术节约措施计划节约额 \\ （降低成本额） \end{matrix} \quad (5-12)$$

(3) 成本习性法

成本习性法是固定成本和变动成本在编制成本计划中的应用，主要按照成本习性，将成本分成固定成本和变动成本两类，以此作为计划成本。具体划分可采用费用分解法。

①材料费。与产量有直接联系，属于变动成本。

②人工费。在计划工资形式下，生产工人工资属于固定成本。因为不管生产任务完成与

否，工资照发，与产量增减无直接联系。如果采用计件超额工资形式，其计件工资部分属于变动成本，奖金、效益工资和浮动工资部分，亦应计入变动成本。

③机械使用费。其中有些费用随产量增减而变动，如燃料、动力费，属变动成本；有些费用不随产量变动，如机械折旧费、大修理费、机修工、操作工的工资等，属于固定成本。此外还有机械的场外运输费和机械组装拆卸、替换配件、润滑擦拭等经常修理费，由于不直接用于生产，也不随产量增减成正比例变动，而是在生产能力得到充分利用、产量增长时，所分摊的费用少，在产量下降时，所分摊的费用大，所以，这部分费用为介于固定成本和变动成本之间的半变动成本，可按一定比例划归固定成本与变动成本。

④其他直接成本。水、电、风、汽等费用及现场发生的材料两次搬运费，多数与产量发生联系，属于变动成本。

⑤间接成本。其中大部分在一定产量范围内与产量的增减没有直接联系，如项目经理部的管理人员工资、工资附加费、办公费、差旅交通费、固定资产使用费、职工教育经费、上级管理费等，基本上属于固定成本；检验实验费、外单位管理费等与产量增减有直接联系，则属于变动成本范围。

在成本按习性划分为固定成本和变动成本后，可用下列公式计算：

$$\text{施工项目计划成本} = \text{施工项目变动成本总额}(VX) + \text{施工项目固定成本总额}(F) \tag{5-13}$$

4. 定率估算法

当项目过于庞大或复杂时，可采用定率估算法。此法先将工程项目分为少数几个子项，然后参照同类项目的历史数据，采用数学平均值法计算子项成本降低率，再算出子项成本降低额，汇总得出整个项目成本降低额、降低率。

5.4.4 工期—累计计划成本曲线（"S"形曲线）

1. 概述

在工程项目网络计划的基础上，将计划成本分解落实到工程项目结构分解的各个项目单元上，并将这一计划成本在相应的项目单元（工作任务）的持续时间上进行分配，这样可以获得工期—累计计划成本"曲线"。从整个工程项目进展全过程的特征看，一般在开始和结尾时，单位时间投入的资源、成本较少，中间阶段单位时间投入的资源量较多，与其相关单位时间投入的成本或完成任务量也呈同样趋势变化，因而，开始、中间和结束时曲线的斜率不相同，总是呈"S"形，故称"S"形曲线。它亦被人们称为该项目的成本模型。计划成本在项目单元持续时间上的分配必须作假设，可以作平均分配，或根据实际工程进展情况大致定出分配的比例。

项目的工期—累计计划成本曲线直观易懂，给工程管理人员，特别是给不谙熟工程项目管理的高层管理人员（业主、投资者）一个十分清晰的工程过程价值形式的概念和工程进度的概念。

利用"S"形曲线可以进行不同工期（进度）方案、不同技术方案的对比，工程项目实施中，按实际工程成本和实际工程进度还可以作出项目的实际成本模型，可以进行整个项目

"计划—实际"成本及进度的对比,这对把握整个工程进度、分析成本进度状况、预测成本趋向十分有利。通过"S"形曲线对工程项目进行成本与进度控制的方法又被称为"赢得值原理"。在实践中,标准"S"形曲线预测可能有 10%~20% 的误差,但这样比完全依靠个人猜测或判断来预测要好得多。

2. 绘制方法

(1) 在网络分析的基础上,确定项目名称,按各个工作任务的最早开始时间输出横道图,并确定相对应项目单元的工程量及工程计划成本(可按委托合同价、预算成本价等进行分解)。如某分部工程(地基与基础)工程量及计划成本如表 5-5 所示。

地基与基础工程量　　　　　　　　　　　表 5-5

序号	项目名称	单位	工程量	序号	项目名称	单位	工程量
1111	挖掘机挖土	m^3	2100	1141	基础砖墙	m^3	156.5
1121	砂石垫层	m^3	960	1112	机械夯填土	m^3	670
1122	混凝土垫层	m^3	340	1133	基础圈梁	m^3	32
1131	板式混凝土基础钢筋	t	31	1151	井点降水	套	50
1132	板式混凝土基础浇混凝土	m^3	186				

(2) 确定工程成本在相应的工作任务的持续时间内的分配比例(一般按平均分配),则可得各活动的计划成本强度,如表 5-6 所示。

计　划　成　本　强　度　　　　　　　　　表 5-6

施工过程	基坑挖土	垫层	绑扎钢筋	浇混凝土	砖基础	圈梁	回填土	井点降水	合计
工作时间(天)	6	8	12	12	12	2	2	38	38
计划成本(万元)	12	32	60	48	24	8	2	3.8	189.8
单位时间计划成本(万元/天)	2	4	5	4	2	4	1	0.1	4.99
累计	12	44	104	152	176	184	186	189.8	

(3) 按项目总工期将各期(如每周、每月)各活动的计划成本在时间—成本坐标中进行汇集,得各时间段成本强度,如表 5-6 所示。

(4) 作成本—工期图,这是一个直方图形,如图 5-7 所示。

(5) 计算各期期末的计划成本累计值,并在时间与成本坐标中——标出这些点,两点之间以直线段连接后连成一条连贯曲线。如图 5-7 所示。

上述步骤只是说明"S"形曲线的生成原理,事实上在计算机高度发达的今天,已没有必要采用描点描迹的方法绘制"S"形曲线,很多的项目管理软件都有自动生成"S"形曲线的功能(梦龙、广联达、Project 软件等)。

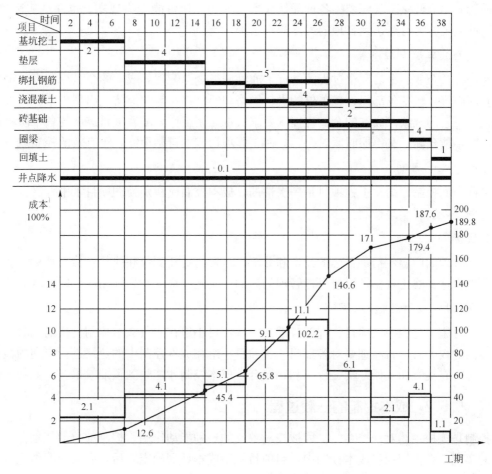

图 5-7 时间—成本曲线

5.5 工程项目成本控制

工程项目成本控制是工程项目成本管理的重要环节。项目成本控制目的在于控制项目预算的变化,为管理提供与成本有关的用于决策的信息。项目成本控制是根据工程项目的成本计划,对项目实施过程中所发生的各种费用支出,采取一系列的措施来进行严格的监督和控制,及时纠正偏差,总结经验,保证工程项目成本目标的实现。

5.5.1 工程项目成本控制的原则

在工程项目中,不管是业主还是承包商,成本控制的目的是降低项目成本,提高经济效益,一般应遵循以下基本原则:

1. 成本最低化原则

工程项目成本控制的根本目的,在于通过成本管理的各种手段,不断降低工程项目成本,以达到可能实现最低的目标成本的要求。掌握成本最低化原则应注意降低成本的可能性和合理的成本最低化。既要挖掘各种降低成本的能力，使可能变为现实，也要从实际出发，制定通过主观努力可能达到合理的最低成本水平。

2. 全面成本控制原则

这是指全企业、全员和全过程的管理，亦称"三全"管理。成本的全员控制有一个系统的实质性内容，包括各部门、各单位的责任网络和经济核算等，应防止出现成本控制人人有责或人人不管的现象。成本的全过程控制要求成本控制工作要随着项目进展的各个阶段连续进行，既不能疏漏，又不能时紧时松，应使工程项目成本自始至终置于有效的控制之下。

3. 动态控制原则

又称中间控制原则，工程项目是一次性的，成本控制应特别强调项目事中控制，及时发现成本偏差，实现动态控制。

4. 目标管理原则

目标管理的内容包括：目标的设定和分解，目标的责任到位和执行，检查目标的执行结果，评价目标和修正目标，形成目标管理的计划、实施、检查、处理循环，即 PDCA 循环。

5. 责、权、利相结合的原则

在项目施工过程中，项目经理部各部门、各项目小组在肩负成本控制责任的同时，享有成本控制的权力；项目经理要对各部门、各项目小组在成本控制中的业绩进行定期的检查和考评，实行有奖有罚。做好责、权、利相结合，成本控制才能收到预期效果。

5.5.2 成本控制的一般过程

控制是施控主体对受控客体（即被控对象）的一种能动作用，控制的目的就是保证预定目标的实现。在工程项目成本控制中，当项目施工成本计划确定之后，必须定期地进行施工成本计划值与实际值的比较，当实际值偏离计划值时，分析产生偏差的原因，采取适当的纠偏措施，以确保施工成本控制目标的实现，其步骤如下：

1. 比较

按照某种确定的方式将施工成本计划值与实际值逐项进行比较，以发现施工成本是否已超支。

2. 分析

在比较的基础上，对比较的结果进行分析，以确定偏差的严重性及偏差产生的原因。这一步骤是施工成本控制工作的核心，主要目的在于找出产生偏差的原因，从而采取有针对性的措施，避免相同问题再次发生或减少由此造成的损失。

3. 预测

根据项目实施情况，估算整个项目完成时的施工成本。预测的目的在于为决策提供支持。

4. 纠偏

项目实际施工成本出现了偏差，应当根据工程的具体情况、偏差分析和预测结果，采取适当的措施，以达到使施工成本偏差尽可能小的目的。纠偏是施工成本控制中最具实质性的一步。只有通过纠偏，才能达到有效控制施工成本的目的。

5. 检查

这是对工程的进展进行跟踪和检查，及时了解工程进展状况，以及纠偏措施的执行情况和效果，为今后的工作积累经验。

成本控制过程如图 5-8 所示。

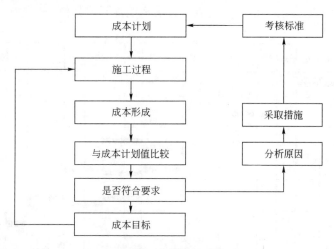

图 5-8 成本控制过程图

5.5.3 工程项目成本控制方法

工程项目成本控制是一个复杂的系统工程，它包括很多方法，如偏差控制法（横道图法、网络图法、挣值法）、成本分析表法及定额法等，在此系统阐述项目成本控制的几种主要方法。

1. 横道图法

横道图法是安排施工进度计划和组织流水作业施工的一种常用方法。长期以来，它只被用来为制订进度计划服务，事实上，横道图法完全可以用于对进度与成本进行控制。一般在横道图中用不同的横道标识表示工程计划成本、已完工计划成本和已完工实际成本，横道的长度与其金额成正比，并可在横道边用数字表示成本值。通过实际成本与计划成本、已完工计划成本与计划成本之间的比较，来发现成本与进度偏差，对成本形成过程进行控制。

（1）在当前进度下，实际成本与计划成本的差异叫成本偏差（Cost Deviation）

$$成本偏差 = 已完工程实际成本 - 已完工程计划成本 \tag{5-14}$$

式中：已完工程实际成本＝已完工程量×实际单位成本；

已完工程计划成本＝已完工程量×计划单位成本；

另外，工程计划成本＝计划工程量×计划单位成本。

施工成本偏差结果为正值，表示成本超支；结果为负值，表示成本节约。

（2）进度偏差对项目成本偏差是有重要影响的

例如，在某一阶段的施工成本超支，可能由于物价上涨导致，也可能是由于进度超前导致的。如果不考虑进度偏差，就不能正确反映施工成本偏差的实际情况。因此应引入进度偏差的概念：

$$进度偏差(1) = 已完工程计划时间 - 已完工程实际时间 \tag{5-15}$$

进度偏差也可表示为：

$$进度偏差(2) = 已完工程计划成本 - 工程计划成本 \tag{5-16}$$

进度偏差（1）用时间天数表示进度偏差，进度偏差（2）用货币金额表示进度偏差。进度偏差为正值，表示工期提前；结果为负值，表示工期拖延。如图 5-9 所示。

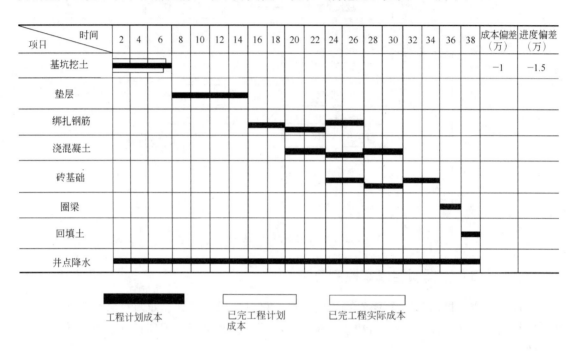

图 5-9 横道图法的成本控制

2. 网络图法

网络计划在施工进度的安排上具有较强的逻辑性，在破网后可随时进行优化和调整，因而对每道工序的成本控制也更为有效。

网络图的表示方法为：代号为工序施工起止的节点（系指双代号网络），箭杆表示工序施工的过程，箭杆的下方为工序的计划施工时间，箭杆上方"C"（Cost，代表成本）后面的数字为工序的计划成本；实际施工的时间和成本，则在箭杆附近的方格中按实填写。这样，就能从网络图中看到每道工序的计划进度与实际进度，计划成本与实际成本的对比情况，同时也可清楚地看出今后控制进度，控制成本的方向，如图 5-10 所示。

由图 5-10 可知，当计划进行到第四周后，工作①→③为关键工作，按期完成，成本也正好与计划成本相等；工作①→②为非关键工作，工期拖后一周，虽然不影响总工期，但按单位时间计算的成本却超过了计划值，其超支额为：

$$成本偏差 = \frac{30 \times 3}{6} - 20 = -5$$

结果为负值，应及时查明原因，如属异常，要及时采取措施予以纠正。

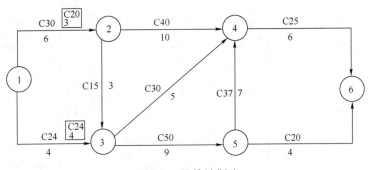

图 5-10 网络计划法

3. 挣值法

挣值法,是评价项目成本实际开销与进度情况的一种方法,它通过测量和计算计划工作量的预算成本、已完成工作量的实际成本和已完成工作量的预算成本得到有关计划实施的进度和费用偏差,从而可以衡量项目成本执行情况。

挣值法的核心思想是通过引入一个关键性的中间变量——挣值(已完成工作的预算成本,也称为赢得值),来帮助项目管理者分析项目成本、进度的实际执行情况同计划的偏差程度。运用挣值法要求计算每个活动的关键值。首先,要确定以下三个基本参数:

(1) 计划工作量的预算成本(Budgeted Cost for Work Scheduled,BCWS),即根据批准认可的进度计划和预算计算的截至某一时点应当完成的工作所需投入资金的累积值。可以把它理解为"计划投资额"。

(2) 已完成工作量的实际成本(Actual Cost for Work Performed,ACWP),即到某一时点已完成的工作所实际花费的总金额。可以把它理解为"实际的消耗投资额"。

(3) 已完成工作量的预算成本(Budgeted Cost for Work Performed,BCWP),是指项目实施过程中某阶段实际完成工作量按预算定额计算出来的成本,即挣值(Earned Value,EV),挣值反映了满足质量标准的项目实际进度。可以把它理解为"已实现的投资额",某分部工程挣值图如图 5-11 所示。

利用挣值法进行偏差分析,主要通过计算费用偏差、进度偏差、计划完工指数和成本绩效指数来实现其评价目的。

费用偏差(CV):
$$CV = BCWP - ACWP \tag{5-17}$$

进度偏差(SV):
$$SV = BCWP - BCWS \tag{5-18}$$

计划完工指数(SCI):
$$SCI = \frac{BCWP}{BCWS} \tag{5-19}$$

成本绩效指数(CPI):
$$CPI = \frac{ACWP}{BCWP} \tag{5-20}$$

当 CV 为负数时,表明项目成本处于超支状态,反之是项目成本处于节约状态。

当 SV 为负数时,表明项目实施落后于进度状态,反之是项目进度超前。

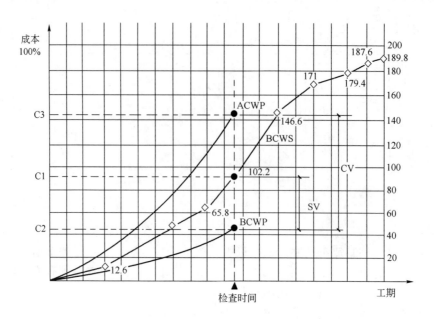

图 5-11 某分部工程挣值图

当 SCI 大于 1 时,表明项目实际完成的工作量超过计划工作量,反之项目实际完成的工作量少于计划工作量。

当 CPI 大于 1 时,表明项目实际成本超过计划成本,反之项目实际成本少于计划成本。

偏差分析技术不仅可以用来衡量项目的成本执行情况,而且可以用来衡量项目的进度。

[例 5-1] 某工程项目总成本为 312 万元,总工期为 150 天。现工程已进行了 60 天,按计划项目的计划成本发生额为 120 万元,已完成的工程计划成本额为 110 万元,实际成本发生额为 116 万元,要求回答以下问题:

(1) 费用偏差(CV)是多少?
(2) 进度偏差(SV)是多少?
(3) 进度执行指数(SPI)是多少?
(4) 成本执行指数(CPI)是多少?
(5) 对进度和成本执行情况进行分析。

[解] (1) BCWS=120 万元

BCWP=110 万元

ACWP=116 万元

SV=BCWP−BCWS=110−120=−10 万元

$$百分比进分 = \frac{已完成的进完}{总工期} \times 100\% = \frac{60}{150} \times 100\% = 40\%$$

$$工程完成程度 = \frac{已完成计划成本}{总计划成本} \times 100\% = \frac{120}{312} \times 100\% = 38\%$$

(2) CV=BCWP−ACWP=110−116=−6 万元

(3) $SPI = \frac{BCWP}{BCWS} = \frac{110}{120} = 0.92 < 1$

(4) $CPI = \dfrac{BCWP}{ACWP} = \dfrac{110}{116} = 0.95 < 1$

(5) 从 CV 和 SV 可发现，本项目成本处于超支状态，项目实施落后于计划进度。从 CPI 和 SPI 可发现，这两个指标比例都小于 1，说明该项目目前处于不利状态；完成该项目的成本效率和进度效率分别为 95% 和 92%，即该项目投入了 1 元钱仅获得 0.95 元的收益，如果说现在应完成项目的全部工程量（100%），但目前只完成了 92%，所以必须要分析这其中存在原因，并采取相应的措施。成本超支的可能因素有很多，如合同变更、成本计划编制数据不准确、不可抗事件发生、返工事件发生和管理实施不当等。发现成本已经超支时，期望不采取措施成本就能自然降下来是不可能的；而且，要消除已经超支的成本则需以牺牲项目某些方面的绩效为代价。通常用来降低成本的相应措施有重新选择供应商、改变实施过程、加强施工成本管理等。

从上例还可以看出：无论是 CPI 指标还是 CV 指标，它们对于同一个项目在同一时点的评价结果是一致的，只是表示的方式不同而已。CPI 指标反映的是相对量，CV 指标反映的是绝对量，同时使用这两个指标能够较为全面地评价项目当前的成本绩效状况。

必须指出，偏差对工程项目的影响，有时是不利的有时是有利的，即存在着有利的偏差和不利的偏差两种情况，如图 5-12、图 5-13 所示。

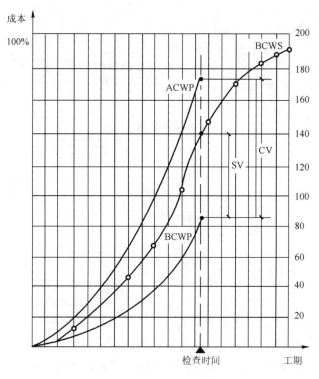

图 5-12　不利的偏差

4. 成本分析表法

成本分析表法是进行项目成本控制的主要方法之一。它将项目编号、名称、各成本参数等都综合归纳到一张表格中，并直接在表格中进行计算和比较。各偏差参数都在表格中明确列出，成本管理者能够综合地了解并处理这些数据。成本分析表一般包括成本日报、周报、

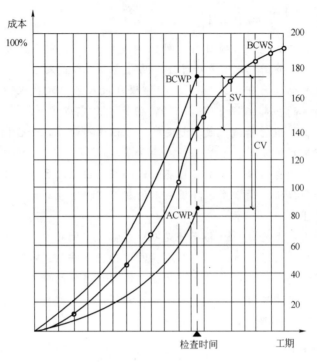

图 5-13 有利的偏差

月报表、分析表和成本预测报告等。这种方法是目前在进行项目成本控制时经常采用的方法，它要求准确、及时且简单明了，分析表的填制可以每日、每周或每月一次，依实际需要而定。常见的成本分析表如表 5-7 所示。

成本偏差分析表　　　　　　　　　表 5-7

编号	工程部位	工程量		预算成本		计划成本		实际成本		实际偏差		目标偏差	
		计划	实际	本期	累计	本期	累计	本期	累计	本期	累计	本期	累计
(1)	(2)	(3)	(4)	(5)	(6)	(7)	(8)	(9)	(10)	(11)=(5)−(9)	(12)=(6)−(10)	(13)=(6)−(9)	(14)=(8)−(10)

5. 定额法

在工程施工过程中，施工单位以施工预算定额和费用开支标准控制实际成本，以达到降低成本的目的。在采用定额成本控制时，要将工程的直接费按施工定额落实到施工任务单上，以施工任务单控制生产费用的实际支出。工程直接费用定额控制的重点是材料成本控制和人工费成本控制，项目经理部要以材料消耗定额为依据，执行限额领料制度，执行限额领料制度要填写限额领料单，由计划人员根据月度工程计划和消耗定额，按照每种材料及用途核定当月的领料限额，填制限额领料单，该单一式二份，分别交施工用料的工段和发料仓库，当工段接受任务时，持施工任务单和限额领料单到仓库领用材料。对人工费的控制，要由劳资人员对各类生产人员进行定员定额，要认真执行劳动定额，提高劳动效率；严格控制单位工程总用工数及工资支出，保证人工费控制在成本指标之内。对人工费的控制还可执行预算人工费包干的办法。工程施工中的间接费用，特别是固定费用，要按费用开支范围和开支标准编制费用开支计划，分级分口包干使用，把间接费用控制在目标成本之内。

5.5.4 工程项目成本控制措施

1. 组织措施

组织是项目管理的载体，是目标控制的依托，是控制力的源泉。因此，在项目上，要从组织项目部人员和协作部门上入手，设置一个强有力的工程项目部和协作网络，保证工程项目的各项管理措施得以顺利实施。

（1）项目经理是企业法人在项目上的全权代表，是项目成本管理的第一责任人

项目经理全面组织项目部的成本管理工作，不仅要管好人、财、物，而且要管好工程的协调和工程的进度，保证工程项目的质量，取得一定的社会效益，同时，更重要的是要抓好工程成本的控制，创造较好的经济效益。因此，选择经验丰富、能力强的项目经理，及时掌握和分析项目的盈亏状况，并迅速采取有效的管理措施是做好成本管理的第一步。

（2）技术部门是整个工程项目施工技术和施工进度的负责部门

使用专业知识丰富、责任心强、有一定施工经验的工程师作为工程项目的技术负责人，可以确保技术部门在保证质量、按期完成任务的前提下，尽可能地采用先进的施工技术和施工方案，以求提高工程施工的效率，最大限度地降低工程成本。

（3）经营部门主管合同实施和合同管理工作

配置外向型的工程师或懂技术的人员负责工程进度款的申报和催款工作，处理施工赔偿问题，加强合同预算管理，增加工程项目的合同外收入。经营部门的有效运作可以保证工程项目的增收节支。

（4）财务部门主管工程项目的财务工作

财务部门应随时分析项目的财务收支情况，及时为项目经理提供项目部的资金状况，合理调度资金，减少资金使用费和其他不必要的费用支出。

项目部的其他部门和班组也要相应地精心设置和组织，力求工程施工中的每个环节和部门都能为项目管理的实施提供保证，为增收节支尽责尽职。

2. 技术措施

工程项目成本管理的最终目的是提供高质量、低成本的建筑产品。采取先进的技术措施，走技术与经济相结合的道路，确定科学合理的施工方案和工艺技术，以技术优势来取得经济效益是降低项目成本的关键。

（1）制定先进合理的施工方案和施工工艺，合理布置施工现场，不断提高工程施工工业化、现代化水平，以达到缩短工期、提高质量、降低成本的目的。

（2）在施工过程中努力寻找、运用和推广各种降低消耗、提高工效的新工艺、新技术、新材料、新产品、新机器和其他能降低成本的技术革新措施，来提高经济效果。

（3）加强施工过程中的技术质量检验制度和力度，严把质量关，提高工程质量，杜绝返工现象和损失，减少浪费。

3. 经济措施

按经济用途分析，工程项目成本的构成包括直接成本和间接成本。其中，直接成本是构成

工程项目实体的费用,包括材料费、人工费、机械使用费和其他直接费;间接成本是企业为组织和管理工程项目而分摊到该项目上的经营管理性费用。成本管理的经济措施就是以围绕这些费用的支出入手,最大限度地降低这些费用的消耗。

(1) 控制人工费

控制人工费的根本途径是提高劳动生产率,改善劳动组织结构,减少窝工浪费;实行合理的奖惩制度和激励办法,提高员工的劳动积极性和工作效率;加强劳动纪律,加强技术教育和培训工作;压缩非生产用工和辅助用工,严格控制非生产人员比例。

(2) 控制材料费

材料费用占工程成本的比例很大,因此降低成本的潜力最大。要降低材料费用,首先应抓住关键性的 A 类材料,它们虽然品种少,但所占费用比重大,故抓住 A 类材料费用就抓住了重点,而且易于见到成效。降低材料费用的主要措施是做好材料采购的计划,减少各个环节的损耗;严格材料进场验收和限额领料控制制度,减少浪费;建立结构材料消耗台账,时时监控材料的使用和消耗情况,制定并贯彻节约材料的各种相应措施,合理使用材料,注意工地余料的回收和再利用。

(3) 控制机械使用费

机械使用费在整个工程项目的成本费用中所占的比例不大,在控制机械使用费方面,最主要的是要自己加强机械设备的使用和管理力度,正确选配和合理利用机械设备,提高机械使用率和机械效率。要提高机械效率必须提高机械设备的完好率和利用率。

(4) 控制间接费及其他直接费

间接费是项目管理人员和企业的其他职能部门为该工程项目所发生的全部费用。这一项费用的控制主要应通过精简管理机构,合理确定管理幅度与管理层次,业务管理部门的费用实行节约承包来落实,同时对涉及管理部门的多个项目实行清晰分账,落实谁受益,谁负担的原则。其他直接费的控制应本着合理计划、节约为主的原则进行。

5.6 工程项目成本核算

工程项目成本核算在工程项目管理中的重要性体现在两个方面:一方面,它是工程项目进行成本预测、制订成本计划和实行成本控制所需信息的重要来源;另一方面,它又是工程项目进行成本分析和成本考核的基本依据。成本预测是成本计划的基础;成本计划是成本预测的结果,也是所确定的成本目标的具体化。成本控制是对成本计划实施的责任者自我约束和管理者进行监督的过程,以保证成本目标的实现;而成本核算则是对成本目标是否实现的最后检验。

5.6.1 工程项目成本核算的对象

成本核算对象,是指在计算工程成本中,确定归集和分配生产费用的具体对象,即生产费用承担的客体。成本核算对象的确定,是设立工程成本明细分类账户,归集和分配生产费用及正确计算工程成本的前提。

单位工程是编制工程预算,制订工程项目工程成本计划和与建设单位结算工程价款的计算单位。按照分批（定单）法原则，施工项目成本一般应以每一独立编制施工图预算的单位工程为成本核算对象，但也可以按照承包工程项目的规模、工期、结构类型、施工组织和施工现场等情况，结合成本管理要求，灵活划分成本核算对象。一般来说有以下几种划分方法：

（1）一个单位工程由几个施工单位共同施工时，各施工单位都应以同一单位工程为成本核算对象，各自核算自行完成的部分。

（2）规模大、工期长的单位工程，可以将工程划分为若干部位，以分部位的工程作为成本核算对象。

（3）同一建设项目，又由同一施工单位施工，并在同一施工地点，属同一结构类型，开竣工时间相近的若干单位工程，可以合并作为一个成本核算对象。

（4）改建、扩建的零星工程，可以将开竣工时间相接近，属于同一建设项目的各个单位工程合并作为一个成本核算对象。

（5）土石方工程、打桩工程，可以根据实际情况和管理需要，以一个单项工程为成本核算对象，或将同一施工地点的若干个工程量较少的单项工程合并，作为一个成本核算对象。

5.6.2 工程项目成本核算的层次

对业主与承包商来说，工程项目成本核算的成本分项是不同的，对施工企业来说，成本核算一般分为两类三个层次，如图 5-14 所示。

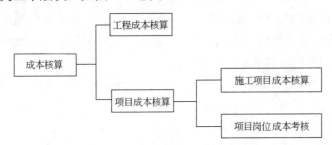

图 5-14 工程项目成本核算与施工项目核算

第一类第一个层次是工程成本核算，属于法人层次的核算。主要反映企业各个项目及总的收入、支出及盈亏情况，它的特征是周期长，基本与工程施工经营周期和企业经营期限一致，由于国家要求严、规范细，如会计准则、会计制度等，因此企业自身变动余地较小。

第二类是施工项目成本核算，属于施工企业内部管理需要的内部成本核算。具体到某一项目，则称为某工程项目的施工成本核算。它分为两个层次，即第二层次和第三层次。

第二层次是施工项目成本核算，是指工程项目在施工过程中发生的收支核算和考核。它主要解决企业内部核算和控制问题，明确企业与项目之间的经济责任。它的特征是时间较短，一般等同于一个工程项目的施工周期。通过企业内部责任合同和核算，体现项目代行企业的部分职能、责任和风险。因属于内部核算，国家和主管部门未做明细要求，因而核算方法和方式较多。

第三层次是项目岗位成本责任考核，是将项目的管理风险和经济责任通过项目内部合同所确立的成本责任和考核方法，实现风险和责任的分解，形成群体压力和群体共同分类承担责任的行为。后者是对前者的细化和具体落实，两者不可分割。

5.6.3 工程项目成本核算的任务内容及工作流程

1. 工程项目成本核算的任务

项目成本核算应完成以下基本任务：

（1）执行国家有关成本开支范围、费用开支标准、工程预算定额、企业施工预算和成本计划的有关规定，控制费用，促使项目合理，节约使用人力、物力和财力。这是施工项目成本核算的前提和首要任务。

（2）正确、及时地核算施工过程中发生的各项费用，计算施工项目的实际成本。这是项目成本核算的主体和中心任务。

（3）反映和监督施工项目成本计划的完成情况，为项目成本预测，为参与项目施工生产、技术和经营决策提供可靠的成本报告和有关资料，促使项目改善经营管理，降低成本，提高经济效益。这是施工项目成本核算的根本目的。

2. 工程项目成本核算的内容及工作流程

项目经理部在承建工程项目，并收到设计图纸以后，一方面要进行现场"三通一平"等施工前期准备工作；另一方面，还要组织力量分头编制施工图预算、施工组织设计，降低成本计划和控制措施，最后将实际成本与预算成本、计划成本对比考核。

（1）项目开工后记录各分项工程中消耗的人工费（内包人工费、外包人工费）、材料费（工程耗用的材料，根据限额领料单、退料单、报损报耗单、大堆材料耗用计算单等，由项目料具员按单位工程编制"材料耗用汇总表"，据以计入项目成本）、周转材料费、机械台班及费用的数量等，这是成本控制的基础工作。

（2）本期内工程完成状况的量度。在这里已完工程的量度比较简单，困难的是跨期的分项工程，即已开始但尚未结束的分项工程。由于实际工程进度是作为成本花费所获得的已完产品，其量度的准确性直接关系到成本核算、成本分析和趋势预测（剩余成本估算）的准确性。在实际成本核算时，对已开始但未完成的工作包，其已完成成本及已完成程度的客观估算是困难的，人们可以按照工作包中工序的完成进度计算。

（3）工程工地管理费及总部管理费实际开支的汇总、核算和分摊。为了明确项目经理部的经济责任，分清成本费用的可控区域，正确合理地反映项目管理的经济效益，企业与项目在管理费用上分开核算。

（4）各分项工程及总工程的各个费用项目核算及盈亏核算，提出工程成本核算报表。

在上面的各项核算中，许多费用开支是经过分摊进入分项工程成本或工程总成本的，如周转材料、工地管理费和总部管理费等。

分摊是选择一定的经济指标，按比例核算的。例如，企业管理费按企业同期所有工程总成本（或人工费）分摊进入各个工程；工地管理费按本工程各分项工程直接费总成本分摊进入各个分项工程，有时周转材料和设备费用也必须采用分摊的方法核算。由于它是平均计算的，所以不能完全反映实际情况。其核算和经济指标的选取受人为的影响较大，常常会影响成本核算的准确性和成本评价的公正性。所以，对能直接核算到分项工程的费用应尽量采取直接核算的办法，尽可能减少分摊费用值及分摊范围。

5.6.4 项目成本核算的基础工作

1. 健全企业和项目两个层次的核算组织体制

项目管理和企业生产经营是相互联系的，但又有不同的责任目标，因此必须从核算组织体制上打好基础。为了科学有序地开展施工项目成本核算，分清责任，合理考核，应做好以下一些基础工作：

（1）建立健全的原始记录制度

原始记录是反映企业生产经营情况的第一手资料，其主要内容包括：材料物资方面，如收料单、领料单、材料盘点清单等；劳动工资方面，如水、电费及劳务支出等各种发票、账单等。如果原始记录不完整、不真实，就会影响成本核算。

（2）建立健全的财产物资的管理制度

如收发、领退、转移、保管保险（费）、清查、盘点、索赔等制度。

（3）制定先进合理的企业成本定额

企业成本定额是企业根据其职工素质在正常生产条件下对人力、物力、财力消耗的标准。定额应该是平均先进的、合理可行的，多数职工经过努力能达到的水平。定额过高和过低都不利于开展正常的成本控制和核算工作。

（4）建立企业内部结算体制

内部结算体制包括企业对项目的成本费用结算及项目内部成本核算的内容、范围、控制责任，结算依据、手续和程序。只有建立了完善可操作的内部结算体制，才能保证成本计划的切实落实，才能直观、及时、准确地反映项目成本管理的效益好坏。

（5）对成本核算人员进行培训

因为成本核算人员很多不是财会专业人员，而是兼职人员，有的是技术人员，缺乏财会专业知识。故对成本核算人员进行培训、传授成本核算知识是十分必要的。

2. 规范以项目核算为基点的企业成本会计账表

企业成本会计账表主要有工程施工账、施工间接费账、其他直接费账、项目工程成本表、在建工程成本明细表、竣工工程成本明细表、施工间接费表等。

3. 建立项目成本核算的辅助记录台账

施工项目成本是生产耗费的货币表现，而不是生产耗费的原始事务形态，项目应根据"必需、适用、简便"的原则，建立有关辅助记录台账。如产值构成台账、预算成本构成台账、增减账台账、人工耗用台账、材料耗用台账、结构件耗用台账、周转材料使用台账、机械使用台账、临时设施台账、技术组织措施执行情况台账、质量成本台账等。

5.6.5 项目成本的核算方法

1. 会计核算

会计核算是依靠会计方法为主要手段，通过设置账户、复式记账、填制和审核凭证、登记账簿、成本计算、财产清查和编制会计报表等一系列有组织有系统的方法，来记录企业的一切生产经营活动，然后据以提出用货币来反映的有关各种综合性经济指标的一些数据。资产、负债、所有者权益、营业收入、成本、利润等会计六要素指标，主要是通过会计来核算。会计记录具有连续性、系统性、综合性等特点,所以它是施工成本分析的重要依据。

2. 统计核算

统计核算是利用会计核算资料和业务核算资料,把企业生产经营活动客观现状的大量数据,按统计方法加以系统整理,表明其规律性。

统计核算的计量尺度比会计宽,可以用货币计算,也可以用实物或劳动量计量。它通过全面调查和抽样调查等特有的方法,不仅能提供绝对数指标,还能提供相对数和平均数指标,可以计算当前的实际水平,确定变动速度,可以预测发展的趋势。统计除了主要研究大量的经济现象以外,也很重视个别先进事例与典型事例的研究。

3. 业务核算

业务核算是各业务部门根据业务工作的需要而建立的核算制度,它包括原始记录和计算登记表,如单位工程及分部分项工程进度登记、质量登记、工效及定额计算登记、物资消耗定额记录、测试记录等。

业务核算的范围比会计、统计核算要广。会计和统计核算一般是对已经发生的经济活动进行核算,而业务核算,不但可以对已经发生的,还可以对尚未发生或正在发生的经济活动进行核算,看是否可以做,是否有经济效果。

项目成本核算通过以上"三算"的方法,获得项目成本的第一手资料,并将项目总成本和各个成本项目进行实际值与计划目标值的相互对比,用以观察分析成本升降情况,同时作为考核的依据。比较的方法如下:

(1) 通过实际成本与预算成本的对比,考核工程项目成本的降低水平。
(2) 通过实际成本与计划成本的对比,考核工程项目成本的管理水平。

5.7 工程项目的成本分析与考核

工程项目的成本分析,就是根据统计核算、业务核算和会计核算提供的资料,对项目成本的形成过程和影响成本升降的因素进行分析,以寻求进一步降低成本的途径,包括项目成本中的有利偏差的挖掘和不利偏差的纠正;另一方面,通过成本分析,可以账簿、报表反映的成本现象看清成本的实质,从而增强项目成本的透明度和可控性,为加强成本控制,实现项目成本目标创造条件。由此可见,施工项目成本分析与预测,也是降低成本,提高项目经济效益的重要手段之一。

5.7.1 成本分析的任务及内容

1. 成本分析的任务

企业进行成本分析的主要任务包括如下几个方面:

(1) 正确计算成本计划的执行结果,计算产生的差异

在进行成本分析时,首要的任务是要对成本计划的执行结果进行计算。在计算时,应先计算出实际成本资料,将其与计划指标进行对比,这是进行成本分析的基础。在计算时,要

收集实际成本资料、计划资料及其他有关的资料，按规定的方法进行计算，将各种差异通过一定的方式反映出来，以便于进行分析，如可采取编制"成本差异计算表"等形式。

(2) 找出产生差异的原因

实际成本与计划成本产生差异的原因很多，应根据具体情况，找出其中影响成本高低的主要因素。在一般情况下，影响成本计划结果的因素有客观因素、主观因素、技术因素、经济因素等。在进行分析时，应采用科学的分析方法，计算出各种不同的因素对成本升降的影响数额，并分析产生差异的具体原因。对于影响成本升降的每个因素，都应计算出具体的数据。根据数据变化的情况，找出成本核算升降的规律，从而提出进一步改进的措施。

(3) 正确对成本计划的执行情况进行评价

在计算成本差异及找出产生差异原因的基础上，应对成本计划的执行结果进行实事求是的评价。对于执行过程中的成绩，应总结出经验，在下一个成本计划执行时予以巩固，并对取得较好成绩的单位和个人予以奖励，以调动各单位和个人降低成本的积极性；同时，对于出现的问题，也应找出具体承担责任的单位和个人，并进行必要的处罚。在进行评价时应注意各种因素的影响，得出正确的结论，以免由于评价不准确而得出错误的结论。

(4) 提出进一步降低成本的措施和方案

成本事后分析的目的就是为了如何提出进一步降低成本的措施和方案。成本分析不是目的，目的是要降低成本。因此，应结合每个车间、部门的具体情况，找出产生差异的具体原因，提出切实可行的降低成本的措施方案，以提高企业的经济效益。

2. 成本分析的内容

成本分析是为企业生产经营服务的，成本分析的内容应与成本核算对象的划分同步。如果一个施工项目包括若干个单位工程，并以单位工程为成本核算对象，就应对单位工程进行成本分析。与此同时，还要在单位工程成本分析的基础上，进行施工项目的成本分析。一般项目成本工程师每月按成本费用项目进行承包成本分析，提出项目截至本月累计成本完成水平，并逐项分析各项费用本月盈亏情况，寻找原因，提供给项目经理作为参考。项目经理根据成本工程师提供的成本分析情况，定期或不定期地召开项目经济活动分析会，总结经验，吸取教训，为下月成本控制制定对策。企业亦可组织项目管理人员每季度召开企业经济活动分析会，协助项目分析成本升降原因，并制定对策。

成本分析的内容一般包括以下三个方面：

(1) 按项目施工的进展进行的成本分析

①分部分项工程成本分析。

②月（季）度成本分析。

③年度成本分析。

④竣工成本分析。

(2) 按成本项目进行的成本分析

①人工费分析。

②材料费分析。

③机械使用费分析。

④其他直接费分析。

⑤间接成本分析。

(3) 针对特定问题和与成本有关事项的分析
①施工索赔分析。
②成本盈亏异常分析。
③工期成本分析。
④资金成本分析。
⑤技术组织措施节约效果分析。
⑥其他有利因素和不利因素对成本影响的分析。

5.7.2 成本分析的方法

由于工程项目成本涉及的范围很广,需要分析的内容很多,应该在不同的情况下采取不同的分析方法。为了便于联系实际参考应用,按成本分析的基本方法、综合成本的分析方法、成本项目的分析方法和专项成本的分析方法,叙述如下:

1. 比较法

比较法又称指标对比分析法,是通过技术经济指标的对比,检查目标的完成情况,分析产生差异的原因,进而挖掘内部潜力的方法。这种方法具有通俗易懂、简单易行、便于掌握的特点,因而得到了广泛的应用,但在应用时必须注意各项技术经济指标的可比性。比较法的应用通常有下列形式:

(1) 将实际指标与目标指标对比

以此检查目标的完成情况,分析完成目标的积极因素和影响目标完成的原因,以便及时采取措施,保证成本目标的实现。在进行实际指标与目标指标对比时,还应注意目标本身的质量。如果目标本身出现质量问题,则应调整目标,重新正确评价实际工作的成绩,以免挫伤人的积极性。

(2) 本期实际指标与上期实际指标对比

通过这种对比,可以看出各项技术经济指标的动态情况,反映施工项目管理水平的提高程度。在一般情况下,一个技术经济指标只能代表施工项目管理的一个侧面,只有成本指标才是施工项目管理水平的综合反映,因此,成本指标的对比分析尤为重要,一定要真实可靠,而且要有深度。

(3) 与本行业平均水平、先进水平对比

通过这种对比,可以反映本项目的技术管理和经济管理水平与其他项目管理的平均水平和先进水平的差距,进而采取措施赶超先进水平。

以上三种对比可以在一张表上同时反映出来。

例如,某项目本年节约"三材"的目标为 100 万元,实际节约 120 万元;上年节约 95 万元;本企业先进水平节约 130 万元。根据上述资料编制分析表(表 5-8)。

实际指标与目标指标、上期指标、先进水平对比表(单位:万元) 表 5-8

指标	本年计划数	上年实际数	企业先进水平	本年实际数	差异数		
					与计划比	与上年比	与先进比
"三材"节约额	100	95	130	120	20	25	−10

2. 因素分析法

因素分析法又称连锁置换法或连环替代法。可用这种方法分析各种因素对成本形成的影响程度。在进行分析时，首先要假定众多因素中的一个因素发生了变化，而其他因素则不变，然后逐个替换，并分别比较其计算结果，以确定各个因素变化对成本的影响程度。因素分析法的计算步骤如下：

（1）确定分析对象（即所分析的技术经济指标），并计算出实际值与目标（或预算）值的差异。

（2）确定该指标是由哪几个因素组成，并按其相互关系进行排序。

（3）以目标（或预算）值为基础，将各因素的目标（或预算）值进行计算，作为分析替代的基数。

（4）将各个因素的实际值按照上面的排列顺序进行替换计算，并将替换后的实际值保留下来。

（5）将每次替换计算所得的结果与前一次的计算结果相比较，两者的差异即为该因素对成本的影响程度。

（6）各个因素的影响程度之和应与分析对象的总差异相等。

[例 5-2] 某工程浇筑一层结构商品混凝土，目标成本为 364000 元，实际成本 83760 元，比目标成本增加 19760 元。根据表 5-9 的资料，用"因素分析法"（连锁替代法）分析其成本增加的原因。

[解]（1）分析对象是浇筑一层结构商品混凝土的成本，实际成本与目标成本的差额为 19760 元。

（2）该指标是由产量、单价、损耗率三个因素组成的，其排序见表 5-9。

商品混凝土目标成本与实际成本对比表 表 5-9

项　　目	计　　划	实　　际	差　　额
产量（m³）	500	520	+20
单价（元）	700	720	+20
损耗率（%）	4	2.5	-1.5
成本（元）	36400	383760	+19760

（3）以目标数 364000（500×700×1.04）元为分析替代的基础。

（4）替换。

第一次替换　产量因素：以 520 元替代 500 元，得 529×700×1.04=378560 元

第二次替换　单价因素：以 720 元替代 700 元，并保留上次替换后的值，得 389376 元，即 520×720×1.04=389376 元

第三次替换　损耗率因素：以 1.025 替代 1.04，并保留上两次替换后的值，得 383760 元。

（5）计算差额。

第一次替换与目标数的差额=378560-364000=14560 元

第二次替换与第一次替换的差额=389376-378560=10816 元

第三次替换与第二次替换的差额=383760-389376=-5616 元

产量增加使成本增加了14560元，单价提高使成本增加了10816元，而损耗率下降使成本减少了5616元。

(6) 各因素的影响程度之和＝14560＋10816－5616＝19760元，与实际成本和目标成本的总差额相等。

为了使用方便，企业也可以通过运用因素分析表来求出各因素的变动对实际成本的影响程度，其具体形式见表5-10。

商品混凝土成本变动因素分析（单位：元）　　　　表5-10

顺　序	循环替换计算	差　异	因素分析
计划数	500×700×1.04＝36400		
第一次替换	520×700×1.04＝378560	14560	由于产量增加20m³，成本增加14560元
第二次替换	520×720×1.04＝389376	10816	由于单价提高质量20元，成本增加收入10816元
第三次替换	520×720×1.025＝383760	－5616	由于损耗率下降1.5%，成本减少5616元
合计	14560＋10816－5616＝19760	19760	

必须说明，在应用因素分析法时，各个因素的排列顺序应该固定不变。否则，就会得出不同的计算结果，也会产生不同的结论。

3. 差额计算法

差额计算法是因素分析法的一种简化形式，它是利用各个因素的目标值与实际值的差额来计算其对成本的影响程度。

[例5-3] 某施工项目某月的实际成本降低额比目标值提高了2.40万元（表5-11）。

降低成本计划与实际对比表　　　　表5-11

项　目	计　算	实　际	差　异
预算成本（万元）	300	320	＋20
成本降低率（%）	4	4.5	＋0.5
成本降低额（万元）	12	14.40	＋2.50

根据表5-11的资料，应用差额计算法分析预算成本和成本降低率对成本降低额的影响程度。

[解]（1）预算成本增加对成本降低额的影响程度：
$$(320-300)\times 4\%=0.80\text{万元}$$

（2）成本降低率提高对成本降低额的影响程度：
$$(4.5\%-4\%)\times 320=1.60\text{万元}$$

以上两项合计：　　　0.80＋1.60＝2.40万元

4. 比率法

比率法是用两个以上指标的比例进行分析的方法。它的基本特点是：先把对比分析的数值变成相对数，再观察其相互之间的关系。常用的比率法有以下几种：

(1) 相关比率

由于项目经济活动的各个方面是互相联系，互相依存，又互相影响的，因而将两个性质不同而又相关的指标加以对比，求出比率，并以此来考察经营成果的好坏。例如，产值和工资是两个不同的概念，但它们的关系又是投入与产出的关系，在一般情况下，都希望以最少的人工费支出完成最大的产值。因此，用产值工资率指标来考核人工费的支出水平就很能说明问题。

(2) 构成比率

通过构成比率，可以考察成本总量的构成情况及各成本项目占成本总量的比例，同时也可看出量、本、利的比例关系（即预算成本、实际成本和降低成本的比例关系），从而为寻求降低成本的途径指明方向（表5-12）。

成本构成比例分析表（单位：万元） 表5-12

成本项目	预算成本		实际成本		降低成本		
	金额	比重	金额	比重	金额	占本项百分比（%）	占总量百分比（%）
一、直接成本	1263.79	93.2	1200.31	92.38	63.48	5.02	4.68
1. 人工费	113.36	8.36	119.28	9.18	−5.92	−5.22	−0.44
2. 材料费	1006.56	74.23	939.67	72.32	66.89	6.65	4.93
3. 机械使用费	87.60	6.46	89.65	6.90	−2.05	−2.34	−0.15
4. 其他直接费	56.27	4.15	51.71	3.98	4.56	8.10	0.34
二、间接成本	92.21	6.80	99.01	7.62	−6.80	−7.37	−0.50
成本总量	1356.00	100.00	1299.32	100.00	56.68	−2.35	4.18
量、本、利比例（%）	100.00		95.82		4.18		

(3) 动态比率

动态比率就是将同类指标不同时期的数值进行对比，求出比率，用以分析该项指标的发展方向和发展速度。动态比率的计算通常采用基期指数（或稳定比指数）和环比指数两种方法（表5-13）。

指标动态比较表 表5-13

指标	第一季度	第二季度	第三季度	第四季度
降低成本（万元）		47.80	52.50	64.30
基期指数（一季度=100）（%）	45.60	104.82	115.13	141.01
环比指数（上一季度=100）（%）		104.82	109.83	122.48

5.7.3 施工项目成本考核

施工项目成本考核是指项目经理部在施工过程中和施工项目竣工时对工程预算成本、计划成本及有关指标的完成情况进行考核、评比。通过考核，使工程成本得到更加有效的控制，更好地完成成本降低任务。

施工项目成本考核的目的在于贯彻落实责、权、利相结合的原则，促进成本管理工作的健康发展,更好地完成施工项目的成本目标。在施工项目的成本管理中,项目经理和所属部门、施工队直到生产班组都有明确的成本管理责任,而且有定量的责任成本目标。通过定期和不定期的成本考核,既可对他们加强督促,又可调动他们对成本管理的积极性。

项目的成本考核可以分为两个层次:一是企业对项目经理的考核;二是项目经理对所属部门、施工队和班组的考核。通过层层考核,督促项目经理、责任部门和责任者更好地完成自己的责任成本,从而形成实现项目成本目标的层层保证体系。

1. 企业对项目经理考核的内容

(1) 项目成本目标和阶段成本目标的完成情况。
(2) 建立以项目经理为核心的成本管理责任制的落实情况。
(3) 成本计划的编制和落实情况。
(4) 对各部门、各施工队和班组责任成本的检查和考核情况。
(5) 在成本管理中贯彻责、权、利相结合原则的执行情况。

2. 项目经理对项目部各部门、施工队和班组考核的内容

(1) 对各部门的考核内容
①本部门、本岗位责任成本的完成情况。
②本部门、本岗位管理责任的执行情况。
(2) 对各施工队的考核内容
①对劳务合同规定的承包范围、承包内容的执行情况。
②劳务合同以外的补充收费情况。
③对班组施工任务单的管理情况,以及班组完成施工任务后的考核情况。
(3) 对生产班组的考核内容(平时由施工队考核)
以分部分项工程成本作为班组的责任成本,以施工任务单和限额领料单的结算资料为依据,与施工预算进行对比,考核班组责任成本的完成情况。

本章小结

本章介绍了成本的概念及工程项目成本管理的内容。根据工程项目实施过程中业主和承包商成本管理的任务和目标的不同,本章分别阐述了业主方的工程项目投资控制和施工方的施工项目成本管理。本章重点介绍成本管理的内容、过程和方法,主要包括:工程项目成本估算、成本计划、成本控制、成本核算、成本分析与考核等。通过本章的学习,重点掌握成本管理的基本概念和方法,"S"形曲线和挣值法是本章学习的难点。

工程案例:邮电通信大楼建设工程项目管理规划(续)

8. 项目费用计划与控制
(1) 项目费用计划

费用计划是指项目部根据项目所需各项资源的使用计划和项目的费用目标,对项目WBS所分解的每个工作单元的费用进行估计,并根据费用条目确定每个工作单元的费用预算及整个项目的费用预算。同时结合项目进度计划,作出项目的费用负荷图和累积图。通过这些直观的图表,可以明确在整个项目期间费用的需求状况,了解到时候需要什么资源,需要多少资源,以便提前做好安排。同时也对费用的支付情况预先有一个初步的预算安排,到什么时候需要多少费用,到哪个时间点为止,总共计划支付多少费用。项目部根据本项目的费用目标,结合进度、质量和当地环境等多种因素,运用类比估计法和自下而上估计法等方法,初步对项目费用进行估计。然后根据费用条目包括劳动力、原材料、机器设备和库存成本等,经过反复研究和详细测算,确定项目的预算费用,如表 5-14 所示。并结合项目的甘特图,绘制项目工期—累计计划成本曲线图,如图 5-15 所示。

邮电大厦项目预算费用 表 5-14

任 务 名 称	工日	工期(天)	资源名称	人力资源数目(人)	固定投入(万元)	人力费用(万元)	总费用(万元)
1100 工程设计							
1100 勘察	15 000	30	工程师	500	130	30	60
1120 方案设计	10 000	20	工程师	500	10	60	70
1130 初步设计	15 000	40	工程师	375	20	90	110
1140 施工图设计	15 000	120	工程师	125	20	90	110
1210 基础工程							
1211 土方	10 000	60	工人	167	80	20	100
1212 基础工程	50 000	60	工人	833	300	100	400
1220 主体工程							
1221 地下工程	50 000	60	工人	833	700	100	800
1222 裙房工程	100 000	120	工人	833	2 800	200	3 000
1223 主楼工程	150 000	180	工人	833	8 100	900	9 000
1230 安装工程							
1231 给排水工程安装	12 000	70	工人	171	140	60	200
1232 暖通工程安装	18 000	90	工人	200	700	90	790
1233 设备安装	15 000	80	工人	188	290	90	380
1234 电器安装	18 000	120	工人	150	700	90	590
1235 消防系统安装	18 000	60	工人	300	500	90	590
1240 装修工程							
1241 外装修	50 000	110	工人	455	600	100	700
1242 内装修	50 000	90	工人	556	900	100	1 000
1250 户外工程							
1251 停车场及道路附设	25 000	30	工人	833	250	50	300
1252 室外照明	10 000	30	工人	333	80	20	100
1253 绿化	10 000	15	工人	667	80	20	100
1260 竣工验收	20 000	30	管理人员	667	20	80	100
1300 项目管理	37 500		管理人员	7 500	50	150	200
小计	1 036 000			17 019	16 470	2 530	19 000
工程师(元/工时)		60					
管理人员(元/工时)		40					
工人(元/工时)		20					

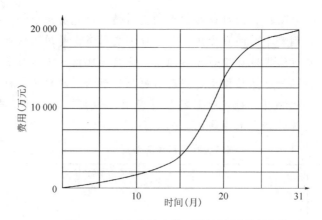

图 5-15　邮电大厦工期—累计计划成本曲线

（2）项费用控制措施

①建立必要的管理规章制度。计划成本要靠控制实际成本来实现，而实际成本的控制需各个部门层层把关，所以在编制费用控制计划的同时，必须制定必要的管理规章制度，以确保项目费用控制计划的实现。在执行中费用开支必须按计划执行，超支必须有审批手续，不得随意扩大支付范围。

本项目为实现费用控制的计划目标，在贯彻实施阶段建立了一些行之有效的管理制度，主要有以下几个方面：

a. 费用计划管理制度。

b. 采购专项报告制度。

c. 物资采购、回收管理办法。

d. 工资的支付办法。

e. 费用结算制度。

f. 费用报销审批制度。

g. 实物验收报销制度。

h. 出差的旅费报销及伙食标准。

i. 出国人员回国时国际旅途费用包干办法等。

②物资采购。在费用控制计划内确定消耗材料和工器具的采购计划。把需采购的物资划分为三个部分：第一部分能在国内采购到，且在质量上、工期上都能满足工程要求的，确定在国内采购。现场供应部提出物资品名、规格、数量，由专职人员负责这部分物资的采购和发运工作。第二部分是在当地采购的部分。这部分物资大多是量小、品种规格多、且随工程进度而变化，每月初由各专业主管工程师提出采购计划，各队平衡后交供应部在当地采购。批量多的大宗材料进行招标，买卖双方签订合同，出具保函，以保证我方不受损失；数量小的由采购人员经货比三家，择优选购。第三部分为国外采购。

复习思考题

一、思考题

1. 试对比说明建设项目的特点对于建设项目投资的影响。

2. 建设项目投资控制应遵循哪些原则？其中你体会最深的是什么？
3. 建设项目投资控制在项目建设各阶段分别有哪些内容？
4. 编制施工资金使用计划的目的是什么？
5. 设计阶段投资控制的要点有哪些？
6. 为什么说成本控制是投资控制基础？
7. 项目成本控制包括成本预测、计划、核算、分析、整理成本资料与编制成本报告，这是一个系统过程。你认为，其中哪一个程序对于施工项目成本控制最关键的？为什么？
8. 作为一个有良好成本观念的管理人员，要想创造较多的经济效益，有哪些方面的机会和要点需要很好的去把握？
9. 简述承包商的工程项目成本工作过程。
10. 在新项目的计划过程中人们常用过去工程的实际资料作为参照。在这里应注意什么问题？
11. 建设项目全生命期成本包含哪些内容？
12. 什么是项目的成本模型？如何绘制？
13. 解释成本计划中的"生产能力估算法"，并说明确定因子应考虑的因素。
14. 简述项目支付计划和成本计划的联系和区别？
15. 简述影响计划成本精确度的因素。
16. 简述项目收款计划和成本计划的联系和区别。
17. 简述环境对计划成本的影响。
18. 选择项目融资方案时应考虑哪些问题？
19. 承包商作资金计划的目的是什么？
20. 讨论：承包商如何才能减少自有资金的投放量？

二、计算题

某项目由 A、B、C、D、E、F、G 七个主要工作构成，项目的计划甘特图如下图所示。该项目目前执行到了第 5 周末，各项工作在其工期内的计划成本、实际成本和计划工作量完

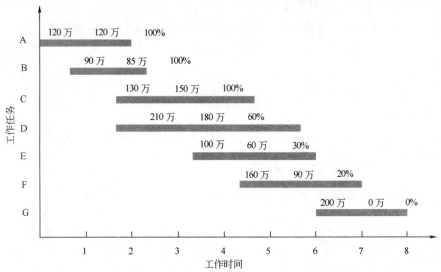

成情况如下图所示。图中横轴表示工作时间,纵轴表示工作任务,每个横道上方的数字依次表示左侧对应工作任务的计划成本、实际成本和计划工作量完成百分比。

(1) 根据案例图提供的信息,计算出截至第5周末,该项目的BCWS、BCWP和ACWP参数(未100%完成的任务按50/50规则计算,BCWS=计划成本/2),将结果直接填写在下表中:

工作名称	状态	ACWP(万元)	BCWP(万元)	BCWS(万元)
A	完成			
B	完成			
C	完成			
D	开始			
E	开始			
F	开始			
G	未开始			
总计	—			

(2) 计算第5周末的赢得值评估指标,说明结果的实际含义。

(3) 如果预计完成剩余的工作,仍然会延续目前(第5周末)的偏差情况,完成整个项目实际需要投入多少资金?并写出计算过程。

本章参考文献

[1] 陈飞. 工程项目管理[M]. 成都:成都科技大学出版社,1993.
[2] 陈灿华,卢守. 工程项目管理与建设法规[M]. 长沙:湖南大学出版社,1998.
[3] 陈光健. 中国建设项目管理实用大全[M]. 北京:经济管理出版社,1993.
[4] 陈永强. 项目采购管理[M]. 北京:机械工业出版社,2002.
[5] 成虎. 工程项目管理[M]. 2版. 北京:中国建筑工业出版社,2001.
[6] 丛培经. 实用工程项目管理手册[M]. 北京:中国建筑工业出版社,1999.
[7] 杜嘉伟,郑煜,梁兴国. 哈佛模式——项目管理[M]. 北京:人民出版社,2001.
[8] [英]菲尔德(Field. M). 项目管理[M]. 严勇,等译. 大连:东北财经大学出版社,2000.

第6章 工程项目质量管理

本章导读

1. 工程项目质量管理概念、特性，质量概念与质量特性、全面质量管理、ISO 9000 标准。
2. 工程项目质量管理体系的建立和运行。
3. 工程项目质量策划。
4. 影响质量因素的控制、工程项目质量控制方式、质量控制点、现场施工质量控制的基本环节。
5. 建设工程项目质量验收的规定与划分、工程项目的竣工验收。

6.1 工程项目质量管理概述

6.1.1 质量与质量特征

1. 质量的定义

质量是产品或服务基于自身能力满足明确或隐含需要的特性总和。"需要"一般可转化成有指标的特征和特性，它包括可用性、安全性、可获得性、可靠性、可维修性、经济性和环境等几个方面。并且"需要"会随时间、地域、使用对象、社会环境的变化而变化。

工程项目质量就是工程项目作为过程的一组固有特性满足项目相关方要求的程度。这些要求包括建设单位的要求，设计要求，标准或规范要求，社会要求，环境要求及组织的自身要求等。

2. 工程项目质量的特点

工程项目质量除了具有一般产品质量的共同特点之外，还具有自身所独有的一些特点。这些特点主要由工程项目本身的特点所决定，项目本身的特点主要有：一次性过程多，影响因素多，质量波动大，质量变异大，容易产生对质量的判断错误和终检的局限性。

(1) 一次性过程多

工程项目主要是由一道一道工序，一个部分（子项目）一个部分逐步完成的。所以，在工程项目实施过程中，工序的交接多，中间产品多，隐藏工程多，因此质量存在隐蔽性。如果在项目实施过程中没有及时进行质量检查，事后只能从表面上检查，就很难发现内在的隐蔽质量问题。

(2) 影响因素多

工程项目的质量受到各种自然因素、技术因素和管理因素乃至社会政治经济因素的综合影响。在工程建设领域，工程项目的地形、地质、水文、气象、规划、决策、设计、材料、机械、施工方法和工艺、人员素质、管理制度和措施等，都将直接或间接地影响工程项目的质量。国家宏观经济政策对大型工程建设项目的影响往往比自然因素、技术因素的影响更大。

（3）质量波动大

工程项目的单件性和唯一性决定了项目的开发不会像一般的工业产品那样，有稳定的生产环境和比较规范的生产工艺。项目开发的决策、计划、实施的内外部环境和影响因素大部分不具有传承性和可参照性，而且受到的影响因素更多，所以，工程项目的质量容易产生波动，而且波动很大。

（4）质量变异大

影响工程项目质量的因素比较多，其中任一影响因素的变异，都会使工程项目的质量产生变异，如材料规格、品种使用错误，施工方法不当，操作未按规程进行，机械故障，人员素质不达标，设计计算失误等，均会形成系统因素的质量变异，发生工程项目的质量事故。

（5）终检的局限性大

工程项目建设过程是不可逆的，出现质量问题或项目不可行，既不能重新回到原始状态，也不能像一般工业产品那样，可以通过将产品拆卸和解体来检查其内在的质量，而且对于不合格的零部件可以进行更换。因此，工程项目不可能像一般工业产品那样，依靠终检来判断产品的质量和控制产品的质量，对工程项目所实施的终检（验收）难以检测到项目内在的质量，难以发现隐蔽工程的质量缺陷，更无法进行构件的更换。这就是说，工程项目的质量控制不能仅仅依靠终检，主要应加强工序过程的质量控制，强调预防性，才能达到预期的效果。

针对这种终检的局限性，在工程项目众多一次性过程的质量控制中通常采用局部反馈过程控制方法。如混凝土柱的施工，因不能允许施工后发现问题，需要将该项目分解成测量放线过程、模板制作过程、模板安装过程、钢筋加工过程、钢筋绑扎过程、混凝土制备过程、混凝土浇筑过程和混凝土养护过程。这种根据过程中间结果采取纠正措施的控制方式在理论上被称为局部反馈控制方法。局部反馈控制方法是如工程项目质量控制这样的一次性过程控制的主要方法。

因此，在工程项目质量管理中，应该更多地使用局部反馈的控制方法来代替终检的方法。

（6）评价方法的特殊性

工程项目的一次性和单件施工特点决定了不同项目评价方法的特殊性。工程项目质量的检查评定及验收是按检验批、分项工程、分部工程、单位工程进行的。检验批的质量是分项工程乃至整个工程质量检验的基础，检验批合格质量主要取决于主控项目和一般项目经抽样检验的结果。隐蔽工程在隐蔽前要检查合格后验收，涉及结构安全的试块、试件及有关材料，应按规定进行见证取样检测；涉及结构安全和使用功能的重要分部工程要进行抽样检测。工程项目质量是在施工单位按合格质量标准自行检查评定的基础上，由监理工程师（或建设单位项目负责人）组织有关单位、人员进行检验确认验收。这种评价方法体现了所谓"验评分离、强化验收、完善手段、过程控制"的指导思想。

3. 工程项目质量形成过程

工程项目的生命周期可以分为四个不同的阶段，即概念阶段、规划阶段、实施阶段和结束阶段，工程项目发展的过程也是工程质量形成的过程。工程项目生命周期的不同阶段对工程项目质量的形成起着不同的作用和影响。

(1) 概念阶段的主要工作

概念阶段的主要工作包括：明确需求，项目识别，项目构思，调查研究，收集数据，确立目标，进行可行性研究，明确合作关系，确定风险等级，拟订战略方案，进行资源测算，提出组建项目组方案，提出项目建议书，获准进入下一阶段。

在这个阶段进行的可行性研究过程中，需要确定项目的质量要求，并与投资目标相协调，项目的可行性研究将直接影响项目的决策质量和设计质量。项目决策对项目质量的影响主要是确定项目应该达到的质量目标和水平。

(2) 规划阶段的主要工作

规划设计阶段的主要工作包括：确定项目组主要成员，项目最终产品的范围界定，实施方案研究，项目质量标准的确定，项目的资源保证，项目的环境保证，主计划的制订，项目经费及现金流量的预算，项目的工作结构分解，项目政策与程序的制订，风险评估，确认项目有效性，提出项目概要报告，获准进入下一阶段。

这一阶段是决定项目质量的一个关键环节。这一阶段，项目的质量目标和水平将通过对项目的规划、计划、构思、设计而得以具体体现，为项目实施提供直接的质量依据。

(3) 实施阶段的主要工作

项目实施阶段主要的工作在于实现规划阶段的意图，从项目质量角度看，它直接关系到项目各种质量性能的实现和保证。在某种程度上，项目实施阶段是形成项目实际质量的决定性环节。

(4) 结束阶段的主要工作

结束阶段的主要工作包括：最终产品的完成、评估与验收、清算最后账务、项目评估、文档总结、资源清理、转换产品责任制、解散项目组。

工程项目结束阶段的质量工作就是对项目实施阶段的实际质量通过检查评定、实际运转，考核项目质量是否达到规划阶段的具体要求，是否符合决策阶段确定的质量目标和水平，并通过验收确保项目的最终质量。所以，工程项目结束阶段的质量验收保证了项目的最终质量。

4. 影响工程项目质量的主要因素

影响工程项目质量的因素很多，但从质量管理的角度归纳主要有五个方面，即人员素质（Manpower）、材料（Material）、设备（Machine）、程序方法（Method）和环境因素（Environment），即4M1E。

(1) 人员素质

人是生产经营活动的主体，也是工程项目建设的决策者、管理者、操作者。项目开发的全过程，如项目的决策、规划、实施和结束验收，都是通过人来完成的。人员的素质，即人的文化水平、技术水平、决策能力、管理能力、操作控制能力、生理素质及职业道德等，都将直接或间接对项目的决策、规划、实施和结束验收的质量产生影响，而这些不同阶段工作质量的好坏都将对最终的项目质量产生不同程度的影响，所以，人员素质是影响工程质量的"4M1E"等五个因素中最重要的因素。

(2) 材料

工程项目材料泛指构成工程项目实体的各类原材料、构配件等，它是工程项目最终得以形成的物质条件,是工程项目质量的物质基础。工程项目材料选用是否合理、质量是否合格、是否经过检验、保管使用是否得当等,都将直接影响工程项目的最终质量。

在工程项目质量管理中,除了要加强对材料的检验外,通过对提供材料的厂商实施相关认证也是保证材料质量乃至最终保障项目质量的重要手段。

(3) 设备

工程项目生命周期中涉及的设备按照其与项目的关系可以分为两大类:

①与项目的设计、规划、实施和结束验收直接相关的机械、电子等各种设备。

②被称之为间接设备,这类设备诸如项目行政后勤保障的相关办公设备等。

在这两种设备中,对工程项目的质量起决定性作用的是第一种设备。

在工程建设项目中,按项目实体的形成机械设备可分为两类:

①组成工程实体及配套的工艺设备和各类机具,如电梯、泵机、通风设备、生产设备等。

②施工过程中使用的各类机具设备,包括大型垂直与横向运输设备、各类挖掘机机械、各种施工安全设施、各类测量仪器和计量器具等。

在工程项目质量管理中,一定要将对工程项目质量有直接影响的设备纳入质量控制范围。

(4) 程序方法

方法包括计划方法、控制方法、组织方法、领导方法等管理方法和工艺方法、操作方法和施工方法等技术方法。方法的先进与否、所选方法的适当与否都会对工程项目的工作质量和最终实体质量产生重大影响。在工程施工中,施工方法是否合理,施工工艺是否先进,施工操作是否正确,都将对工程质量产生重大的影响。大力推进采用新技术、新工艺、新方法,不断提高工艺技术水平和组织管理水平,是保证工程项目质量稳定提高的重要因素。

(5) 环境

环境条件是指对工程项目质量特征有重要影响的环境因素,主要包括:项目技术环境和项目管理环境。在工程建设项目中的工程技术环境包括工程地质、水文、气象等环境,工程作业环境,工程管理环境,周边环境等。环境条件往往对工程项目质量产生特定的影响。加强环境管理,改进项目技术和管理环境,是提高工程项目质量的重要基础。

6.1.2 工程项目质量管理

1. 工程项目质量管理的概念

工程项目质量管理是指通过制定质量方针、建立质量目标和标准,并在工程项目生命周期内持续使用质量计划、质量控制、质量保证和质量改进等措施来落实质量方针的执行,确保质量目标的实现,最大限度地使顾客满意。对于工程项目而言,顾客一般是指业主。

现代意义上的工程项目质量管理,被认为经历了以下三个发展阶段:

(1) 20世纪初到40年代,属于质量的事后检查阶段。这一阶段就是当产品生产出来以后,对产品进行质量检查。它只对出厂产品质量起到把关作用,而起不到预防作用。

(2) 20世纪40—50年代,进入数据统计阶段。通过大量的数据分析,找到影响产品质量的许多内在规律,从而对生产等各过程加强管理,促进了质量的提高。这个阶段只注意了直接构成或影响产品质量的物质方面,但仍忽视其他组织管理工作。

(3) 从 20 世纪 60 年代开始，形成了全面、全过程质量管理，把经营管理、专业技术和数理统计方法紧紧结合起来。全面质量管理以预防为主，把质量管理贯穿于设计、制造、辅助生产、用户服务的全过程中。

2. 工程项目质量管理的特点

工程项目的质量管理与一般产品的质量管理相比，其特点是由工程项目本身的特点所决定的，主要体现在以下方面：

(1) 复杂性

由于工程项目的影响因素多，经历的环节多，涉及的主体多，质量风险使得工程项目的质量管理具有复杂性。

(2) 动态性

这种动态性体现在控制要素、控制手段、检验基准等方面。工程项目要经历从决策阶段至结束验收阶段完整的生命周期。由于不同阶段影响项目质量的因素不同，质量管理的内容和目的不同，项目的参与方不同，所以，工程项目质量管理的侧重点和方法要随着阶段的不同而做出相应调整。即使在同一阶段，由于时间不同，影响项目质量的因素也可能有所不同，同样需要进行有针对性的质量管理，所以工程项目的质量管理具有动态性。

(3) 难以纠正性

工程项目具有一次性的特点，项目的有些质量问题往往没有采取纠正措施的机会，或者质量问题的后果是毁灭性的。这就需要对工程项目的每一个环节、每一个要素都予以高度重视，否则就可能造成无法挽回的影响。

3. 工程项目质量管理的目标

工程项目质量管理的主要目标：

(1) 确保工程项目符合规范。
(2) 减少用户或委托人的抱怨。
(3) 提高产品或完工工程的可靠性。
(4) 增加客户或用户的信心。
(5) 降低产品成本。

4. 工程项目质量管理的意义

项目投资、项目进度、项目质量、环境保护构成了项目的四大目标，项目质量管理水平的高低直接决定了工程项目的可靠性及其成功与否。因此，项目质量管理是工程项目管理的核心内容之一，优质的工程项目或工程项目服务无论是对项目利益相关组织，还是对国家、对社会都具有非常重要的意义。

5. 工程项目质量管理的基本原则

为了成功地领导和运作一个组织，需要采用一种系统和透明的方式进行管理。建立组织、领导和实施工程项目质量管理的基本原则，ISO 9000：2000 标准提出了质量管理的八项基本原则，即以顾客为中心、领导作用、全员参与、过程方法、管理的系统方法、持续改进、基于事实的决策方法和互利的供方关系，这八项质量管理原则是提高业主的工程项目管理水平，实现其项目质量的改进和获得不断成功的基础。

6.1.3 全面质量管理

1. 全面质量管理含义及特点

全面质量管理是质量管理史上的一次革命,从统计质量管理发展到全面质量管理,无论是从质量管理理论还是质量管理实践来看,都是一个"质"的飞跃。全面质量管理(Total Quality Control,简称 TQC)是 20 世纪 60 年代初美国通用电气公司的菲根鲍姆首先提出来的。所谓全面质量管理,就是运用系统的观点和方法,把企业各部门、各环节的质量管理活动都纳入统一的质量管理系统,形成一个完整的质量管理体系。全面管理有三层含义:

(1) 管理对象是全面的,这是就横向而言。
(2) 管理范围是全面的,这是就纵向而言。
(3) 参加管理的人员是全面的。

全面质量管理不是一种简单的管理方法,而是一整套管理思想、观念、手段和方法的综合体系。实际上,全面质量管理是在管理的系统思想影响下,继承以前各阶段质量管理的特点基础上形成的,其实质是系统思想在质量管理中的应用和发展。全面质量管理的特点是:

(1) 质量管理的对象是全面且相互关联的

质量不仅包括产品本身质量,而且包括工程质量和工作质量,即广义的质量或全面的质量。产品质量是工作质量和工程质量的综合反映和外在表现,工作质量和工程质量是产品质量的基础和保证。要提高产品质量,应首先从工作质量入手,再提高工程质量。只有提高工程质量和工作质量,才能最终提高产品质量。

(2) 全过程的质量管理

质量管理包括了工程项目生命周期全过程,即质量管理的过程包括项目建设书阶段、可行性研究阶段和决策阶段、工程设计阶段、工程项目施工阶段、工程项目验收阶段。由此提出"质量不是检验出来的,而是设计制造出来的"这一新观念。

(3) 全员参与的质量管理

全面质量管理的一个重要观念是"质量问题人人有责",即从组织者,指挥者一直到具体操作人员、后勤服务人员都直接或间接影响和制约着产品质量。只有全体职工都尽职尽责,都为质量做一份贡献,才能经济地创造出消费者满意的产品质量。

(4) 全企业的质量管理

企业各层次都有明确的质量管理活动内容,产品质量管理职能分散在企业各个有关部门,形成一个有机系统。

(5) 强调质量管理的经济性,关注质量成本

全面质量管理的一个基本的出发点就是要在经济的基础上生产满足需要的产品或提供优质的服务,这是全面质量管理区别于一般质量管理的显著标志之一。

(6) 重视健全和完善质量管理的基础工作体系和组织工作体系

全面质量管理重视质量教育工作、标准化工作、计量工作、质量信息工作、质量责任制和质量管理小组活动等质量基础工作,强调建立健全的质量管理机构、质量责任制度和质量信息反馈系统。

(7) 推行内部质量保证活动,积极开展外部质量认证

由内部质量控制到质量保证,是质量管理理论和观念的一大进步。全面质量管理通过健全

的质量保证体系,做到为顾客提供质优、价廉、物美的产品,并为顾客提供优质的服务。为取得顾客信赖,证明企业持续提供合格产品和优质服务的能力,应提供必需的外部质量认证。

(8) 综合运用各种管理技术和方法,形成多样化的、全面的质量管理方法体系

在工程质量控制中采用了直方图、排列图、因果图、控制图、散布图、分层图、调查表法等多种方法,在质量管理过程中还采用质量螺旋环和PDCA循环法。

2. 全面质量管理的基本工作方法

PDCA循环是全面质量管理最基本的工作程序,它把质量管理全过程划分为P(计划,Plan)、D(实施,Do)、C(检查,Check)、A(总结处理,Action)四个阶段,这是美国统计学家戴明(W. E. Deming)发明的,因此也称之为戴明循环。这四个阶段大体可分为八个步骤,见图6-1。

第一为P(计划)阶段,其中又分为四个步骤:

(1) 分析现状,找出存在的主要质量问题。

(2) 分析产生质量问题的各种影响因素。

(3) 找出影响质量的主要因素。

(4) 针对影响质量的主要因素,回答"5W1H"问题,即:为何制定此计划(Why)、预期达到什么目标(What)、在哪里执行(Where)、由谁来执行(Who)、何时执行(When)、怎样执行(How),并制订措施,提出改进计划,定出质量目标。

第二为D(实施)阶段,也即是步骤五:

(5) 按照既定计划目标加以执行。

第三为C(检查)阶段,也即是步骤六:

(6) 检查实际执行的结果,看是否达到计划的预期效果。

第四为A(总结处理)阶段,其中又分两个步骤:

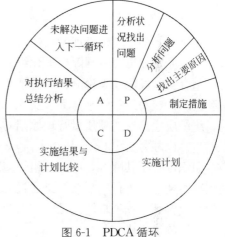

图6-1 PDCA循环

(7) 根据检查结果加以总结成熟的经验,纳入标准制度和规定,以巩固成绩,防止失误。

(8) 把这一轮P、D、C、A循环尚未解决的遗留问题,纳入下一轮P、D、C、A循环中去解决。PDCA循环的特点是:四个阶段的工作完整统一,缺一不可,大环套小环,小环促大环,阶梯式上升,循环前进。

6.2 工程项目质量管理体系的建立和运行

6.2.1 质量管理体系

1. 质量管理体系概念

质量管理是组织各项管理的内容之一。为了成功地领导和运作一个组织,需要采用一种

系统和透明的方式进行管理。针对所有相关方的需求,实施并保持持续改进其业绩的管理体系,是组织获得成功的保障。

质量管理体系是在质量方面指挥和控制组织的管理体系(建立方针和目标并实现这些目标的体系),是由组织架构、程序、过程、资源四部分组成的系统。

质量方针是有组织的最高管理者正式发布该组织总的质量宗旨和方向。质量目标是在质量方面所追求的目的。上述标准共同构成了一组密切相关的质量管理体系标准。

国际标准化组织(ISO)制定了 ISO 9000 族质量管理体系标准,我国采用等同于 ISO 9000 族标准的国家标准是 GB/T 19000 族标准。GB/T 19000 相应的标准是:

GB/T 19000 表述质量管理体系基础知识并规定质量管理体系术语;

GB/T 19001 规定质量管理体系要求,用于证实组织具有提供满足顾客要求和适用法规要求产品的能力,目的在于增进顾客满意;

GB/T 19004 提供考虑质量管理体系的有效性和效率两方面的指南。该标准的目的是组织业绩改进和顾客及其他相关方的满意;

GB/T 19011 提供审核质量和环境管理体系指南。

上述标准共同构成了一组密切相关的质量管理体系标准。

2. 质量管理原则

多年来,基于质量管理的理论和实践经验,在质量管理领域,形成了一些有影响的质量管理基本原则和思想。国际标准化组织(ISO)吸纳了国际上在质量管理方面的各种先进理念,结合实践经验及理论分析,总结为质量管理的八项原则。这些原则适用于所有类型的产品和组织,成为质量管理体系建立的理论基础,并被 GB/T 19000 族质量管理体系标准采纳。组织应遵循这八项质量管理原则对项目进行管理。

(1) 以顾客为中心

组织依存于其顾客,因此,组织应理解顾客当前的和未来的需求,满足顾客要求并争取超出顾客期望。工程项目组织是通过完成项目的建设来满足业主(顾客)需求的。因此,项目组织应保证工程项目能满足业主的要求。

(2) 领导作用

领导者将本组织的宗旨、方向和内部环境统一起来,并创造使员工能够充分参与实现组织目标的环境。工程项目组织能否通过质量管理体系的建立和实施来贯彻质量方针,实现质量目标,关键在于领导。成功的项目质量管理需要领导者高度的质量意识和持续的改进精神。

(3) 全员参与

各级人员是组织之本,只有他们的充分参与,才能使他们的才干为组织带来最大的收益。工程项目组织最重要的资源之一就是全体员工。成功的工程项目离不开项目组织全体员工对本职工作的敬业和对其他项目工作、质量活动的积极参与。

(4) 过程方法

将相关的资源和活动作为过程进行管理,可以更高效地得到期望的结果。

(5) 管理的系统方法

针对设定的目标,识别、理解并管理一个由相互关联的过程所组成的体系,有助于提高组织的有效性和效率。工程项目组织应建立并实施工程项目质量管理体系,即制订质量方针和质量目标，然后通过建立、实施和控制由过程网络构成的质量管理体系来实现这些方针和目标。

（6）持续改进

持续改进是组织的一个永恒目标。

（7）基于事实的决策方法

对数据和信息的逻辑分析或直觉判断是有效决策的基础。工程项目组织应收集各种以事实为根据的数据和信息，采用科学的分析方法，得出工程项目质量活动发展的趋势，及时发现问题、解决问题并预防问题的发生。同时工程项目管理者的决策必须掌握可靠的数据和信息，并对其进行科学系统地分析，从而保证工程项目质量管理体系的正常运行和项目各方的利益。

（8）互利的供方关系

通过互利的关系，可以增强组织及其供应方创造价值的能力。供应商提供给工程项目的工程项目材料和设备的质量将对工程项目质量产生直接的影响。工程项目的承包商与供应商是相互依存、互利的关系，这种关系可增强双方创造价值的能力。因此，对供应商不仅要讲控制，还要讲互利合作，这对承包商和供应商都是有利的，是一种双赢战略。

3. 质量管理体系基础

（1）质量管理体系的理论说明

质量管理体系能够帮助组织增强顾客的满意度。

顾客要求产品具有满足其需求和期望的特性，这些需求和期望在产品规范中表述，并集中归结为顾客要求。顾客要求可以由顾客以合同方式或由组织自己确定。在任一情况下，产品是否可被接受最终由顾客确定。因为顾客的需求和期望是不断变化的，以及竞争的压力和技术的发展，这些都促使组织要持续地改进产品和过程。

质量管理体系方法鼓励组织分析顾客要求，规定相关的过程，并使其持续受控，以实现顾客能接受的产品。质量管理体系能提供持续改进的框架，以增加顾客和其他相关方满意的机会。质量管理体系还就组织能够提供持续满足要求的产品，向组织及其顾客提供信任。

（2）质量管理体系要求与产品要求

GB/T 19000 族标准区分了质量管理体系要求和产品要求。

GB/T 19001 规定了质量管理体系要求。质量管理体系要求是通用的，适用于所有行业或经济领域，不论其提供何种类别的产品。GB/T 19001 本身并不规定产品要求。

产品要求可由顾客规定，或由组织通过预测顾客的要求规定，或由法规规定。在某些情况下，产品的要求和有关过程的要求可包含在诸如技术规范、产品标准、过程标准、合同协议和法规要求中。

（3）质量管理体系方法

建立和实施质量管理体系的方法包括以下步骤：

①确定顾客和其他相关方的需求和期望。

②建立组织的质量方针和质量目标。

③确定实现质量目标必需的过程和职责。

④确定和提供实现质量目标必需的资源。

⑤规定测量每个过程的有效性和效率的方法。

⑥应用这些测量方法确定每个过程的有效性和效率。
⑦确定防止不合格并消除产生原因的措施。
⑧建立和应用持续改进质量管理体系的过程。
上述方法也适用于保持和改进现有的质量管理体系。
采用上述方法的组织能对其过程能力和产品质量树立信心,为持续改进提供基础,从而增加顾客和其他相关方满意度并使组织成功。

(4) 过程方法

任何使用资源将输入转化为输出的活动或一组活动可视为一个过程。

为使组织有效运行,必须识别和管理许多相互联系和相互作用的过程。通常,一个过程的输出将直接成为下一个过程的输入。系统地识别管理组织所应用的过程,特别是这些过程之间的相互作用,称为过程方法。鼓励采用过程方法管理组织。

如同GB/T 19000族标准所表述的,以过程为基础的质量管理体系模式如图6-2所示。该图表明在向组织提供输入方面,相关方起重要作用。监视相关方满意程度需要评价有关相关方感受的信息,这种信息可能表明其需求和期望已得到满足的程度。图中的模式没有表明更详细的过程。

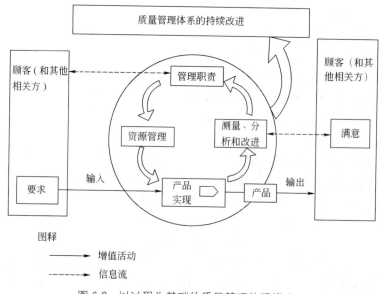

图6-2 以过程为基础的质量管理体系模式
注:括号中的陈述不适用于GB/T 19001。

(5) 质量方针和质量目标

建立质量方针和质量目标为组织提供了关注的焦点。两者确定了预期的结果,并帮助组织利用其资源达到这些结果。质量方针为建立和评审质量目标提供了框架。质量目标需要与质量方针和持续改进的承诺相一致,其实现是可测量的。质量目标的实现对产品质量、运行有效性和财务业绩都有积极影响。因此,对相关方的满意度和信任度也产生积极影响。

(6) 最高管理者在质量管理体系中的作用

最高管理者通过其领导作用及各种措施可以创造员工充分参与的环境,质量管理体系能够在这种环境中有效运行。最高管理者可以运用质量管理原则作为发挥以下作用的基础:

①制定并保持组织的质量方针和质量目标。
②通过增强员工的意识、积极性和参与程度,在整个组织内促进质量方针和质量目标的实现。
③确保整个组织关注顾客要求。
④确保实施适宜的过程以满足顾客和其他相关方要求并实现质量目标。
⑤确保建立、实施和保持一个有效的质量管理体系以实现这些质量目标。
⑥确保获得必要资源。
⑦定期评审质量管理体系。
⑧决定有关质量方针和质量目标的措施。
⑨决定改进质量管理体系的措施。

(7) 文件
①文件的价值。文件能够沟通意图、统一行动,其使用有助于:
a. 满足顾客要求和质量改进。
b. 提供适宜的培训。
c. 重复性和可追溯性。
d. 提供客观证据。
e. 评价质量管理体系的有效性和持续适宜性。
②质量管理体系中使用的文件类型。在质量管理体系中使用下述几种类型文件:
a. 组织内部和外部提供关于质量管理体系的一致信息的文件,这类文件称为质量手册。
b. 阐述质量管理体系如何应用于特定产品、项目或合同的文件,这类文件称为质量计划。
c. 阐明要求的,这类文件称为规范。
d. 阐明推荐的方法或建议的文件,这类文件称为指南。
e. 提供如何一致地完成活动和过程的信息的文件,这类文件包括形成文件的程序、作业指导书和图样。
f. 为完成的活动或达到的结果提供客观证据的文件,这类文件称为记录。

每个组织要确定其所需文件的多少和详略程度及使用的媒体。这取决于诸如组织的类型和规模、过程的复杂性和相互作用、产品的复杂性、顾客要求、适用的法规要求、经证实的人员能力及满足质量管理体系要求所需证实的程度等因素。

(8) 质量管理体系评价
①质量管理体系过程的评价。评价质量管理体系时,应对每一个被评价的过程提出如下四个基本问题:
a. 过程是否已被识别并适当规定?
b. 职责是否已被分配?
c. 程序是否得到实施和保持?
d. 在实现所要求的结果方面,过程是否有效?

综合上述问题的答案可以确定评价结果。质量管理体系评价,如质量管理体系审核和质量管理体系评审及自我评定,涉及的范围可以有所不同,并包括许多活动。
②质量管理体系审核。审核用于确定符合质量管理体系要求的程度。审核发现用于评定

质量管理体系的有效性和识别改进的机会。

a. 第一方审核用于内部目的，由组织自己或以组织的名义进行，可作为组织自我合格声名的基础。

b. 第二方审核由组织的顾客或由其他人以顾客的名义进行。

c. 第三方审核外部独立的组织进行。这类组织通常是经认可的，提供符合要求的认证或注册。

③质量管理体系评审。最高管理者的任务之一是就对质量方针和质量目标，有规则的、系统的评价质量管理体系的适宜性、充分性、有效性和效率。这种评审可包括考虑修改质量方针和质量目标的需求以响应相关方需求和期望的变化。评审也可包括确定采取措施的需求。

④自我评定。组织的自我评定是一种参照质量管理体系或优秀模式对组织的活动和结果所进行的全面和系统的评审。

自我评定可提供一种对组织业绩和质量管理体系成熟程度的总的看法。它还有助于识别组织中需要改进的领域并确定优先开展的事项。

（9）持续改进

持续改进质量管理体系的目的在于增加顾客和其他相关方满意的机会，改进包括下述活动：

①分析和评价现状，以识别改进区域。

②确定改进目标。

③寻找可能的解决办法，以实现这些目标。

④评价这些解决办法并做出选择。

⑤实施选定的解决办法。

⑥测量、验证、分析和评价实施的结果，以确定这些目标已经实现。

⑦正式采纳更改。

必要时，对结果进行评审，以确定进一步改进的机会。从这种意义上说，改进是一种持续的活动。顾客和其他相关的反馈及质量管理体系的审核和评审均能用于识别改进的机会。

（10）统计技术的作用

应用统计技术可帮助组织了解变异，从而有助于组织解决问题并提供有效性和效率。这些技术也有助于更好地利用可获得的数据进行决策。

在许多活动的状态和结果中，甚至是在明显的稳定条件下，均可观察到变异。这种变异可通过产品和过程可测量的特性观察到，并且在产品整个寿命周期的各个阶段，均可看到其存在。

6.2.2 ISO 9000 标准

1. ISO 标准的由来及其主要管理思想

国际标准化组织于 1979 年成立了质量管理和质量保证技术委员会，负责制定质量管理和质量保证标准。该会于 1986 年发布了 ISO 8402《质量术语》标准；1987 年发布 ISO 9000《质量管理和质量保证——选择和使用指南》、ISO 9001《质量体系——设计开发、生产、安装和服务的质量保证模式》、ISO 9002《质量体系——生产安装和服务的质量保证模式》、ISO 9003

《质量体系—最终检验和试验的质量保证模式》、ISO 9004《质量管理和质量体系要素—指南》等六项标准,通称为 ISO 9000 族标准。

ISO 9000 族标准是世界上主要发达国家长期实施质量管理和质量保证的经验总结,体现了科学性、经济性、社会性和广泛的适应性。它既包括了国际认可的质量管理原则,也包括了一套代表着全世界不同贸易国家或贸易区域的领导及各商品流通和服务行业领域专家共同认可的可执行的实施办法。

2000 年 12 月 15 日,ISO/TC 176 正式发布了 2000 年版本的 ISO 9000 族标准。该标准的修订充分考虑了 1987 年和 1994 年版标准,以及现有其他管理体系标准的使用经验,因此,它将使质量管理体系更加适合组织的需要,也可以更加适应组织开展其商业活动的需要。目前,ISO 9000 族的核心标准是:

(1) ISO 9000:2000——质量管理体系—基础和术语。

(2) ISO 90001:2000——质量管理体系—要求。

(3) ISO 9004:2000——质量管理体系—业绩改进指南。

(4) ISO 19011:2002——质量和(或)环境管理体系审核指南。

上述四项标准构成了一组密切相关的质量管理体系标准,亦称 ISO 9000 族核心标准。

该标准的管理思想主要是:

(1) ISO 9000 族标准着重为满足顾客提供指南和要求。

(2) ISO 9000 族标准的目标是建立和完善文件化的质量体系。

(3) ISO 9000 族标准的认识基础是所有工作都是通过过程来完成的。

(4) ISO 9000 族标准强调管理者的职责,特别是最高管理者的领导责任。

ISO 9000 族标准的灵魂是质量改进,另外,它的最大优点是构建了质量管理的四个基石,即文件和资料的控制、内部质量审核、管理复审及纠正和预防措施。

ISO 9000 族标准并不是产品的技术标准,而是针对企业的组织管理结构、人员和技术能力、各项规章制度和技术文件、内部监督机制等一系列体现企业保证产品及服务质量的管理措施的标准。ISO 9000 族标准主要针对质量管理,同时涵盖了部分行政管理和财务管理的范畴。

具体地讲,ISO 9000 族标准就是在四个方面规范质量管理:

(1) 机构。标准明确规定了为保证产品质量而必须建立的管理机构及其职责权限。

(2) 程序。企业组织产品生产必须制定规章制度、技术标准、质量手册、质量体系操作检查程序,并使之文件化、档案化。

(3) 过程。质量控制是对生产的全部过程加以控制,是面的控制,不是点的控制。从根据市场调研确定产品、设计产品、采购原料,到生产检验、包装、储运,其全过程按程序要求控制质量,并要求过程具有标识性、监督性、可追溯性。

(4) 总结。不断地总结、评价质量体系,不断地改进质量体系,使质量管理呈螺旋式上升。

通俗地讲,就是把企业的管理标准化,而标准化管理生产的产品及其服务,其质量是可以信赖的。任何标准都是为了适应科学、技术、社会、经济等客观因素发展变化的需要而产生,ISO 9000 亦是如此。科学技术的进步和社会的发展,使顾客需要把自己的安全、健康、日常生活置于"质量大堤的保护之下";企业为了避免因产品质量问题而巨额赔款,要建立质量保证体系来提高信誉和市场竞争力;世界贸易的发展迅速,不同国家、企业之间在技术合作、经验交流和贸易往来上要求有共同的语言、统一的认识和共同遵守的规范。现代企业内部协作的规模日益庞大,使程序化管理成为生产力发展本身的要求。这些原因共同使 ISO 9000 标准的产生成为必然。

随着质量管理学的发展,全面质量管理的实践不但丰富、深化和发展了质量管理的理论,同时也为 ISO 9000 系列标准的产生提供了必要的理论基础。进入 20 世纪下半叶,科学技术的进步日新月异,社会生产率的急剧提高,国际商务活动的空前发展,这些也都促使了 ISO 9000 系列标准的产生。

为了使 1987 版 ISO 9000 系列标准更加协调完善,1990 年,ISO/TC 176 决定对标准进行修改,提出了《20 世纪 90 年代国际质量标准的实施策略》即国际上通称的《2000 年展望》,其目标是:要让全世界都接受和使用 ISO 9000 系列标准,为提高组织的运作能力提供有效的方法,增进国际贸易,促进全球繁荣和发展,使任何机构和个人可以有信心从世界各地得到任何期望的产品,以及将自己的产品顺利地推销到世界各地。

我国等同采用的 GB/T 19000 族标准,是国际标准化组织承认的等同于 ISO 9000 族标准的中文标准。现已有 90 多个国家和地区将此标准等同转化为国家标准。

2. ISO 9000 族的基本要求

产品质量是企业生存的关键。影响产品质量的因素很多,单纯依靠检验只不过是从生产的产品中挑出合格的产品。这就不可能以最佳成本持续稳定地生产合格品。

一个组织所建立和实施的质量体系,应该能满足组织规定的质量目标,确保影响产品质量的技术、管理和人的因素处于受控状态,无论是硬件、软件、流程性材料还是服务,所有的控制应针对减少、消除不合格,尤其是预防不合格。这是 ISO 9000 族的基本指导思想,具体地体现在以下方面:

(1) 控制所有过程的质量

ISO 9000 族标准是建立在"所有工作都是通过过程来完成的"这样一种认识基础上的。一个组织的质量管理就是通过对组织内各种过程进行管理来实现的,这是 ISO 9000 族关于质量管理的理论基础。当一个组织为了实施质量体系而进行质量体系策划时,首要的是结合本组织的具体情况确定应有哪些过程,然后分析每一个过程需要开展的质量活动,确定应采取的有效控制措施和方法。

(2) 控制过程的出发点是预防不合格

在产品寿命周期的所有阶段,从最初识别市场需求到最终满足要求的所有过程的控制都体现了预防为主的思想。如:

①控制生产过程的质量。确定并执行适宜的生产方法,使用适宜的设备,保持设备正常工作能力和所需的工作环境,控制影响质量的参数和人员技能,确保制造符合设计规定的质量要求,防止不合格产品的生产。

②控制检验和试验。按质量计划和形成文件的程序进行进货检验、过程检验和成品检验,确保产品质量符合要求,防止不合格的外购产品投入生产,防止将不合格的工序产品转入下道工序,防止将不合格的成品交付给顾客。

③纠正和预防措施。当发生不合格(包括产品的或质量体系的)或顾客投诉时,既应查明原因,针对原因采取纠正措施以防止问题的再次发生,还应通过各种质量信息的分析,主

动地发现潜在的问题,防止这些问题的出现,从而改进产品的质量。

④全员培训。对所有从事对质量有影响的工作人员都进行培训,确保他们能胜任本岗位的工作,防止因知识或技能的不足,造成产品或质量体系的不合格。

3. ISO 9000 族标准认证作用

ISO 9000 族标准认证也可以理解为质量体系注册,就是由国家批准的、公正的第三方机构——认证机构依据 ISO 9000 族标准,对企业的质量体系实施评定,向公众证明该企业的质量体系符合 ISO 9000 族标准,能够提供合格产品,公众可以相信该企业的服务承诺和企业产品质量的一致性。

ISO 9000 族标准不仅在全部发达国家推行,发展中国家也正在逐步加入到此行列中来,ISO 已成为一个名副其实的技术上的世界联盟,形成这种状况的原因,除上述它能给企业带来的巨大的实际利益之外,更为深刻的原因在于 ISO 9000 族标准是人类文明发展过程中的必然产物。

因此,在一个企业或一个国家实行 ISO 9000 族标准并非是一个外部命令,而是现代企业组织结构的本质要求。

(1) 强化品质管理,提高企业效益;增强客户信心,扩大市场份额

负责 ISO 9000 品质体系认证的认证机构都是经过国家认可机构认可的权威机构,对企业品质体系的审核是非常严格的。这样,对于企业内部来说,可按照经过严格审核的国际标准化的品质体系进行品质管理,真正达到法制化、科学化的要求,极大地提高工作效率和产品合格率,迅速提高企业的经济效益和社会效益。

(2) 获得了国际贸易"通行证",消除了国际贸易壁垒

许多国家为了保护自身的利益,设置了种种贸易壁垒,包括关税壁垒和非关税壁垒,其中非关税壁垒主要是技术壁垒。技术壁垒中,又主要是产品品质认证和 ISO 9000 品质体系认证的壁垒。特别是在"世界贸易组织"内,各成员国之间相互排除了关税壁垒,只能设置技术壁垒。所以,获得认证是消除贸易壁垒的主要途径。

(3) 节省了第二方审核的精力和费用

在现代贸易实践中,第二方审核早就成为惯例,但又逐渐发现其存在很大的弊端:一个供方通常要为许多需方供货,第二方审核无疑会给供方带来沉重的负担;另一方面,需方也需支付相当的费用,同时还要考虑派出或雇佣人员的经验和水平问题,否则,花了费用也达不到预期的目的。唯有 ISO 9000 认证可以排除这样的弊端。因为做为第一方的生产企业申请了第三方的 ISO 9000 认证并获得了认证证书以后,众多第二方就不必要再对第一方进行审核。这样,不管是对第一方还是对第二方都可以节省很多精力或费用。

(4) 在产品品质竞争中永远立于不败之地

国际贸易竞争的手段主要是价格竞争和品质竞争。20 世纪 70 年代以来,品质竞争已成为国际贸易竞争的主要手段,实行 ISO 9000 国际标准化的品质管理,可以稳定地提高产品品质,使企业在产品品质竞争中永远立于不败之地。

(5) 有效地避免产品责任

近几年,发达国家都在把原有的"过失责任"转变为"严格责任"法理,对制造商的安全要求提高很多。例如,工人在操作一台机床时受到伤害,按"严格责任"法理,法院不仅要看该机床机件故障之类的品质问题,还要看其有没有安全装置,有没有向操作者发

出警告的装置等。法院可以根据上述任何一个问题判定该机床存在缺陷，厂方便要对其后果负责赔偿。但是，按照各国产品责任法，如果厂方能够提供 ISO 9000 品质体系认证证书，便可免赔，否则，要败诉且要受到重罚。

(6) 有利于国际的经济合作和技术交流

按照国际经济合作和技术交流的惯例，合作双方必须在产品（包括服务）品质方面有共同的语言、统一的认识和共守的规范，方能进行合作与交流。ISO 9000 品质体系认证正好提供了这样的信任，有利于双方迅速达成协议。

6.2.3 质量管理体系的建立和运行

1. 质量管理体系的建立

一个组织在进行质量管理体系认证前，可能已存在一个质量管理体系，但这种质量管理体系不一定符合标准，也不一定具有足够的保证能力。所以，建立质量体系并不意味着将现有体系一律废止，而是改造、更新和完善现有体系，使之符合标准要求。

建立质量管理体系主要包括以下环节：

(1) 统一认识及决策

组织的领导层应认真学习有关标准和文件，统一认识，在此基础上进行决策，建立质量体系。

(2) 组织落实

成立领导小组或工作委员会，领导质量体系的建立和认证工作；同时组织一个既懂技术又懂管理，有较强分析能力和文字表达能力的技术人员组成工作组，由其具体执行质量体系的建立和运行任务。

(3) 培训

在组织内部广泛宣传建立质量体系的意义，使全体员工能充分理解这项工作的重要性，并对这项工作予以支持与配合。分别对中层人员及工作组人员、质量控制人员、全体员工进行分层次培训，以提高其素质。

(4) 制订工作计划

建立质量体系是一项系统工程，应分布推进。为使该工作能有条不紊地进行，应编制工作计划。该计划应明确规定各阶段或某项工作的时间进度和内容，并明确各有关部门和人员的协调和配合。

(5) 制定质量方针和质量目标

组织应在第一责任人的主持下，由领导层负责制定质量方针和质量目标。

(6) 明确过程

过程方法是质量管理原则之一。为贯彻这一原则，应识别质量管理体系所需要的过程，包括管理活动、资源管理、产品实现和测量等有关过程，并明确这些过程的顺序和相互作用。

(7) 质量体系设计

在对本组织现有质量体系进行全面分析研究的基础上，根据 GB/T 19001 标准，对将要建立的质量体系进行统筹规划、系统分析、总体设计。

(8) 编制质量体系文件

针对质量体系的具体情况，确定应编制的文件种类，并进行编制。

2. 质量体系的运行

建立质量体系的根本目的是使之有效运行,以达到保证质量和提高组织业绩的目的。

(1) 运行准备

主要包括:正式颁布质量体系文件;进行各职能部门的职责分配;制订运行计划;进行全员培训;建立质量信息系统等。

(2) 运行

各部门、全体员工完全按照质量体系的要求开展工作,并建立相应的控制机制。

6.3 工程项目质量策划

6.3.1 质量策划的内容及要求

1. 质量策划的概念

质量策划是指对用于项目的质量管理体系的过程和资源做出规定的文件。它致力于制定质量目标并规定必要的运行过程和相关资源以实现质量目标,是质量管理的一部分。

项目质量策划是围绕项目所进行的质量目标策划、运行过程策划、确定相关资源等活动的过程。项目质量策划的结果是明确项目质量目标;明确为达到质量目标应采取的措施,包括必要的作业过程;明确项目参与各方、部门或岗位的质量职责。

2. 质量策划的内容

质量策划应确定下列内容:

(1) 质量目标和要求。

(2) 过程、文件和资源的需求。

(3) 产品所要求的验证、确认、监视、检验和试验活动,以及接收准则。

(4) 必要的记录。

3. 质量策划的要求

要做好项目质量策划,应该做到要识别项目质量管理体系所需的过程及其在组织中的应用;确定这些过程的顺序和相互作用;确定为确保这些过程的有效运作和控制所需的准则与方法;确保可以获得必要的资源和信息,以支持这些过程的运行和对这些过程的监视;监视、测量和分析这些过程;实施必要的措施,以实现对这些过程所计划的结果和对这些过程的持续改进。组织应按上述要求管理这些过程。

6.3.2 工程项目质量策划的过程与技术

按照质量策划的总体要求和项目的一般特点,我们将项目质量工作分成项目质量目标策划,项目质量运行过程的策划,确定相关资源、质量策划的方法及技术几个过程。

1. 项目质量目标策划

项目的质量目标是项目在质量方面所追求的目的。无论何种项目,其质量目标都包括总目标和具体目标。项目质量总目标表达了拟达到的总体质量水平，如某建筑项目的质量总目标就是合格品率100%，优良品率80%。项目质量的具体目标包括项目的性能性目标、可靠性目标、安全性目标、经济性目标、时间性目标和环境适应性目标等。项目质量的具体目标一般应以定量的方式加以描述，如某基础工程项目，其混凝土的抗压强度等级为40MPa，这就是一个性能质量目标。不同的项目，其质量目标策划的内容和方法也不相同，但考虑的因素是基本相同的，主要有：

(1) 项目本身的功能性要求

每一个项目都有其特定的功能，在进行项目质量目标策划时，必须考虑其功能，以满足项目的适用性要求。

(2) 项目的外部条件

项目的外部条件使项目的质量目标受到了制约，项目的质量目标应与其外部条件相适应。所以，在确定项目的质量目标时，应充分掌握项目外部条件，如工程项目的环境条件、地质条件、水文条件等。

(3) 市场因素

市场因素是项目的一种"隐含需要"，是社会或用户对项目的一种期望。所以，进行项目质量目标策划时，应通过市场调查、探索、研究这种需要，并将其纳入质量目标之中。

(4) 质量经济性

项目的质量是无止境的，要提高项目质量，必然会增加项目成本。所以，项目所追求的质量不是最高，而是最佳。既能满足项目的功能要求和社会或用户的期望，又不至于造成成本的不合理增加。在项目质量目标策划时，应综合考虑项目质量和成本之间的关系，合理确定项目的质量目标。

2. 项目质量运行过程的策划

项目的质量管理是通过一系列活动、环节和过程来实现的。项目的质量策划应对这些活动、环节和过程加以识别和明确。当然，不同的项目，其质量管理的运行过程亦有区别，但就其运行过程策划而言，至少都应该明确以下几点：

(1) 项目质量环

简单地说，项目质量环就是影响项目质量的各个环节，从识别需要到评定能否满足这些需要的各个阶段中，影响质量的相互作用活动的概念模式。不同的项目，其质量环也有所不同。例如，产品开发项目的质量环一般就是由11个阶段所构成，如图6-3所示。

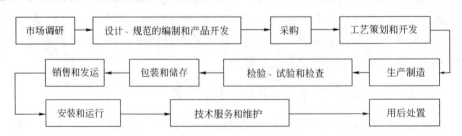

图6-3 产品开发项目质量环

(资料来源：白思俊. 现代项目管理中册[M]. 北京，机械工业出版社，2012)

再如，施工项目的质量环一般是由8个阶段所构成，如图6-4所示。

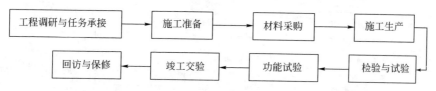

图 6-4 施工项目质量环

(资料来源：白思俊. 现代项目管理中册[M]. 北京，机械工业出版社，2012)

（2）质量管理程序

应明确项目不同阶段的质量管理内容和重点，明确质量管理的工作流程等问题。

（3）质量管理措施

包括质量管理技术措施、组织措施等。

（4）质量管理方法

包括项目质量控制方法、质量评价方法等。

3. 确定相关资源

为进行项目质量管理，需建立相应的组织机构，配备人力、材料、检验及试验机具等必备资源。这些都应通过项目质量策划过程加以确定。

4. 质量策划的方法和技术

在质量策划过程中，应采用科学的方法和技术，以确保策划结果的可靠性。常用的质量策划方法和技术有以下几种：

（1）流程图

流程图是由若干因素和箭线相连的因素关系图，主要用于质量管理运行过程策划。包括系统流程图和原因结果图两种主要类型。

①系统流程图。该图主要用于说明项目系统各要素之间存在的相关关系。利用系统流程图可以明确质量管理过程中各项活动、各环节之间的关系，如图 6-5 所示，反映了一个质量评判的系统过程。

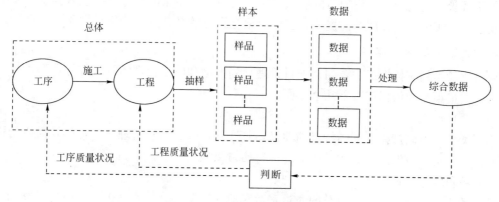

图 6-5 工程项目质量评判流程图

(资料来源：白思俊. 现代项目管理中册[M]. 北京，机械工业出版社，2012)

②原因结果图。主要用于分析和说明各种因素，以及导致或产生各种潜在问题的原因和后果，如图 6-6 所示。

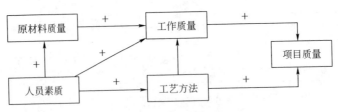

图 6-6 原因结果图

(资料来源：白思俊. 现代项目管理中册[M]. 北京，机械工业出版社，2012)

(2) 质量成本分析

质量成本是指为保证和提高项目质量而支出的一切费用，以及因未达到既定质量水平而造成的一切损失之和。项目质量与其成本密切相关，既相互统一，又相互矛盾，所以，要确定项目质量与成本达到高度统一和最佳配合。质量成本分析，就是要研究项目质量成本的构成和项目质量与成本之间的关系，进行质量成本的预测与计划。

(3) 类比

类比就是将拟进行的项目与已完成的类似项目相比较，为将来实施项目的质量管理提供成熟的经验和思路。

6.3.3 质量目标的确定及质量策划的编制依据

1. 质量目标的确定

工程质量目标确定的准确程度直接影响到工程项目质量的核心特性：实用性。工程项目质量目标相对于业主来说，对工程项目产品质量需求符合程度的高低直接决定了工程项目质量的经济性。由于需求定义错误而产生的质量损失通常由业主承担，所以，明确工程项目质量目标是业主在工程项目质量管理中的首要任务。

项目质量目标确定是指项目在质量方面所追求的目的。一般说来，该目的是指质量验收标准的合格要求。国家规定了分项工程、分部工程和单位工程的质量验收标准。国家标准工程施工质量验收规范就是工程项目的质量目标。有时项目质量的目标是发包人提出的质量要求。发包人在实施质量标准的前提下，也可以根据自身的经营方针确定计划质量目标。

2. 质量策划的编制依据

项目质量策划应根据工程合同、项目管理规划大纲和质量管理体系文件等资料进行。具体地讲，质量策划的依据有以下几个方面：

(1) 项目特点

不同类型、不同规模、不同特点的项目，其质量目标、质量管理运行过程及需要的资源各不相同。因此，应针对项目的具体情况进行质量策划。

(2) 项目质量方针

项目的质量方针反映了项目总的质量宗旨和质量方向，质量方针提供了质量目标制定的框架，是项目质量策划的基础之一。

(3) 项目范围陈述

项目范围陈述说明了项目所有者的需求及项目的主要要求，项目质量策划应适应这些需求和要求。

(4) 产品描述

产品是项目的成果。尽管可能在项目范围陈述中已经描述了产品的相关要素,然而产品的描述通常还包含更加详细的技术要求和其他相关内容,这是项目质量策划的必要依据。

(5) 标准和规则

不同的行业、不同的领域,对其相关项目都有相应的质量要求,这些要求往往是通过标准、规范、规程等形式加以明确的,这些标准和规则对质量策划将产生重要影响。例如,建筑工程项目的质量策划就应依据建筑施工规范、建筑结构规范等国家和行业标准。

6.3.4 工程项目质量计划

1. 质量计划的概念

质量计划是指对特定的项目、产品、过程或合同,规定由谁及何时应使用哪些程序和相关资源的文件。对工程行业而言,质量计划主要是针对特定的项目所编制的规定程序和相应资源的文件。

项目部应编制质量计划,作为对外质量保证和对内质量控制的依据。项目质量计划应体现从资源投入到完成工程质量最终检验和试验全过程的质量管理与控制要求。项目质量计划的编制依据应包括:

(1) 合同中规定的产品质量特性,产品应达到的各项指标及其验收标准。

(2) 项目计划。

(3) 项目应执行的法律、法规及技术标准、规范。

(4) 工程总承包企业质量管理体系文件及其要求。

质量手册和质量体系程序所规定的是各种产品都适用的通用要求和方法。但各种特定产品都有其特殊性,通过质量计划,可将某产品、项目或合同的特定要求与现行通用的质量体系程序相联结。通常,质量计划引用质量手册或程序文件中的适用条款。

质量计划应明确指出所开展的质量活动,并通过相应程序或其他文件,直接或间接指出如何实施这些活动。

质量计划与质量策划的关系是:

(1) 质量策划是在质量方面指挥和控制组织的调的活动,策划的目的是制定质量目标,并规定必要的运行过程以实现质量目标。而质量计划是针对特定的项目过程或合同,它的目的是规定由谁及何时应使用哪些程序和相关资源。质量策划是属于管理范畴,而质量计划则是属于文件范畴。

(2) 质量计划可看成是质量策划的结果,但质量策划的结果不仅仅是质量计划。

(3) 质量策划更具针对性,质量计划则更具广泛性。

2. 质量计划的内容与作用

质量计划的内容应包括:

(1) 应达到的产品质量目标,如特性或规范、可靠性、综合指标等。

(2) 企业实际运作的各过程步骤(可以用流程图等形式展示过程的各项活动)。

(3) 在项目的各个不同阶段,职责、权限和资源的具体分配。如果有的产品因特殊需要或企业管理的特殊要求,需要建立相对独立的组织机构,应规定有关部门和人员需承担的任务、责任、权限和完成工作任务的进度要求。

(4) 实施中应采用的程序、方法和指导书。

(5) 有关阶段（如设计、采购、施工、检验等）适用的试验、检查、检验和评审大纲。

(6) 达到质量目标的测量方法。

(7) 随项目或产品的进展而修改和完善质量计划的程序。

(8) 为达到质量目标应采取的其他措施，如更新检验测试设备，研究新的工艺方法和设备，需要补充制定的特定程序、方法、标准和其他文件等。

质量计划是一种工具，其应用可以起到以下作用：

(1) 在企业内部，通过产品或项目的质量计划，使产品的特殊质量要求能通过有效的措施得以满足，是质量管理的依据。

(2) 在合同情况下，供方可向顾客证明其如何满足特定合同的特殊质量要求，并作为顾客实施质量监督的依据。

3. 编制质量计划应注意的问题

项目的质量计划是针对具体项目的特殊要求及应重点控制的环节编制的，对设计、采购、项目实施、检验等质量环节的质量控制方案。由项目质量管理人员在项目策划过程负责编制。质量计划应随设计、施工、安装的进度做必要的调整和完善。为编好质量计划，应注意以下问题：

(1) 最高管理者应当亲自领导，项目经理必须亲自主持和组织质量计划的编制工作。

(2) 必须建立质量计划编制小组。小组成员应具备丰富的知识，有实践经验，善于听取不同的意见，有较强的沟通能力和创新精神。当质量计划编制完成后，在公布实施时，小组即可解散。

(3) 编制质量计划的指导思想是：始终以顾客为关注焦点。

(4) 准确无误地找出关键质量问题。

(5) 反复征询对质量计划草案的意见。

(6) 质量技术文件。质量技术文件主要用以表述保证和提高项目质量的技术支持内容，包括与项目质量有关的设计文件、工艺文件、研究试验文件等。技术文件应准确、完整、协调、一致。

在现行的施工管理体制中，对每一个特定工程项目都需要编写施工组织设计，作为施工准备和施工全过程的指导性文件。质量计划与施工组织设计的相同点是：其对象均是针对某一特定项目，而且均以文件形式出现，但两者在内容和要求上不完全相同。因此，不能互相替代，而应将两者有机地结合起来。

质量计划一旦批准生效，必须严格按计划实施并在实施过程中应进行监控，及时了解计划执行的情况，偏离的程度，采取纠偏措施，以确保计划的有效性。

6.4 工程项目质量控制与处置

6.4.1 质量控制

质量控制是质量管理的一部分，致力于满足质量要求。质量控制的目标就是确保项目质量能满足有关方所提出的质量要求（如适用性、可靠性、安全性等）。质量控制的范围涉及项目质量形成全过程的各个环节。项目质量受到质量环各阶段质量活动的直接影响，任一环节的工作没有做好，都会使项目质量受到损害而不能满足质量要求。质量环的各阶段是由项目的特性所决定的，根据项目形成的工作流程，由掌握必需的技术和技能的人员进行一系列有计划、有组织的活动，使质量要求转化为满足质量要求的项目或产品，并完好地交付给用户，还应根据项目的具体情况进行用后服务，这是一个完整的质量循环。为了保证项目质量，这些技术计划必须在受控状态下进行。

质量控制的工作内容包括了作业技术和活动，即包括专业技术和管理技术两方面。质量控制应以贯彻预防为主与检验把关相结合的原则，在项目形成的每一个阶段和环节，即质量环的每一阶段，都应对影响其工作质量的人、机、料、法、环（4M1E）因素进行控制，并对质量活动的成果进行分阶段验证，以便及时发现问题，查明原因，采取措施，防止类似问题重复发生，并使问题在早期得到解决，减少经济损失。为使每项质量活动都能有效，质量控制对干什么、为何干、如何干、由谁干、何时干等问题应做出规定，并对实际质量活动进行监控。项目的进行是一个动态过程，所以，围绕项目的质量控制也具有动态性。为了掌握项目随着时间变化而变化的状态，应采用动态控制的方法和技术进行质量控制工作。

6.4.2 影响质量因素的控制

按照质量管理的惯例，影响工程项目质量的因素主要有五大方面：人、材料、设备、方法和环境。对这五方面因素的控制，是保证工程项目质量的关键。

1. 人的控制

人是生产力诸多要素中最具有能动性的要素，也是影响项目质量的核心要素。

人是直接参与项目的组织者、指挥者和操作者。人作为控制的对象，是要避免产生失误；人作为控制的动力，是要充分调动人的积极性，发挥人的主导作用。因此，应提高人的素质，健全岗位责任制，改善劳动条件，公平合理地激励劳动热情；应根据项目特点，从确保质量出发，在人的技术水平、人的生理缺陷、人的心理行为、人的错误行为等方面控制对人的使用，更为重要的是提高人的质量意识，形成人人重视质量的项目环境。

2. 材料的控制

材料主要包括原材料、成品、半成品、构配件等。对材料的控制主要通过严格检查验收，正确合理地使用，进行收、发、储、运的技术管理，杜绝使用不合格材料等环节来进行控制。此外，通过对提供材料的厂商实施相关认证也是保证材料质量乃至最终保障项目质量的重要手段。

3. 设备控制

在项目质量控制中，尤其要将对项目质量有直接影响的设备纳入质量控制范围。设备包括项目使用的机械设备、工具等。对设备的控制，应根据项目的不同特点，合理选择、正确使用、管理和保养。

4. 方法控制

这里所指的方法，包括项目实施方案、工艺、组织设计、技术措施等。对方法的控制，主要通过合理选择、动态管理等环节加以实现。合理选择就是根据项目特点选择技术可行、经济合理、有利于保证项目质量、加快项目进度、降低项目费用的实施方法。由于项目开发过程中的大部分过程是一次性的，而不同的过程由于其目标、投入资源、判断基准的不同，不可能像制造品生产那样采取通用的方法，这就需要动态控制。项目质量的动态控制就是在项目进行过程中正确应用，并随着条件的变化不断进行调整。

5. 环境控制

影响项目质量的环境因素较多，有项目的技术环境，如地质、水文、气象等；项目的管理环境，如质量保证体系、质量管理制度等；劳动环境，如劳动组合、作业场所等；合同环境，如一般的国内项目环境，采用FIDIC条件的合同环境等。根据项目特点和具体条件，应采取有效措施对影响质量的环境因素进行控制。例如，在建筑工程项目中，就应建立文明施工和文明生产的环境，保持材料工件堆放有序，道路畅通，工作场所清洁整齐，施工程序井井有条，为确保工程质量、安全创造良好条件。

6.4.3 工程项目质量控制各相关方责任

工程项目质量控制体现了多元化的特点，建设单位、监理单位、质量监督单位、设计单位、材料、构件及设备供应单位、施工单位等，均对工程项目的质量控制负有责任。工程项目质量控制如同一个舞台，各相关单位如同剧目的角色，各个角色都要在舞台上进行表演（质量控制），而且各个角色又是相互联系和制约的，在质量控制上，既要独立地承担责任，又要相互支持，还要按规定接受应有的监督。

1. 建设单位的质量控制责任

建设单位是质量控制贯穿建设全过程的管理者和组织者，对质量的决策、监督、帮助、考核、验收负责。

2. 设计单位的质量控制责任

设计单位对工程质量设计负责。设计单位亦应实行项目管理，设计总负责人实际上就是项目经理，组成项目管理班子，进行设计目标控制。为此，应建立设计质量管理体制，健全设计质量的校对、审核制度。所有实际图纸都要经审核人员签字，否则不得出图。设计文件必须符合国家和地区的有关法规、技术标准，必须符合当地建设主管部门确定的规划位置、高程、建筑密度、层数、建筑物与室外工程的衔接与环境协调等要求。务必使功能满足可行性研究报告的要求，各种设计内容和质量符合设计合同的要求，保证结构安全、建筑防火、卫生和环境保护等方面的要求。在施工中，设计单位负有监督与参加验收的责任。

3. 施工单位的质量责任

施工单位对工程项目质量制造负责。要通过实行施工项目管理和建立施工项目质量保证体系确保每个分项、分部工程和单位工程质量达到标准和合同要求，按竣工标准要求交工，达不到合格标准的要进行返修，确保安全和使用功能；交工后实行回访和保修；在施工中还要接受建设单位、设计单位、监理单位的监督和检查。

4. 建筑构配件生产单位的质量责任

建筑构配件生产单位应建立有效的质量体系，对外、对内进行质量保证。车间、科室、班组都要有明确的产品质量责任。建立质量检查、测试机构进行质量把关。要做到出厂的产品达到国家标准规定的合格标准，具有产品标准编号等文字说明，在构配件上标明出厂的合格标志、厂名、产品型号、出厂日期、检查编号等。

5. 建筑材料、设备供应单位的质量责任

建筑材料、设备供应单位对所供应的产品质量负责。供应的产品必须符合下列要求：

（1）达到国家有关法规、技术标准和购销合同规定的质量要求。

（2）有产品检验合格证、说明书及有关技术资料。

（3）实行生产许可证制度的产品，要有许可证主管部门颁发的许可证编号、批准日期和有效期限。

（4）产品包装符合国家有关规定和标准。

（5）使用商标或分级分等的产品，在产品包装上有标记。

建筑设备除符合上述要求外，还应有产品详细的使用说明书，电气产品应附有线路图。厂家负责售后服务。供应单位售出的产品发生质量问题时，供应单位对使用单位负保修、保换、保退、赔偿经济损失责任。

6. 质量监督部门的责任

质量监督部门代表政府对工程项目的质量监督和评定等级负责。在监督中要做到：

（1）未经持证设计单位设计或设计不合格的工程，一律不准施工。

（2）无出厂合格证明和没有按规定复试的原材料，一律不准使用。

（3）不合格的建筑构件，一律不准出厂和使用。

（4）所有工程都必须按照国家规范、标准施工和验收，一律不准降低标准。

（5）质量不合格的工程及构件，一律不准报竣工面积和产量，也不计算产值。

（6）没有持证单位进行认真勘探，不准进行设计。

这就是有名的"六不准"。

7. 监理单位的质量责任

监理单位受建设单位的委托对工程项目的实施（设计和施工）进行监理。为了履行监理合同，监理单位应进行质量目标控制，按质量标准、设计承包合同、施工合同和设计文件要求实现质量目标。

6.4.4 质量控制点

1. 质量控制点的概念

质量控制点是指在质量活动中需要重点进行控制的对象或实体。具体地说，是生产现场或服务现场在一定的期间内、一定的条件下对需要重点控制的质量特性、关键部位、薄弱环节、主导因素等采取特殊的管理措施和方法，实行强化管理，使工序处于良好控制状态，保证达到规定的质量要求。

质量控制点（关键工序）是按产品制造过程中必须重点控制的质量特性和环节设立的，凡符合下列要求的需考虑设立控制点：

（1）产品性能、安全、寿命有直接影响的。

（2）出现不良品较多的工序。

（3）用户反映、定期检查等多次出现不稳定的项目。

2. 质量控制点的设置

质量控制点设置的原则，是根据工程的重要程度，即由质量特性值对整个工程质量的影响程度来确定。为此，在设置质量控制点时，首先要对施工的工程对象进行全面分析、比较，以明确质量控制点，而后进一步分析所设置的质量控制点在施工中可能出现的质量问题或造成质量隐患的原因，针对隐患的原因，相应地提出对策、措施予以预防。由此可见，设置质量控制点，是对工程质量进行预控的有力措施。

质量控制点的涉及面较广，根据工程特点，视其重要性，复杂性，精确性，质量标准和要求，可能是结构复杂的某一工程项目，也可能是技术要求高、施工难度大的某一结构构件或分项、分部工程，也可能是影响质量关键的某一环节中的某一工序或若干工序。总之，无论是操作，材料，机械设备，施工顺序，技术参数，自然条件，工程环境等，均可作为质量控制点来设置，主要是视其对质量特征影响的大小及危害程度而定。兹列举如下：

（1）人的行为

某些工序或操作重点应控制人的行为，避免人的失误造成质量问题。如高空作业，水下作业，危险作业，易燃易爆作业，重型构件吊装或多机抬吊，动作复杂而快速运转的机械操作，精密度和操作要求高的工序，技术难度大的工序等，都应从人的生理缺陷，心理活动，技术能力，思想素质等方面对操作者全面进行考核。事前还必须反复交底，提醒注意事项，以免产生错误行为和违纪违章现象。

（2）物的状态

在某些工序或操作中，则应以物的状态作为控制的重点。如加工精度与施工机具有关；计量不准与计量设备，仪表有关；危险源与失稳，倾覆，腐蚀，毒气，振动，冲击，火花，爆炸等有关，也与立体交叉，多工种密集作业场所有关等。也就是说，根据不同工序的特点，有的应以控制机具设备为重点，有的应以防止失稳，倾覆，过热，腐蚀等危险源为重点，有的则应以作业场所作为控制的重点。

（3）材料的质量和性能

材料的质量和性能是直接影响工程质量的主要因素，尤其是某些工序，更应将材料质量和性能作为控制的重点。如预应力筋加工，就要求钢筋匀质，弹性模量一致，含硫（S）量和含磷（P）量不能过大，以免产生热脆和冷脆；N级钢筋可焊性差，易热脆，用作预应力筋时，应尽量避免对焊接头，焊后要进行通电热处理；又如，石油沥青卷材，只能用石油沥青冷底子油和石油沥青胶铺贴，不能用焦油沥青冷底子油或焦油沥青胶铺贴，否则，就会影响质量。

（4）关键的操作

如预应力筋张拉，在张拉程序中，要进行超张拉和持荷 2min。超张拉的目的，是为了减少混凝土弹性压缩和徐变，减少钢筋的松弛，孔道摩阻力，锚具变形等原因所引起的应力损失；持荷 2min 的目的，是为了加速钢筋松弛的早发展，减少钢筋松弛的应力损失。在操作中，如果不进行超张拉和持荷 2min，就不能可靠地建立预应力值；若张拉应力控制不准，过大或过小，亦不可能可靠地建立预应力值，这些均会严重影响预应力构件的质量。

（5）施工顺序

有些工序或操作，必须严格控制相互之间的先后顺序。如冷拉钢筋，一定要先对焊后冷拉，否则，就会失去冷强。又如屋架的固定，一定要采取对角同时施焊，以免焊接应力使已校正好的屋架发生倾斜。升板法施工的脱模,应先四角,后四边,再中央,即先同时开动四个角柱上的升板机,时间控制为10s,约升高5~8mm为止,然后按同样的方法依次开动四边边柱的升板机和中间柱子上的升板机,这样使板分开后,再调整升差,整体同步提升,否则,将会造成板的断裂;或者采取从一排开始,逐排提升的办法,即先开动第一排柱上的升板机,约10s,升高5~8mm后,再依次开动第二排,第三排柱上的升板机,以同样的方法使板分开后再整体同步提升。升板脱模是升板法施工成功的关键,若不遵循脱模的顺序,一开始就整体提升,由于板间的吸附力和黏结力过大,必然造成板的破坏。

(6) 技术间隙

有些工序之间的技术间歇时间性很强,如果不严格控制亦会影响质量。如分层浇筑混凝土,必须待下层混凝土未初凝时将上层混凝土浇完;卷材防水屋面,必须待找平层干燥后才能刷冷底子油,待冷底子油干燥后,才能铺贴卷材;砖墙砌筑后,一定要有6~10d时间让墙体充分沉陷、稳定、干燥,然后才能抹灰,抹灰层干燥后,才能喷白、刷浆等。

(7) 技术参数

有些技术参数与质量密切相关,亦必须严格控制。如外加剂的掺量,混凝土的水灰化,沥青胶的耐热度,回填土、三合土的最佳含水量,灰缝的饱满度,防水混凝土的抗掺标号等,都将直接影响强度、密实度、抗渗性和耐冻性等,亦应作为工序质量控制点。

(8) 常见的质量通病

常见的质量通病,如渗水,漏水,起壳,起砂,裂缝等,都与工序操作有关,均应事先研究对策,提出预防措施。

(9) 新工艺,新技术,新材料应用

当新工艺,新技术,新材料虽已通过鉴定、试验,但施工操作人员缺乏经验,又是初次进行施工时,也必须对其工序操作重点严加控制。

(10) 质量不稳定,质量问题较多的工序

通过质量数据统计,表明质量波动,不合格率较高的工序,也应作为质量控制点设置。

(11) 特殊土地基和特种结构

对于湿陷性黄土,膨胀土,红黏土等特殊土地基的处理,以及大跨度结构,高耸结构等技术难度较大的施工环节和重要部位,更应特别控制。

(12) 施工工法

施工工法中对质量产生重大影响问题,如升板法施工中提升差的控制问题;预防群柱失稳问题;液压滑模施工中支承杆失稳问题;混凝土被拉裂和坍塌问题;建筑物倾斜和扭转问题;大模板施工中模板的稳定和组装问题等,均是质量控制的重点。

综上所述,质量控制点的设置是保证施工过程质量的有力措施,也是进行质量控制的重要手段。

实施全面质量管理,以质量成本的各项内容为控制要点,进行质量成本控制。

6.4.5 工程质量成本

工程质量成本是指为了达到和保证规定的质量水平所耗费的一切费用,其中包括预防和鉴定成本、质量提高成本和质量损失成本。实施全面质量管理,应以质量成本的各项内容为控制要点,进行质量成本控制。

预防成本是指为使质量达到预定目标而采取的一系列预防性措施所发生的费用。企业应随时预测和掌握预防成本投入和产出的比例关系,把预防成本控制在最佳水平上,防止因片面要求设计质量、功能质量、加工质量的完善而引起预防成本的无限膨胀。

鉴定成本是指为鉴定质量而发生的全部费用。当质量成本损失占极大比重时,鉴定费用的增加能给企业带来很大的质量收入。

质量提高成本是指为改进和提高质量而支付的全部费用。随着全面质量管理的深入和市场竞争的加剧,应充分考虑到质量提高成本的增加与其所带来的潜在的收入之间的比例关系。

质量损失成本包括内部质量损失成本、外部质量损失成本。内部质量损失成本是由于质量缺陷在企业内部造成的经济损失。内部质量损失成本占质量损失成本的比重很大,管理者对此应引起足够重视。对内部质量损失成本的控制通常由质量控制小组承担,在戴明循环(PDCA 循环)理论的指导下利用能够因果分析法、排列图标法和逐个排除法等科学阶段,寻找缺陷症结,落实解决和预防措施,使内部质量损失成本逐步下降。外部质量损失成本是在产品销售和顾客使用过程中因质量缺陷而支付的一切费用。它发生在企业外部,不可控因素更多,降低幅度也更缓慢。外部质量损失成本比内部质量损失成本具有更大的危险性。因为随着外部质量损失成本的增加,将意味着顾客对企业产品越来越不满意和缺乏信心,这必将导致产品信誉的下降和市场的萎缩。对外部质量成本的控制除了提供更好的售后服务外,更重要的是要提高产品的质量,严把合格产品出厂关,不让瑕疵产品流入市场。

6.4.6 现场施工质量控制的基本环节

1. 技术资料及文件准备的质量控制

(1)施工项目所在地的自然条件和技术经济条件调查资料应做到周密、详细、科学、妥善保存,为施工准备提供依据。

(2)施工组织设计文件的质量控制要求是:

①要使施工顺序施工方法和技术措施等能保证质量。

②要进行技术经济比较,保证质量好,经济效果也好。

(3)要认真收集学习有关质量管理方面的法律、法规和质量验收标准、质量管理体系标准等。

(4)工程测量控制资料应按规定收集、整理和保管。

2. 设计交底和图纸审核的质量控制

应通过设计交底、图纸审核,使施工者了解设计意图、工程特点、工艺要求和质量要求,发现、纠正和减少设计差错,消灭图纸中的质量隐患,做好记录,以保证工程质量。

3. 采购和分包质量控制

(1)项目经理应按质量计划中的物资和分包的规定选择和评价供应人,并保存评价记录。

(2)采购要求包括:产品质量要求或外包服务要求;有关产品提供的程序要求;对供方人员资格的要求;对供方质量管理体系的要求。采购要求的形式可以是合同、订单、技术协议、询价单及采购计划等。

(3) 物资采购应符合设计文件、标准、规范、相关法规及承包合同的要求。

(4) 对采购的产品应根据验证要求规定验证部门及验证方式，当拟在供方现场实施验证时，应在采购要求中事先做出规定。

(5) 对各种分包服务选用的控制应根据其规模和控制的复杂程度区别对待，一般通过分包合同对分包服务进行动态控制。

4. 质量教育与培训

通过质量教育与培训，增强质量意识和顾客意识，使员工具有所从事质量工作要求的能力。可以通过考试或实际操作等方式检查培训的有效性，并保存教育、培训及技能认可的记录。

5. 施工阶段的质量控制

(1) 施工阶段质量控制的内容

施工阶段质量控制的内容涉及范围包括：技术交底，工程测量，材料，机械设备，环境，计量，工序，特殊过程，工程变更，质量事故处理等等。

(2) 施工阶段质量控制的要求

①技术交底的质量控制应注意：交底时间；交底分工；交底内容；交底方式（书面）和交底资料保存。

②工程测量的质量控制应注意：编制控制方案；由技术负责人管理；保存测量记录；保护测量点线。还应注意对原有基准点、基准线、参考高程、控制网的复测和测量结果的复核。

③材料的质量控制应注意：在合格材料供应人员名录中选择供应人；按计划采购；按规定进行搬运和储存；进行标识；不合格的材料不准投入使用；发包人供应的材料应按规定检验和验收；监理工程师对承包人供应的材料进行验证等。

④机械设备的质量控制应注意：按计划进行调配；满足施工需要；配套合理使用；操作人员应进行确认并持证上岗；搞好维修与保养等。

⑤为保证项目质量，对环境的要求是：建立环境管理体系；实施环境监控；对影响环境的因素进行监控，包括工程技术环境、工程管理环境和劳动环境。

⑥计量工作的主要任务是统一计量单位，组织量值传递，保证量值的统一。对计量的控制质量的要求是：建立计量管理部门、配备计量人员；建立计量规章制度；开展计量意识教育；按规定控制计量器具的使用、保管、维修和检验。

⑦工序的质量控制应注意：作业人员按规定经考核后持证上岗；按操作规程、作业指导书和技术交底文件进行施工；工序的检验和试验应符合过程检验的规定；对查出的质量缺陷按不合格控制程序及时处理；记录工序施工情况；把质量波动控制在要求界限内；以对因素的控制来保证工序的质量。

⑧特殊过程是指在质量计划中规定的特殊过程，其质量控制要求是：设置其工序质量控制点；由专业技术人员编制专门的作业指导书；经技术负责人审批后执行。

⑨工程变更质量控制要求：严格按程序变更并办理批准手续；管理和控制那些能引起工程变更的因素和条件；要分析提出工程变更的合理性和可行性；当变更发生时，应继续严格管理；注意分析工程变更引起的风险。

⑩成品保护要求：要加强教育，提高成品保护意识；要合理安排施工顺序，采取有效的成品保护措施。成品保护措施包括护、盖、封，可根据需要选择。

6.5 建筑工程项目质量验收

6.5.1 质量验收基本知识

1. 术语

（1）抽样检验：按照规定的抽样方案，随机地从进场的材料、构配件、设备或建筑工程检验项目中，按检验批抽取一定数量的样本所进行的检验。

（2）抽样方案：根据检验项目的特性所确定的抽样数量和方法。

（3）检验批：按同一的生产条件或按规定的方式汇总起来供检验用的，由一定数量样本组成的检验体。

（4）检验：对检验项目中的性能进行量测、检查、试验等，并将结果与标准规定要求进行比较，以确定每项性能是否合格所进行的活动。

（5）见证取样检测：在监理单位或建设单位监督下，由施工单位有关人员现场取样，并送至具备相应资质的检测单位所进行的检测。

（6）交接检验：由施工的承接方与完成方经双方检查并对可否继续施工做出确认的活动。

（7）主控项目：建筑工程中的对安全、卫生、环境保护和公众利益起决定性作用的检验项目。

（8）一般项目：除主控项目以外的检验项目。

（9）计数检验：在抽样的样本中，记录每一个体有某种属性或计算每一个体中的缺陷数目的检查方法。

（10）计量检验：在抽样检验的样本中，对每一个体测量其某个定量特性的检查方法。

（11）观感质量：通过观察和必要的量测所反映的工程外在质量。

2. 抽检特性曲线

应用验收规则去判断具有不合格率 p（%）的检验批的质量，将该检验批判为合格而接收的可能性称为接收概率 L_p（%）。检验批的不合格率 p 愈小，接收概率 L_p 则愈大；反之，p 愈大，则 L_p 愈小，不同的抽样检验方案（对产品进行检查并作出判断的规则），其 L_p 与 p 具有不同的函数关系。对某一个抽检方案来说，当给定若干个不同的 p，就可算出相应的 L_p，以 L_p 为纵坐标、p 为横坐标所绘得的曲线，称为抽样检验特性曲线（Operating Characteristic Curve），即 OC 曲线，如图 6-7 所示。

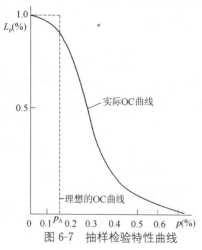

图 6-7 抽样检验特性曲线

判断产品的质量是否合格,应规定一个质量水平,如规定不合格率 $p \leqslant p_A$,实际质量达到这个水平的为合格产品,否则为不合格产品。一个理想的抽检方案应满足:当 $p \leqslant p_A$,$L_p=1$;当 $p > p_A$ 时,$L_p=0$,如图中虚线所示,但实际上这种理想的抽检方案是不存在的,我们只能选取一个比较接近理想的抽检方案。一个好的抽检方案应满足当产品质量较好时,以高概率接受这批产品;当产品质量变坏时,接受概率迅速减小,当产品质量坏到某一程度时以高概率拒收。因此,必须从工程的要求出发,规定两个质量水平:一个是处于功能要求的最低质量水平,称为拒收质量水平(RQL)或极限质量水平(LQ);另一个是既符合经济目的又满足高质量要求的合格质量水平,称为可接受质量水平(AQL)。

3. 两种错判概率

达到任何较高质量水平的检验批,都存在着少量的不合格产品,按某个指定的抽样检验方案进行抽检时,如果抽到这些不合格产品,则整批产品将被判为不合格而予以拒收,对一批达到合格质量水平(AQL)的检验批,这个被判为不合格而予以拒收的概率,称为"第一种错判概率"或"错判概率",用 α 表示,它反映了把质量合格批判为不合格批的可能性的大小。

错判概率使生产者(厂方)承担着一定的风险,一个合理的抽样检验方案不应使该风险过大,一般应把 α 限于5%~10%以内,有些国家混凝土强度质量验收标准就是根据厂方风险来规定的。例如,日本建设学会JASS就是按生产厂风险 $\alpha=10\%$ 来规定合格条件。

同样,在拒收质量水平(RQL)的验收批中也有存在着少量高质量产品,如果检验中抽到这些产品,整批产品将被误判为合格而予以接收,这种错判的概率称为"第二类错判概率"或"漏判概率",用 β 表示,它反映把质量不合格批错判为合格批的可能性大小。由于 β 的存在使使用者(用户)也承担着一定的风险,显然这种风险随着质量水平的下降而减少。

错判概率 α 愈大,对生产者方面不利;漏判概率 β 愈大,对使用者方面不利。两者愈小愈使双方有利。但实际的抽检方案中,往往 α 的缩小会带来 β 的增大,反之亦然。若要同时减小 α 和 β,将会带来每批取样数量增大的矛盾。由于取样数量不能盲目增加,因此在相互意义上说,α 与 β 值只能由生产者方面与使用者方面协商规定,不存在绝对合理标准。

6.5.2 建筑工程施工质量验收标准

《建筑工程施工质量验收统一标准》(GB 50300—2013)由中国建筑科学研究院会同有关单位对原规范2001版修订而成,于2014年6月1日起实施,主要内容如下:

1. 基本规定

(1) 施工现场应具有健全的质量管理体系、相应的施工技术标准、施工质量检验制度和综合施工质量水平评定考核制度。

(2) 未实行监理的建筑工程,建设单位相关人员应履行本标准涉及的监理职责。

(3) 建筑工程的施工质量控制应符合下列规定:建筑工程采用的主要材料、半成品、成品、建筑构配件、器具和设备应进行进场检验。凡涉及安全、节能、环境保护和主要使用功能的重要材料、产品,应按各专业工程施工规范、验收规范和设计文件等进行复验,并应经监理工程师检查认可。

(4) 符合下列条件之一时,可按相关专业验收规范的规定适当调整抽样复验、试验数量,调整后的抽样复验、试验方案应由施工单位编制,并报监理单位审核确认。

①同一项目中由相同施工单位施工的多个单位工程,使用同一生产厂家的同品种、同规格、同批次的材料、构配件、设备。

②同一施工单位在现场加工的成品、半成品、构配件用于同一项目中的多个单位工程。在同一项目中,针对同一抽样对象已有检验成果可以重复利用。

③在同一项目中,针对同一抽样对象已有检验成果可以重复利用。

(5) 当专业验收规范对工程中的验收项目未做出相应规定时,应由建设单位组织监理、设计、施工等相关单位制定专项验收要求。涉及安全、节能、环境保护等项目的专项验收要求应由建设单位组织专家论证。

(6) 建筑工程施工质量应按下列要求进行验收:

①工程质量验收均应在施工单位自检合格的基础上进行。

②参加工程施工质量验收的各方人员应具备相应的资格。

③检验批的质量应按主控项目和一般项目验收。

④对涉及结构安全、节能、环境保护和主要使用功能的试块、试件及材料,应在进场时或施工中按规定进行见证检验。

⑤隐蔽工程在隐蔽前应由施工单位通知监理单位进行验收,并应形成验收文件,验收合格后方可继续施工。

⑥对涉及结构安全、节能、环境保护和使用功能的重要分部工程应在验收前按规定进行抽样检验。

⑦工程的观感质量应由验收人员现场检查,并应共同确认。

(7) 建筑工程施工质量验收合格应符合下列规定:

①符合工程勘察、设计文件的规定。

②符合本标准和相关专业验收规范的规定。

(8) 检验批的质量检验,可根据检验项目的特点在下列抽样方案中选取:

①计量、计数的抽样方案。

②一次、二次或多次抽样方案。

③对重要的检验项目,当有简易快速的检验方法时,选用全数检验方案。

④根据生产连续性和生产控制稳定性情况,采用调整型抽样方案。

⑤经实践证明有效的抽样方案。

(9) 检验批抽样数量的规则:随机抽取,分布均匀、具有代表性,抽样数量不低于有关专业验收规范及表 6-1 的规定。明显不合格的个体可不纳入检验批,但必须进行处理,使其满足有关专业验收规范的规定,对处理的情况应予以记录并重新验收。

检验批容量小时,抽样数量大于 5%;检验批容量超过 700 时,抽样数量小于 5%。体现按统计学原理抽样的特点。

(10) 计量抽样的错判概率 α 和漏判概率 β 可按下列规定采取:

①主控项目:对应于合格质量水平的 α 和 β 均不宜超过 5%。

②一般项目:对应于合格质量水平的 α 不宜超过 5%,β 不宜超过 10%。

检验批最小抽样数量　　　　　　　　　　表6-1

检验批容量	最小抽样数量	检验批容量	最小抽样数量
2~8	2	91~150	8
9~15	2	151~280	13
16~25	3	281~500	20
26~50	5	501~1 200	32
51~90	5	1 201~3 200	50

2．建筑工程质量验收的划分

（1）建筑工程施工质量验收应划分为单位工程、分部工程、分项工程和检验批。

（2）单位工程应按下列原则划分：

①具备独立施工条件并能形成独立使用功能的建筑物或构筑物为一个单位工程。

②对于规模较大的单位工程，可将其能形成独立使用功能的部分划分为一个子单位工程。

（3）分部工程应按下列原则划分：

①可按专业性质、工程部位确定。

②当分部工程较大或较复杂时，可按材料种类、施工特点、施工程序、专业系统及类别等将分部工程划分为若干子分部工程。

（4）分项工程可按主要工种、材料、施工工艺、设备类别等进行划分。

（5）检验批可根据施工、质量控制和专业验收的需要，按工程量、楼层、施工段、变形缝等进行划分。

（6）建筑工程的分部、分项工程划分宜按本标准附录B采用。

（7）施工前，应由施工单位制定分项工程和检验批的划分方案，并由监理单位审核。对于附录B及相关专业验收规范未涵盖的分项工程和检验批，可由建设单位组织监理、施工等单位协商确定。

（8）室外工程可根据专业类别和工程规模按本标准附录C的规定划分单位工程、分部工程。

3．建筑工程质量验收

（1）检验批质量验收合格应符合下列规定：

①主控项目的质量经抽样检验均应合格。

②一般项目的质量经抽样检验合格。当采用计数抽样时，合格点率应符合有关专业验收规范的规定，且不得存在严重缺陷。

对于计数抽样的一般项目，正常检验的一次、二次抽样可按本标准附录D判定。

③具有完整的施工操作依据、质量验收记录。

（2）分项工程质量验收合格应符合下列规定：

①所含检验批的质量均应验收合格。

②所含检验批的质量验收记录应完整。

（3）分部工程质量验收合格应符合下列规定：

①所含分项工程的质量均应验收合格。
②质量控制资料应完整。
③有关安全、节能、环境保护和主要使用功能的抽样检验结果应符合相应规定。
④观感质量应符合要求。

(4) 单位工程质量验收合格应符合下列规定：
①所含分部工程的质量均应验收合格。
②质量控制资料应完整。
③所含分部工程中有关安全、节能、环境保护和主要使用功能的检验资料应完整。
④主要使用功能的抽查结果应符合相关专业验收规范的规定。
⑤观感质量应符合要求。

(5) 建筑工程施工质量验收记录可按下列规定填写：
①检验批质量验收记录可按本标准附录 E 的规定填写。
②分项工程质量验收记录可按本标准附录 F 的规定填写。
③分部工程质量验收记录可按本标准附录 G 的规定填写，分部工程观感质量验收记录应按相关专业验收规范的规定填写。
④单位工程质量竣工验收记录、质量控制资料核查记录、安全和功能检验资料核查记录及观感质量检查记录应按本标准附录 H 的规定填写。

(6) 当建筑工程施工质量不符合规定时，应按下列规定进行处理：
①经返工或返修的检验批，应重新进行验收。
②经有资质的检测机构检测鉴定能够达到设计要求的检验批，应予以验收。
③经有资质的检测机构检测鉴定达不到设计要求、但经原设计单位核算认可能够满足安全和使用功能的检验批，可予以验收。
④经返修或加固处理的分项、分部工程，满足安全及使用功能要求时，可按技术处理方案和协商文件的要求予以验收。

(7) 工程质量控制资料应齐全完整，当部分资料缺失时，应委托有资质的检测机构按有关标准进行相应的实体检验或抽样试验。

(8) 经返修或加固处理仍不能满足安全或使用要求的分部工程及单位工程，严禁验收。

4. 建筑工程质量验收的程序和组织

(1) 检验批应由专业监理工程师组织施工单位项目专业质量检查员、专业工长等进行验收。

(2) 分项工程应由专业监理工程师组织施工单位项目专业技术负责人等进行验收。

(3) 分部工程应由总监理工程师组织施工单位项目负责人和项目技术、质量负责人等进行验收。勘察、设计单位项目负责人和施工单位技术、质量部门负责人应参加地基与基础分部工程的验收。设计单位项目负责人和施工单位技术、质量部门负责人应参加主体结构、节能分部工程的验收。

(4) 单位工程中的分包工程完工后，分包单位应对所承包的工程项目进行自检，并应按本标准规定的程序进行验收。验收时，总包单位应派人参加。分包单位应将所分包工程的质量控制资料整理完整后，移交给总包单位。

(5) 单位工程完工后，施工单位应组织有关人员进行自检。总监理工程师应组织各专业监理工程师对工程质量进行竣工预验收。存在施工质量问题时，应由施工单位及时整改。整改完毕后，由施工单位向建设单位提交工程竣工报告，申请工程竣工验收。

(6) 建设单位收到工程竣工报告后，应由建设单位项目负责人组织监理、施工、设计、勘察等单位项目负责人进行单位工程验收。

6.5.3 工程项目竣工验收

1. 工程项目竣工验收的概念和意义

工程项目竣工验收交付使用，是项目周期的最后一个程序。它是投资者全面检验项目目标实现程度，就工程投资、工程进度和工程质量进行审查认可的过程；也是工程项目从实施到投入运行使用的衔接转换阶段。

根据国务院《建设工程质量管理条例》(2000)和建设部《房屋建筑工程和市政基础设施工程竣工验收暂行规定》(2000)，工程竣工验收由建设单位负责组织实施。建设单位收到施工单位提交的竣工报告后，应及时组织设计、施工、监理等有关单位进行竣工验收。建设单位主要职责包括制定工作方案、召开会议、组织现场查验、完成工程竣工验收报告、负责竣工验收备案等工作。投资者应重视和集中力量组织好竣工验收，并督促承包者抓紧收尾工程，通过验收发现隐患、消除隐患，为项目正常生产、迅速达到设计能力创造良好条件。

从承包者角度看，工程项目竣工验收是承包者对所承担的施工工程接受投资者全面检验，按合同全面履行义务、按完成的工程量收取工程价款、积极主动配合投资者组织好试生产、办理竣工工程移交手续的重要阶段。

2. 工程项目竣工验收的范围和依据

按照设计文件所规定的内容和施工图纸要求全部建成的建设项目或单项工程（工业项目经负荷试车考核或试生产期能够正常生产合格产品，非工业项目符合设计要求、能够正常使用)，都要及时组织验收，并办理移交手续。

按照现行规定，竣工验收的依据是经过上级审批机关批准的可行性研究报告，初步设计或扩大初步设计，施工图纸和说明，设备技术说明书，招标投标文件和工程承包合同，施工过程中的设计修改签证，现行的施工技术验收标准，规范及主管部门有关审批、修改、调整文件等。建设项目的规模、工艺流程、工艺管线、土地使用、建筑结构形式、建筑面积、外形装饰、技术装备、技术标准、环境保护、单项工程等，必须与各种批准文件内容或工程承包合同内容相一致。其他协议规定的某一国家或国际通用的工艺规程和技术标准，从国外引进技术或成套设备项目及中外合资建设的项目，还应按照签订的合同和国外提供的设计文件等资料进行验收。国外引进的项目合同中未规定标准的，按设计时采用的国内有关规定执行。若国内也无明确规定标准的，按建设单位规定的技术要求执行。由国外设计的土木、建筑、结构安装工程验收标准，中外规范不一致时，参照有关规定协商，提出适用的规范。

3. 工程项目竣工验收标准

工程项目竣工验收、交付生产和使用，必须有相应的判别标准。

(1) 竣工验收交付生产和使用标准

生产性工程和辅助公用设施，已按设计要求建完，能满足生产使用；主要工艺设备配套，设备经连动负荷试车合格，形成生产力，能够生产出设计文件所规定的产品；必要的生活设施已按设计要求建成；生产准备工作能适应投产的需要；环境保护设施、劳动安全卫生设施、消防设施等已按设计要求与主体工程同时建成使用。

(2) 土建安装工程必须达到竣工验收标准

①土建工程。凡是生产性工程、辅助公用设施及生活设施，按照设计图纸、技术说明书在工程内容上按规定全部施工完毕，室内工程全部做完，室外的明沟勒脚、踏步斜道全部做完，内外粉刷完毕；建筑物、构筑物周围2m以内场地平整，障碍物清除，道路、给排水、用电、通信畅通，经验收组织单位按验收规范进行验收，使工程质量符合各项要求。

②安装工程。凡是生产性工程，其工艺、物料、热力等各种管道均已安装完，并已做好清洗、试压、吹扫、油漆、保温等工作，各种设备、电气、空调、仪表、通信等工程项目全部安装结束，经过单机、联动无负荷及投料试车，全部符合安装技术的质量要求，具备生产的条件，经验收组织单位按验收规范进行合格验收。

4. 工程项目竣工验收程序和内容

(1) 由施工单位做好竣工验收的准备

①做好施工项目的收尾工作。项目经理要组织有关人员逐层、逐段、逐房间地进行查项，看有无丢项、漏项，一旦发现丢项、漏项，必须确定专人逐项解决并加强检查。

②组织工程技术人员绘制竣工图，清理和准备各项需向建设单位移交的工程档案资料，编制工程档案资料移交清单。

③组织预算人员（为主）、生产、管理、技术、财务、劳资等管理人员编制竣工结算表。

④准备工程竣工通知书、工程竣工报告、工程竣工验收证明书、工程保修证书。

⑤组织好工程自验，报请上级领导部门进行竣工验收检查，对检查出的问题及时进行处理和修补。

⑥准备好工程质量评定的各项资料。按结构性能、使用功能、处理效果等方面对工程的地基基础、结构、装修及水、暖、电、卫、设备的安装等各个施工阶段所有质量检查资料，进行系统的整理，为评定工程质量提供依据，为技术档案移交归档做准备。

(2) 进行工程初验

施工单位决定正式提请验收后，应向监理单位或建设单位送交验收申请报告，监理工程师或建设单位收到验收报告后，应根据工程承包合同、验收标准进行审查，若认为可以进行验收，则应组织验收班子对竣工的工程项目进行初验，在初验中发现质量问题后，及时以书面通知或备忘录的形式通知施工单位，并令施工单位按有关质量要求进行修理甚至返工。

(3) 正式验收

规模较小或较简单的工程项目，可以一次进行全部项目的竣工验收；规模较大或较复杂的工程项目，可分两个阶段验收：

第一阶段验收是单项工程验收，是指一个总体建设项目中，一个单项工程（或一个车间）已按设计规定的内容建完，能满足生产要求或具备使用条件，且已预验和初验，施工单位提出"验收交接申请报告"，说明工程完成情况、验收准备情况、设备试运转情况及申请办理交接日期，便可组织正式验收。

第二阶段是全部验收又称动用验收，是指整个建设项目按设计规定全部建成、达到竣工验收标准，可以使用（生产）时，由验收委员会（小组）组织进行的验收。

全部验收工作首先要由建设单位会同设计、施工单位或施工监理单位进行验收准备，其主要内容有：

①财务决算分析。
②整理汇总技术资料，装订成册，分类编目。
③核实未完工程，列出未完工程一览表，包括项目、工程量、预算造价、完成日期等内容。
④核实工程量并评定工程质量等级。
⑤编制固定资产构成分析表，列出各个竣工决算价所占的百分比。
⑥总结试车考核情况。

整个工程项目竣工验收，一般要经现场初验和正式验收两个阶段，即验收准备工作结束后，由上级主管部门组织现场初验，要对各项工程进行检验，进一步核实验收准备工作情况，在确认符合设计规定和工程配套的前提下，按有关标准对工作做出评价，对发现的问题提出处理意见，公正、合理地排除验收工作中的争议，协调厂外有关方面的关系，如把铁路、公路、电力、电讯等工程移交有关部门管理等。现场初验要草拟"竣工验收报告书"和"验收鉴定书"。对在现场初验中提出的问题处理完毕后，经竣工验收机构复验或抽查，确认对影响生产或使用的所有问题都已经解决，即可办理正式验收交接手续，正式验收交接工作即告结束。

竣工验收的证明文件包括：建筑工程竣工验收证明文件；设备竣工验收证明书；建设项目交工、验收鉴定书；建设项目统计报告。

5. 竣工验收组织

（1）验收组织的要求

竣工验收要根据工程规模大小，复杂程度组织验收委员会或验收小组。验收委员会或验收小组应由银行、物资、环保、劳动、统计、消防及其他有关部门组成，建设单位、接管单位、施工单位、勘察设计单位、施工监理单位参加验收工作。

（2）验收组织的职责

验收委员会或验收小组，负责审查工程建设的各个环节，听取各有关单位的工作报告，审阅工程档案资料并实地察验建筑工程和设备安装情况并对工程设计、施工和设备质量等方面做出全面评价。不合格的工程不予验收，对遗留问题提出具体解决意见，限期落实完成。其具体职责包括：制定竣工验收工作计划；审查各种交工技术资料；审查工程决算；按验收规范对工程质量进行鉴定；负责试生产的监督与效果评定；签发工程项目竣工验收证书；对遗留问题作处理决定；提出竣工验收总结报告。

6. 竣工资料移交

（1）移交资料的内容

各有关单位（包括设计、施工、监理单位）应在工程准备开始就建立起工程技术档案，汇集整理有关资料，把这项工作贯穿于整个施工过程中，直到工程竣工验收结束。这些资料由建设单位分类立卷，在竣工验收时移交给生产单位（或使用单位）统一保管，作为日后维护、改造、扩建、科研、生产组织的重要依据。

凡是列入技术档案的技术文件、资料，都必须经有关技术负责人正式审定。所有的文件、资料都必须如实反映情况，不得擅自修改、伪造或事后补作。工程技术档案必须严加管理，不得遗失损坏，人员调动时要办理交接手续，重要资料还应分别报送上级领导机关。技术资料按《建设工程文件归档规范》（GB/T 50328—2014）执行。

（2）竣工图绘制

建设项目竣工图，是准确、完整、真实记录各种地下、地上建筑物、构筑物等详细情况的技术文件，是工程竣工验收、投产交付使用后的维修、扩建、改建的依据，是生产（使用）单位必须长期妥善保存的技术档案。

竣工图一定要与实际情况相符，要保证图纸质量，做到规格统一、图面整洁、字迹清楚，不得用圆珠笔或其他易于褪色的墨水绘制，并要经过承担施工的技术负责人审核签认。

绘制好竣工图是竣工验收的条件之一，建设单位（或施工监理单位）要组织、督促和协助各设计、施工单位检查自己负责的竣工图绘制工作情况，发现有拖期、不准确或短缺时，要及时采用措施解决。

（3）工程技术档案资料管理

技术档案包括从建设项目的提出到竣工投产、交付使用整个工程建设过程的各个阶段所形成的文字材料、图纸、图表、计算材料、照片、录像、磁带等。

做好建设项目的工程技术档案资料的收集、整理、归档，保管工作，对保证各项工程建成后顺利地交付生产、使用及为将来的维修、扩建、改建都有着十分重要的作用。各建设项目的管理、设计、施工监理单位都应重视建设项目文件资料的形成与积累，尤其要管好建筑物、构筑物和各种管线、设备的档案资料。

现场项目经理部要有一位负责人分管档案资料工作，并建立与档案资料工作相适应的管理部门，配备能胜任工作的人员，制定管理制度，在施工中要做好施工记录、检验记录，整理好变更文件，并及时做出竣工图。

各级建设主管部门及档案部门，要负责检查和指导本专业、本地区建设项目的档案资料工作，档案管理部门应参加工程竣工验收中档案资料验收工作。

本章小结

质量管理是工程项目管理的基本职能之一，本章在介绍其基本概念的基础上，主要从承包商的角度出发，以 ISO 9000 标准为主线，详细介绍了工程项目质量管理体系、质量策划与控制及建筑工程项目质量验收的基本理论、方法与相关规定。

工程案例：邮电通信大楼建设工程项目管理规划（续）

9. 项目的质量管理

工程项目质量是国家现行的有关法律、法规、技术标准、项目合同对工程的安全、使用、经济、美观等特性的综合要求。本项目的质量管理以分项工程作为质量控制点，采用分阶段控制和分析等方法，找出偏差，采取纠偏措施，并以项目质量报告形式表达，如下表所示。

序号	分部工程	质量等级	子分部工程	分项工程	质量等级控制 优良	质量等级控制 合格
1210	地基与基础	优	无支护土方	土方回填		合格
			地下防水	防水混凝土	优	
				卷材防水层	优	
				细部构造	优	
				后浇带混凝土	优	
				混凝土结构缝处理	优	
			砌体基础	砖砌体	优	
1220	主体结构	优	混凝土结构	模板工程	优	
				钢筋工程	优	
				混凝土工程	优	
				预应力工程	优	
			砌体结构	填充墙砌体	优	
1230	安装工程		（略）	基层		合格

(1) 项目的质量计划

①编制说明。

a. 本方案主要依据（略）。

b. 相关技术文件（略）。

c. 主要施工规范标准（略）。

②工程质量目标。

a. 工程质量一次验收合格。

b. 整体工程创优良工程。

③质量目标分解。

④质量管理体系。

本项目将建立完善的质量管理体系，并根据 GB/T 19002—ISO 9000 标准和本企业的《质量管理程序文件》和《质量手册》进行质量管理。

a. 本项目质量管理组织体系如图 6-8 所示。

b. 工程质量保证体系的要素职能分配表（略）。

c. 工程质量控制点（略）。

d. 工程质量重点控制环节（略）。

⑤项目质量控制措施和控制过程。

项目部根据所确定的邮电通信大楼工程质量控制的系统进行质量控制，项目部对质量管理采取的具体管理措施有：

a. 建立品质管理体系。按照 ISO 9000、ISO 14000 建立品质保障体系。

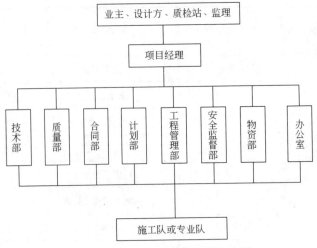

图 6-8　邮电大厦质量管理组织体系

b. 树立品质第一的思想，在关键会议上实行一票否决制。

c. 按照业主要求，国家标准，行业标准制定项目质量标准并执行。

d. 制定各阶段验收规程、施工规程，并按规程检查。

e. 明确项目的变更流程和变更事后管理。

f. 配合业主，做好工程验收工作。

另外，发挥技术负责人的积极性，周密地思考能力，仔细地交底和观察能力，做好事前预防，把问题消灭在安装过程中。在全面质量管理中狠抓上述几个方面工作的同时，为了达到全面控制质量的目的，还应着手以下几项工作：

a. 管理机构。在工程内设专职质量控制工程师，负责质量控制，有关质量问题的日常事务处理与设备基础和钢结构的验收工作。按专业设兼职质量控制工程师，负责专业内有关质量控制事宜。

b. 立法。为统一口径、避免质量纠纷，规定：不论是国际权威机构制定的标准，还是厂家的设计标准，以及经生产实践考验了的承包商标准，未经建设单位（业主）认可和总承包商正式发送，不予使用。其次，为控制质量，将各专业安装过程分解，在工序间设立控制点，即上一工序完成后，要经一定等级的检查才能开始下一工序工作。根据工作工序的重要程度，确定不同的检查等级。为防止遗漏或疏忽，设立质量控制页，登记控制点通过检查日期、检查情况与检查结果通知的编号，以便随时检查控制情况，并作为竣工资料予以保留。

c. 执法。要求质量控制人员了解合同中关于质量控制的要求和有关章节的内容，作为在工作中谈判的依据。同时熟悉规程和规范，在工作中作为判断技术问题的依据。

d. 控制程序。为使安装工作有条不紊地进行，保证每一工序都经认证检查得到认可，制定了适合实际情况的"控制程序"，并下发给各专业队及各专业工程师，责任认真执行。

e. 认证。实行认证当面签字的做法，明确在质量控制中哪一级检查，就必须由哪一级签字认证。如果产生有质量看法的分歧，必须以信函形式通知有关单位，以取得法律依据，不可掉以轻心。

(2) 质量控制

工程质量控制是通过现场质量控制程序来实现的，为了有效控制项目质量，制定了规范现场质量验收单、质量检查单及检查的程序。

任何一个控制点经现场联合检查认可后,必须发出一式四份检查结果通知,经认证和审批后,其中两份交付建设单位作质量资料,一份由总承包商备存,一份返回承包商供存档和填加质量控制页。当一个单位工程或机组内各专业全部完成控制点明细规定的控制点认证检查后,将质量控制页集中,经检查确无遗漏和疏忽,按设备、管道、电气、仪表、保温和油漆顺序统一编排页号、装订,即可申请单位工程或机组机械交工。自此以后属于交工范围。

施工过程中,不可避免要处理纠纷。按国际惯例,口头通知或许诺不能作为依据,必须以函件形式通知对方,为事实的演变取得法律的依据。函件的格式有两种,一种是正式的,一种是现场通知。承包工程项目中质量认可否决权建立在全员质量意识、严密的制度和科学的经济责任制基础上。现场质量控制部门的工作,不能由其他部门和非质量人员所代替。质量控制部门不参与计划调度协调会议,不受工程进度的约束,也不参与施工技术专题会议。但是,控制点不通过它的检查认可和签证也是无效的。

复习思考题

1. 工程项目质量管理的概念及其主要特点是什么?
2. 工程项目质量管理体系的八项原则是什么?
3. 影响质量控制的因素是什么?
4. 简述工程项目质量策划的过程。
5. 简述质量成本控制的内容。

本章参考文献

[1] 中华人民共和国国家标准. GB 50300—2013 建筑工程施工质量验收统一标准[S]. 北京:中国建筑工业出版社,2014.
[2] 陈飞. 工程项目管理[M]. 成都:成都科技大学出版社,1993.
[3] 陈灿华,卢守. 工程项目管理与建设法规[M]. 长沙:湖南大学出版社,1998.
[4] 陈光健. 中国建设项目管理实用大全[M]. 北京:经济管理出版社,1993.
[5] 陈永强. 项目采购管理[M]. 北京:机械工业出版社,2002.
[6] 成虎. 工程项目管理[M]. 3版. 北京:中国建筑工业出版社,2009.
[7] 丛培经. 实用工程项目管理手册[M]. 北京:中国建筑工业出版社,1999.
[8] 杜嘉伟,郑煜,梁兴国. 哈佛模式——项目管理[M]. 北京:人民出版社,2001.
[9] [英]菲尔德(Field. M). 项目管理[M]. 严勇,等译. 大连:东北财经大学出版社,2000.

第7章 工程项目风险管理

本章导读

1. 叙述风险管理的相关概念、特点及内容。
2. 介绍风险识别过程与风险方法。
3. 简述工程项目风险度量原理、工程风险评估概念,并介绍了工程风险评价方法和风险评估报告一般格式。
4. 工程项目风险应对计划依据、风险应对策略及措施。
5. 进行工程项目风险监控的方法与技术。
6. 工程项目保险及担保的含义、作用与内容等。

7.1 风险管理概述

7.1.1 风险与工程项目风险

1. 风险含义

一般而言,风险的基本含义是损失的不确定性,但对这一基本概念,在经济学家、统计学家、决策理论家和保险学者中尚无一个适用于各个领域的、一致公认的定义。目前,关于风险的定义主要有以下几种代表性观点:

(1) 以研究风险问题著称的美国学者 A·H·威雷特认为:"风险是关于不愿发生的事件发生的不确定性之客观体现。"

(2) 美国经济学家 F·H·奈特认为:"风险是可测定的不确定性。"

(3) 日本学者武井勋认为:"风险是在特定环境中和特定期间内自然存在的导致经济损失的变化。"

(4) 台湾地区学者郭明哲认为:"风险是指决策面临的状态为不确定性产生的结果"。

(5) 比较经典的风险定义是美国人韦氏(Webster)给出的:"风险是遭受损失的一种可能性。"例如,在一个项目中,损失可能有各种不同的后果形式,如质量的降低、费用的增加或项目完成的推迟等。

上述各种对风险的不同描述,其要素包括了两方面的内涵:一是指风险意味着出现了损失,或者是未实现预期的目标;二是指这种损失出现与否是一种不确定性随机现象,可以用概率表示出现的可能程度,但不能对出现与否作出确定性判断。

2. 工程项目风险基本概念

工程项目风险是指工程项目在设计、施工和竣工验收等各个阶段可能遭到的风险,可将其定义为：在工程项目目标规定的条件下，该目标不能实现的可能性。工程项目不同阶段有不同的风险，工程项目风险大多数会随着项目的进展而变化，项目不同阶段的风险性质、风险后果也不一样。项目大量的风险存在于项目的早期，而早期决策对项目后续阶段和项目目标的实现影响也非常大。

对建设工程项目风险的认识，要明确两个基本点：

(1) 建设项目风险大

建设项目建设周期持续时间长，所涉及的风险因素多。对建设项目的风险因素分类，最常用的是按风险产生的原因进行分类，即将建设项目的风险因素分为政治、社会、经济、自然、技术等因素。这些风险因素都会不同程度地作用于建设项目，产生错综复杂的影响。同时，每一种风险因素又都会产生许多不同的风险事件。这些风险事件虽然不会都发生，但总会有些风险事件发生。总之，建设项目风险因素和风险事件发生的概率均较大，其中有些风险因素和风险事件的发生概率更大。这些风险因素和风险事件一旦发生，往往造成比较严重的损失。

(2) 参与工程建设的各方均有风险，但各方的风险不尽相同

工程建设各方所遇到的风险事件有较大的差异，即使是同一风险事件，对建设项目不同参与方的后果往往迥然不同。例如，同样是通货膨胀风险事件，在可调价格合同条件下，对业主来说是相当大的风险，而对承包人来说则风险很小；但是，在固定总价合同条件下，对业主来说就不是风险，而对承包人来说是相当大的风险。

3. 工程项目风险的特点

建筑工程项目风险具有如下基本特点：

(1) 工程项目风险的客观性与必然性

在项目建设中，无论是自然界的风暴、地震、滑坡，还是与人们活动紧密相关的施工技术、施工方案等不得当造成的风险损失，都是不以人们的意志为转移的客观现实。它们的存在与发生就总体而言是一种必然现象，从认识论角度看，自然界的物体运动及人类社会的运动规律都是客观存在的，这也表明项目风险的发生是客观必然的。风险的客观必然性表明它的存在独立于人们的主观意识之外，项目风险的发生，无论其范围、程度、频率，还是形式、时间都可能表现各异，但它总会以各自独特的方式表现其存在，是一种必然会出现的事件。随着人们对项目风险认识的深入，各种项目风险在经过无数次的分析考察后，就会发现或接近发现各种项目自身的运动规律性。项目风险存在的客观性与必然性是从全面地、长期地以大量项目风险事件为总体来进行考察的观点而言的。

(2) 工程项目风险的不确定性

项目风险事件发生和导致的后果往往是以偶然和不确定形式出现的。项目风险何时、何处、发生何种风险及程度是不确定的。偶然是指风险事件有可能发生也有可能不发生，它反映了风险存在的趋向性。不确定是指一方面项目风险事件存在的不确定性是由于项目风险事件的存在受各种风险因素包括各种不确定因素的支配，在一定的条件下，虽然存在，但不一定发生；另一方面，同性质的项目风险事件在不同的事件、地点发生所造成的损失规模及其后果也是不确定的。

(3) 工程项目风险的存在与发生的可变性

项目风险存在与发生的可变性是指项目风险在一定的条件下可转变的特性。一方面，随

着人们辨识风险、认识风险、抗御风险的能力增强，就能在一定程度上降低项目风险所造成的损失范围和程度及项目风险的不确定性程度，增强了对风险的控制能力。这是风险控制与管理的重要基础。

4. 工程项目风险的分类

在工程风险管理中，工程风险的分类可以采用两种方式：一种是根据潜在的损失形态将工程风险划分为财产风险、人身风险和责任风险；另一种是根据潜在损失承担主体将风险划分为建设项目业主风险、承包商风险和其他关系人风险。其中，建设项目业主风险主要有：

(1) 自然及环境灾害风险

主要指地震、海啸、雷电、飓风、台风、龙卷风、风暴、暴雨、洪水、水灾、冻灾、冰雹、地崩、山崩、火山爆发、地面下陷及其他人力不可抗拒的破坏力强大的自然现象。

(2) 技术性风险

主要包括地质勘探、设计技术、施工技术、生产工艺、应用设备、原材料等技术原因。

(3) 人为风险

主要包括勘察设计单位的技术和经验、承包商的资质和经验、监理单位的资质和信用、供应商的信用和管理（组织管理、员工素质）、外来破坏、盗窃等。

(4) 责任风险

主要包括法律环境、地理环境、施工方式、工地防范、各种污染等。

7.1.2 工程项目风险管理

1. 工程项目风险管理的概念

风险是客观存在的，不以人的意志为转移。因此，风险管理必不可少。

所谓风险管理，就是人们对潜在的意外损失进行辨识、评估，并根据具体情况采取相应的措施处理，即在主观上尽可能做到有备无患，或在客观上无法避免时亦能寻求切实可行的补救措施，从而减少意外损失或化解风险为我所用。

工程项目风险管理是指参与工程项目建设的各方，包括发包方、承包方和勘察、设计、监理咨询等单位在工程项目的筹划、勘察设计、工程施工及竣工后投入使用各阶段采取的辨识、评估、处理工程项目风险的措施和方法。

2. 工程项目风险管理的重要性

建筑工程由于其规模大、周期长、生产的单件性和复杂性等特点，在实施过程中存在着施工不确定的因素，比一般产品生产具有更大的风险，进行风险管理尤为重要。

(1) 工程项目风险管理事关工程项目各方的生死存亡

工程项目建设需要耗费大量人力、物力和财力。如果企业忽视风险管理或风险管理不善，则会增加发生意外损失的可能性，扩大意外损失的后果。轻者工期拖延，增加各方支出；重者项目难以进行，使巨额投资无法收回。如果工程项目质量遭受影响，更会给日后项目的使用、运行造成长期损害。

(2) 工程项目风险管理直接影响企业的经济效益

通过有效的风险管理，企业可以对自己的资金、物资等资源做出更加合理的安排，从而提高其经济效益。例如，在工程项目的施工过程中，承包商往往需要库存部分材料以防材料涨价等风险。但若承包商在承包合同中约定材料价格按时结算或根据市场价格予以调整，则有关材料价格风险将转移给发包人，承包商便无需耗费大量资金库存材料，而节约的流动资金将成为企业新的利润来源。

(3) 工程项目风险管理有利于项目建设顺利进行，化解各方可能发生的纠纷

风险管理不仅能预防风险，更能在各方之间平衡、分配风险。对于特定的工程项目风险，各方预防和处理难易程度不同。通过平衡、分配，由最适合的当事人进行风险管理，负责、监督风险的预防和处理工作。这将大大降低发生风险的可能性和风险带来的损失。同时，明确各类风险的负责方，也可在风险发生后明确责任，及时解决善后事宜，避免互相推诿而导致进一步纠纷。

总之，工程项目风险管理是业主，承包商和设计、监理咨询等单位在日常经营、重大决策过程中必须认真对待的工作。它不单纯是消极避险，更有助于企业积极地趋利避害，进而在竞争中处于优势地位。

7.1.3 工程项目风险管理过程与内容

项目风险管理发展的一个主要标志是建立了风险管理的系统过程，从系统的角度来认识和理解项目风险，从系统过程的角度来管理风险。项目风险管理过程，一般由若干主要阶段组成，这些阶段不仅之间相互作用，而且与项目管理其他管理区域也互相影响，每个风险管理阶段的完成都需要项目风险管理人员的努力。

风险管理就是一个识别、确定和度量风险，并制定、选择和实施风险处理方案的过程。建设工程项目风险管理在这一点上并无特殊性。风险管理应是一个系统的、完整的过程，一般也是一个循环过程。风险管理过程包括风险识别、风险评价、风险对策规划、风险控制、风险监控五方面内容。

(1) 风险识别

风险识别是风险管理中的首要步骤，是指通过一定的方式，系统而全面地识别出影响建设工程目标实现的风险事件并加以适当归类的过程。必要时，还需对风险事件的后果做出定性的估计。

(2) 风险评价

风险评价是将建设工程风险事件的发生可能性和损失后果进行定量化的过程。这个过程在系统地识别建设工程风险与合理地做出风险对策规划之间起着重要的桥梁作用。风险评价的结果主要在于确定各种风险事件发生的概率及其对建设工程目标影响的严重程度，如投资增加的数额、工期延误的天数等。

(3) 风险对策规划

风险对策规划有两个方面：

①决策者针对项目面对的形势选定行动方案。一经选定，就要制订执行这一行动方案的计划。为了使计划切实可行，常常还需要进行再分析，特别是要检查计划是否与其他已做出的或将要做出的决策冲突，为以后留出灵活余地。一般地，只有在获得了关于将来潜在风险及防止其他风险足够多的信息之后才能做出决策，应当避免过早的决策。

②选择适合于已选定行动路线的风险对策。选定的风险对策要写入风险管理和风险对策计划中。这一期间，还要选定监督风险对策的措施。

(4) 风险控制

风险控制就是实施风险回避策略的控制计划。该计划的内容就是在必要时向项目提供必要的资源。有时还要修改项目计划，随时对项目的费用和进度重新进行估算，并采取相应的纠正步骤。风险控制的关键是采取果断的行动。

(5) 风险监控

风险监控是在决策付诸实施之后进行的。其目的是查明决策的结果是否与预期的相同。风险监控时要找到细化和改进风险管理计划的机会，并加强与决策者的沟通，把信息反馈给有关决策者。

风险监控十分重要。如果发现已做出的决策是错的，则必须尽早承认，以便采取纠正行动。如果已做出的决策是正确的，则不应过早地改变。频繁的改变计划会浪费许多宝贵的项目资源，大大增加项目的风险。

风险管理过程不是一成不变的既成顺序或是划分成各自独立、互不干扰的部分。项目各个不同方面实际上是平行展开的，项目各种不同的活动之间经常重叠，项目活动随时创造出新的选择。因此，应该随时对决策做出调整。

7.2 工程项目风险识别

7.2.1 工程项目实施过程中的风险概述

工程风险复杂多样，在工程建设实践中可能出现的风险因素也是复杂多样的，我们前面对工程项目的风险已作了一般的分类，下面从另一角度对工程项目实施过程中产生的风险因素进行分析和总结，从而有利于对风险进行有效的控制。

工程项目实施过程中的风险可归结为环境风险，管理风险及其他风险三方面：

1. 环境风险

环境风险是指在工程建设中对工程项目有影响的内部和外部的全部的因素的综合，它构成了工程的边界条件。工程建设必须占据一定的空间，在一定的时期内完成，工程建设不能脱离环境而单独进行，因此，环境是工程建设中边界风险存在的根源。在项目实施过程中，由于环境不断地变化，形成了对项目的外部干扰，这些干扰将会造成项目不能按计划实施，偏离目标，造成目标修改，乃至整个工程项目的失败。这里主要有两个方面的系统要素风险：

(1) 项目环境要素风险

最常见的项目环境要素风险有政治风险、法律风险、经济风险、自然风险、社会风险等。

(2) 项目系统结构风险

项目系统结构风险，如以项目单元为分析对象，在实施及运行的过程中可能遇到的技术问题，人工、材料、机械、费用消耗的增加等各种障碍和异常情况等。

2. 管理风险

管理风险是项目的行为主体产生的风险，如业主和投资者支付能力差，改变投资方向，违约不能完成合同责任等产生的风险；承包商（分包商、供应商）技术及管理能力不足，不能保证安全质量，无法按时交工等产生的风险；项目管理者（监理工程师）的能力、职业道德、公正性差等产生的风险等。

3. 其他方面的风险

其他风险如外围主体（政府部门、相关单位）等产生的风险，主要内容有如下八个方面：

（1）社会政治环境

政治局面的稳定性，有无社会动乱，政权的变更，种族矛盾和冲突，宗教，文化，社会集团的利益冲突；政府对本项目提供的服务，政府的办事效率，政府官员的廉洁程度；与项目有关的政策，特别是对项目有制约的政策，或向项目倾斜的政策。

（2）社会经济环境

社会的发展状况、该国，该地，该城市所处的发展阶段和发展水平、社会的财政情况、赤字和通货膨胀情况、国民经济的计划安排、国家重点投资的项目、地区，国家工业布局及经济结构等；国家及社会的建设资金的来源，银行的货币供应能力和条件；市场情况，如：

①市场对项目或者项目产品的需求情况，市场容量，购买力，购买行为，现有的和潜在的市场，市场的开发状况等。

②项目所需的建筑材料和设备的供应情况及价格水平。

③劳动力的供应情况及价格。

④城市的建设水平。

⑤物价指数。

⑥当地建筑市场情况等。

（3）社会的法律环境

工程项目是在一定的法律环境中实施和运行的，它适用项目所在地的法律，受它的制约和保护。包括：

①该法律的完备性，法律是否健全，执法的严肃性，投资者能否得到有效的保护等。

②与项目有关的各项法律和法规，如合同法，建筑法，劳动保护法，税法，外汇管制法等。

③国家的土地政策。

④与本项目有关的税收，土地政策，货币政策等方面的优惠条件。

（4）自然条件

①可供项目使用的各种资源的蕴藏情况。

②自然地理情况：地震设防烈度及项目期地震的可能性；地形地貌状况；地下水位流速；地质情况如土类，土层，容许承载力，低级的稳定性，可能的流沙，古河道，泥石流等。

③气候状况：平均年气温，最高气温和最低气温，严寒持续时间；主导风向风力，风荷载，雨雪量及持续时间，主要分布季节等。

（5）项目基础设施，场地周围交通运输，通信

①场地周围的生活及配套设施，场地及周围可使用的临时设施。

②场地周围公用的事业状况，如水电的供应情况；现场及通往现场的运输状况，如公

路，铁路，水路航空条件等。

③各种通信条件，能力和价格。

（6）项目各参加者的情况

①与项目相关企业的情况，能力，企业的战略，对项目的要求，基本的方针政策。

②合资者的能力，基本情况，战略，对项目的企求，政策等。

③工程承包商，供应商的基本情况。

④项目的主要竞争对手的基本情况。

（7）其他方面

①社会人文方面：项目所在地人的文化素质，价值取向，商业习惯；当地的风俗和禁忌；人口素质；周边组织对项目的需求，态度。

②项目所需要的劳动力和管理人员状况：劳动力的熟练程度，技术水平，工作效率，吃苦精神；劳动力的培养，训练状况。

③技术环境，即项目相关的技术标准，规范，技术发展水平，技术能力，解决项目运行和建造问题技术上可能性。

（8）同类工程的工期成本效率，存在问题，经验和教训

这对项目的目标设计可行性研究计划和控制有重大的作用。在工程建设过程中，管理是一个系统，它对施工工期和质量控制起到至关重要的作用。而在我国，由于工程管理制度发展不成熟，工程管理总是或多或少的存在风险，因此，必须对工程管理组织模式进行研究，从而更好地防范。按风险对目标的影响分析，管理体现的是风险作用的结果，主要包括以下几个方面的风险：

①工期风险，如造成局部的（工程活动、分项工程）或整个工程的工期延长，不能及时投产。

②费用风险，这包括财务风险、成本超支、投资追加、报价风险、收入减少等。

③质量风险，这包括材料、工艺、工程等不能通过验收，工程试生产不合格、经过评价工程质量未达到标准或要求。

④生产能力风险，项目建成后达不到设计生产能力。

⑤市场风险，工程建成后产品达不到预期的市场份额，销售不足，没有销路，没有竞争力。

⑥信誉风险，可能造成对企业的形象、信誉的损害。

⑦人身伤亡及工程或设备的损坏。

⑧法律责任风险，可能因此被起诉或承担相关法律的或合同的责任。

7.2.2 工程项目风险识别过程

风险识别是要确定在工程项目实施中什么时候、什么部位存在哪些风险，这些风险可能会对工程项目产生什么影响，并将描述这些风险及其特性资料归档。风险识别的过程包括对所有可能的风险事件来源和结果进行客观的调查分析，最后形成项目风险清单，具体可分为五个环节：

1. 工程项目不确定性分析

影响工程项目的因素很多，其中许多是不确定的。风险管理首先是要对这些不确定因素

进行分析,识别其中有哪些不确定因素会使工程项目发生风险,分析潜在损失的类型或危险的类型。

2. 建立初步风险源清单

在项目不确定性分析的基础上,将不确定因素及其可能引发的损失类型或危险性类型列入清单,作为进一步分析的基础。对每一种风险来源均要作文字说明。说明中一般要包括:
(1) 风险事件的可能后果。
(2) 风险发生时间的估计。
(3) 风险事件预期发生次数的估计。

3. 确定各种风险事件和潜在后果

根据风险源清单中各个风险源,推测可能发生的风险事件,以及相应风险事件可能出现的损失。

4. 进行风险分类或分组

根据工程项目的特点,按风险的性质和可能的结果及彼此间可能发生的关系对风险进行分类。在工程项目的实施阶段,其风险可作如表 7-1 分类。

施工实施阶段风险分类表　　　　　　　表 7-1

业 主 风 险	承包商风险
征地 及时提供完整的设计文件 现场出入道路 建设许可证和其他有关条例 政府法律规章的变化 建设资金及时到位 工程变更	工人和施工设备的生产率 施工质量 人力、材料和施工设备的及时供应 施工安全 材料质量 技术和管理水平 材料涨价 实际工程量 劳资纠纷
业主和承包商共担风险	未定风险
财务收支 变更谈判 保障对方不承担责任 合同延误	不可抗力 第三方延误

对风险进行分类的目的在于:一方面是为加深对风险的认识和理解;另一方面是为了进一步识别风险的性质,从而有助于制定风险管理的目标和措施。

5. 建立工程项目风险清单

按工程项目风险的大小或轻重缓急,将风险事件列成清单如表 7-2 所示,不仅给人们展示出工程项目面临总体风险的情况,而且能把全体项目管理人员统一起来,使个人不仅考虑到自己管理范围内所面临的风险,而且也使他了解到其他管理人员所面临的风险及风险之间的联系和可能的连锁反应。工程项目风险清单的编制一般应在风险分类分组的基础上进行,并对风险事件的来源、发生时间、发生的后果和预期发生的次数做出说明。

工程项目风险清单（格式） 表 7-2

工程项目名称		

概　述：
负责人：
日　期：

风险事件名称	风险事件描述	风险事件应对计划和措施

7.2.3 工程项目风险识别方法

工程项目风险识别是对其进行管理的第一步，也是十分重要的一步。然而，在大部分情况下风险并非显而易见，其往往或隐藏在工程项目实施的各个环节，或被种种假象所掩盖。因此，识别风险要讲究方法，特别要根据工程项目风险的特点，采用具有针对性的识别方法和手段。

可以说，风险的识别是一项复杂的工作，需要做大量细致的工作，要对各种可能导致风险的因素去伪存真，反复比较；要对各种倾向、趋势进行推测，做出判断；还要对工程项目的各种内外因素及其变量进行评估。因此，风险识别工作并非一朝一夕、一气呵成，而必须有科学系统的方法来完成。

在工程项目风险管理实践中，通常可采用以下方法来发现并具体描述各项风险：

（1）核对表

核对表一般根据项目环境、产品或技术资料、团队成员的技能或缺陷等风险要素把经历过的风险事件及来源列成一张核对表。核对表可以包括多种内容，如以前项目成功或失败的原因、项目其他方面规划的结果（范围、成本、质量、进度、采购与合同、人力资源与沟通等计划成果）、项目产品或服务的说明书、项目班子成员的技能、项目可用的资源等，还可以到保险公司索取资料，认真研究其中的保险例子，这些东西能够提醒还有哪些风险尚未考虑到。

（2）分析问询

通过向有关专家、当事人提出一系列有关财产和经营的问题，来了解相关风险因素，并获得各种信息。值得注意的是，所提出的问题应具有指导性和代表性，所问询的人士应能提供准确的信息，凭主观想象或推测的信息不能作为决策依据；问询面应尽可能广泛，所提问题应有一定深度，还应尽可能具体。

（3）分析财务报表

财务报表有助于确定一个特定的工程项目可能遭受的损失，以及在何种情况下会遭受这些损失。通过分析资产负债表、营业报表及有关补充材料，可以识别企业当前的所有资产、责任及人身损失风险。将这些报表和财务预测、预算结合起来，可以发现未来风险。

（4）流程图

流程图分析法是将风险主体的全部生产经营过程，按其内在逻辑联系绘成作业流程图，针对流程中的关键环节和薄弱环节调查和分析风险。它以作业流程为风险分析的依据，属于动态的分析。因此，将一个工程项目的经营活动按步骤或阶段顺序以若干个模块形式组成一个流程图。每个模块中都标出各种潜在的风险或利弊因素，从而给决策者一个清晰具体的印象。

（5）现场考察

现场考察法可以达成两个辨认风险的目的：

①凭该法可全面了解造成损失的实际状况。

②可以了解引起损失的危险事故和危险因素。

另外该法还可使风险管理人员与实际操作人员有面对面的沟通而进一步发现有关风险管理上的问题。

现场考察对于识别风险非常重要。通过直接考察现场可以发现许多客观存在的静态因素，也有助于预测、判断某些动态因素。例如在工程投标报价前的现场勘探，可以使承包商对拟投标的工程基本做到心中有数，特别是对于工程实施的基本条件和现场及周围环境可以取得第一手资料。现场考察是预测风险不可缺少的手段。现场考察要求获取直接资料外，还应设法获取间接资料，而且要对所掌握的资料认真研究以便去伪存真。

（6）工作分解结构（WBS）

风险识别要减少项目的结构不确定性，就要弄清项目的组成及各个组成部分的性质、它们之间的关系、项目同环境之间的关系等。项目工作分解结构是完成这项任务的有力工具。项目管理的其他方面，例如范围、进度和成本管理，也要使用项目工作分解结构。因此，在风险识别中利用这个已有的现成工具并不会给项目班子增加额外的工作量。

这种工具的原则是化大系统为小系统，将复杂事物分解为较简单、易被认识的事物。具体步骤为：现将施工项目按类别和层次分解为若干个子项目，找出它们各自存在的风险因素，然后进一步分解子项目，层层分解，直到能基本确定全部风险因素为止。最后再进行综合，绘出分解图。

（7）参考统计记录

参考以前的统计记录对判断在未来有可能重复出现的风险事件极为有益。特别是在工程项目的投标报价阶段，查询竞争对手在历次投标中的报价记录及得标概率，对于提高自己投标的命中率，避免因报价而招致的风险尤为重要。

（8）环境分析

详细分析工程项目经营活动过程中的外部环境与内在风险的联系，也是风险识别的重要环节。分析外部环境时应着重分析五项因素：项目的资金来源、业主的基本情况、可能的竞争对手、政府管理系统和材料供应情况。

（9）向外部咨询

任何人都不是万事通，他们可以从客观上识别主要风险，但涉及各种细节就比较困难。因此有必要向有关行业或专家进一步咨询。业主或投资者需要委托咨询公司完成可行性研究报告；承包商在投标报价前需向保险公司、材料设备供应商询价。风险管理人员或企业决策人自然也需要向外部咨询。向外部咨询应建立在以自己识别为主的前提下。因为外部咨询人员所提供的情况往往带有共性，而带有共性的风险对于不同的人不一定都是风险。向外部咨询只是为了进一步完善或核实自己的风险识别工作。

7.3 工程项目风险分析与评价

7.3.1 风险度量基本原理与内容

1. 大数法则

大数法则为风险度量奠定了理论基础,它是指只要被观察的风险单位数量足够多,就可以对损失发生的概率,损失的严重程度衡量出一定的数值来。而且,被观察的单位数越多,衡量值就越精确。

例如,某一风险单位是否发生致损事故完全是偶然的,无规律可循。就一个工厂而言,何时发生火灾,什么原因引起火灾,火灾造成的损失有多大等,都是不确定的。然而,当观察同类风险单位的数目较多时,这种致损事故就呈现出一定的规律性,显现出某种必然性的特征。如就一个城市而言,其每年发生火灾的频数、每次火灾事故的平均损失、年度火灾的总损失额及造成火灾的原因等,都有其规律可循。经验证明,被观察的同类单位数目愈多,这种规律性就愈明显。这时,可以看出风险事故的发生呈现出一种统计的规律性。

2. 概率推断的原理

单个风险事故是随机事件,它发生的时间、空间、损失严重程度都是不确定的。但就总体而言,风险事故的发生又呈现出某种统计的规律性。因此,采用概率论和数理统计方法,可以求出风险事故出现状态的各种概率。如运用二项分布、泊松分布可用来衡量风险事故发生次数和概率。

3. 类推原理

数理统计学为从部分去推断总体提供了非常成熟的理论和众多有效的方法。利用类推原理衡量风险的优点在于,能弥补事故统计资料不足的缺陷。在实务上,进行风险衡量时,往往没有足够的损失统计资料,且由于时间、经费等许多条件的限制,很难、甚至不可能取得所需要的足够数量的损失资料。因此,根据事件的相似关系,从已掌握的实际资料出发,运用科学的衡量方法得到的数据,可以基本符合实际情况,满足预测的需要。

4. 惯性原理

利用事物发展具有惯性的特征去衡量风险,通常要求系统是稳定的。因为只有稳定的系统,事物之间的内在联系和基本特征才有可能延续下去。但实际上,系统的状态会受各种偶然因素的影响,绝对稳定的系统是不存在的。因此,在运用惯性原理时,要求系统处于相对稳定的状态。但应特别注意的是,即使系统处于相对稳定状态,系统的发展也绝不会是历史的重复,事物的发展不可能是过去状态的简单延续,而只是保持其基本发展趋势。在实务上,当运用过去的损失资料来衡量未来的状态时,一方面要抓住惯性发展的主要趋势,另一方面还要研究可能出现的偏离和偏离程度,从而对衡量结果进行适当的技术处理,使其更符合未来发展的实际结果。

7.3.2 工程项目风险的评估及风险分级

1. 工程项目风险评估及其意义

工程风险评估是指由专业的风险评估机构，通常是保险评估公司或保险公司的专业技术人员对工程项目进行全面的、系统的和专业的调查，配合风险评估技术，对工程项目风险状况进行描述和量化分析，为使用者提供工程项目风险管理信息。

工程风险评估的意义在于运用专业技术和经验，对工程项目的风险进行全面的评估，确定工程项目在建设过程中存在的各种风险因素，以及这些风险因素可能造成的损失程度。

对于投保人而言，全面、系统和专业的评估能够使其充分认识存在的风险，尤其是这种评估通常是由第三者来完成，这样投保人对于项目风险可能造成的损失及程度能够有一个全面的了解。

对于保险人而言，通过评估可以确定其是否能够接受投保人的投保要求，如果能够接受，则确定承保方案和费率条件。另外，保险人在承保工程项目的过程中，一项重要的工作就是协助和督促被保险人进行风险管理工作，力求通过风险管理减低风险、减少损失。风险评估则是这些工作的基础。

2. 工程风险评估的内容

工程项目风险评估包括项目风险估计和风险评价两方面内容。其风险评估的具体内容包括以下几个方面：

(1) 风险事件发生的可能性大小。
(2) 风险事件发生可能的结果范围和危害程度。
(3) 风险事件发生预期的时间。
(4) 风险事件发生的频率等。

3. 风险分级

风险分级的基本思想是基于风险理论的数学关系：风险程度＝危害概率×危险严重度。如果能够定量计算出风险程度，则可根据风险程度水平进行风险分级。在实际的风险管理过程中常用定性或半定量的方法进行风险定量。

目前，最广泛采用的具有代表性的一种方法是美国军用标准中提供的定性分级方法。该分级分别规定了严重危害度及危险概率的定性等级，通过不同的等级组合进行风险水平分级。危害严重等级和危险概率等级分析分别如表7-3和表7-4所示。

危 险 严 重 等 级　　　　　　　　　　表 7-3

分 类 等 级	危 险 性	破 坏	伤 害
1	灾害性的	系统报废	死亡
2	危险性的	主要系统损坏	严重伤害、严重职业病
3	临界的	次要系统损坏	轻伤、轻度职业病
4	安全的	系统无损坏	无伤害、无职业病

危险频率等级分析   表 7-4

分类等级	特征	项目说明	发生情况
1	频繁	几乎经常出现	连续发生
2	容易	在一个项目使用寿命期中出现若干次	经常发生
3	偶尔	在一个项目使用寿命期中可能出现	有时发生
4	很少	不能认为不可能发生	可能发生
5	不易	出现的频率接近于零	可以假设不发生
6	不能	不可能出现	不可能发生

危险严重等级和危险概率等级的组合，用半定量打分法的思想构成风险评价指数矩阵，见表7-5。应用表7-5的数值可进行风险分级，这种方法称作风险评价指数矩阵法，是一种评价风险水平和确定风险的简单方法。

风险定性分级   表 7-5

可能性	灾难的	严重的	轻度的	轻微的
频繁	1	2	7	13
很可能	2	5	9	16
有时	4	6	11	18
极少	8	10	14	19
几乎不可能	12	15	17	20

用矩阵中指数的大小作为风险分级准则。则指数为1～5的为一级风险，是用人单位不能接受的；6～9的为二级风险，是不希望有的风险；10～17的是三级风险，是有条件接受的风险；18～20是四级风险，是完全可以接受的风险。

利用上面的风险分级思想及分级方法可以确立工程项目的风险评级标准，如表7-6所示。

工程项目风险的评级（评分）标准   表 7-6

对项目主要目标的影响程度	范围	成本	进度	质量
极小（0, 1）	几乎觉察不到范围的变动	成本增加不明显	进度拖延不明显	几乎觉察不到质量等级的降低
较小（0, 3）	影响范围的次要部分	成本增加的比例小于5%	进度拖延的比例小于5%	只影响到质量等级的某些方面
一般（0, 5）	影响范围的主要部分	成本增加的比例为5%～10%	进度拖延的比例为5%～10%	质量等级的降低需得到业主的批准
较大（0, 7）	业主不接受变化的范围	成本增加的比例为10%～20%	进度拖延的比例为10%～20%	业主不接受的引起的质量等级的降低
极大（0, 9）	项目的最终产品在实际上不可使用	成本增加的比例大于20%	进度拖延的比例大于20%	项目的最终产品在实际上不可使用

7.3.3 工程项目风险评价方法简介

项目风险评价是对项目风险进行综合分析,并依据风险对项目目标的影响程度进行项目风险分级排序的过程。它是在项目风险规划、识别和估计的基础上,通过建立项目风险的系统评价模型,对项目风险因素影响进行综合分析,并估算出各风险发生的概率及其可能导致的损失大小,从而找到该项目的关键风险,确定项目的整体风险水平。为如何处置这些风险提供科学依据,以保障项目的顺利进行。

对工程项目风险进行评价,基本方法有:调查和专家打分法、层次分析法、模糊综合评价和蒙托卡罗模拟法等。

1. 调查和专家打分法

调查和专家打分法是一种常见的、易于应用的分析方法。具体步骤如下:

(1) 识别出某一特定项目可能遇到的所有风险,列出风险调查表。

(2) 利用专家经验,确定每个风险因素的权重,以表征其对项目风险的影响程度。

(3) 确定每个风险因素的等级值,按可能性很大、比较大、中等、不大、较小五个等级,分别以 1.0、0.8、0.6、0.4 和 0.2 打分。

(4) 确定每个风险因素的权数与等级值相乘,得出该项风险因素的得分,再求出此工程项目风险因素的总分。总分越高说明风险越大。

例如,我国北方某大型港口要实施新港区开发计划。在进行进港公路基础施工时,须穿越一段早期吹泥围埝,因在桩基设计时只参考了该围埝的竣工资料,而忽视了当时围埝基础抛石的随机性,造成该路段桩基施工无法穿越大面积石坝区,最后不得不改变原设计方案。这样不仅增加了工程费用,影响了工程进度,而且迫使该新港区开发网络计划不得不进行重新调整。显然,在该工程风险识别过程中,由于忽视了对自然条件中某些潜在风险的识别,从而对整个工程造成了负面影响。

我国北方某大型港口的风险调查表,如表 7-7 所示。其中 $W \times C$ 叫风险度,表示一个项目的风险程度。由 $\sum (W \times C) = 0.47$,说明该项目的风险属于中等水平。

某大型港口的风险调查表　　　　　表 7-7

可能发生的风险因素	权重 W	风险因素发生的概率 C					风险度 $W \times C$
		很大	比较大	中等	不大	较小	
物价上涨	0.15		✓				0.12
工程款支付能力	0.2				✓		0.08
技术难度	0.25					✓	0.05
工期紧迫	0.15			✓			0.09
材料供应	0.15			✓			0.09
汇率浮动	0.10				✓		0.04
风险度		$\sum (W \times C) = 0.47$					

该方法适用于决策前期。这个时期往往缺乏项目具体的数据资料,主要依据专家经验和决策者的意向,得出的结论也要求不是资金方面的具体数值,而是一种大致的程度值。它只能是进一步分析的基础。

2. 层次分析法

在工程项目风险分析中，层次分析法（AHP）提供了一种灵活、易于理解的工程风险评价方法。

(1) 层次分析法的基本思想

层次分析法的基本思想是，按问题的要求建立起一个描述系统功能或特征的内部独立的递阶层次结构，通过两两比较，得到因素之间的相对重要性，给出相应的比例标度，构造上层要素对下层要素的判断矩阵，得出相关要素对上层要素的相对重要序列。即层次分析法是在一个多层次的分析结构中，根据对客观现象的主观判断，给予每一层次全部要素相对重要性次序的数值。

层次分析法可划分层次单排序和层次总排序。层次单排序是通过某层次元素进行一对一的比较，确定该层次各元素的相对重要性（即项目各风险要素的相对重要度）；层次总排序是在单排序的基础上，比较上下不同层次的各元素的相对权值，确定不同层次的综合权值。

应用 AHP 方法进行风险分析的过程如图 7-1 所示。

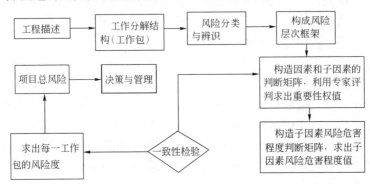

图 7-1　AHP 法风险分析过程

(2) AHP 方法进行风险分析的过程

①建立可描述工程项目的概念，这些概念就是复杂系统的组成部分或因素。依靠这些因素就可把整个工程项目分解成可管理的工作包。对工程项目可根据工作分解结构（WBS）建立项目各因素作为建模的基础。

②利用前面所述的风险识别方法，如调查和专家打分法，对每一工作包进行风险识别，建立工程项目风险层次结构模型图，典型的层次可用图 7-2 表示出来。

③根据评判准则（1-9 标度法）进行专家评价，如表 7-8 所示，构造风险因素判断矩阵，如表 7-9 所示，得出各判断矩阵特征向量，即风险因素相对于上一层因素的重要性权重。

评 判 准 则　　　　　　　　　　　　　　表 7-8

标　　度	含　　义
1	表示两因素相比，具有同样重要程度
3	表示两因素相比，一个因素比另一个因素稍微重要
5	表示两因素相比，一个因素比另一个因素明显重要
7	表示两因素相比，一个因素比另一个因素强烈重要
9	表示两因素相比，一个因素比另一个因素极端重要
2, 4, 6, 8	上述两相邻判断中间值，如 2 为属于同样重要和稍微重要之间

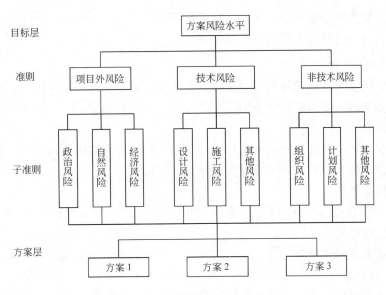

图 7-2　项目风险层次结构模型图

判　断　矩　阵　　　　　　　　　　　　表 7-9

判断分 a_{ij}　判断项 A_j 判断项 A_i	A_1	A_2	…	A_n
A_1	a_{11}	a_{12}	…	a_{1n}
A_2	a_{21}	a_{22}	…	a_{2n}
⋮	⋮	⋮	⋮	⋮
A_n	a_{n1}	a_{n2}	…	a_{nn}

④利用 AHP 计算机软件，对专家评判进行一致性检验；一致性检验不通过则需重作评判，然后在检验，直至通过。

⑤确定不同层次风险因素相对于项目目标的重要性权值，即进行综合重要性计算并进行一致性检验。在此基础上得出各风险相对于项目目标的大小排序，得出项目总的风险水平。

3. 模糊综合评价

模糊综合评价法是模糊数学在实际工作中的一种应用方式。其中，评价就是指按照指定的评价条件对评价对象的优劣进行评比、判断，综合是指评价条件包含多个因素。综合评价就是对受到多个因素影响的评价对象做出全面的评价。采用模糊综合评价法进行风险评价的基本思路是：综合考虑所有风险因素的影响程度，并设置权重区别各因素的重要性，通过构建数学模型，推算出风险的各种可能性程度，其中可能性程度值高者为风险水平的最终确定值。其具体步骤是：

(1) 选定评价因素，构成评价因素集。

(2) 根据评价的目标要求，划分等级，建立备择集。

(3) 对各风险要素进行独立评价，建立判断矩阵。

(4) 根据各风险要素影响程度，确定其相应的权重。

(5) 运用模糊数学运算方法,确定综合评价结果。
(6) 根据计算分析结果,确定项目风险水平。

4. 蒙托卡罗模拟法

蒙特卡罗方法又称随机抽样技巧或统计试验方法,它是估计经济风险和工程风险常用的一种方法。使用蒙特卡罗模拟技术分析工程风险的基本过程如下:

(1) 编制风险清单

通过结构化方式,把已识别出来的影响项目目标的重要风险因素构造成一份标准化的风险清单。这份清单能充分反映出风险分类的结构和层次性。

(2) 编制风险评价表

采用调查专家打分法确定风险的影响程度和发生概率,进一步编制出风险评价表。

(3) 确定风险组合

采用模拟技术,确定风险组合。就是对上一步专家的评价结果加以定量化。

(4) 分析与总结

通过模拟技术可以得到项目总风险的概率分布曲线。从曲线中可以看出项目总风险的变化规律,据此确定应急费用的大小。

应用蒙特卡罗模拟技术可以直接处理每一个风险因素的不确定性,并把这种不确定性在成本方面的影响以概率分布的形式表示出来。

7.3.4 工程风险评估报告

1. 工程风险评估报告概述

工程风险评估报告是保险公司或者再保险公司在确定了承保的初步意向之后,为了全面、系统地了解工程项目建设过程中将面临的风险状况及可能造成的损失,特别是损失的量化指标,委托专业的风险评估机构,或者是由自己的专业技术人员对工程项目进行全面、系统和专业的调查,利用各种风险评估技术对风险进行分析之后,做出的专业报告。有的工程风险评估工作是由保险经纪公司或者项目管理人、投资人委托进行的。尽管工程风险评估的工作内容基本相同,但由于委托人或使用者的关注风险的角度不同,风险评估报告的内容和重点也有所不同。

在进行工程风险评估及编制评估报告过程中,实施评估工作的检验人员应当牢牢把握和严格坚持风险评估工作的"两性"原则,即客观性和专业性。客观性是指评估工作及评估报告一定要客观、真实、全面地反映工程项目的情况,作为检验人员首先在主观上要确保自己做到这一点,从技术、经验等客观条件上要力求做到这一点。专业性是指评估报告要体现专业特点,应当是从专业技术人员的角度去评估风险,提出专业意见。由于工程项目的技术性很强,而且不同的项目之间存在较大的差异,因此,保险公司或者其委托人往往对于工程项目的风险,尤其是技术风险难以了解和认识,这就需要通过具有富有专业知识和经验的人士,通过系统的勘察和分析提出专业意见。因此,风险评估报告价值体现的一个重要方面就是其专业性。可以将专业性理解为评估工作和报告的"价值线"。

2. 工程风险评估报告的基本内容

工程风险评估报告没有标准的格式和范本,不同的工程项目,不同的评估机构,甚至不同的评估人员做出的工程风险评估报告均可能存在差异。但作为工程风险评估报告中具有共性特征的内容，在不同的评估报告中均应当有所涉及，只有这样，评估报告才能够实现它的基本功能。这些具有共性特征的内容包括：

(1) 风险评估的背景与简况

风险评估工作的背景情况是介绍委托人和委托原因，明确风险评估的目的和重点。风险评估简况是介绍风险评估工作的基本情况，包括项目名称、地点、项目单位、现场勘察情况、勘察人员，特别是应列明项目单位方面的陪同人员。

(2) 工程项目的基本情况

工程项目的基本情况是指与风险评估有关的项目建设的情况，具体有：

①项目关系单位情况，包括投资人、项目管理单位、项目设计单位、监理单位、施工单位、材料和设备供应商等。

②项目投资情况，包括资金规模、来源、融资方式等。

③项目本身情况，包括项目性质、特点、主要构成、关键设备等。

④项目施工情况，包括施工合同、施工技术和工艺要求（是否需要特殊技术和工艺）、施工工期及进度等。

(3) 工地及周边地区的基本情况

工地的基本情况主要有：

①地理和气候状况。包括洪水因素、台风因素、泥石流和滑坡因素、暴风雨因素等。

②地质情况。地质状况与开挖工程、基础工程、大坝、隧道、桥梁、道路、高层建筑等工程项目具有密切关系。

工地周边地区的基本情况考察的重点是考虑这些地区的社会环境、治安环境和法律环境等因素及对于工程项目建设可能产生的影响。

在评估工地及周边地区情况的过程中，另外一个需要重点考虑的因素是工程项目建设可能对环境造成的危害。尽管这个因素一般在项目的可行性研究和立项过程中已经进行了充分的考虑，但由于各方面的环境可能已经发生的变化，而且角度和专业也存在不同，检验人员应当关注这一领域的风险，特别是那些具有高环境风险的项目。

(4) 可能存在的主要风险

根据工程项目及工地环境特征，对项目可能存在的主要风险进行重点分析，主要有地震、洪水、台风、暴雨、火灾、爆炸、人为事故等风险。

责任风险也是可能存在的主要风险之一，在责任风险中需要特别关注的是可能引发集体诉讼的责任风险，如环境污染问题。

(5) 项目主要风险的量化分析

保险人和再保险人从经营的角度出发，需要对工程项目的主要风险进行量化分析，目的是确定承保这个项目后可能面临的最大损失。

(6) 申明

申明是风险评估报告的重要内容之一，其目的是就评估工作的依据和报告的性质进行法律陈述，即明确评估工作采用的技术依据，排除可能构成的任何形式的保证，明确评估报告并不构成任何承诺，最终目的是排除报告人可能承担的法律责任。

申明的一般措辞为：

①本报告是基于现场查勘期间获得的信息，由于未对所有的项目进行查勘，不保证信息的完整性。

②本报告是基于大量的地方提供的信息，由于无法对这些信息进行验证，故不对这些信息承担任何责任。

③本报告不承担发现并消除可能存在的导致事故或者损失风险的义务。

（7）附件

工程风险评估报告通常需要一些附件支持，这些附件包括工程项目的有关文件、工地平面图、施工进度表/图、有关记录资料和照片等。

7.4 工程项目风险应对计划

7.4.1 工程项目风险应对计划概述

风险应对就是对项目风险应提出处置意见和办法。通过对项目风险识别、估计和评价，把项目风险发生的概率、损失严重程度及其他因素综合起来考虑，就可得出项目发生各种风险的可能及其危害程度，再与公认的安全指标相比较，就可确定项目的危险等级，从而决定应采取什么样的措施，以及控制措施应采取到什么程度。

工程项目风险应对计划（Risk Response Planning）的编制是一个制定应对策略和应对措施的过程，目的是为了提升实现工程项目目标的机会、降低对其的威胁。编制工程项目风险应对计划必须充分考虑风险的严重性、应对风险所花费用的有效性、采取措施的适时性及和工程项目环境的适应性等。在编制项目风险应对计划时，经常需要考虑多个应对方案，并从中选择一个优化的方案。

1. 编制工程项目风险应对计划的依据

工程项目风险应对计划的编制依据一般应包括：

（1）工程项目风险管理计划和风险清单

（2）工程项目风险的特性

通常工程项目应对措施主要是根据风险的特性制定的。如对不同程度把握的风险，即对风险信息完备程度不一的风险就采用不同的应对措施；对于工程项目的进度、质量和费用方面的风险，经常也需要采用可能完全不同的应对措施。

（3）工程项目主体抗风险能力

项目主体抗风险能力即项目主体能够承受多大的项目风险，这也直接影响到项目主体对于工程项目风险应对措施的选择。工程项目主体抗风险能力包括许多因素，既包括项目经理承受风险的心理能力，也包括项目主体能够提供资源（包括资金）的能力等。

（4）工程项目风险详细分析资料

工程项目风险详细分析资料包括：项目风险因果分析资料、风险的最大损失值和项目风险发展趋向分析资料等。在工程项目风险中，一些风险可能是由一个共同因素引起的。对这种情况可能会大大降低应对风险的成本，即可能会出现这样的机会：采取一个应对措施就能减少两个或两个以上的风险事件。

(5) 可供选择的风险应对措施

对于某一个具体风险，有哪些可供选择的风险应对措施，以及选择某种应对措施的可能性，这是制订风险计划要做的一项重要工作。如果对某一风险只有一种应对措施，则制定风险应对措施就简单了，但如果存在多种选择，则情况就不同了，有必要通过选择最有效的方案去应对风险。

2. 工程项目风险应对计划的内容

制订风险应对计划应详细到可操作层次，它一般应包括下面一些或全部内容：

(1) 工程项目已识别风险的描述，包括项目分解、风险来源和对项目目标的影响等。
(2) 风险主体（即风险承担人）和责任分配。
(3) 风险评估及风险量化结果。
(4) 单一风险的应对措施，包括回避、转移、减轻或自留。
(5) 战略实施后，预期的风险自留（风险概率和风险影响程度）。
(6) 具体应对措施。
(7) 应对措施的预算和时间。
(8) 应急计划和反馈计划。

7.4.2 工程项目风险应对策略和措施

工程项目常用的风险应对策略和措施有：减轻风险、转移风险、回避风险、自留风险及这些策略的组合。对某一工程项目风险，可能有多种应对策略或措施；同一种类的风险问题，对于不同的工程项目主体采用的风险应对策略或应对措施可能是不一样的。下面介绍减轻、预防、转移、回避、接受和后果措施六种。每一种都有其侧重点，具体采取哪一种或几种取决于工程项目的风险形势。

1. 减轻风险

减轻风险策略，顾名思义，是通过缓和或预知等手段来减轻风险，降低风险发生的可能性或减缓风险带来的不利后果，以达到风险减少的目的。减轻风险是存在风险优势时使用的一种风险决策，其有效性在很大程度上要看风险是已知风险、可预测风险还是不可预测风险。

对于已知风险，项目管理者可以在很大程度上加以控制，可以动用项目现有资源降低风险的严重后果和风险发生的频率。例如，可以通过压缩关键工序时间、加班或采取"快速跟进"来减轻工程项目进度风险。

对于可预测风险或不可预测风险，这是项目管理组很少或根本不能够控制的风险，因此有必要采取迂回策略。例如，政府投资的公共工程，其预算不在项目管理组直接控制之中，存在政府在项目进行中削减项目预算的风险。为了减轻这类风险，直接动用项目资源一般无济于事，必须进行深入细致的调查研究，降低其不确定性。例如，在决定开发一个新产品之前，应先进行市场调查（如市场容量、市场前景、现有同类或其他相关产品信息等），了解顾客使用需求、偏好及价格倾向等，在这样的基础上提出的项目才有较大的成功机会。

2. 预防风险

风险预防是一种主动的风险管理策略，通常采取有形和无形的手段。

(1) 有形手段

工程法是一种有形的手段,此法以工程技术为手段,消除物质性风险威胁。例如,为了防止山区区段山体滑坡危害高速公路过往车辆和公路自身,可采用岩锚技术锚住松动的山体,增加因为开挖而破坏了的山体稳定性。工程法预防风险有多种措施:

①防止风险因素出现。在项目活动开始之前,采取一定措施,减少风险因素。例如,在山地、海岛或岸边建设,为了减少滑坡威胁,可在建筑物周围大范围内植树栽草,同排水渠网、挡土墙和护坡等措施结合起来,防止雨水破坏主体稳定,这样就能根除滑坡这一风险因素。

②减少已存在的风险因素。施工现场若发现各种用电机械和设备日益增多,及时果断地换用大容量变压器就可以减少其烧毁的风险。

③将风险因素同人、财、物在时间和空间上隔离。风险事件发生时,造成财产毁损和人员伤亡是因为人、财、物于同一时间处于破坏力作用范围之内。因此,可以把人、财、物与风险源在空间上隔离,在时间上错开,以达到减少损失和伤亡的目的。

工程法的特点是:每一种措施都与具体的工程技术设施相联系,但是不能过分地依赖工程法。首先,采取工程措施需要很大的投入,因此,决策时必须进行成本效益分析;其次,任何工程设施都需要有人参加,而人的素质起决定性作用;另外,任何工程设施都不会百分之百的可靠。因此,工程法要同其他措施结合起来使用。

(2) 无形手段

①教育法。项目管理人员和所有其他有关各方的行为不当可构成项目的风险因素。因此,要减轻与不当行为有关的风险,就必须对有关人员进行风险和风险管理教育。教育内容应该包含有关安全、投资、城市规划、土地管理及其他方面的法规、规章、规范、标准和操作规程、风险知识、安全技能及安全态度等。风险和风险管理教育的目的,是要让有关人员充分了解项目所面临的种种风险,了解和掌握控制这些风险的方法,使他们深深地认识到个人的任何疏忽或错误行为,都可能给项目造成巨大损失。

②程序法。工程法和教育法处理的是物质和人的因素,但是,项目活动的客观规律性若被破坏也会给项目造成损失。程序法指以制度化的方式从事项目活动,减少不必要的损失。项目管理组织制订的各种管理计划、方针和监督检查制度一般都能反映项目活动的客观规律性。因此,项目管理人员一定要认真执行。我国长期坚持的基本建设程序反映了固定资产投资活动的基本规律。实践表明,不按此程序办事,就会犯错误,就要造成浪费和损失,所以要从战略上减轻项目风险,就必须遵循基本程序,那种图省事、走捷径、抱侥幸心理甚至弄虚作假的想法和做法都是项目风险的根源。

合理地设计项目组织形式也能有效地预防风险。项目发起单位如果在财力、经验、技术、管理、人力或其他资源方面无力完成项目,可以同其他单位组成合营体,预防自身不能克服的风险。

使用预防策略时需要注意的是,在项目的组成结构或组织中加入多余的部分,同时也增加了项目或项目组织的复杂性,提高了项目成本,进而增加了风险。

3. 回避风险

回避风险是指当项目风险潜在威胁发生可能性太大,不利后果也太严重,又无其他策略可用时,主动放弃项目或改变项目目标与行动方案,从而规避风险的一种策略。如果通过风险评价发现项目的实施将面临巨大的威胁,项目管理班子又没有别的办法控制风险,甚至保险公司亦认为风险太大，拒绝承保，这时就应当考虑放弃项目的实施，避免巨大的人员伤亡和财产损失。对于城市和工程建设项目，如水利枢纽工程、核电站、化工项目等都必须考虑这个问题。

回避风险包括主动预防风险和完全放弃两种。

（1）主动预防风险。主动预防风险是指从风险源入手，将风险的来源彻底消除。例如，在修建公路时，在一些交通拥挤或事故易发地段，为了彻底消除交通事故风险，可采取扩建路面、改建人行天桥或禁止行人通行等措施。

（2）完全放弃。回避风险的另一种策略是完全放弃，这种做法比较少见。例如，随着网络泡沫的破灭，许多母公司关闭了网站，这就是一种完全放弃的风险应对策略。完全放弃是最彻底的回避风险的办法，但也会带来其他问题：

①放弃意味着失去了发展和机遇。例如核电站建设，工程项目庞大，风险高，我国又无建设核电站的经验，如果因为担心损失而放弃该项目，就要丢掉培养和锻炼我们自己核电建设队伍的机会，丢掉发展核电有关产业的机会，丢掉许多就业机会，丢掉促进核技术科学研究和教育发展的机会等。

②放弃意味着消极。项目有复杂性、一次性和高风险性等特点，要求充分发挥项目管理人员的主观能动性，创造条件促进风险因素转化，有效控制或消除项目风险，而简单的放弃，意味着不提倡创造性，意味着工作的消极观，不利于组织今后的发展。因此，在采取回避策略之前，必须要对风险有充分的认识，对威胁出现的可能性和后果的严重性有足够的把握。采取回避策略，最好在项目活动尚未实施时，放弃或改变正在进行的项目，否则，一般都要付出高昂的代价。

4. 转移风险

转移风险或称风险转移（Risk Transference）的目的不是降低风险发生的概率和不利后果的大小，而是借用合同等手段，当风险发生时将损失的一部分转移到第三方身上。

（1）实施转移风险策略应注意到以下两点：

①必须让承担风险者得到相应的回报。

②对于具体的风险，谁最具有管理能力就转移给谁。

（2）转移工程项目风险常见的方式有：分包、保险与担保。

①分包，就是通过从项目执行组织以外获取货物、工程或服务，而将风险转移出去的方法。分包有时能起到较好的转移风险的作用。例如，建筑公司将建筑物的钢结构分包给外协单位，就是将钢结构构件的质量或拖期的风险转移给了外协单位；如某一承包人，在某堤防加固工程投标中一举中标，而该标包括的内容有：护坡、堤身加高、加宽和堤防防渗灌浆。而对于该承包人而言，在防渗灌浆施工方面并不擅长，对工程施工的质量和成本控制有较大的风险。若该承包人将防渗灌浆施工分包给有经验的施工队伍，对其就可能不存在任何风险。

②保险与担保。保险是转移风险最常用的一种方法，项目管理者只要向保险公司交纳一定数额的保险费，当风险事件发生后，就能获得保险公司的补偿，从而将风险转移给保险公司。在国际工程中不但项目业主自己为工程项目施工中的风险向保险公司投保，而且还要求承包商也向保险公司投保。除了保险，也常用担保转移风险。所谓担保，指为他人的债务、违约或失误负间接责任的一种承诺。在工程项目管理上常是指银行、保险公司或其他非银行

金融机构为项目风险负间接责任的一种承诺。

5. 自留风险

有些时候项目管理者可以把风险事件的不利后果自愿接受下来，即为自留风险或称风险自留（Risk Acceptance）。自愿接受风险，又有主动和被动之分。在风险管理计划阶段已对一些风险有了准备，所以当风险事件发生时，马上执行应急计划，这是主动接受。如在水电工程施工导流设计中，对可能出现的超标准洪水一般有对策措施，当这种超标准洪水出现时，采取相应措施就能消除风险。被动接受风险是指当风险事件造成的后果不大，不会影响大局时，项目管理者列了一笔费用，以应付之。

6. 后备措施

有些风险要求事先制定后备措施，一旦实际进展情况与计划不同，就启用后备措施。后备措施常包括：

（1）预算应急费。预算应急费其是一笔事先准备好的资金，用于补偿差错、疏漏及其他不确定性对工程项目费用估计精确性的影响。

（2）技术后备措施。技术后备措施是专门为应付工程项目的技术风险而预先准备好的时间或一笔资金。准备好的时间主要是为应付技术风险造成的进度拖延；准备好的资金主要是为对付技术风险提供的费用支持。

7.4.3 工程项目风险管理中效用理论的应用简介

1. 风险偏好特性与效用理论

（1）风险偏好特性

工程建设过程中，无论是业主、监理单位还是施工单位，其管理人员均会面临各种各样的风险决策，而在同一风险环境中，不同的决策者可能会做出不同甚至完全相反的决策，这里就涉及决策者或者行为人的风险态度问题，即风险态度，也称风险偏好特性。总体来说，人们对待风险的态度可分为三类：

①风险喜好者，愿意承担更多的风险以期获得较高的收益。这里指的收益是广义的，即减少损失等同于增加收益。

②风险中立者，除非计算出来的预期收益与风险相匹配，否则不会去承担风险。

③风险厌恶者，宁愿放弃可能的较高收益也不愿承担一点风险。

（2）效用理论

度量决策者对风险态度的一个正规方式就是运用效用理论，风险偏好特性考虑的就是人们如何在已知概率的不确定收益和确定收益之间做出选择，通过决策者表明多少确定收益与不确定收益是等值的，可以得到这种平衡点。例如，某工程有甲、乙两种施工方案，甲方案有 0.15 的概率获利 10 万元，0.15 的概率没有获利，乙方案有确定的收益 3 万元，要求做出选择。如果决策者认为两个方案是等价的，那就说明以上两个决策结果的效用对于决策者是相等的，这就是效用的等价性原理。

（3）效用函数

因为决策者的选择会受到涉及的风险影响，要在决策中应用效用理论，就必须为每一种可能的结果确定效用值，这种期望收益与选择之间的关系通常以效用函数来表示。效用理论是关于决策者个人的心理和行为反映的定性决策理论，其定性分析表现在对于决策者个人主观意愿的测验与反应。因此，效用函数通常可采用问卷调查、询问和心理测试等方法获得。

2. 效用理论在风险管理决策中的应用

效用理论在风险管理决策即工程招投标风险决策和工程保险中有较广泛的应用。如效用理论在招投标工程中，建设单位在确定合同包数量决策中的应用：如果大型工程按一个合同包招标，由于风险较大，能够参加竞标的只有少数几家大型承包公司，竞争不激烈，投标价较高；如果把大型工程按专业特点分为若干个合同包平行承发包，由于风险分散，就能够吸引有专业特长的中小型承包公司参加竞标，竞争激烈，总承包价较低，而且能够充分发挥中小型承包公司的专业特长。当然，确定合同包数量时也要考虑到建设单位的协调能力，对合同的管理能力及当时当地的市场结构。目前，日本等国家大多采用联合体承发包模式，合理分散风险，优化市场结构。

7.5 工程项目风险监控

7.5.1 工程项目风险监控概述

工程项目风险监控，就是对工程项目风险的监视和控制，即通过对风险规划、识别、估计、评价和应对全过程的监视和控制，从而保证风险管理能达到预期的目标，它是项目实施过程中的一项重要工作。监控风险实际上是监视项目的进展和项目环境，即监视项目情况的变化，其目的是：核对风险管理策略和措施的实际效果是否与预见的相同；寻找机会改善和细化风险规避计划，获取反馈信息，以便将来的决策更符合实际。在风险监控过程中，及时发现那些新出现的风险，以及预先制定的策略或措施不见效或性质随着时间的推延而发生变化的风险，然后及时反馈，并根据对项目的影响程度，重新进行风险规划、识别、估计、评价和应对，同时还应对每一风险事件制定成败标准和判据。

1. 工程项目风险监控的必要性

工程项目风险监控在风险管理中是不可缺少的环节。工程项目风险监控的必要性表现在：

（1）随着工程的进展，反映工程建设环境和工程实施方面的信息越来越多，原来不确定的因素也在逐步清晰，原来对风险的判断是否客观，需要用最新信息做出评价，以便进一步采取更具体的应对措施。

（2）已采取的风险应对措施是否适当，需要通过对风险监视对其做出客观的评价。如果发现已采取的应对措施是合理的，收到了较理想的风险控制效果，则继续控制；若发现已采取的措施是错误的，则应尽早采取纠正行动，以减少可能的损失；若发现应对措施并不错，但其效果不理想，此时，不宜过早地改变正确的决策，而是寻找原因，并采取适当调整应对策略，争取收到理想的控制风险的效果。

（3）采取风险应对措施后，会留下残余风险和以前未识别的新风险，对这些风险应在监控阶段进行评价和考虑应对措施。

2. 工程项目风险监控时机

什么时候进行监控，以及将付出多大的代价进行监控，这是项目风险管理者要把握的。

这一般决定于经过识别和评价的风险是否对工程项目造成了或将要造成不能接受的威胁。如果是，那是否有可行的办法规避或缓解之。对此，在工程项目的不同阶段，其处理方法不尽相同。

在项目的决策阶段，这一般是做两种比较：
(1) 把接受风险得到的直接收益和可能蒙受的直接损失进行比较。
(2) 把接受风险得到的间接收益和可能蒙受的间接损失进行比较。

综合两种比较结果，决定项目是否继续。当项目需要继续，而项目风险又较大时，则需要对其进行监控。

在项目实施阶段，当发现项目风险对实现项目目标威胁较大，且需要采用规避、转移和缓解等应对措施时，一般也需要对其采取监控。采用多大的力度进行监控，即监控拟付出多大的代价，这取决于项目风险对项目目标的威胁程度，这一般需作适当的风险成本分析，然后采取合理的监控技术和措施。

3. 工程项目监控的依据

工程项目风险监控的主要依据包括：
(1) 风险管理计划和风险应对计划。
(2) 工程项目的变更。

对工程项目做出变更后，可能会出现新的风险。

(3) 附加的风险识别和分析。

随着工程项目的进展，建设环境也在不断发生变化，新的风险常常也随之而生，应对这些风险继续执行风险识别、估计、量化和制订应对计划。

(4) 发生了的风险事件。

某一风险事件发生后，对工程项目的建设环境一般会有一定的影响。这对其他风险事件发生的可能性或可能的后果一般也会产生影响。

4. 工程项目风险监控的主要内容

工程项目风险监控不能仅停留在关注风险的大小上，还要分析影响风险事件因素的发展和变化，具体风险监控的内容包括：
(1) 风险应对措施是否按计划正在实施。
(2) 风险应对措施是否如预期的那样有效，收到显著的效果，或者是否需要制定新的应对方案。
(3) 对工程项目建设环境的预期分析，以及对项目整体目标实现可能性的预期分析是否仍然成立。
(4) 风险的发生情况与预期的状态相比是否发生了变化，并对风险的发展变化做出分析判断。
(5) 识别到的风险哪些已发生，哪些正在发生，哪些有可能在后面发生。
(6) 是否出现了新的风险因素和新的风险事件，它们的发展变化趋势又是如何等。

7.5.2　工程项目风险监控方法

风险监控还没有一套公认的、单独的技术可供使用，其基本目的是以某种方式驾驭风险,保证项目可靠、高效地完成项目目标。由于项目风险具有复杂性、变动性、突发性、超前性等特点,风险监控应该围绕项目风险的基本问题,制定科学的风险监控标准,采用系统的管理方法,建立有效的预警系统,做好应急计划,实施高效的项目风险监控。

风险监控技术可分为两大类:一类用于监控与项目、产品有关的风险;另一类用于监控与过程有关的风险。风险监控技术有很多,下面介绍一些有关风险监控的方法:

在工程项目风险管理中,工程项目进度、质量和费用三大目标是风险监视的主要对象。对不同的目标应采用不同的监控方法;对同一目标也应分层次,采用适当的方法分别进行监控,以取得分析判断风险发展变化的信息。

1. 工程项目进度风险监视方法

可以用横道图(Bart Chart)法和前锋线法监视局部工程进度情况,用"S"形曲线法监视整体工程进度实施情况。

(1)横道图法

利用横道图进行进度控制时,可将每天、每周或每月实际进度情况定期记录在横道图上,用以直观地比较计划进度与实际进度。检查实际执行的进度是超前、落后,还是按计划进行。若通过检查发现实际进度落后了,则有可能存在工程项目的进度风险。

(2)前锋线法

前锋线法也是一种有效监视工程进度风险的有效方法。前锋线又称为实际进度前锋线(Practical Program Vanguard Line),它是在网络计划执行中的某一时刻正在进行的各种活动的实际进度前锋的连线。前锋线一般是在时间坐标网络图上标示的,从时间坐标轴开始,自上而下依次连接各线路的实际进度前锋,即形成一条波折线。这条波折线就是前锋线,如图7-3中的波折线。

画前锋线的关键是标定各活动的实际进度前锋位置。其标定方法有两种:

①按已完成的工程实物量比例来标定。时间坐标网络图上箭线的长度与相应活动的历时对应,也与其工程实物量成比例。检查计划时刻某活动的工程实物量完成了百分之几,其前锋点自左至右标在箭线长度的几分之几的位置。

②按还需要时间来标定。有时活动的历时是难于按工程实物量来换算的,只能根据经验或用其他办法来估算。要标定该活动在某时刻的实际进度前锋,就用估算办法估算出从该时刻起到完成该活动还需要的时间,从箭线的末端反过来自右到左进行标定。

图7-3是一份时间坐标网络计划用前锋线进行检查的示意图。该图有四条前锋线,分别记录了6月25日、6月30日、7月5日和7月10日四次检查的结果。

实际进度前锋线的功能包括两个方面:分析当前进度和预测未来的进度。

①分析当前进度。以表示检查时刻的日期为基准,前锋线可以看成描述实际进度的波折线。处于波峰上的线路,其进度相对于相邻线路超前,处于波谷上的线路,其进度相对于相邻线路落后。在基准线前面的线路比原计划超前,在基准线后面的线路比原计划落后。画出前锋线,整个工程在该检查计划时刻的实际进度状况便可一目了然。按一定时间间隔检查进度计划,并画出每次检查时的实际进度前锋线,可形象地描述实际进度与计划进度的差异。检查时间间隔越短,描述越精确。

②进度风险分析。通过对当前时刻和过去时刻两条前锋线的分析比较,可根据过去和目前情况,在一定范围对工程未来的进度变化趋势做出分析。

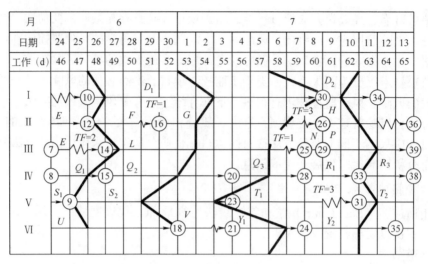

图 7-3 前锋线画法示意图

将前后两条前锋线之间某线路上截取的线段长度 ΔX 与这两条前锋线之间的时间间隔 ΔT 之比称进度比，用 B 表示。进度比 B 的数学计算式为：

$$B = \frac{\Delta X}{\Delta T} \tag{7-1}$$

B 的大小反映了该线路的实际进展速度的大小。某线路的实际进展速度与原计划相比是快、是慢或相等时，B 相应地大于1、小于1或等于1。根据 B 的大小，就有可能对该线路未来的进度是否存在风险做出定量的分析。

以图 7-3 为例，6月25日和6月30日两条前锋线的时间间隔是5天，它们在线路 I 上截取的长度为6天，则有：

$$B = \frac{\Delta X}{\Delta T} = \frac{6}{5} = 1.2$$

即平均每天完成原定1.2天的任务。6月30日线路 I 比原计划超前2天，如果进展速度不变，可以预测再过5天，即到7月5日，线路 I 的前锋线将到达7月8日位置，比原计划超前3天。实际情况如图7-4中7月5日前锋线所示。又如线路Ⅲ，在该时段内 $B=4/5=0.8$，6月30日实际进度比原计划超前1天，到7月5日它将不再超前，说明该时段内进度减慢了。若按此进度发展，其进度存在着风险。

(3) S形曲线法

S形曲线法能直观地反映整个工程项目计划进度和实际进度的情况，是在宏观的层面上对工程项目风险进行分析的方法。

工程项目实施过程中，每隔一段时间将实际进展情况绘制在原计划的S形曲线上进行直观比较。通过比较，可得如下信息：

①实际工程进展速度。

②进度超前或延迟时间（存在的进度风险）。

③工程量的完成情况。

2. 工程项目技术性能或质量风险监视方法

对工程项目技术性能或质量风险监视问题主要在项目施工阶段，其监视应分施工过程和工程产品两个层面。对这两个层面的风险监视，均可采用控制图。

控制图（Control Charts），也称管理图，它既可用来分析施工工序是否正常、工序质量是否存在风险，也可用来分析工程产品是否存在质量风险。

控制图的一般模式如图 7-4 所示。该图一般有基本的三条线，上控制线（Upper Control Limit，UCL）为控制上限；下控制线（Lower Control Limit，LCL）为控制下限；中心线（Center Limit，CL）为平均值。把被控制对象发出的反映质量状态的质量特性值用图中某一相应点来表示，将连续打出的点子顺次连接起来、形成表示质量波动的折线即为控制图图形。

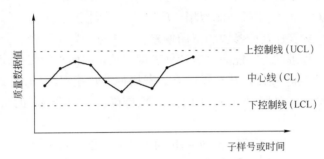

图 7-4　质量监视控制图示意

按照控制对象，可将控制图分为计量值控制图和计数值控制图两大类。不同的控制图，其控制界限的具体计算公式也不同，但它们均是根据数理统计理论和工程项目的技术要求来确定的。

经常是根据质量数据点子是否在上下控制界限内和质量数据间的排列位置来分析工程项目质量风险的。

(1) 连续 25 个质量数据的点子均在上下控制线内，或连续 35 个点子中最多只有 1 个点子超出上下控制界限等均属正常范围，否则存在质量风险。

(2) 控制图中点子出现下列排列现象，即可判为存在质量风险：

①点子在中心线一侧连续出现 7 次以上者。

②连续 7 个以上点子在上升或下降者。

③点子出现周期性变化者。

④连续 3 个点子中有 2 个点子出现在控制界限附近者等。

3. 工程项目费用风险监视方法

费用风险监视可采用横道图法和赢值法。前者可用于对局部费用风险做分析，后者则用于对工程项目的整体风险做分析。

(1) 横道图法

用横道图法进行费用偏差分析，是用不同的横道标识已完工程计划费用，拟完工程计划费用和已完工程实际费用，横道的长度与其金额成正比例。

(2) 赢值法

赢值法是一种费用偏差分析方法。它是通过实际完成工程与原计划相比较，确定工程进度是否符合计划要求，从而确定工程费用是否与原计划存在偏差的方法。该方法涉及以下几个参数：

①拟完工程计划费用（Budgeted Cost of Work Scheduled，BCWS），记为 C_{BS}，指根据进度计划安排在某一给定时间内应完成的工程内容的计划费用。

②已完工程计划费用（Budgeted Cost of Work Performed，BCWP），记为 C_{BP}，指在某一给定时间内实施完成的工程内容的计划费用。

③已完工程实际费用（Actual Cost of Work Performed，ACWP），记为 C_{AP}，指在某一给定时间内完成的工程内容实际发生的费用。

ΔC_1 和 ΔC_2 表示两种费用偏差，它们的计算公式分别为：

$$\Delta C_1 = 已完工程实际费用 - 拟完工程计划费用 = C_{AP} - C_{BS} \tag{7-2}$$

$$\Delta C_2 = 已完工程实际费用 - 已完工程计划费用 = C_{AP} - C_{BS} \tag{7-3}$$

赢值法便是通过计算这几个参数和费用偏差变量来进行费用比较、分析风险的。但在实际中，由于实际的工程进度不可能完全按计划进度实现，因而从费用比较的要求来看，费用偏差 ΔC_1 并没有什么实际意义，以下所讨论的费用偏差均指费用偏差 ΔC_2。同时，由于工程的发生与工程进度有着密切的关系，因此为了能准确反映费用偏差的情况，引入了进度偏差 ΔT 这一参数。

$$\Delta T = 拟完工程实际时间 - 已完工程计划时间 \tag{7-4}$$

为了使进度偏差与费用偏差联系起来，也可用上述费用参数表示为：

$$\Delta T = C_{BS} - C_{BP} \tag{7-5}$$

上述两式中，结果为正值表示工期存在风险，结果为负值表示工期提前。

7.5.3 工程项目风险监控技术

1. 审核检查法

审核检查法是一种传统的控制方法，该方法可用于项目的全过程，从项目建议书开始，直至项目结束。

项目建议书、项目产品或服务的技术规格要求、项目的招标文件、设计文件、实施计划、必要的试验等都需要审核。审核时会查出错误、疏漏、不准确、前后矛盾、不一致之处。审核还会发现以前他人未注意的或未考虑到的问题。审核多在项目进展到一定阶段时，以会议形式进行。审核会议要有明确的目标，问题要具体，要请多方面的人员参加，参加者不要审核自己负责的那部分工作。审核结束后，要把发现的问题及时交代给原来负责的人员，让他们马上采取行动予以解决，问题解决后要签字验收。

检查是在项目实施过程中进行，而不是在项目告一段落时进行。检查是为了把各方面的反馈意见及时通知有关人员，一般以完成的工作成果为研究对象，包括项目的设计文件、实施计划、试验计划、试验结果、正在施工的工程、运到现场的材料、设备等。检查不像审核那样正规，一般在项目的设计和实施阶段进行。参加检查的人员专业技术水平最好高低差不多，这样便于平等地讨论问题。检查之前最好准备一张表，以便把要问的问题记在上面。在检查时，把发现的问题也要及时记在上面。检查结束后，要把发现的问题及时地向负责该工作的人员反馈，使他们能马上采取行动予以解决，问题解决后要签字验收。

2. 监视单

监视单是项目实施过程中需要管理工作给予特别关注的关键区域的清单。这是一种简单明了又很容易编制的文件,内容可浅可深。浅则可只列出已辨识出的风险,深则可列出诸如下述内容:风险顺序、风险在监视单中已停留的时间、风险处理活动、各项风险处理活动的计划完成日期和实际完成日期、对任何差别的解释等。

项目风险监视单的编制应根据风险评估的结果。一般应使监视单中的风险数目尽量少,并重点列出那些对项目影响最大的风险,随着项目向前进展和定期的评估,可能要增补某些内容。如果有数目可观的新风险影响重大,十分需要列入监视单,则说明初始风险评估不准,项目风险比最初预估的要大,也可能说明项目正处在失去控制的边缘。如果某项风险因风险处理无进展而长时间停留在监视单之中,则说明可能需要对风险或其处理方法进行重新评估。一般应使监视单中的风险数目尽量少,并重点列出那些对项目影响最大的风险,随着项目向前进展和定期的评估,可能要增补某些内容。监视单的内容应在各种正式和非正式的项目审查会议期间进行审查和评估。

3. 项目风险报告

项目风险报告是用来向决策者和项目组织成员传达风险信息,通信风险状况和风险处理活动的效果。风险报告的形式有多种,时间仓促可作非正式口头报告,里程碑审查则需提出正式摘要报告,报告内容的详略程度按接受报告人的需要确定。

成功的风险管理工作都要及时报告风险监控过程的结果。风险报告要求,包括报告格式和频度一般应作为制订风险管理计划的内容统一考虑并纳入风险管理计划。编制和提交此类报告一般是项目管理的一项日常工作,为了看出技术、进度和费用方面有无影响项目目标实现和满足里程碑要求的障碍,可将这些报告纳入项目管理审查和技术里程碑进行审查。尽管此类报告可以迅速地评述已辨识问题的整个风险状况,但是更为详细的风险计划和风险状况可能还需要单独的风险分析。

7.6 工程项目保险与担保

7.6.1 工程项目保险的含义及作用

1. 工程项目保险的含义

工程项目保险是针对项目建设过程中可能出现的自然灾害和意外事故而造成的物质损失和依法应对第三者的人身伤亡和财产损失的经济赔偿责任提供保障的一种综合性保险。主要以各类民用、工业用和公共事业用建筑工程为承保对象。

2. 工程项目保险种类

工程保险按适用对象,可以分为建筑工程险和安装工程险。区分的主要依据是工程项目中土建和安装部分投资所占比例,通常以25%为界限,即在建筑工程中,如果安装项目的投资比重在25%以下,采用建筑工程险;反之,则采用安装工程险;如果土建、安装工程投资都超过25%,则应当采用不同的保险分别承保。

工程保险按是否具有强制性,分为强制保险和自愿保险。强制保险是指工程所在国政府以法规明文规定承包商必须办理的保险。自愿保险是承包商根据自身利益的需要,自愿购买的保险,这种保险非强制性规定,但对承包商转移风险很有必要。

3. 工程项目保险的作用

工程建设一般周期较长，短则几个月，长则十几年，建设过程中，要消耗大量的人力、财力、物力，而这些投入只有等到工程竣工投入运营后才会产生经济效益。面对施工过程中各阶段的风险，虽然管理者和实施者可以通过凭借先进的技术和科学的管理，来加强对风险的预防，提高对风险的抵御能力，但是，难以预料的、人力不可抗拒的风险总是客观存在的。

目前，为了解决风险损失问题，工程各参与方除了加强风险抵御之外，通常还采取工程项目保险这种风险管理措施。

工程项目业主或承包商购买工程保险后，如果发生保险责任范围内的事故造成的损失，保险公司将按保险合同负责赔偿，承包商可用此资金进行损失工程的修复工作。

国际工程界普遍认为，工程保险是保证工程建设正常进行的各项措施总链条中一个十分重要的环节，它能以较低的成本使被保险人获得较大的保障，能够对难以预测的自然灾害和人为事故造成的损失提供经济补偿。

总的看来，工程保险在工程建设中的作用主要表现在以下几个方面：

(1) 能够合理地运用风险转移机制，保证项目按时按质完成

项目业主和承包商可以将项目建设过程中的大部分风险转移给保险公司，特别是发生重大自然灾害等毁坏性很强的风险时，可以从保险公司及时得到物质补偿，很快恢复施工，减少了资金方面的追加投入，保证建设项目的按时按质完成。

(2) 有助于加强对施工单位的风险管理，减少风险和损失的发生

由于保险公司有工程施工方面存在着利益因素，同时，根据保险合同规定的权利义务，保险公司主动地对工程施工实施必要的监督，尤其是在工程施工的安全管理等方面。通过保险公司对施工的风险检查和提出隐患整改意见，有助于加强项目业主和施工单位的风险管理，减少风险和损失发生的可能。

(3) 有利于保障投资人和贷款人的资产安全

投资人和贷款人的资产安全和效益往往与建设项目能否按时按质完成有密切的关系。在以往情况下，投资人和贷款人不得不承担因工程发生意外情况受损或停工而导致的投资、贷款损失或由于追加资金而导致的资金收益降低。引入了工程保险机制后，这种损失的大部分将转移给保险公司。在一定条件下，贷款人还有直接收回部分贷款资金的可能。

(4) 工程保险的引入是我国工程建设体制与国际接轨的重要环节

按照国际工程建设的惯例和要求，每一工程项目都需要工程保险。我国的工程建设在与国际接轨的过程中，必然要引入工程保险机制。

(5) 工程保险是建设项目风险管理体系的重要组成部分

工程建设所面临的风险是多方面的，引入风险管理相关配套机制，采取风险共担和利益相关的办法，建立合理的工程保险机制。

7.6.2 工程项目担保

1. 担保的概念和类型

担保是一种特殊的民事法律关系，是为了保证债务的履行、确保债权的实现，在人的信用或特定的财产之上设定的法律关系，是为保护债权人利益而由国家制定或认可的法律制

度。合同的担保是指合同当事人一方为了确保债权的实现而依据法律规定或者合同的约定而设立的一种法律制度。在担保关系中，被担保合同通常是主合同，担保合同是从合同；担保合同必须由合同当事人双方协商一致自愿订立；如果由第三方承担担保，必须由第三方即保证人亲自订立。担保的发生以所担保的合同存在为前提，担保不能孤立地存在，如果合同被确认为无效，担保也随之无效。

通常，担保有如下两种划分方式：

(1) 法定担保和意定担保

法定担保是指依照法律的规定而直接成立并发生效力的担保方式，主要体现为法律规定的优先权、留置担保和法定抵押权等。法定担保的成立要件、效力、行使等均由法律直接规定，无需当事人约定。意定担保亦称约定担保，系指当事人按照法律规定自行约定的担保。除法律对其成立要件和内容作强制性规定外，当事人可以完全按照自己的意愿缔结担保合同。我国《担保法》中规定的保证、抵押、质押、定金即为约定担保。

(2) 人的担保和物的担保

人的担保是指债务人以外的第三人以其信用为债务人提供的担保，主要指保证。人的担保的可靠性取决于担保人的财产资信情况。物的担保则是指以债务人或第三人所有的特定的动产、不动产或其他财产权利担保债务履行而设定的担保。物的担保包括抵押担保、质押担保、留置担保和优先权等形式。物的担保赋予被担保人（债权人）直接支配作为担保的特定财产的权利，在债务人不履行债务时，被担保人可以变卖该财产以清偿其债权。

2. 工程担保的主要种类

(1) 投标保证担保

投标保证担保，或投标保证金，属于投标文件的重要组成部分。所谓投标保证金，是指投标人保证其投标被接受后对其投标书中规定的责任不得撤销或者反悔。否则，招标人将对投标保证金予以没收。投标保证金的数额一般为投标价的2%左右，但最高不得超过80万元人民币。它主要用于筛选投标人。

投标保证金的形式有多种，常见的有以下几种：

①交付现金。

②支票。即由银行签章保证付款的支票。其过程为：投标人开出支票，向付款银行申请保证付款，由银行在票面盖"保付"字样后，将支付票面所载金额（保证金额）从出票人（即投标人）的存款账上划出，另行立专户存储，以备随时支付。经银行保付的支票可以保证持票人一定能够收到款项。

③银行汇票。银行汇票是一种汇款凭证，由银行开出。交汇款人寄给异地收款人，异地收款人再凭银行汇票在当地银行兑汇款。

④不可撤销信用证。不可撤销信用证是付款人申请由银行出具的保证付获的凭证，是指开证行一经开出、在有效期内未经收益人或议付行等有关当事人同意，不得随意修改或撤销的信用证。

⑤银行保函。银行保函是由投标人申请，银行开立的保函，保证投标人在中标之前不撤销投标，中标后应当履行招标文件和中标人的投标文件规定的义务。如果投标人违反规定，开立保证函银行将担保赔偿招标人的损失。

⑥投标保证书。投标保证书是由保险公司或者担保公司出具的。它是由投标人单独签署

或者由投标人和担保人共同签署的承担支付一定金额的书面保证。

在以上六种形式的投标保证金中，银行保函和投标保证书是最常用的。

（2）履约担保

所谓履约担保，是指招标人在招标文件中规定的要求中标人提交的保证履行合同义务的担保。

履约担保一般有三种形式：银行保函、履约保证书和保留金。

①银行保函。其是由商业银行开具的担保证明，通常为合同金额的10%左右。银行保函分为有条件的银行保函和无条件的银行保函。

有条件的银行保函是指下述情形：在承包人没有实施合同或者履行合同义务时，由业主或工程师出具证明说明情况，并由担保人对已执行合同部分和未执行部分加以鉴定，确认后才能收兑银行保函，由业主得到保函中的款项。建筑行业通常偏向于这种形式的保函。

无条件的银行保函是指下述情形：业主不需要出具任何证明和理由，只要看到承包人违约，就可以对银行保函进行收兑。

②履约保证书。其担保方式是：当中标人在履行合同中违约时，开出担保书的担保公司或者保险公司用该项担保金去完成施工任务或者向发包人支付该项保证金。工程采购项目以履约保证书形式担保的，其保证金金额一般为合同金额的30%～50%。

承包商违约时，由工程担保人代为完成工程建设的担保方式，有利于工程建设的顺利进行，因此是我国工程担保制度探索和实践的重点内容。

③保留金。其是指发包人（业主）根据合同的约定，在每次支付工程进度款时扣除一定数目的款项，作为承包商完成其修补缺陷义务的保证。保留金一般为每次工程进度款的10%，但总额一般应限制在合同总价款的5%（通常最高不得超过10%）。一般在工程移交时，业主（工程师）将保留金的一半支付给承包商。质量保修期（或"缺陷责任期满"）时，将剩下的部分支付给承包商。

（3）预付款担保

建设工程合同签订以后，发包人（业主）给承包人一定比例的预付款，一般为合同金额的10%，但仍需由承包商的开户银行向发包人出具预付款担保。其目的在于保证承包人正确、合理使用发包人支付的预付款。如承包商中途毁约，中止工程，使业主不能在规定期限内从应付工程款中扣除全部预付款，则发包人作为保函的受益人有权凭预付款担保向银行索赔该保函的担保金作为补偿。

预付款担保的金额通常与业主的预付款是等值。预付款一般逐月从工程进度款中扣除，预付款担保的担保金额也相应逐月减少。承包商在施工期间，应当定期从业主处取得同意此保函减值的文件，并送交银行确认。承包商还清全部预付款后，业主应退还预付款担保，承包商将其退回银行注销，解除担保责任。

预付款担保的形式有银行保函，发包人与承包人约定的其他形式（预付款担保也可以由保证担保公司担保或采取抵押等担保形式），但银行保函是最常见的形式之一。

本章小结

工程项目风险管理指参与工程项目建设的各方，包括发包方、承包方和勘察、设计、监理咨询等单位在工程项目的筹划、勘察设计、工程施工及竣工后投入使用各阶段采取的辨识、评估、处理工程项目风险的措施和方法。风险管理的过程包括风险识别、风险评价、风险对策规划、风险控制、风险监控五方面内容。本章比较翔实地介绍了工程项目风险管理这五个方面的内容,以及工程项目保险和担保的基本概念和类型等。

本章的重点是工程项目风险的识别、分析及评价、风险应对及监控的理论和方法。

本章难点是工程项目风险评价方法、风险管理效用理论概念。

🌐 工程案例:长输管道工程 EPC 项目风险管理计划

1. 长输管道工程 EPC 项目简介

长输管道工程 EPC 总承包也称作交钥匙总承包,是指长输管道工程总承包商按照合同约定承担工程项目的设计(E,主要指施工图设计)、采购(P)、施工(C)、试运行服务工作,并对承包工程的质量、安全、工期、造价全面负责,最终向业主提交满足使用功能、具备使用条件的管道工程项目。

长输管道工程 EPC 总承包不同于单线纯工程施工承包,承包商要承担更多的风险,稍有不慎,就会给工程公司带来巨大损失。

做好工程风险管理工作,对于长输管道工程 EPC 总承包项目而言,意义十分重大。

2. 长输管道工程 EPC 总承包项目风险管理计划的编制

编制风险管理计划是长输管道工程 EPC 总承包项目风险管理中最重要的环节,是决定整个风险管理成败的关键之一。这一工作应包括以下内容:

(1)确定风险管理目标

通常的工程项目目标包括投资(费用)目标、进度目标、质量目标和安全目标。影响这四个目标实现的就是工程项目实施过程中的各种风险因素。长距离输油(气)管道工程项目由于沿线的自然环境、政治经济环境的差异、管道输送压力、输量等技术因素的不同,决定了各个 EPC 总承包项目工程风险管理目标也不可能相同。在此,仅对 EPC 总承包项目工程风险管理目标的确定过程做一般性描述。

①根据工程项目工作分解结构(WBS)确定工程风险管理目标结构。

EPC 总承包合同经签订,项目部的任务范围和分工就已经确定。项目合同及其附件中规定,为了项目管理的需要,必须对项目的工作任务和其所对应的费用要素进行分解,通常称作长输管道工程工作分解结构(WBS)。工作分解结构是将工程项目自上而下逐级分解,一直分解到便于进行进度安排,资源分配便于管理和统计工作时为止。

长输管道工程项目一般分解为:

项目工程:××-××输油(气)管道工程。

单项工程:线路工程,站场工程,厂外工程。

单位工程:线路(每一个站间距,截断阀室间距或线距)。

大中型穿越工程(单出图),大中型跨越工程(单出图)。

站场工程:首站、中训站、末站、清管站、分输计量站。

厂外工程:输变电工程、供水工程、道路工程、通信工程。

分部分项工程

线路工程:(略)。

站场工程：建构筑物、竖向道路、工艺安装、电气安装、通信安装、仪表自动安装、热工暖通安装等。

厂外工程：输电线路塔架安装、输电线路架设、供水管线管沟开挖、管线防腐安装、通信线路安装、通信设备安装。

伴行路：路基、伴行路路面。

维修路：路基、路面。

站场外进出道路：路基、路面。

工作分解结构（WBS）完成后，需要明确项目的总目标和阶段目标，进行目标分解，以使各项工作协调进行，确保项目的实施过程符合合同要求规定。

确定工程风险管理目标是为了规定风险管理应达到的标准。只有明确了目标，才能为此后的风险辨识、风险估计和评价及继而进行的风险处理指明方向。

②确定 EPC 总承包项目的费用目标。

EPC 总承包项目部应按合同中确定的总价和单价（按施工序列）适当压缩一些，比如按 85%～95%计作为工程 EPC 总承包费用目标。再根据 WBS 的成果，做出单价表，表中的每一项单价，就是总承包项目的费用目标。凡属造成此项费用变化的都是风险因素，都需要进行管理。

列出管道线路工程的施工单价表的内容和格式（略）。

③确定 EPC 总承包项目的进度目标。

EPC 总承包项目部应按合同规定的工期，考虑到自身的风险、工程所在地有利施工季节时间、业主应创造和提供条件的预测等条件综合平衡，按赶早不赶晚倒排工期，按照适当提前合同工期的思路确定以月进度为统计期的进度计划，这个计划可能不会每月均衡施工，实际上会出现前期松，中间紧，后段慢的状况。

进度计划中所给出的主要里程碑（关键时间点）就是各项工作的进度目标。影响进度目标的各种因素就是风险因素，控制这些因素就是工程进度风险的管理目标。

④确定 EPC 总承包项目的质量目标。

一般来讲，业主在合同中对项目的质量目标会有明确的要求，但这个要求往往是粗线条的，是个笼统的概念。比如，业主会要求本工程项目要达到国家优质工程标准，或者省市优质工程标准。那么，EPC 总承包项目都必须在这个总的目标下，把总的质量目标分解为对各单位工程、分部分项工程的质量目标，以便具体实施，从而真正保证实现对业主的质量承诺。

工程风险对于质量目标的影响，在质量体系文件中都有描述，可以说如果能够很好地贯彻执行质量体系文件，就可以规避工程质量方面的风险。

⑤确定 EPC 总承包项目的安全目标。

EPC 总承包项目的安全目标通常不单独确定，而是以健康（H）、安全（S）、环境（E）一起来确定，称作 HSE 管理目标。

EPC 总承包项目在完成 HSE 管理目标的时候必须遵循项目所在地的法律法规。

EPC 总承包项目的 HSE 管理目标这一目标要求：

a. 员工的健康、安全与环境保护意识不断提高，自我保护和生态环境保护能力明显加强。

b. 不发生人员伤害事故和中毒事故。
c. 事故起数和经济损失保持最低。
d. 不发生施工火灾、交通责任事故。
e. 不破坏生态环境，不发生环境污染事故，施工现场规范整洁，环境保护符合有关规定。
f. 医疗保健得到加强，员工健康水平不断提高，防止施工现场地方病和流行疾病发生。

依据这些管理目标，然后根据 WBS 的成果进行细化、取舍，就会产生更为具体的"HSE"管理目标，并能确定影响目标实现的风险因素。

(2) 工程风险辨识

①投标决策阶段的风险。

a. 来自中介与代理商（简称中介）的风险。当工程公司接到一个项目的招标文件后，就会有一大堆相关人充当中介。有的中介机构会在多家公司之间活动，制造竞争激烈的气氛，让投标商形成压价的心理趋向，有的中介还会与业主串通诱使承包商降价。

b. 信息缺失风险。

(a) 业主方信息缺失。主要是业主方的注册信息、经营财务状况、信誉度等基本信息的缺失。

(b) 工程信息缺失。投标商往往只能通过招标文件和现场短暂的实地踏勘获取工程信息，无法充分了解项目所在地的政治和法律环境、自然环境，以及项目的立项审批和资本金的准备情况；工程项目所需的主要设备、材料的价格、质量、供货期等也无法得到供货商的保证；由于时间原因可能也来不及与施工承包商就价格、质量、工期达成协议。即使可以达成协议，如果处理不好，也会存在潜在风险。

(c) 其他投标商信息缺失。投标商很难充分了解竞争对手的情况。因此，其投标报价策略的制定就会处于被动局面，特别是由于恶性竞争的存在，往往使面临的风险加大。

c. 报价失误风险。

(a) 采取低价夺标寄赢利希望于索赔策略，这种策略有时对一些缺乏惯例意识，不能依法索赔的业主就不能奏效。

(b) 倚仗技术优势拒不降价，易失去中标机会。

(c) 凭借馈赠重金打通关系和疏通渠道，并借此拒不降价。

(d) 盲目用计，报价技巧使用不当，弄巧成拙。如向业主许诺种种好处的吊胃口策略，采取不平衡报价，出于索赔目的，估算错误，报价过低；背水战，盲目压价、压工期等。

(e) 报价估算没有考虑设备、材料涨价、机械、施工劳动力涨价等的可能性；另外，工程分包商报价涨价也会给投标商带来巨大的风险。

(f) 报价估算没有考虑汇率、利率变动的可能性。

(g) EPC 总承包项目在所在地纳税的可能性很大，报价估算必须考虑税金风险。

(h) 其他费用风险。

②签约履约阶段的风险。

a. 合同风险。

(a) 合同条件中业主要求不明确造成的风险。

(b) 不平等条款。

(c) 合同定义不准确，如"不可抗力"的定义不明确。

(d) 合同条款遗漏，如总包合同中不规定业主与上级主管部门的协调、业主与EPC总承包方及监理的协调、业主内部的组织协调方式，在履行合同的过程中，就会出现让EPC总承包方无条件等待业主主管部门批复的情况，或在接受监理方的变更指令后再次面临业主方的变更指令的尴尬局面。

(e) 合同管理风险，比如，业主不根据合同支付工程预付款或支付预付款不足，致使无法进行施工准备和设备、材料采购，工程公司只好向银行贷款，工程公司要承担贷款利息的额外经济损失。

b. 设计风险。

(a) 设计输入条件错误的风险，如业主提供的地质地基条件（通常详勘工作由业主发包）带来的风险。

(b) 设计时的气候条件，如在现场设计，由于对工程所在区域气候条件估计不足所产生的问题，如严寒、酷暑、多雨等，会使设计效率降低，既增加费用又拖延时间，给承包商带来损失。

(c) 技术规范，业主提出采用的规范不合理或过于苛刻，标书中说明不明确或投标时未发现。

(d) 采用新技术、新工艺、新设备、新材料等带来的风险。

c. 采办风险。

(a) 设备、材料采购技术规格书编制失误。

(b) 设备，材料采购规格、型号失误，如线路用气液联动截断阀误为电动截断阀等。

(c) 设备、材料采购计划失误。

(d) 没有考虑国外供货受海上运输和报关通关影响；造成线路工程所需设备、材料采购计划拖延，影响施工进度。

(e) 驻厂监造工作失误，不负责任，造成不合格品上升，影响施工进度和质量。

(f) 没有考虑设备、材料国内途中运输各环节的协调、衔接（铁路、水路、公路），或没有运输备用方案，一旦某环节出现问题，就会造成运输拖延而影响施工进度。

d. 施工风险。

(a) 业主地方关系没有处理好，如线路临时占地协议、工艺站场永久征地和站场地址位置认可、线路通权有问题等。

(b) 各种施工许可证没有办理或在办理中。

(c) 施工分包时各种原因造成分包商过多，各自施工管理水平不一致，相互间协调不好，影响进度。

(d) 施工组织失误。

(e) 由于业主委托的施工监理不能认真履行职责，及时进行检验、签证、计量等，造成待工损失。

(f) 其他因素造成的施工风险等。

在实际的操作中，各部门应该在研读合同的基础上，结合WBS的成果对上述风险进行细化，编写风险手册（或者填写风险清单），明确风险的内容、发生的场所和发生的条件，进而采取有效的控制手段，以实现各自的风险管理目标。

(3) 工程风险的估计与评价

长输管道工程 EPC 总承包项目的风险管理有一定的特殊性，它的历史很短（国内第一条长输管道铁大线是 1973 年修建的），影响范围较小，业内没有几家专业公司，工序也相对单一，没有规范统计的历史资料借鉴。

①编制风险手册（清单）。

在确定了风险管理组织机构，识别出了主要风险后，各主要生产管理部门（合同部、设计部、采办部、施工部）就应进行风险分解细化，与自己的 WBS 相结合。除此之外，还需要加强施工现场的 HSE 监督检查，具体做法以管道线路施工为例进行说明：

a. 卸管、布管过程的 HSE 监督检查。

（a）检查吊臂与高架体间的距离，检查卸管用的绳具有无破损、断丝、打折，作业人员安全防护用品及指挥卸管全过程执行工艺纪律等环节。

（b）检查布管机具及运管爬犁、两侧护栏坚固状况，吊管机从管堆上吊管时吊臂管子的角度是否符合规程要求等。

b. 清口、管口组对过程的检查。

（a）检查清口人员安全防护用品使用情况。

（b）检查吊管机制动、组织人员指挥作业方式。

（c）检查内对口器刹车的灵敏性、垫管墩尺寸、管墩的坚实程度。

c. 管道焊接过程的检查。

（a）检查焊接人员是否穿戴鞋盖，焊工防护面罩的严密性（如果电焊面罩漏光，易造成弧光伤眼）。

（b）检查各种电器设备、工具的电源线、接头的防护措施。

（c）打磨焊缝接头使用角向磨光机的角度、清理熔渣的方法等。

d. 防腐补口过程的检查。

（a）检查喷砂设备的运行状态，胶管破损的状况及喷砂人员的防护面罩使用情况。

（b）检查燃气钢瓶及附件的安全性。

（c）对特殊位置采用电动工具除锈时，检查其电源部分的绝缘措施。

（d）在沟下防腐作业时，检查防止管沟塌方的监护措施。

e. 管道下沟过程的检查。

（a）检查起吊的吊具、索具、吊管机制动部分；检查在下沟作业区内围观的人群与作业场所的安全距离，检查沿线各路口、村头的警示标志、安全监护措施。

（b）起吊时，检查指挥作业人员的信号及各机械操作人员之间共同起吊时机的把握（如果起吊时机把握不起，易造成设备损害事故）及发生管沟坍塌过程中的清沟措施等。

f. 设备及倒运过程的检查。

（a）检查设备行走的运转性能及维护保养情况。

（b）作业带有坡度时，检查停车作业采取的措施。

（c）检查设备倒运时的安全运输措施等。

g. 管道沟下连头过程检查。

（a）检查沟下连头全过程的安全监护方法，当地下水位高、操作坑内有泥水时，应检查多项电源插头的绝缘性能及采用电缆线的规格。

（b）检查采用井点降水，防止塌方的措施。

在以上检查的基础上，填写"工程风险清单表"。在此用"工程风险辨识"中"钢管组装、焊接"一项做例子（见表7-10）来说明风险清单的格式和填制方法。

线路工程风险清单表　　　　　　　　　　　　　　　　　　　　表7-10

序号	风险内容	风险描述	风险场所	风险事件发生的条件	关键控制人	预防措施
...						
5	钢管组装、焊接	可能出现人员受伤，焊口质量不合格，环境污染	钢管组焊现场（管沟内或沟上）	吊装机具不安全，指挥不当；砂轮切割机、内、外对口器使用不当；违反焊接作业操作规程、不使用劳保用品；焊条残渣不清理	抛丸除锈工，焊工，现场清扫人员，HSE监管员	1. 严格按施工规范、操作手册施工作业，持证上岗； 2. 加强监督检查，加大奖罚力度
...						

②风险评估。

评估一项风险应该从风险的危害度（风险事件发生后果的严重性）和风险发生的频度（可能性、概率或者频率）两方面来考虑。如果一项风险一旦发生造成的后果极其严重（比如会有人员伤亡，经济损失也很大），但该风险发生的可能性很小，甚至没有发生的记录，那么该风险的级别就不是很高。

在此结合长输管道工程风险管理的实际情况，对危害度和频度及两者组成的风险矩阵进行简单分析。

a. 长输管道工程项目风险危害度分级。根据长输管道工程的特点和风险评估的需要，其风险的危害度通常可分四级：极其严重（致命危害）风险、严重危害的风险、一般危害风险、轻微风险。风险的这种分数一般依据人员伤亡、经济损失两方面来考虑，其中经济损失额的确定可以用工程风险管理目标的费用指标做参考。

长输管道工程项目的风险分数可参照表7-11。

风险危害度分级表　　　　　　　　　　　　　　　　　　　　表7-11

危害度	Ⅰ 极其严重	Ⅱ 严重	Ⅲ 一般	Ⅳ 轻微
描述	有人员重伤或死亡或经济损失万元以上或环境危害严重	人员疾病或轻伤或经济损失5000～9999元或环境危害	人员健康有影响或损失2000～4999元或有环境影响	损失2000元以内

b. 长输管道工程项目风险频度分级。采用专家调查法或者历史数据统计法，结合EPC总承包项目的管理经验，可以把风险频度分成频繁、经常、时有和极少四级，见表7-12。

长输管道工程项目风险频度分级表　　　　　　　　　　　　　　表7-12

频度级	A 频繁	B 经常	C 时有	D 极少
描述	每天有可能	每周有可能	每月有可能	每年有可能

c. 长输管道工程项目风险矩阵。由以上分析我们可以得到风险事件的危害度和发生的频度（概率），应该说这两个值基本上反映了风险的大小。若用R来表示风险量，用q来表示危害度，用p来表示频度的话，就有$R=f(p,q)$的函数关系。在长输管道EPC总承包项目的风险评价中，我们引入下面的风险矩阵，用风险的两个特征值——频度和危害度为

横、纵轴来定性表示风险,如图7-5所示。

在此矩阵中,我们根据长输管道工程的特点,结合国家关于安全生产的法律法规,把各类风险分为三级。靠近坐标原点的区域为发生频度低,一旦发生危害度也不大的风险,这一类风险我们的评价定级为E_3。再向外危险程度较高的为E_2。E_1级别是最高级的风险。

利用风险矩阵,确定了风险的控制级别后,我们就可以根据级别来确定防范的规格。一般来讲,管道工程EPC项目中,E_1级别的风险应由项目部和施工分包商

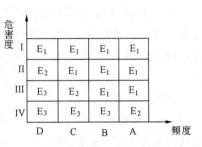

图7-5 长输管道工程风险矩阵

一起做整体防范,由项目经理领导,各部门经理和"HSE"管理人员进行监管,作业机组机长监管;E_2级别的风险,则应由作业机组防范、机长监控;E_3级别由各作业岗位防范就可以了。

(4) 工程风险应对

完成了风险的辨识和评估,接下来就是对于工程风险的处置,通常应对方法有三大类:回避风险、风险自我防范和转移风险。应根据具体的工程风险环境的不同,选取适当的处置措施和安排方案。

① 回避风险。

回避是一种最简单的风险防范方式。承包商在决策是否承接某项工程承包任务时,通过调查研究后认定该项目具有"致命"的严重危害的风险,而又很难找到排除这种风险的恰当办法时,就可以采取这种简单的防范方式。对于长输管道工程EPC总承包项目来讲,这种方式只适合于投标决策阶段的风险防范。

有些管道工程EPC总承包项目招标时,有众多的工程公司报名参加投标,很多公司通过了资格预审并获得投标资格,甚至购买了招标文件,但是在开标时却不见这些公司实际投标。这其中就是因为这些公司认为无力承受某种风险而弃标。

② 风险自我防范。

这是长输管道工程EPC总承包商选择最多的种风险应对方式,因为总承包商都是行业内的实力雄厚的公司,他们能接受比普通承包商更多的风险,业主愿意以总承包的方式发包给他们,也是对他们的信赖。另外,风险与利润呈正相关关系,高的风险意味着高的回报,这也正是总承包商乐此不疲的原因。但是,对于自我防范风险来说,风险的控制就是至关重要的。针对可能实际发生的风险损失,事先采取措施,为自己设置安全保障,这是承包商常用的方式。

a. 适当提高报价、增大安全系数。这是最简单易行的减轻风险的方式。它是报价时在基本不可预见费基础上增加一块最大风险不可预见费,最大风险不可预费的多少要根据风险的"险情"和承包商的经验来确定,费用太高,不可能中标;费用太低,则承包商要承担部分风险损失。

b. 争取合理的合同条款。这也是承包商常用的保护自己的方式。在运用此方式时,承包商应当认真研究招标文件的合同条件,有些问题可以在投标文件的"施工方案"或"报价说明"里提出来,如招标文件中业主提供资料数据有些不能满足施工图设计,需要承包商开展设计时增加收集调研或补充勘察才能达到业主要求,这些问题在合同谈判中都要有明确责

任条款并提出增加费用问题。

c. 利用赢得值原理进行科学严格的控制。运用赢得值原理及其检测方法,检查分析项目进展情况,发现存在的问题和产生的部位,及时采取措施纠正偏离合同和计划的状况,就可以避免各种风险因素的聚积叠加,控制风险事件的发生,保证项目按合同和计划顺利实施。

③风险转移。

a. 工程保险。EPC总承包方式下的长输管道工程项目,由于规模较大,工期较长,涉及的业务十分广泛,特别是长输管道工程常常会遇到工程地质和水文地质资料、气候条件、自然环境千差万别而变化无常的情况,更使潜伏的风险因素增多,工程承包商风险大大增加,这时更显现工程保险的必要性。工程保险对于承包商来讲,就是着眼于可能发生的不利情况和意外,从若干方面消除或补偿遭遇风险造成的损失的一种特殊措施,尽管这种对于风险后果的补偿只能弥补整个工程项目损失的一部分,但在特定情况下却能保证承包商不至破产而获得生机。

(a) 长输管道工程保险的主要险别如表7-13所示。

工程保险的主要险别　　　　　　　　　　　　　表7-13

险　别	保　险　内　容
安装工程一切险 (包括第三者责任险)	1. 工程承包合同中要求安装的设备、材料及施工临时设施; 2. 安装工程中的工人和安装费用; 3. 为安装工程使用的承包商的施工机具及设备; 4. 土木建筑项目; 5. 场地清理费用:指发生灾害事故后场地上产生了大量的残砾,为清理工地现场而必须支付的一笔费用; 6. 第三者责任(亦称民事责任):系指在保险期内因工程意外事故造成的,依法应由被保险人负责的工地上及邻近地区的第三者人身伤亡、疾病或财产损失,以及被保险人因此而支付的诉讼费用和事先经保险公司书面同意支付的其他费用等赔偿责任,但被保险人的职工的人身伤亡和财产损失应除外(属雇主责任险范围); 7. 业主或承包商在地上的其他财产
伤害保险	1. 雇主责任险,系指雇主为其雇员办理的保险,保障雇员在受雇期间因工作而遭受意外而致受伤,死亡或患有与业务有关的职业性疾病情况下获取医疗费,工伤休假期间的工资,并负责支付必要的诉讼费用等; 2. 人身意外伤害保险,如果由雇主投保则类同雇主责任险
运输车辆保险	参与项目建设的运输车辆

(b) 投保抉择。

◆保险人的选择。应优先选择政府保险人作为保险人。政府保险人是中央政府和地方政府开办的保险公司,在绝大多数情况下,政府保险公司应自负盈亏,但个别情况下政府可以直接补贴,保险费率也有一定优惠。

◆投保金额的确定。长输管道工程承包商的主要风险是线路工程中山区段特别是地质灾害多发区段和大中型河流穿越工程风险。这些地段由于不可抗力而发生灾害的概率大,造成的损失也大,承包商应重点对上述工程投保,投保金额可按山区段线路工程造价和大中型河流穿越工程造价两项之和计算,这个金额显然低于工程总造价。然而按两项工程投保,保险公司必然认为本身风险加大，肯定要提高保险费率。而按工程总造价投保，保险公司认为自己风险减少，则保险费率要降低。因此承包商和保险公司要相互测算和商定，最终确定投保金额和保险费率，承包商要充分分析上述两项之和金额占工程总造价的比例大小，以及发生灾害的概率高低，据此提出投保金额。

◆免赔额的选择。工程保险还有一个特点，就是保险公司要求投保人根据其不同损失，自负一定的责任，这笔由被保险人承担的损失额称为免赔额。一般情况下工程本身的免赔额为保险金额的 0.5‰～2‰；施工机具设备等免赔额为保险金额的 5‰；第三者责任险中财产损失的免赔额为每次事故赔偿限额的 1‰～2‰，但人身伤害没有免赔额。

免赔额的多少也与保险费率有关。免赔额高，则一旦发生损失，保险公司赔偿少，风险低，因此会提出较低的保险费率，反之会提出较高的费率。

承包商应认真分析和测算，一旦发生灾害损失估算是多少，自己能承受多少损失，据此来确定免赔额的多少。

b. 向分包商转移风险。这是 EPC 总承包商常用的风险转移方式。即把自己不具备长项优势的某一部分工程，分包给有经验有实力的专业化承包商，既保证工期、质量，又节约费用。承包商在分包合同中通常要求分包商接受业主合同文件的各项合同条件，要求他们同样提供履约保函，预付款保函，维修保函，工程保险单和扣留一定的保留金，使他们分担一部分相应的风险。

c. 向业主转移风险。
（a）合同条款不要留下隐患。
（b）索赔。

在合同条款的保障下，还要做好索赔的管理工作。

首先，严格执行合同，一旦出现索赔事件，一定要按照合同规定或者国际惯例所确定的程序向业主提出索赔。其次，是要密切注意业主资金状况，一旦发现业主资金紧张，工程款支付困难，就应及时采取措施，如提前申请支付工程进度款或暂时终止部分材料采购和运输，并准备好向业主索赔的报告。再次，就是要提防业主的反索赔的可能性，一旦出现反索赔，要有适当的应对预案。

复习思考题

1. 风险的基本内含包括哪些？
2. 工程项目各主体可能会面对哪些风险？
3. 工程项目风险的识别过程如何？识别方法有哪些？
4. 工程项目风险的应对策略和措施有哪些？
5. 什么是风险监控？有哪些风险监控技术？

本章参考文献

[1] 史晓刚．浅析大型港口工程中的风险管理[J]．中国港湾建设，1999，5．
[2] 范黎波．项目管理[M]．北京：对外经济贸易大学出版社，2005．

[3] 王和. 工程保险(下册)——工程风险评估理论与实务[M]. 北京：中国金融出版社，2005.
[4] 王卓甫. 工程项目风险管理：理论、方法与应用[M]. 北京：中国水利水电出版社，2003.
[5] 陈光健，徐荣初，叶佛容. 建设项目现代管理[M]. 北京：机械工业出版社，2004.
[6] 郭振华，熊华，苏燕. 工程项目保险[M]. 北京：经济科学出版社，2004.
[7] 罗云，樊运晓，马晓春. 风险分析与安全评价[M]. 北京：化学工业出版社，2004.
[8] 纪燕萍. 项目管理实战手册[M]. 北京：人民邮电出版社，2002.
[9] 王卓甫. 工程项目管理风险及其应对[M]. 北京：中国水利水电出版社，2005.
[10] 沈建明. 项目风险管理[M]. 北京：机械工业出版社，2004.
[11] 陆惠明，苏振民，王延树. 工程项目管理[M]. 南京：东南大学出版社，2002.
[12] 王文松，等. 现代咨询方法与实务[M]. 北京：中国计划出版社，2003.
[13] 郑梅. 建设工程项目管理[M]. 北京：中国计划出版社，2004.

第8章 项目团队组织与人力资源管理

本章导读

1. 项目管理的组织理论、三种典型组织形式。
2. 项目人力资源管理的相关概念及理论。
3. 项目的核心人管理概念和发展现状。
4. 项目团队的定义、特点及组建类型。
5. 有效项目团队的建设。

8.1 项目管理中的组织

8.1.1 组织理论概述

1. 项目组织的概念

项目组织是指为了完成某个特定的项目任务而由不同部门、不同专业的人员所组成的一个特别工作组织，通过计划、组织、领导、控制等过程，对项目的各种资源进行合理配置，来保证项目目标的成功实现。由于项目管理的特殊性，使得项目组织一般具有临时性、因任务而设、柔性与灵活性等特点。

项目组织一般叫项目班子、项目管理班子、项目组等。施工项目的管理班子目前在我国叫项目经理部。

有些项目，其具体技术性工作和管理职能均由项目组织成员承担，如软件开发项目，某些科学研究项目等。因为管理工作量不大，没有必要单独设立履行管理职责的班子。这样的项目组织负责人除了管理之外，也要承担具体的系统设计，程序编制或研究工作。这时候可称项目组织为项目班子。另外一些项目，管理工作量很大，项目组织仅履行管理功能，具体的技术工作由他人或其他组织承担。例如，某市的环境保护项目，环境保护科学技术研究、设备和设施的设计、土建施工、设备制造和材料供应均交给项目组织之外的单位，而项目组织本身不承担具体技术工作，仅履行管理职能，这时候可称其为项目管理班子，突出其管理职能。

项目组织的具体职责、组织结构、人员构成和人数配备等因项目性质、复杂程度、规模大小和持续时间长短而异。

2. 组织及项目组织

(1) 组织

组织是管理的一种重要职能，其一般概念是指各生产要素相结合的形式和制度或是指在共同目标指导下协同工作的人群社会实体单位。通常，前者表现为组织结构，后者表现为组织的工作制度，一般所说的组织是指组织结构。组织结构一般又称为组织形式，反映了生产要素相结合的结构形式，即管理活动中各种职能的横向分工和层次划分。组织结构运行的规则和各种管理职能分工的规则即是工作规则。

组织结构总是要适应组织活动的需要的，所以相应的组织结构也应随之变化的。这不但贯穿于管理活动的全过程和所有方面，随着其中各种因素的变化而变化，而且本身也是一个系统的概念。

(2) 项目组织

项目是一次性的活动，客观上同样存在着组织设计、组织运行、组织更新和组织终结的寿命周期，要使组织活动有效地进行，就需要建立合理的组织结构。因此，项目组织具有它自己的特点。

①项目组织要适应项目一次性特点。项目组织同其他组织（例如政府机关、军队、医院或学校）不一样，具有临时性。一般说来，项目完成之后，项目班子就解散。有些项目组织虽然不解散，由原班人马或经过改组继续承接新项目，或将完成的项目投入使用，自己成为永久性的经营者。但从项目管理的角度来看，改变了任务的项目组织是一个新组织、企业或机构，即变成了另外一个组织。在大多数项目组织中，成员有临时观点，很少有人视项目组织为自己的长久归宿。

②讲求专业化。专业化可使成员提高工作效率，提高熟练程度。但专业化需要付出相应的代价，专业化也有一个极限，即一个人所能忍受的工作单调性程度。

③注重协调。分工和专业化产生了协调问题，项目组织是解决这个问题的有效工具。项目组织内人员必须协调一致，整合组织内个体行为，以求最大效率。

④注重权威和统一指挥。项目组织领导的权威有助于贯彻命令和形成组织凝聚力。统一指挥可避免因政令不一而造成的推诿和混乱。

8.1.2 项目组织形式

项目典型的组织结构形式有三种，即职能式、项目式、矩阵式。下面依次介绍这三种组织结构形式和优缺点。

1. 职能式组织结构

(1) 职能式组织结构的优点

职能式典型组织结构如图8-1所示。

①这种结构有利于同一部门的专业人员一起交流知识和经验，可使项目获得部门内所有的知识和技术支持，对创造性地解决项目技术问题很有帮助。

②在人员的使用上具有较大的灵活性。不同专业技术人员可以被临时调配使用，工作完成后又可以返回他们原来的工作岗位。

③具有较广专业基础的技术专家可同时参加不同的项目。

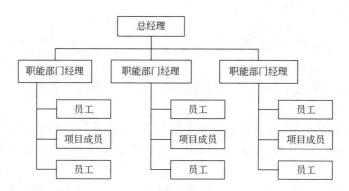

图 8-1 职能式组织结构

④当有人员离开项目组甚至离开公司时，职能部门可作为保持项目技术持续性的基础。

⑤将项目作为部门的一部分，还有利于在过程、管理和政策等方面保持连续性。

⑥职能部门可以为本部门的本专业人员提供一条正常的晋升途径。项目成员可以考虑自己的职业生涯。

(2) 职能式组织结构的缺点

①调配给项目的人员往往把项目看作是他们额外的工作甚至负担，其积极性不是很高。

②项目经常得不到好的支持，与职能部门利益直接有关的问题可能得到较好的处理，而那些超出其利益范围的问题则容易被忽视。

③技术复杂的项目通常需要多个职能部门的共同合作，但他们往往更注重本领域，而忽略整个项目的目标，并且跨部门之间的交流沟通也是比较困难的。

④这种组织机构使得项目及客户的利益往往得不到优先考虑，客户不是活动和关注的焦点。

⑤有时会发现没有人承担项目的全部责任。项目经理只负责项目的一部分，另外一些人则负责项目的其他部分。由于责任不明确，往往导致协调的困难和混乱的局面。

2. 项目式组织结构

项目式组织结构的典型形式如图 8-2 所示。

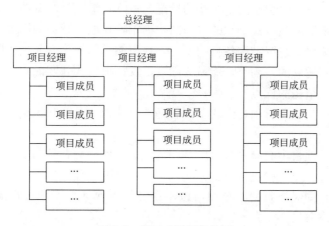

图 8-2 项目式组织结构图

(1) 项目式组织结构的优点

①因为项目经理对项目全权负责，因此他有充分的权利调动项目内外部的资源。

②项目经理避开了直接与公司的高层管理进行沟通，项目内沟通更加顺畅，沟通速度更快，途径更简洁。

③当存在一系列的类似项目时，项目式组织可以保留一部分在某些技术领域具有很好才能的专家作为固定的成员。

④由于项目目标的单一性，项目成员能够集中精力，团队精神得以充分的发挥。

⑤权力集中使决策速度加快，整个项目组织能够对客户的需要和高层管理的意图做出更快的响应。

⑥这种结构有利于使命令协调一致，每个成员只有一个上司，避免多重领导。

⑦项目式组织从结构上来说简单灵活、易于操作，在进度、成本和质量等方面的控制也较为灵活。

(2) 项目式组织结构的缺点

①一个公司通常有多个项目，而每个项目都有自己的组织，这就使人员、设施技术和设备重复设置，从而增加了成本。

②为储备项目随时需要的专业技术人员等关键资源而增加了成本。

③将项目从职能部门的控制中分离出来容易造成在公司规章制度执行上的不一致性。

④在相对封闭的项目环境中，行政管理上的敷衍时有发生。

⑤项目内部即成员与项目之间及成员之间都有着很强的依赖关系，而项目外部即项目成员与公司的其他部门之间存在沟通困难。

⑥项目成员缺乏归属感，没有职业生涯的规划。

3. 矩阵式组织结构

高科技领域的公司推动了矩阵式组织结构的发展，这些公司中的项目通常需要多个部门专家的合作，而又希望各个项目能够共享这些专家。此外，项目的技术要求也需要有一种新的组织方式能够克服先前的项目管理中的不足。

为了克服传统的项目组织结构中的不足，公司中必须有一个机构或组织来负责整个项目的集成，能将研发、工程、生产等过程紧密结合起来，并且与客户保持密切的联系。

职能式组织和项目式组织是两个极端的情况，矩阵式组织是两者的结合，它在职能式组织的垂直层次结构叠加了项目式组织的水平结构。矩阵式组织结构如图 8-3 所示，它克服了职能式组织结构和项目式组织结构各自的不足，在职能部门积累专业技术的长期目标和项目的短期目标之间找到适宜的平衡点，能最大限度地发挥项目式和职能式组织的优势。

(1) 矩阵式组织结构的优点

①项目是工作的焦点，有项目经理负责管理整个项目。负责在规定的时间、经费范围内完成项目的要求。

②矩阵式组织的项目中会有来自行政部门的人员，他们会在公司规章制度的执行过程中保持与公司的一致性，这至少可以增加公司领导对项目的信任。

③当有多个项目同时进行时，公司可以平衡资源以保证各个项目都能完成其各自的进度、费用及质量要求。

④矩阵式组织具有项目式组织的长处。由于项目组织是覆盖在职能部门上的，它可以临时

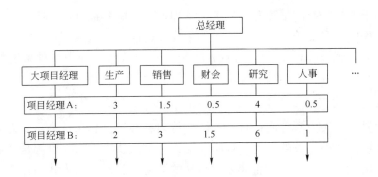

图 8-3　矩阵式组织结构图

从职能部门抽调所需的人才,所以项目可以分享各个部门的技术人才储备;当有多个项目时,这些人才对所有项目都是可用的,从而可以大大减少如项目式组织中出现人员冗余的情况。

⑤项目组成人员对项目结束后的忧虑减少了,虽然他们与项目具有很强的联系,但他们对职能部门也有一种"家"的亲密感觉。

⑥对客户要求的响应与项目式组织一样快捷灵活,而且对公司组织内部的要求也能做出较快的响应。

⑦公司可以在人员及进度上统筹安排,优化整个系统的效率,而不会以牺牲其他项目去满足个别项目的要求。

总之,项目式组织和职能式组织是两个极端的情况,而矩阵式组织在这两者之间具有较广的选择范围。职能部门可以为项目提供人员,也可以只为项目提供服务,从而使得项目的组织具有很大的灵活性。

(2) 矩阵式组织结构的缺点

①在矩阵式组织的项目中,项目经理主管项目的行政事务,而职能部门经理主管项目的技术问题。但在实际工作中,项目经理很难将项目与职能部门的职责及权利分清楚,项目经理必须就各种问题,如资源、技术支持及进度等,与部门经理进行谈判,若项目经理缺乏强的协调能力则会使项目成功的可能性降低。

②对项目经理的要求很高,他必须就各种问题,如资源分配、技术支持及进度等,与部门经理进行谈判。如果项目经理在这方面没有很强的能力,那么项目很难成功。

③多个项目在进度、费用和质量方面能够取得平衡,这既是矩阵式组织的优点、又是它的缺点。因为所有的项目可以作为一个整体来考虑,但当资源稀缺的时候,各个项目可能为争夺有限的资源而产生矛盾。每个项目经理都更关心自己项目的成功,而不是整个公司的目标。

④矩阵式结构还有多重领导的缺点,项目成员至少有两个上司,即项目经理和部门经理。当他们的命令有分歧时,会令人感到左右为难,无所适从。

8.2　项目管理中的人

8.2.1　项目的人力资源管理

美国的李·亚科卡以自己在美国福特和克莱斯勒公司管理的切身体会指出:企业成功的

关键在于人，在于那些富有激情和敬业精神的管理人才。同样道理，富有创新性的工程项目的成功也在很大程度上取决于人，决定于人的主观创造能力、敬业精神和整个项目团队的凝聚力。因此，人力资源（Human Resource）管理是工程项目管理中一种重要的、不可忽视的管理职能。

1. 工程项目人力资源管理的概念

目前，学术界对于人力资源尚存在着不同的认识和看法。有人认为，人力资源是人类可用于生产产品或提供各种服务的活力、技能和知识；有人认为，人力资源是企业内部成员及相关人员所能提供的服务与有利于企业经营活动的能力总和；也有人认为，人力资源是指能够推动社会经济发展的，具有脑力劳动和体力劳动能力的人的总和。上述人力资源的定义虽各有侧重，但均强调人力资源创造财富这一特征。与其他资源不同的是，人力资源的载体是人的身体和劳动，其具有能动性、再生性、社会性和智能性等特点。

工程项目人力资源管理（Project Human Resource Management）就是对工程项目开发建设过程中所需的人力资源进行规划、选聘和合理配置，并定期对他们的工作业绩进行评价和激励，以提高他们对工程项目开发建设的敬业精神、积极性和创造性，最终保证工程项目目标的实现。

2. 工程项目人力资源管理的特点

工程项目人力资源管理的对象包括项目团队的所有成员和项目团队本身，由于工程项目的一次性或临时性及系统性特征，工程项目人力资源管理在遵循企业组织人力资源管理的原理同时，还有下列特点。

（1）工程项目人力资源管理强调高效快捷

高效快捷主要体现在项目团队成员的选拔和培训上，项目团队成员的选拔和培训通常是针对完成项目任务所需的知识和技能进行的，也就是说，选拔项目团队成员尤其是骨干成员时主要是看其是否已具有相关知识和技能，以及是否有一定的实践经验，而且项目团队成员也要具有挑战精神，敢于承担责任。对于项目团队成员的激励也要强调高效性和及时性，因此，工程项目人力资源管理中所使用的激励手段一般是以短期激励效果为主，如物质激励等。

（2）工程项目人力资源管理强调团队建设

工程项目目标的实现需要一个跨职能团队的共同努力才能完成，因此项目团队的建设意义尤为重大。它是工程项目人力资源管理的中心任务。这不但要求工程项目人力资源管理中的项目团队成员尤其是项目经理的挑选和确定要考虑项目团队建设的需要，即项目团队成员要具有合作精神，项目经理要具有较强的个人影响力和组织管理能力，而且要求在工作业绩的评价、员工激励和项目问题或冲突解决方式方法等方面也要考虑项目团队建设的需要。

3. 工程项目人力资源管理的主要内容

工程项目人力资源管理主要包括如下内容。

（1）工程项目组织的工作分析

工程项目组织的工作分析就是对达到工程项目目标所需进行的各项任务和活动进行分析研究，以确定工程项目管理与实施需要安排哪些具体的职务和岗位，以及这些岗位和职务的任职条件和知识、技能与专业要求。显然，工作分析的成果主要是工作说明书（Statement of Work）和工作规范（Specification of Work）。工作说明书详细描述了某职务或岗位的工作内容、环境及工作条件，而工作规范则详细说明了从事该项工作的人员所需具备的最低资格。

（2）工程项目人员的获得与配备

工程项目组织根据前述工作分析结果，采用招聘等方式从一定的渠道获得合适的人员，并根据工程项目工作的特点和人员的知识、技能进行安排和配备。

（3）工程项目人员的培训

工程项目人员的培训是为了使员工获得或改善与工作有关的知识、技能和动机、态度，以利于提高员工的绩效和对工程项目目标的贡献。

（4）绩效评估与激励

绩效评估是通过对项目团队成员工作绩效的评价，反映员工的实际工作能力和对某种工作职位的适应程度。激励则是通过满足员工的某种需要，以激发员工充分发挥其潜能，为实现工程项目目标服务。

4. 工程项目人员的获得与配备

（1）工程项目人员的获得

项目人员的获得是指项目人员的招聘工作，这是项目人力资源管理工作中非常重要的一项工作。项目人员的获得工作的主要目标是确保项目组织能够获得所需的人力资源。

工程项目人员的获得主要有两种方式：外部招聘和内部选拔。这里所谓的内外部是针对工程项目所依存的企业组织而言的。内部选拔的方式一般有查阅档案法、主管推荐法和布告法三种，外部招聘的渠道一般有广告招聘、就业中介和信息网络招聘三种。

相比较而言，内部选拔有以下优点：

①可以为组织内部员工提供发展机会，从而调动内部员工积极性，由于项目组织对内部人员有充分的了解，所以内部选拔能够保证人员招聘的质量。

②内部候选人更熟悉企业组织的政策环境，因此能够迅速开展工作。

③企业组织熟悉内部候选人的工作表现和相关能力，内部选拔费用较少，同时还可省去一些不必要的培训。

内部选拔可以采用提升、工作调配、内部人员重新聘用等方式进行。

但是内部选拔也可能存在一些弊端。特别是当有多个内部候选人竞聘时，若选拔工作稍有不当，都可能引起落选同事的不满，从而影响被选拔者开展工作。

企业组织在下列情形下也可能考虑采用外部招聘的方式选择项目组成员：

①需要外来"空降人员"新的管理理念、经验和新技术。

②没有合格的内部候选人申请或内部竞聘过于激烈，有可能造成同事间的紧张关系。

③项目小组中的某些临时工作人员如有些特殊技术顾问的选用。

（2）工程项目人员的配备原则

项目人员的合理配置对于项目目标的实现是非常重要的。用人得当，可充分挖掘项目人员的潜力，也可降低项目人力资源的成本。在工程项目中配备人员一般遵循以下原则：

①因事择人和因材器使原则。不同的工程项目任务需要不同的人去进行，而不同的人也具有不同的能力和素质，能够从事不同的工作。因此，只有将职务要求与项目人员的兴趣、爱好和能力紧密结合起来，进行充分考虑、统筹安排，才能"事得其人，人爱其岗"。

②精简、高效、节约原则。工程项目组织作为一个临时组织，应强调项目组织的精简、高效、节约。也就是说，要提倡兼职或"一人多能"，兼任多项职务或岗位，这是因为工程项目团队中的职能工作种类可能很多，但是每项职能工作的工作量可能很小。另外，兼职也可减少项目组织中信息沟通渠道的长度，增加信息传递的速度，从而使各种职能业务工作处理速度更快。

③合理安排各类人员的比例原则。项目组织人员的配备是要合理安排各类人员的比例关系，包括项目技术工作人员和辅助工作人员的比例、项目管理人员和项目实施人员的比例等。对于比较特殊的项目还需要合理安排不同专业或工种的人员和不同管理人员的比例关系，从而实现合理的平衡，减少人力资源浪费现象。

5. 绩效评估与激励

绩效评估就是工作行为的测量过程，即用过去制定的标准来比较工作绩效的记录及将绩效评估结果反馈给员工的过程。恰如其分地评价项目人员的工作业绩、实际能力和工作态度，能够有效地采取相应的激励和惩罚措施，调动项目人员的积极性和增强项目团队的凝聚力；能够帮助项目人力资源管理者重新进行人力资源规划，针对不足之处加强培训和制度管理。

(1) 绩效评估原则

①公开原则。公开原则是指绩效考评人员要将绩效评估的评价标准、评价方法和评价程序公布于众，接受来自各方人员的参与和监督，并且要将评价结果通报给相关人员，这样有利于项目人员了解自己的问题和差距，找到努力目标和方向，有利于进一步改进项目工作，提高项目人员素质。

②客观、公正原则。客观、公正原则要求绩效评估人员按照定性与定量相结合的方法建立科学的绩效评估标准和指标体系，采用科学的评估方法，来尽量避免出现晕轮错误、相似性错误和宽厚错误。否则，如果绩效评价标准和结果不够客观和公正，则会打击被评价者的积极性，甚至会引发被评价者之间、被评价者与绩效评价者之间的矛盾。

③多渠道、多层次、全方位评估原则。可采用自我评价、同事评价、直接上司评价、直接下属评价甚至其他相关人员的评价相结合的方法获得被评价者的各方面的信息。另外，项目人员在不同时间、不同场合往往有不同的表现。在绩效评价时也要注意取长补短，合理评价。

(2) 绩效评估指标与评价方法

①绩效评估指标体系。绩效评估指标体系是在工作分析的基础上建立的，也就是说，必须明确某一职务或岗位的工作职责和工作要求，才能建立客观、公正和全面的绩效评价指标体系。下面以项目经理的绩效评估指标体系的建立为例来说明问题。

我们可从以下四个方面建立相应的绩效评价指标体系：

a. 工程项目总体成效。主要指工程项目总体完成情况，可从四个方面衡量：时间（是否按期完工）、质量（是否达到合同标准）、费用或成本（是否在预先制定的预算范围内）、功能（是否满足了用户的预期功能要求）。

b. 资源管理成效。主要指在工程项目实施的过程中，投入的主要物化资源和时间的利用程度，可从两个方面衡量：资源管理的规范化和资源利用效率。

c. 团队管理成效。主要指项目经理在建设项目团队方面的成效，可从角色的到位、群体凝聚力、团队工作意愿、激励强度四个方面衡量。

d. 工作关系处理成效。主要指项目经理在处理各种人际关系及其冲突方面所表现出来的成效，可从两个方面衡量：与外部主要协作单位的协调、与上下级的协调。

在上述绩效评价指标体系中，一般首先要采用专家评议法、层次分析法等方法确定各个层次上指标的权重，然后才能进行综合评价，综合评价方法有加权平均法、模糊评价法等。

②绩效评估方法。

a. 评分表法。使用该种方法的关键是建立一系列的绩效评价指标和评价等级，在绩效评估时，要根据每一个项目小组成员的实际情况，对每一项评估指标进行打分，然后应用数学方法对所有分数进行处理，最终得到该员工的评估结果。

b. 排序法。这是一种把一定范围内的同类员工，按照一定的标准进行评价，然后将评价结果采用由低到高或由高到低的方法进行排序的绩效评价方法。

c. 工作标准法。这是一种把项目员工的工作与项目组织制定的工作标准相对照，从而评价并确定出项目小组成员工作绩效的方法。

d. 描述法。描述法又可分为鉴定法和关键事件法两类。鉴定法是指绩效评估者以叙述性的文字描述被评估者的能力、态度、优缺点和发展潜力等，由此得到对被评估者的综合评价。而关键事件法是指绩效评估者关注的是被评估者在完成项目任务时所表现出来的特别有效的行为和特别无效的行为，从而据此评价被评估者的工作绩效。

(3) 工程项目人员的激励

激励简单地说就是激发人的积极性、主动性和创造性。激励是多种因素的结合，没有任何一个因素能够始终占主导地位。激励问题很复杂，因人而异。即使同一个人，激励的效果也因时间、地点而不同，使某人积极的因素有可能使另一个人变得消极。激励一般分为三种：物质上的激励、精神上激励和竞争机制下的激励。

①工程项目人员激励的原则。

a. 目标原则。个体行动是目标导向的，对项目团队成员的激励必须与项目的目标紧密结合起来，鼓励他们为实现项目的目标而努力工作。

b. 客观、公正原则。准确、客观、公正地评价每个项目小组成员的努力程度和给项目小组成员提供强激励是互补行为，必须协同进行，否则会适得其反，使项目小组成员产生不公平感，降低其努力水平。

c. 按需激励原则。项目管理人员要不断了解员工的需求层次和需求变化趋势，有针对性地采取各种激励措施，以达到事半功倍的效果。

d. 及时激励原则。激励的效果与项目管理者承诺给予奖励的数量和兑现奖励的时间存在着正向相关关系。也就是说，项目管理者承诺给予奖励的数量越高，激励效果一般而言越好；项目管理者越能按时兑现奖励，则激励效果也就越好。反过来说，若项目管理者迟延激励的时间越长、次数越多，激励效果就越差，严重者甚至还可能出现适得其反的结果。因此，项目管理者应尽量言出有信，按照承诺及时激励。

e. 团队激励与个人激励有效结合的原则。不搞"大锅饭"，不搞个人"英雄主义"，将团队激励与个人激励有效结合，不偏不倚，既能重奖贡献多的团队成员，又能保持甚至提高团队凝聚力。

②工程项目人员激励的方法。

a. 物质激励。物质激励手段包括工资、奖金和福利待遇等。

b. 精神激励。精神激励是工程项目组织对个体或群体的高度评价，通过口头表扬、颁发荣誉证书等手段来向他人或社会证实其价值，以满足人们的自尊需要。

c. 榜样激励。榜样激励是通过满足项目小组成员的模仿和学习需要，从而引导其行为达到项目组织目标所期望的方向。

d. 参与激励。参与激励是指充分信任项目小组成员的能力，让他们了解工程项目组织的真实情况，并允许他们在不同层次和深度上畅所欲言，参与决策，从而激发他们的主人翁精神。

e. 晋升激励。通过将工程项目管理人员在项目组织中的工作表现与在企业组织中的职位晋升机会结合起来提高他们的工作积极性。

f. 自我激励。即工程项目组织通过团队学习，使每一个项目小组成员改变其心智模式，不断超越自我，树立新的有助于项目成功的人生目标，从而激发员工忘我工作。

8.2.2 项目核心人的管理

项目中的核心人主要是指项目经理（有的地方把公司总经理、项目职能经理和大项目经理都看作是项目中的核心人物）。项目经理的产生有三条途径：一是从职能经理来。但在实际工作中，要防止职能经理兼任项目经理，而把项目看成是自己职能工作的一部分；二是项目经理从项目办公室来。项目办公室的人员经过一定时间的培养，由通才变帅才；三是从项目实践中来。在一个具体的项目中负一定技术责任的高级工程技术人员，经过在项目活动中的积极参与，由专才变通才。

不论从什么途径成长起来的项目经理，都要具备一定的素质和能力。从素质上看，总体上有五点：身体素质、心理素质、知识技能、实践经验和道德品质。从能力看，总体有四点：领导能力、沟通能力、人力开发能力和决策能力。科兹纳认为，项目经理有十处特殊的技能：团队组建、领导、冲突处理、专业技术知识、计划编制、组织能力、企业家的才干、行政管理、管理支持、资源配置。

有计划地培养项目经理是企业增强竞争力的措施。对项目经理的培训方法和技术：经验培训/在职培训（包括有经验的职业领导工作、项目团队成员工作、按顺序分派不同的项目管理职责、职务轮换、正规的在职培训、开展各种职能的活动、客户联络活动等）；概念培训/学校教育（课程、研究会、工作间、模拟、活动、案例、团队训练、使用项目管理技术的有关练习、专门会议、集会、研讨会、阅读、书籍、商业旅行、专业杂志）；组织建设（认识项目管理职能、恰当的项目组织、项目支持体系、项目章程、项目管理指令政策和程序）。

一个优秀的 21 世纪的项目经理应该掌握的技能已经与 20 世纪 80 年代有所不同了。以前，只有工程师才有机会成为项目经理。这主要是因为项目经理只有精通技术才能做出技术决策。随着项目管理的发展成熟，随着项目规模的增大和复杂化，项目经理逐渐变得只需要了解技术而不需要精通就行了，除了诸如 RD 项目管理之类的特殊情况外，真正的技术知识由技术经理来提供。

随着项目管理的发展和成熟，项目经理的职能也不断从技术经理向业务经理转变，而且这一趋势在 21 世纪表现得更加明显。对于一个 21 世纪优秀的项目经理来说，他必须掌握以下基本技能：业务知识；风险管理；综合技能/协调能力。其中，最关键的是风险管理技能。

8.3 项目团队

8.3.1 项目团队

1. 项目团队的定义

资金、技术、设备都是影响项目成功的主要因素,除此之外,还必须要有具有主动性、创造性的项目经理和团队,有效工作的团队是项目获得成功的一个关键因素。

团队是指在工作中紧密协作并相互负责的一小群人,他们拥有共同的目的、绩效目标及工作方法,且以此自我约束。或者说团队就是指为了达到某一确定目标,由分工与合作及不同层次的权利和责任构成的人群。团队的概念包含以下几点:

(1) 必须具有明确的目标

任何团队都是为目标而建立和存在的,目标是团队存在的前提。

(2) 进行有效的分工与合作

没有分工与合作不能称为团队,分工与合作的关系是由团队目标确定的。

(3) 有不同层次的权利与责任

这是由于分工之后,就要赋予每个人相应的权利与责任,以便于实现团队目标。

团队是相对部门或小组而言的。部门和小组的一个共同特点是存在明确内部分工的同时,缺乏成员之间的紧密协作。团队则不同,队员之间有一定的分工,彼此之间的工作内容交叉程度高,相互之间的协作性强。团队在组织中的出现是组织适应快速变化环境要求的结果。为了适应环境变化,企业必须简化组织结构层次和为客户提供服务的程序,将不同层次中提供同一服务的人员或服务于同一顾客的不同部门、不同工序人员结合在一起,从而在组织内形成各类跨部门的团队。

IBM、GE、AT&T等大公司,所拥有的团队均达上百个之多。同时,为了适应环境不断变化的要求,许多企业组织开始走向合作,从而在企业之间出现了一些跨组织团队,如波音公司在开发777客机过程中,先后组建了235个团队,其中大部分团队都是有波音公司人员和其他公司人员共同组成,他们分别从事新机型的设计和飞机部件的制造工作,这些团队就是跨组织的团队。

项目团队是为了适应项目的有效实施而建立的团队。项目团队的具体职责、组织机构、人员构成和人数配备等因项目性质、复杂程度、规模大小和持续时间长短而异。项目团队的一般职责是项目计划、组织、指挥、协调和控制。项目组织要对项目的范围、费用、时间、质量、风险、人力资源和沟通等进行多方面的管理。

2. 项目团队的特点

由于项目本身的独特性,任何两个项目团队都不可能会一模一样。但是,项目团队能否有效地开展项目管理活动,主要体现在以下五个方面:

(1) 共同的目标

每个组织都有自己的目标,项目团队也不例外。正是在这一目标的感召下,项目团队成员凝聚在一起，并为之共同奋斗。对于一个项目，为使项目团队工作有成效，就必须明确目的和目标，并且对于要实现的项目目标，每个团队成员必须对此及其带来的收益有共同的思考。因为成员在项目里扮演多种角色、做多种工作，还要完成多项任务，工作任务的确定要以明确目标和成员间的良好的相互关系为基础。

项目团队有一个共同憧憬，这是团队之所以存在的主观原因。项目团队的共同目标是共同憧憬在客观环境中的具体化，并随着环境的变化而有着相应的调整，但每个队员都了解它，认同它，都认为共同目标的实现是达到共同憧憬的最有效途径。共同憧憬和共同目标包容了个人憧憬和个人目标，充分体现了个人的意志与利益，并且具有足够的吸引力，能够引发团队成员的激情。

（2）合理分工与协作

每个成员都应该明确自己角色、权利、任务和职责，在目标明确之后，必须明确各个成员之间的相互关系。如果每个人彼此隔绝，大家都埋头做自己的事情，就不会形成一个真正的团队。每个人的行动都会影响到其他人的工作，因此，团队成员都需要了解为实现项目目标而必须做的工作及其相互间的关系。在项目团队建立初期，团队成员花费一定的时间明确项目目标和成员间的相互关系，可以在以后项目执行的过程中减少各种误解。

（3）高度的凝聚力

凝聚力指维持项目团队正常运转的所有成员之间的相互吸引力。团队对成员的吸引力越强，成员遵守规范的可能性越大。一个有成效的项目团队，必定是一个有高度凝聚力的团队，它能使团队成员积极热情地为项目成功付出必要的时间和努力。

影响项目团队凝聚力的因素有：团队成员的共同利益、团队的大小、团队内部的相互交往和相互合作。团队规模越小，那么彼此交往与合作的机会就越多，就越容易产生凝聚力；经常性的沟通可以提高团队的凝聚力；项目目标的压力越大，越可以增强团队的凝聚力；团队凝聚力的大小是随着团队成员需求满足的增加而加强。因此，在形成一个项目团队时，项目经理需要为最大限度地满足个体需要提供保障。

（4）团队成员相互信任

成功团队的另一个重要特征就是信任，一个团队能力的大小受到团队内部成员相互信任程度的影响。在一个有成效的团队里，成员会相互关心，承认彼此存在的差异，信任其他人所做和所要做的事情。在任何团队工作，都有不同意见，要鼓励团队成员将其自由地表达出来，大胆地提出一些可能产生争议或冲突的问题。项目经理应该认识到这一点，并努力实现这一点，因此在团队建立之初就应当树立信任，通过委任、公开交流、自由交换意见来推进彼此之间的信任。

（5）有效的沟通

高效的项目团队还需要具有高效沟通的能力。项目团队必须装备有先进的信息技术系统与通信网络，以满足团队的高效沟通的需要。团队拥有全方位的、各种各样的、正式的和非正式的信息沟通渠道，能保证沟通直接和高效，层次少，无官僚习气，基本无迟延。团队要擅长于运用会议、座谈这种直接有效的沟通形式。沟通不仅是信息的沟通，更重要的是情感上的沟通，每个成员不仅要具有很好的交际能力，而且拥有很高的情商，团队内要充满同情心和融洽的情感。项目团队具有开放、坦诚的沟通气氛，队员在团队会议中能充分沟通意见，倾听、接纳其他队员的意见，并能经常得到有效的反馈。

3. 项目团队的组建与类型

在今天复杂多变和技术成熟的环境中，随着现代组织（如矩阵）的发展，传统的官僚层级组织已经衰落了，横向的适应性团队对于有效的项目管理变得越来越重要。团队成了通过职能线迅速地、可预测地并且在给定的资源约束内传达信息、技术和工作观念的管道。

团队组建可以描述为这样一个过程，聚集有不同需要、背景和专业的个人，把他们变成一个整体的、有效的工作单元。在这个转变过程中，把诸多个体贡献者的目标和精力融合到一起，聚集到特定的目标上。

团队组建是一个连续的过程，需要领导能对组织、组织界面、权力、权力结构和诱发因素了解。在复杂的跨部门或跨国界的活动中，需要具有不同的组织文化、价值和复杂性的许多职能专家，支持团体熟练地统一到这种环境下，这个过程至关重要。

团队组建的方法，除了我们要利用WBS去决定所要招聘的人员外，关键是人员来了以后，如何使他们愿意投入。我们认为，现代的许多团队建设活动是十分重要的，它们通过在一定环境下的人际互动，尤其是面对特殊困难的生存环境，只有通过合作才能活命（如生存岛训练）时，团队成员对劫后余生情感的珍惜，有助于他们在日常工作中增进合作。但必须指出的是，管理科学中许多传统的方法依然是团队建设的主要工具。如一般管理技术（纪律与规范等）、绩效考评与奖励系统、人的基本需求分析、人的个性组合与优化、人员的合理配置及对团队成员进行企业宗旨和企业文化的培训，这是更加实用和有效的团队建设工具。

团队有各种不同的类型。在传统项目管理中，传统的项目团队主要是来自建筑和国防工业中，团队的思考和行为模式来自过去的实践。它有如下特征：

（1）存在一个重要的知识体系，它描述了这些团队是如何和为什么生存的，以及它们如何能被用于不同行业的产品开发。

（2）这些项目主要包括物理实体的设计、开发、和生产（建造），这些实体在支持客户的产品和基础结构时有特殊的作用。一个新的武器系统，一条新的公路或一个新的生产设施都是这种物理实体的例子。

（3）在这些项目中，都有一个明确的生命周期，从一个想法开始，通过设计、开发、生产（建造）过程，再转给客户。这些项目通常包括售后支持和服务优先权的发展。

（4）这些项目的管理需要安排重要的财务、人力和其他资源。

（5）各种大型的建筑项目是这些传统项目的例子。

（6）在概念化和把项目的结果带给客户组织时，使用项目管理过程和技术的非正式实践往往会有一个较长的历史。

（7）最后，当人们想到用于现代的组织中的团队时，他们往往会想到传统的项目团队，因为这是在今天的组织中是最多见的。

非传统的团队有许多传统团队的特征。然而，这些非传统的团队有它们自己的生命力，可有以下内容描述：

（1）这些团队处理的组织要素已经存在，团队的目的是提高这个要素，如通过过程再造工程提高效率和有效性。

（2）团队提高组织要素的效率和有效性，通常借助于改变要素所包含的过程。

（3）尽管概念化的过程包含已建立的这些团队中，但在处理现有的问题和已经存在于企业中的机遇时,这种团队的工作是迅速启动的。

(4) 尽管可能包括硬件因素,在实现企业目的时,团队主要通过过程处理改善组织资源的使用。

(5) 这些可选择的团队,"交付物品"可能是一个报告,在完成反映在一个新的或提高了的过程、政策、程序或行动计划中的企业任务、目标、具体目标和战略时,它们推荐了用以提高资源的使用效率的设计和实施。

(6) 这些可选择的团队使用了许多项目管理的理论和实践。但是改变了其用法,尤其在其应用于不同的企业目的时。

(7) 这些可选择的团队同企业内经营和战略进步的设计和实施有重要的联系。

(8) 一些可选择的团队已经引起了当代组织中人们担任的个人和集体角色的巨大变化,包括年轻的专业人员的重大职业机遇。

(9) 这些团队对于它们所属的组织文化有重大的影响。

使用这些非传统团队已经成为一种提高所属企业全球竞争力的一种方法。

常见的非传统团队类型有：市场评估团队——识别和发展对企业竞争所在的市场中可能和或突然变化的理解；竞争力评估团队——检查和评估竞争对手在其产品、服务和组织过程中的力量、不足和可能的战略；标杆超越团队——回顾"行业中最好"企业的性能,以决定什么经营和战略能力使它们发展这么快；干系人评估团队——发现、发展和维护与公司所创造的东西有着联系的既得利益的那些人和机构的一般界限；危机管理团队——团队作为一个组织的重点,处理在组织活动中可能引起的危机；质量提高团队——通过使用质量团队(有时称质量集团)达到全面的质量管理。这些团队利用交叉职能和交叉组织的设计,发展和提高综合质量的工作等。

8.3.2 有效项目团队的建设

项目能否按着项目有关各方面的希望完成,不仅取决于项目经理的能力、工作作风,也取决于项目团队的建设。项目团队建设就是项目经理依据人力资源管理的思想、原则和做法,努力克服有效工作的障碍,将项目团队变成一个强有力的整体。创造一种开放和自信的气氛;要使成员有统一感,有强烈希望为实现项目目标做出贡献,圆满完成各项任务的愿望;使团队满足项目各有关方面的希望和要求。项目团队建设不仅应提高项目团队作为一个集体发挥作用的能力,也应提高成员个人为项目做出贡献的能力。个人能力的培养是项目团队培训的基础。

1. 项目团队有效性的体现

(1) 项目团队必须明确一个项目活动的目的和目标

一个有效项目团队的成员应有共同的使命感,应参与制订项目计划,清楚工程项目的工作范围、质量标准、财务预算和进度计划,明确自己在项目中的角色、权利、任务和职责等。

(2) 明确目标后,必须能正确、清楚地理解相互间的关系

一个项目活动是一个有机的整体,每个成员的行动都会影响到他人的行动,因此,团队成员为完成预定目标应清楚了解彼此工作之间的关系。

(3) 一个有效的项目团队为完成项目目标需进行高度的合作互助

如项目经理及团队成员之间需要进行公开、坦诚而及时的沟通；成员之间彼此愿意相互沟通交流，相互尊重和重视彼此的知识和技能等，在工作上相互帮助。

(4) 一个有效的项目团队应该建立一种公开信任的工作关系

承认团队中的每位成员都是项目成功的重要因素，每位成员所做的事情都会按预期标准完成，成员之间相互依赖，相互关心，彼此影响，以积极的态度解决产生的冲突问题，创造一个相互信任、尊重和理解的环境，从而建立对完成项目目标所具有的共同信心。

2. 有效项目团队建设的手段和技术

项目团队建设要根据项目计划、人员配备计划、进展报告和外部对项目团队表现的反馈来进行。项目团队建设的手段和技术主要有开展团队建设活动、沟通与交往、建立合理的奖励和表彰制度、人员安排技巧、进行培训及绩效评估。

(1) 团队建设活动

所谓团队建设活动，就是专门为提高项目团队工作效率而开展的活动。如让一般的项目团队成员参与决策或讨论解决冲突的原则等，都有助于提高项目团队的整体水平。团队建设活动方式多样，如在定期举行的总结会花几分钟对大家眼下关心的具体进行解释、鼓励、表扬等；或为了改善关键的项目相关人员之间的人际关系而设计的广泛的、地点不固定的、专门的促进关系会议；还可以举行让成员在紧张的工作之余进行和放松的活动等。

除了组织社交活动外，团队还可以定期召开团队会议。团队会议只讨论与团队相关而与项目无关的问题，其目的是广泛讨论如下一些问题：作为一个团队，该怎样工作，妨碍团队工作的因素有哪些，如何克服这些障碍，怎样改进团队工作等。

(2) 沟通

良好的人际关系是增进团队效率的重要保证。团队成员之间相互了解越深入，团队建设就越出色。项目经理要善于运用管理的艺术并采用充分、顺畅、全方位的沟通途径确保团队成员能经常相互交流沟通，从而改善组织内部环境，使组织在沟通交往中和谐发展，促进团队的建设。

(3) 奖励和表彰

奖励和表彰体系是正式的管理措施，它能够促进和加强良好行为，是调动成员积极性，提高成员工作效率的有力手段。奖励可以分为物质奖励和精神奖励，任何一个方面都不容忽视。有效的奖励要建立在对人的工作动力与满足感分析的基础之上。要使奖励和表彰体系真正达到效果，必须要在奖励和绩效之间建立一种清晰、明确和易于接受的联系。项目必须建立适合项目团队自己情况的奖励和表彰体系。如在项目中，项目经理可以给予那些为达到积极有效的进度目标而愿意加班的成员一定的奖励，而对那些因为自己的工作状况不佳，或只是为了获得加班费，或者没有进行适当的计划而引起的行为就不应进行奖励。

(4) 人员安排

人员安排就是将项目团队所有成员尽可能都安排在同一个工作场所，以提高他们作为一个整体执行项目的能力。另外，对团队各成员性格和特长的适当组合搭配能决定团队行为效果，因为，团队成员的团结、合作、理解和协商与团队的活动效果有着密切的联系。

(5) 人员培训

如果项目团队成员缺乏必要的管理或技术技能，则这些技能必须作为项目的组成部分进行培养，或采取一定的步骤将人员重新进行适当分配。为此，项目经理常建议对员工进行一些特殊的培训来帮助成员个人发展和团队开发。培训可以是正式的，如课堂培训和以电脑为基础的培训；也可以是非正式的，如项目团队成员之间交流。培训的时间可长可短，培训需要付出时间和金钱的代价，但是培训的收益也是巨大的，其收益往往表现在经过培训后，可避免许多不必要的时间、金钱、效率的损失和浪费，而不是直接表现在进账上。一般地，为了增强培训效果，在培训结束后往往需要对培训效果进行必要的评价。项目组在开展培训之前首先应对以下问题有清楚的了解：如项目为什么要进行培训，需要进行什么样的培训，哪些成员需要接受培训，由谁来提供培训及如何评价培训效果等。根据上述问题，培训工作应包括培训需要分析、培训计划的制订与实施、培训效果评价等主要内容。

（6）绩效评估

绩效评估可以帮助项目成员寻找并缩小实际工作与标准工作绩效之间的差距，通过绩效评估过程，项目组织可以衡量成员的工作绩效并把这些评价传达给他们。通过绩效评价可以帮助项目组织分析其在人力资源上的优势及劣势，从而验证人员招聘和选择决策的正确性；通过评价员工的优缺点和发展潜力，进而帮助他们制订个人职业计划；指出员工需要哪些培训，有助于帮助管理部门做出和人力资源有关的决策（如晋级、降级、解职和提薪等）。因此，建立有效的绩效评估体系是团队建设优先考虑的事情，可以有效提高员工工作能力和项目绩效。

本章小结

项目组织，就是为完成项目（科研项目、救援项目、建设项目等）而建立的组织，一般叫项目班子、项目管理班子、项目组等。项目典型的组织结构形式有三种，即职能式、项目式、矩阵式。

工程项目人力资源管理（Project Human Resource Management）就是对工程项目开发建设过程中所需的人力资源进行规划、选聘和合理配置，并定期对他们的工作业绩进行评价和激励，以提高他们对工程项目开发建设的敬业精神、积极性和创造性，最终保证工程项目目标的实现。进行项目人力资源管理的关键是项目的核心人管理。

为了有效实施项目建设，必须组建有效的项目团队，本章对此进行了重点介绍。

本章的重点是项目的人力资源管理、有效项目团队的建设。

工程案例：某公司的三人项目团队

某公司是一家为其他公司提供财务软件的公司。它已在北京的中关村从事该项业务五年了，拥有五十多个员工，大部分员工都在中关村的A大楼里工作，其中三十个员工在第三层工作，公司从成立起一直租用这一层楼。其他的十个员工在第八层工作，这是公司业务扩大以后加租的场所。这两个办公区的成员经常在餐厅里见面，但相互都不熟悉。不久前，该公司收购了朝阳区的一家类似的小公司，这家公司成立两年半，有十八个员工。

最近，在A大楼旁边建成了一座新的办公大楼，该公司的老板决定在新的办公大楼里租用一整层以让所有的员工都在一起工作，同时为以后留下业务发展空间。

老板从这三个办公地点各选一个人，组成一个三人项目团队对新大楼的空间进行分布设计。陈女士是在第三层工作的业务主管，她为公司工作五年了；张先生是第八层工作的计算机专家，为公司工作四年了；李小姐是在朝阳区工作的数据处理员，为被收购的那家公司工作一年。

这个项目团队在 A 大楼的第三层会议室举行第一次会谈,陈女士首先发言说:"我对我们的工作流程和影响因素都非常了解,我已经想好了怎样布置我们的新办公区。"

张先生提出疑问:"我们有必要搬到新办公楼吗?"

"当然",陈女士说。

李小姐说:"但是,员工们会赞成这个决定吗?我建议先进行员工意向调查。"

陈女士说:"那样的话太浪费时间,何况,我在这里已经工作五年了,我很了解情况,我知道应该怎么做。"

李小姐说:"好吧,我相信你是对的。"

陈女士说:"那现在开始工作吧!我建议……"

张先生打断她的话说:"你们有没有听说公司裁员的事情,我昨天听到有传闻。"

李小姐惊讶地说:"是吗?不知道会不会解雇我?"

陈女士沉下脸来,说:"别瞎说,不要相信谣言。裁员?我保证这是没有的事。"

张先生说:"即使真要裁员,我也不怕,凭我的能力和工作经验,我能同时找到很多份工作呢。"

陈女士说:"我们现在开始工作吧,不能再谈论别的了。"

李小姐说:"可是,我们朝阳区工作的人员没有愿意到这里来的。因为我们住在那边,上下班都很方便,而且员工的孩子都在附近的托儿所。而这里,我们找不到托儿所。上下班都要各花一个小时。我们现在进行分布设计是不是一厢情愿?"

张先生说:"我倒是没有意见,无所谓。"

他们这样东拉西扯,很快就到了下班时间,而关于设计的工作还没有开始。

思考题:
1. 这个三人项目团队是不是有效的?为什么?
2. 他们是否应该搬进新楼?如果是,这个三人项目团队应该怎样完成设计工作?

复习思考题

1. 项目团队的含义是什么?有何特点?
2. 典型的项目组织形式有哪种?其结构是什么?
3. 工程项目人力资源管理的主要内容包括哪些?
4. 工程项目团队的特征有哪些?
5. 如何进行有效项目团队的建设?
6. 何谓项目的核心人管理?

本章参考文献

[1] 甘华鸣. 项目管理[M]. 北京:中国国际广播出版社,2003.

[2] 陈军,石磊. 项目管理手册[M]. 北京:企业管理出版社,2004.

[3] 丁荣贵,杨乃定. 项目组织与团队[M]. 北京:机械工业出版社,2005.

[4] 邱菀华.现代项目管理导论[M].北京：机械工业出版社，2002.
[5] 王卓甫，杨高升.工程项目管理与案例[M].北京：中国水利水电出版社，2005.
[6] 盛天宝，陆明心，韩岗.工程项目管理与案例[M].北京：冶金工业出版社，2005.
[7] 陈远，寇继虹，代君.项目管理[M].武汉：武汉大学出版社，2003.
[8] 胡志根，黄建平.工程项目管理[M].武汉：武汉大学出版社，2004.
[9] 殷焕武，王振林.项目管理导论[M].北京：机械工业出版社，2005.
[10] 戚安邦.项目管理学[M].北京：机械工业出版社，2004.

第9章
工程项目职业健康安全与环境管理

本章导读

1. 职业健康安全与环境管理的目的、任务、特点、职业健康安全与环境管理体系基本框架。
2. 施工安全控制特点、因素、程序和基本要求，施工安全技术措施计划的编制及实施。
3. 文明施工的内容、施工现场环境保护措施、场容规范方法、项目消防保安、卫生防疫管理。

9.1 职业健康安全与环境管理体系

9.1.1 职业健康安全与环境管理的目的和任务

1. 建设工程职业健康安全与环境管理的概念

（1）安全是不发生不可接受的风险的一种状态。当风险的严重程度是合理的，在经济、身体、心理上是可承受的，即可认为处在安全状态。当风险达到不可接受的程度时，则形成不安全状态。不可接受的损害风险是指：

①超出了法规的要求。

②超出了方针、目标和组织规定的其他要求等。

③超出人们普遍接受程度（通常是隐含的）的要求等。

（2）职业健康安全是指一组特定的影响人员的健康和安全的条件和因素。受影响的人员包括在工作场所内组织的正式员工、临时工、合同方人员，也包括进入工作场所的参观访问人员和其他人员。

影响职业健康安全的主要风险因素有：

①物的不安全状态。如果人的心理和生理状态能适应物质和环境条件，而物质和环境条件又能满足劳动者生理和心理的需要，便不会生产不安全行为，反之就可能导致安全伤害事故。物的不安全状态表现为三方面，即设备和装置的缺陷、作业场所的缺陷、物质和环境的危险源。

②人的不安全行为。人的行为是安全的关键，人的不安全行为可能导致安全事故，所以要对人的不安全行为加以分析。人的不安全行为是人的生理和心理特点的反映，主要表现在身体缺陷、错误行为和违纪违章三个方面。

统计资料表明：有88%的安全事故是由人的不安全行为造成的，而人的生理和心理特点直接影响人的不安全行为。因此在安全控制中，一定要抓住人的不安全行为这一关键因素，采取相应对策。在采取对策时，必须针对人的生理和心理特点对安全的影响，培养劳动者的自我保护能力，以结合自身生理和心理特点，预防不安全行为发生，增强安全意识，搞好安全控制。

③环境因素和管理缺陷等。物质和环境均有危险源存在，是产生安全事故的另一类主要因素。在安全控制中，必须根据施工的具体条件，采取有效的措施断绝危险源。当然，在分析物质、环境因素对安全的影响时，也不能忽视劳动者本身生理和心理的特点。故在创造和改善物质、环境的安全条件时，也应从劳动者生理和心理状态出发，使两方面能相互适应。解决采光照明、树立色彩标志、调节环境温度、加强现场管理等，都是将人的不安全行为和物的不安全状态结合起来考虑，并将心理和生理特点结合考虑，以控制安全事故、确保安全的重要措施。

(3) 环境是指组织运行活动场所的内部和外部环境。活动场所不仅是组织内部的工作场所，也包括与组织活动有关的临时、流动场所。

当今世界面临经济增长和科技发展带来的问题，职业健康安全与环境问题尤为突出。主要有以下几方面的原因：

①市场竞争日益加剧。随着市场竞争日益加剧，人们为了追求高额利润而忽略了劳动者的劳动条件和环境的改善，甚至牺牲劳动者的职业健康安全和破坏人类赖以生存的自然环境为代价。

②生产事故与劳动疾病增加。

③人类生存要求不断提高生活质量，但由于资源的开发和利用而产生的废物严重威胁人们的健康。21世纪人类的生存环境将面临许多挑战，如：森林面积急剧减少，土地严重沙化；自然灾害频繁；淡水资源面临枯竭；"温室效应"致使气候严重失常；臭氧层遭破坏辐射增加；酸雨频繁，土地酸化；化学废物排放量剧增；海洋、河流受污染等。

建设工程职业健康安全与环境管理，是建设工程整个管理体系的一部分，包括制定、实施、实现、评审和保持职业健康安全与环境方针所需的组织结构、计划活动、职责、惯例、程序、过程和资源。

2. 职业健康安全与环境管理的目的与任务

(1) 职业健康安全管理目的是保护产品生产者和使用者的健康与安全，控制影响工作场所内员工、临时工作人员、合同方人员、访问者和其他人员健康和安全的条件和因素。建筑施工是一个高风险的行业，建设工程项目的职业健康安全管理有着特殊的意义。建设工程项目的职业健康安全管理应以人为本，关心员工安康，一切为员工利益着想，做好员工的安全防护工作，落实防护措施，为员工创造一个安全健康的工作环境；遵守法规，积极投入，不断完善安全防护措施，规范员工行为，减少不必要的伤害，降低风险，使员工的健康安全得到保障。

(2) 建设工程项目的环境管理目的是保护生态环境，使社会经济的发展与人类的生存环境相协调。环境管理在于增加环境意识，自觉遵守国家和地方政府制定的环境保护法律、法规；规范环境行为，建立和保护环境管理体系，持续改进企业的环境行为，使作业环境与社区环境不断得到净化，实现企业和社会的可持续发展。

(3) 职业健康安全与环境管理的任务是指建设生产组织为达到建设工程的职业健康安全与环境管理的目的而指挥与控制组织的协调活动。它包括为制定、实施、实现、评审和保持职业健康安全方针所需的组织结构、策划活动、职责、惯例、程序、过程和资源。

其中职业健康安全与环境方针是组织职业健康安全与环境管理的宗旨和方向,是组织实施和改进其职业健康安全管理体系的推动力。为确保职业健康安全管理与环境方针的权威性,组织的职业健康安全管理与环境方针应由组织的最高管理者主持制定并全面实行。该方针经组织最高管理者批准,有利于将职业健康安全与环境管理纳入组织全面管理中,实现组织的经营、质量、环境、安全方针目标协调一致。

方针的制定一般应满足"两个承诺"和定期评审的要求。第一个是对持续改进的承诺,第二个是对法律、法规及其他要求的承诺。表明组织最高管理者对职业健康安全与环境管理的态度,反映组织对职业健康安全问题的认识和责任,它们是组织遵守法律、法规和满足职业健康安全管理体系标准最基本的要求。定期评审是指组织应定期对职业健康安全方针进行评审及修订,以适应不断变化的内、外部条件和要求。如果组织从属于某个更大的组织,其方针还应符合后者的职业健康安全方针的要求并得到认可。此外,方针的制定应适合组织的生产性质和规模,形成文件后,应传达到全体员工。

经最高管理者批准的职业健康安全管理与环境管理体系方针,是组织各级管理者、专业技术人员和各层次操作人员具体实施完成的纲领性文件,是建立、实施和改进组织职业健康安全与环境管理体系的一条主线,具有保护和改进职业健康安全体系的指导作用。具体职业健康安全与环境管理的工作任务如表9-1所示。表中有两行七列,构成了实现职业健康安全和环境方针的十四个方面的管理任务。

职业健康安全与环境管理的任务 表9-1

方针 \ 任务	组织结构	计划活动	职责	惯例 (法律法规)	程序文件	过程	资源
职业健康安全方针							
环境方针							

不同的组织根据自身的情况建立和保持职业健康安全与环境管理体系,并以此开展工作,将有助于组织满足职业健康安全与环境法规的要求。但是,制定什么样的工作内容取决于组织的规模及其活动的性质,不同组织所建立的职业健康安全与环境管理的工作内容各有不同,不能完成照抄、照搬。更需要注意的是,建立职业健康安全管理与环境体系,并不是对组织原有安全管理手段、制度、组织机构等的全面否定,而是将原有安全管理手段、制度、组织机构等予以规范化、系统化,使组织的职业健康安全管理与环境管理体系更加完善和有效。

9.1.2 职业健康安全与环境管理的特点

建设工程职业健康安全与环境管理强调,要在工程项目建设过程中重视人员的健康、安全和环保,它是一种科学的管理方法,可以帮助组织实现和系统地控制职业健康、安全、环保绩效,并通过职业健康、安全、环保管理体系所提供的运行机制,使其持续改进。

由于建筑产品、生产的复杂性及受外部环境影响的因素多,决定了职业健康安全与环境管理有以下特点。

(1) 复杂性

复杂性是由建筑产品的固定性、生产的流动性及受外部环境影响大决定的。建筑产品生产过程中生产人员、工具与设备的流动性表现在：同一工地不同建筑之间流动；同一建筑不同建筑部位上流动；一个建筑工程项目完成后，又要向另一新项目运迁的流动。

而建筑产品受不同外部环境影响的多因素表现在以下几个方面：

①多为露天作业，受气候条件变化的影响大。

②工程地质与水文条件的变化大。

③工程的地理条件与当地社会、经济及资源供应的影响大。

建筑产品的复杂性，决定了建设项目职业健康安全与环境管理的复杂性，稍有考虑不周就可能出现问题。

(2) 多样性

多样性是由建筑产品的多样性和生产的单件性决定的。建筑产品的多样性决定了生产的单件性，每一个建筑产品都要根据其特定要求进行施工，由于在生产过程中试验性研究课题多，所碰到的新技术、新工艺、新设备、新材料给职业健康安全与环境管理带来不少难题。因此，每个建设工程项目都要根据其实际情况，制订职业健康安全与环境管理计划，不可相互套用。

(3) 协调性

协调性是由建筑产品生产的连续性及分工性决定的。建筑产品不能如同其他许多工业产品一样可以分解为若干部分同时生产，而必须在同一固定场地按严格程序连续生产，上一道程序不完成，下一道工序不能进行（如基础—主体—装修），上一道工序生产的结果往往会被下一道工序所掩盖，而且每一道程序由不同的人员和单位来完成。因此，职业健康安全与环境管理中要求各单位和各专业人员要横向配合和协调，共同注意产品生产过程接口部分的职业健康安全和环境管理的协调性。

(4) 不符合性

不符合性是由产品的委托性决定的。建筑产品在建造前应确定买主，按建设单位特定的要求委托进行生产建造。而建设工程市场在供大于求的情况下，业主经常会压低标价，造成产品的生产单位对职业健康安全与环境管理的费用投入的减少，不符合职业健康安全与环境管理有关规定的现象时有发生。这就要求建设单位和生产组织都必须重视对健康安全和环保费用的投入，一定要符合健康安全与环境管理的要求。

(5) 持续性

持续性是由建筑产品生产的阶段性决定的。一个建设工程项目从立项到投产使用要经历五个阶段，即设计前的准备阶段（包括项目的可行性研究和立项）、设计阶段、施工阶段、使用前的准备阶段（包括竣工验收和试运行）、保修阶段。这五个阶段都要十分重视项目的安全和环境问题，持续不断地对项目各个阶段可能出现的安全和环境问题实施管理。否则，一旦在某个阶段出现安全问题和环境问题就会造成投资的巨大浪费，甚至造成工程项目建设的夭折。

(6) 经济性

经济性是由建筑产品的时代性和社会性决定的。

9.1.3 职业健康安全与环境管理体系的基本框架

1. 职业健康安全管理体系

体系是一种科学的管理方法，可帮助组织实现和系统地控制自己设定的职业健康安全与环境目标，并通过职业健康安全与环境管理体系所提供的运行机制，使其持续改进。职业健康安全与环境管理体系的核心是职业健康安全方针。建立职业健康安全与环境管理体系的目的，是为了便于管理职业健康与环境风险。一个组织总的管理体系可包括若干个不同的管理体系，如职业健康安全管理体系、质量管理体系、环境管理体系等。建立和保持符合要求的职业健康安全与环境管理体系，将有助于组织满足职业健康安全与环境法规的要求。

职业健康安全管理体系最早是由国际标准化组织（ISO）第 207 技术委员会（TC 207，环境管理技术委员会）于 1994 年 5 月在澳大利亚全会上提出。起初，ISO/TC 207 提出了职业健康安全管理体系问题。为此，ISO/TC 207 希望采用类似质量管理体系（ISO 9000）和环境管理体系（ISO 14000）方法推行健康安全管理体系，是由于 ISO/TC 207 在推行环境管理体系（ISO 14000）的过程中涉及了许多相关职业的办法有效解决了组织的职业健康安全问题。随后，ISO 就开始进行有关职业健康安全管理体系的研究与讨论。

1997 年，根据特别工作组的研究结果及 ISO 成员大会的表决结果，ISO 认为目前制定职业健康安全管理体系国际标准的时机尚不成熟，一方面，各国不同的劳工关系及管理体系难以在世界范围内达成一致，ISO 难以处理与劳工和管理相关的敏感问题；另一方面，职业健康安全管理体系将面对各国不同的法律制度，有可能会与一些国家的法律发生冲突，但无论是投赞成票还是投反对票，各国都普遍认为：职业健康安全管理体系能够改善组织的职业健康安全状况，减少生产事故和劳动疾病的发生。我国的意见是：目前不赞成制定统一的国际标准，但在国内大力推行适合我国国情的职业健康安全管理体系，改善我国的职业健康安全状况，以保护劳动者的身体健康及生命和财产的安全。

我国于 2001 年发布了《职业健康安全管理体系 规范》（GB/T 28001—2001），该体系标准覆盖了 OHSAS18001：1999《职业健康安全管理体系规范》的所有技术内容，并考虑了国际上有关职业健康安全管理体系的现有文件的技术内容。2011 年正式颁布《职业健康安全管理体系 要求》（GB/T 28001—2011），2012 年 2 月 1 日开始实施。本标准的制定考虑了与《质量管理体系 要求》（GB/T 19001—2008）、《环境管理体系 要求及使用指南》（GB/T 24001—2004)标准间的兼容性，以便于满足组织整合质量、环境和职业健康安全管理体系的需求。此外，GB/T 28000 系列标准还考虑了与国际劳工组织（ILO）的 ILO-OSH：2001《职业健康安全管理体系 指南》标准间的兼容性。

职业安全健康管理体系（Occupational Safety and Health Management System，OSHMS）是一个科学、系统、文件化的管理体系，并且能够与企业的其他管理活动进行有效的融合。其采用 PDCA 管理思想，即对各项工作通过策划（Plan）、实施（Do）、检查（Check）和改进（Action）等过程，对企业的各项生产和管理活动加以规划，确定应遵循的原则，实现安全管理目标，并在实现过程中不断检查和发现问题，及时采取纠正措施，保证实现的过程不会偏离原有目标和原则。职业安全健康管理体系的实施科学运用系统安全的思想，通过一系列文件对企业的生产和管理活动进行有效控制和调节，针对人的不安全行为、物的不安全状态及企业管理的缺陷等因素，实行全员、全过程、全方位的安全管理，从而提高企业的职业安全健康管理水平。

企业建立职业安全健康管理体系的目的是促使自身企业采用现代化的管理方法，提高职业安全健康管理水平，持续改进企业的职业安全健康绩效，从而达到预防和控制工伤事故、职业病的目的，减少其他损失，降低成本，提高效益。

职业安全健康管理体系作为规范化的职业安全健康管理方式，随着我国政府职能的调整和企业市场经济改革的不断深入，越来越赢得各方面的认可。为提高安全管理效率和更加符合市场经济的要求，对政府的安全监督职能进行大规模的改革，政府通过引导和鼓励企业推行职业安全健康管理体系工作，对原有不适应社会主义市场经济的管理思想和方法进行调整，使政府的安全健康监督职责变得科学和高效；对于企业，作为经济发展过程中的市场主体，为提高自身管理水平和市场竞争力，更需要一种能够有效加强自身安全健康工作的管理方式。在企业推行职业安全健康管理体系，既能协助国家安全监督部门的监督，又能有效管理企业的职业安全健康工作。

2. 职业健康安全管理体系总体结构

在 GB/T 28001 中，职业健康安全管理体系运行模式包括五个环节：职业健康安全方针、策划、实施和运行、检查和纠正措施、管理评审。职业健康安全管理体系的总体结构如图 9-1 所示。

3.《职业健康安全管理体系 要求》运行模式

现代职业健康安全管理是一种系统化管理模式，强调按系统思想论管理职业健康安全及其相关事务，以达到预防和减少生产事故和劳动疾病的目的。为适应现代职业健康安全管理的需要，《职业健康安全管理体系 要求》(GB/T 28001—2011)在确定职业健康安全管理体系运行模式时，采用了系统化的戴明模型，即通过策划、行动、检查和改进四个环节构成一个动态循环并螺旋上升的系统化管理模式。职业健康安全管理体系运行模式如图 9-2 所示。

策划：建立所需的目标和过程，以实现组织的职业健康安全方针所期望的结果。

实施：对过程予以实施。

检查：依据职业健康安全方针、目标、法律法规和其他要求，对过程进行监视和测量，并报告结果。

改进：采取措施以持续改进职业健康安全绩效。

9.1.4 环境管理体系的基本结构和模式

1. 环境管理体系的结构和内容

国际标准化组织(ISO)1995 年 6 月成立环境管理技术委员会(ISO/TC 207)，1996 年推出 ISO 1400 系列标准。同年，我国将其等同转换为国家标准《环境管理体系——规范及使用指南》系列标准(GB/T 24000)。

2005 年 5 月 10 日中华人民共和国国家质量监督检验检疫总局，中国国家标准化管理委员会颁布了《环境管理体系 要求及使用指南》GB/T 24001—1996/ISO14001:2004 替代 1996 年标准。

第9章 工程项目职业健康安全与环境管理

图 9-1 职业健康安全管理体系的总体结构图

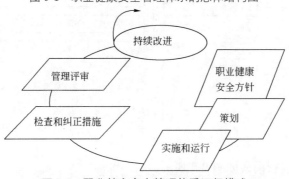

图 9-2 职业健康安全管理体系运行模式

环境管理标准旨在为组织规定有效的环境管理体系要素,这些要素可与其他管理要求相结合,帮助组织实现其环境目标与经济目标。本标准规定了对环境管理体系的要求,使组织能根据法律法规要求和重要环境因素信息来制定和实施方针与目标。本标准拟适用于任何类型与规模的组织,并适用于各种地理、文化和社会条件。环境管理体系基本框架如图9-3所示。

图9-3 环境管理体系的总体结构图

2.《环境管理体系 要求及使用指南》的运行模式

环境管理体系的运行模式如图9-4所示。

第9章 工程项目职业健康安全与环境管理

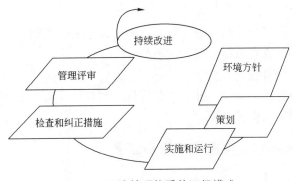

图 9-4 环境管理体系的运行模式

9.2 施工安全控制

9.2.1 施工安全控制的概念

安全,指没有危险,不出事故,未造成人身伤亡和资产损失。因此,安全不但包括人身安全,还包括资产安全。

安全生产管理是指经营管理者对安全生产工作进行的策划、组织、指挥、协调、控制和改进的一系列活动,目的是保证在生产经营活动中的人身安全、资产安全,促进生产的发展,保持社会的稳定。

施工项目安全控制就是在施工过程中,组织安全生产的全部管理活动。通过对生产要素过程控制,使生产要素的不安全行为和状态减少或消除,达到减少一般事故,杜绝伤亡事故,从而保证安全管理目标的实现。

施工安全控制难点较多。由于施工受自然环境的影响大、高处作业多、地下作业多、大型机械多、用电作业多、易燃物多,因此,安全事故引发点多,安全控制面广,控制难点大。将建设工程施工现场作为安全控制的重点。这是因为施工现场多为露天作业,受自然环境因素影响较多,易发生事故。在施工过程中,由于露天作业的现象比较多,受自然环境影响如雨雪天气、骤冷、骤热、大风天气等,往往对人和机械设备产生较大的影响,从而也就容易导致事故的发生。

9.2.2 施工安全控制的特点

(1) 控制面广

由于建设规模大,生产工艺复杂、工序多,在施工活动中流动作业多、高空作业多、作业位置多、不确定因素多,因此安全控制的涉及的工作范围大,控制面广。

(2) 控制的动态性

由于建设项目的单件性、施工活动的连续性及施工位置的分散性,决定了安全控制的环境和条件会随时发生变化,因此安全控制的手段和方法也必须随时变化,以适应施工安全管理,确保施工活动安全可靠。

(3) 控制的交叉性

由于系统的开放性,其会受到社会环境和自然环境的共同影响,因此安全控制需把工程系统与环境系统、社会系统有机结合进行控制。

(4) 控制的严谨与严肃性

安全施工是人命与财产的安全,并具有突发性,因此措施的制定必须严谨、严肃,避免施工活动中不必要的损失和伤害。

9.2.3 工程项目安全控制的影响因素

1. 在施工项目管理方面

(1) 缺乏安全责任意识

项目部负责人不能正确处理安全与生产、进度、效益之间的辩证关系,只注重眼前利益,忽视安全基础长远建设,存在着急功近利、短期行为。

(2) 安全管理滞后

项目都以完成施工任务为目标,以传统的经验管理为手段,安全综合管理素质较差,不注重事故预测、预防,处于消极被动状态。

(3) 安全防护不到位

不该省的省,首当其冲是外脚手架和洞口临边的安全防护设施及工人的职业健康安全用品。

(4) 机械设备重用轻管

该修的不修,施工机械从开工到竣工,不到转不动的时候不修;有的安全装置无端被丢弃一边,常常出现乱用、无证人员代岗的现象;机械设备超负荷使用、带病运转的现象也较为普遍。

(5) 安全教育不及时

工程项目是一次性的,必然引起班组生产作业的临时性。班组的需要与否,是根据项目的施工需要进行配置,是动态的、临时性的。出现了班组和特殊工种安全教育培训不及时、不到位的情况。

2. 在装修工程管理方面

(1) 项目安全管理机构不健全,缺少专职的安全管理人员。

(2) 没有成套的安全管理资料和健全的管理制度。

(3) 未定期进行安全检查和及时处理事故、隐患。

(4) 在项目施工组织设计和施工中只注重施工技术措施,而没有安全施工的技术方案,更缺少有针对性的安全技术措施。

(5) 施工中任意拆除原有的洞口临边脚手架安全防护设施,推诿扯皮不恢复,给其他施工单位和设施安全留下隐患。

(6) 施工现场的临时用电设施,不符合规范要求,电气元件破损残缺,有箱无锁,一闸多机,电线交叉零乱,施工机械无防护装置和漏电接零保护系统。

(7) 不给施工人员配发个人防护用品,如油漆工的防毒面罩、登高作业人员的安全带和安全帽等。

(8) 缺少必要的登高、升降等安全施工设施或设施不规范、太简陋。

(9) 易燃、易爆、有毒物品管理使用混乱。无防火措施或配置不全，失灵无效。危险场所动火无审批手续和防火措施。

(10) 特种作业人员无证上岗。

(11) 作业场地的文明施工状况差，缺少明显的安全标志，材料乱堆放，各工种缺少协调交叉施工。

(12) 为抢赶工期，任意延长工人的劳动时间。

9.2.4 施工安全控制的程序和基本要求

1. 施工项目安全控制的程序

建设工程项目施工安全控制的程序如图9-5所示。

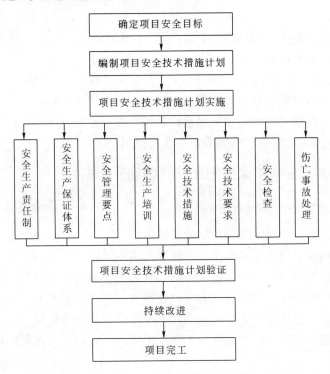

图 9-5 施工安全控制程序

(1) 确定建设工程项目施工的安全目标：按"目标管理"方法在以项目经理为首的项目管理系统内进行分解，从而确定每个岗位的安全目标，实现全员的安全控制。

(2) 编制建设工程项目施工安全技术措施计划：对生产过程中的安全风险进行识别和评价，对其不安全因素用技术手段加以消除和控制，并形成文件。施工安全技术措施计划是进行工程项目施工安全控制的指导性文件。

(3) 安全技术措施计划的实施：包括建立健全安全生产责任制，设置安全生产设施，进行安全教育和培训，沟通和交流安全信息，通过安全控制使生产作业的安全状况处于受控状态。

(4) 施工安全技术措施计划的验证：包括安全检查，纠正不符合情况，并做好检查记录工作。根据实际情况补充和修改安全技术措施。

（5）持续改进，直至完成建设工程项目的所有工作：由于建设工程项目的开放性，在项目实施过程中，各种条件可能有所变化，以致造成对安全风险评价的结果失真，使得安全技术措施与变化的条件不相适应，此时应考虑是否对安全风险重新评价和是否有必要更改安全技术措施计划。

2. 施工安全控制的基本要求

（1）施工方必须取得安全行政主管部门颁发的《安全施工许可证》后才可开工。
（2）总承包单位和每一个分包单位都应持有《施工企业安全资格审查认可证》。
（3）各类人员必须具备相应的执业资格才能上岗。
（4）特殊工种作业人员必须持有特种作业操作证，并严格按规定定期进行复查。
（5）所有新员工必须经过三级安全教育，即进厂（施工企业）、进车间（施工现场）和进班组的安全教育。
（6）对查出的安全隐患要做到"五定"，即定整改责任人、定整改措施、定整改完成时间、定整改完成人、定整改验收人。
（7）必须管好安全生产"六关"，即措施关、交底关、教育关、防护关、检查关、改进关。
（8）施工现场安全设施齐全，并符合国家及地方有关规定。
（9）施工机械（特别是现场安设的起重设备等）必须经安全检查合格后方可使用。
（10）保证安全技术措施费用的落实，不挪为他用。

9.2.5 施工安全技术措施计划的编制及实施

1. 建设工程施工安全技术措施计划

（1）建设工程施工安全技术措施计划的主要内容
①工程概况。包括项目的基本情况，可能存在的主要的不安全因素等。
②安全控制和管理目标。应明确安全控制和管理的总目标和子目标，目标要具体化。
③安全控制和管理程序。主要应明确安全控制管理的工作过程和安全事故的处理过程。
④安全组织结构。包括安全组织机构形式和安全组织机构的组成。
⑤职责权限。根据组织机械状况明确不同组织层次、各相关人员的职责和权限，进行责任分配。
⑥规章制度。包括安全管理制度、操作规程、岗位职责等规章制度的建立，应遵循的法律法规和标准等。
⑦资源配置。针对项目特点，提出安全管理和控制所必需的材料设施等资源要求和具体的配置方案。
⑧安全措施。针对不安全因素确定相应措施。
⑨检查评价。明确检查评价方法和评价标准。
⑩奖惩制度。明确奖惩标准和方法。

（2）安全措施的主要内容
由于建筑工程的结构复杂多变，各施工工程所处地理位置、环境条件不尽相同，无统一的安全技术措施，所以，编制时应结合本企业的经验教训，工程所处位置和结构特点，以及既定的安全目标。一般工程安全技术措施的编制主要考虑以下内容：

①从建筑或安装工程整体考虑。土建工程首先考虑施工期内对周围道路，行人及邻近居民、设施的影响，采取相应的防护措施（全封闭防护或部分封闭防护）；平面布置应考虑施工区与生活区分隔，施工排水，安全通道，以及高处作业对下部和地面人员的影响；临时用电线路的整体布置、架设方法；安装工程中的设备、构配件吊运，起重设备的选择和确定，起重半径以外安全防护范围等。复杂的吊装工程还应考虑视角、信号、步骤等细节。

②对深基坑、基槽的土方开挖，首先应了解土壤种类，选择土方开挖方法，放坡坡度或固壁支撑的具体做法。总的要求是防坍塌。人工挖孔桩基础工程还须有测毒设备和防中毒措施。

③30m以上脚手架或设置的挑架，大型混凝土模板工程，还应进行架体和模板承重强度、荷载计算，以保证施工过程中的安全。同时这也是确保施工质量的前提。

④安全平网、立网的架设要求，架设层次段落，如一般民用建筑工程的首层、固定层、随层（操作层）安全网的安装要求。事故的发生往往出在随层，所以，做严密的随层安全防护至关重要。

⑤龙门、井架等垂直运输设备的拉结、固定方法及防护措施。其安全与否，严重影响工期甚至造成群伤事故。

⑥施工过程中的"四口"防护措施，即楼梯口、电梯口、通道口、预留洞口应有防护措施。如楼梯、通道口应设置1.2m高的防护栏杆并加装安全立网；预留孔洞应加盖；大面积孔洞，如吊装孔、设备安装孔、天井孔等应加周边栏杆并安装立网。

⑦交叉作业应采取隔离防护。如上部作业应满铺脚手板，外侧边沿应加挡板和网等防物体下落措施。

⑧"临边"防护措施。施工中未安装栏杆的阳台（走台）周边，无外架防护的屋面（或平台）周边，框架工程楼层周边，跑道（斜道）两侧边，卸料平台外侧边等均属于临边危险地域，应采取防人员和物料下落的措施。

⑨施工过程中与外电线路发生人员触电事故屡见不鲜。当外电线路与在建工程（含脚手架具）的外侧边缘与外电架空线的边线之间达到最小安全操作距离时，必须采取屏障、保护网等措施。如果小于最小安全距离时，还应设置绝缘屏障，并悬挂醒目的警示标志。根据施工总平面的布置和现场临时用电需要量，制定相应的安全用电技术措施和电气防火措施，如果临时用电设备在5台及5台以上或设备总容量在50kW及50kW以上者，应编制临时用电组织设计。

⑩施工工程、暂设工程、井架门架等金属构筑物，凡高于周围原有避雷设备，均应有防雷设施。如井架、高塔的接地深度、电阻值等必须符合要求。

对易燃易爆作业场所必须采取防爆措施。

季节性施工的安全措施。如夏季防止中暑措施，包括降温，防热辐射，调整作息时间，疏导风源等措施；雨季施工要制定防雷防电，防坍塌措施；冬季防火，防大风等。

安全技术措施编制内容不拘一格，按其施工项目的复杂、难易程度、结构特点及施工环境条件，选择其安全防患重点，但施工方案的通篇必须贯彻"安全施工"的原则。

(3) 安全标志

安全标志是指操作人员容易产生错误而造成事故的场所，为了确保安全，提醒操作人员注意所采用的一种特殊标志。目的是引起人们对不安全因素的注意，预防事故的发生，安全标志不能代替安全操作规程和保护措施。根据国家有关标准，安全标准应由安全色，几何图形和图形符号构成。国家规定的安全色有红、蓝、黄、绿四种颜色，其含义是：红色表示禁止，停止（也表示防火）；蓝色表示指令或必须遵守的规定；黄色表示警告、注意；绿色表示提示、安全状态、通行。

2. 施工安全措施计划的实施

(1) 建立安全生产责任制

①项目经理部必须建立安全生产责任制，把安全责任目标分解到岗，落实到人。制定各类人员的安全职责，并经项目经理批准后实施。

②项目经理安全职责。认真贯彻安全生产方针、政策、法规和各项规章制度；制定安全生产管理办法；严格执行安全考核指标和安全生产管理办法；严格执行安全生产奖惩办法；严格执行安全技术措施审查制度和施工项目安全交底制度；组织安全生产检查定期分析；针对施工中存在的安全隐患原因制定预防和纠正措施；发生安全事故后按事故处理的规章上报、处置，制定预防事故再发生的措施。

③作业队长安全职责。进行安全技术交底；组织实施安全技术措施；对施工现场安全防护装置和设施应组织验收，合格后方可使用；组织工人学习安全操作规程；教育工人不违章作业；认真消除安全隐患；发生工伤事故立即上报并保护好现场，参加事故调查处理。

④班组长安全职责。安排生产任务时进行安全措施交底；严格执行本工种安全操作规程，杜绝违章指挥；岗前应对所有使用的机具、设备、防护用具及作业环境进行安全检查，发现问题及时采取改进措施以消除安全隐患；检查安全标牌是否按规定设置；标识方法和内容是否完整；组织班组开展安全活动，开好班前安全生产会；做好收工前的安全检查；组织一周的安全讲评工作；发生工伤事故时应组织抢救，保护现场并立即上报。

⑤操作工人安全职责。认真学习并严格执行安全技术操作规程；自觉遵纪安全生产规章制度；积极参加安全活动；执行安全技术交底和有关安全生产的规定，不违章作业；服从安全监督人员的指导；爱护安全设施和防护用具，做到正确使用；对不安全作业提出意见。

⑥承包人对分包人的安全生产责任。审查分包人的安全资质和安全生产保证体系，不具备安全生产条件的不准其分包工程；在分包合同中明确分包人安全生产责任和义务；对分包人提出安全要求并认真监督检查，对违反安全规定冒险蛮干的分包人，应令其停工整改；承包人应统计上报分包人的伤亡事故，并按分包合同约定，协调处理分包的伤亡事故。

⑦分包人安全生产责任。分包人对本单位现场的安全工作负责，认真履行分包合同规定的安全生产责任；服从承包人的安全生产管理；执行承包人的有关安全生产制度；及时向承包人报告伤亡事故并调查处理善后事宜。

(2) 进行安全教育和培训

①项目经理部的安全教育内容。包括国家和当地政府的安全生产方针、政策、安全生产法律、法规、部门规章、制度和安全纪律、安全事故分析和处理案例。

②作业队安全教育培训内容。包括本队承担施工任务的特点、施工安全基本知识、安全生产制度；相关工种的安全技术操作规程；机械设备、电气、高空作业等安全基本知识；防火、防毒、防爆、防洪、防雷击、防触电、防高空坠落、防物体打击、防坍塌、防机械车辆伤害等知识及紧急安全处理知识；安全防护用品发放标准，防护用具、用品使用基本知识。

③班组安全教育培训内容。包括本班组作业特点及安全操作规程；班组安全生产制度及纪律；爱护和正确使用安全防护装置（设施）及个人劳动防护用品知识；本岗位的不安全因素及防范对策；本岗位的作业环境、使用机具的安全要求。

④特殊工种的安全培训。对从事电工、压力容器操作、爆破作业、金属焊接、井下检验、机动车驾驶、机动船舶驾驶、高空作业等特殊工种的作业人员，必须经国家认可的具有资质的单位进行安全技术培训，考试合格并取得上岗证书方可上岗作业。

（3）安全技术交底

①安全技术交底的基本要求。

a. 工程开工前，工程项目负责人应向参加施工的各类人员认真进行安全技术措施交底，使大家明确工程施工特点及各时期安全施工的要求，这是贯彻施工安全措施的关键。

b. 施工过程中，现场管理人员应按施工安全措施要求，对操作人员进行详细的工序、工种安全技术交底，使全体施工人员懂得各自岗位职责和安全操作方法，这是贯彻施工方案中安全措施的补充和完善过程。

c. 工序、工种安全技术交底要结合相应的《安全操作规程》及安全施工的规范标准进行，避免口号式、无针对性的交底；并认真履行交底签字手续，以提高接受交底人员的责任心。

②安全技术交底的主要内容。

a. 施工作业特点与危险点。

b. 危险的具体预防措施。

c. 安全事项。

d. 安全操作规程与标准。

e. 事故应急处理措施和急救措施。

（4）安全检查

安全检查是发现不安全行为和状态的重要途径；是消除事故隐患、落实整改措施、防止事故伤害和改善劳动条件的重要方法。

①安全检查的形式如图9-6所示。

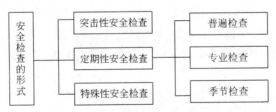

图9-6 安全检查形式示意图

安全检查主要是查思想、查制度、查现场、查管理、查隐患和查事故处理等内容，并以劳动条件、生产设备、现场管理、安全卫生及施工人员的行为为重点，发现危及人的安全因素时，必须果断消除。

②安全检查的方式。

a. 定期检查。

b. 日常检查。

c. 季节性、节假日检查。
d. 班组自查、班组交接检查。

9.3 工程项目环境管理

9.3.1 文明施工

1. 文明施工的概念

文明施工是保持施工现场良好的作业环境、卫生环境和工作秩序的一种施工活动。文明施工包括很宽泛的内容，其中包括场容场貌（现场围挡、施工场地、材料堆放、现场住宿）、封闭管理、现场防火、治安综合治理、施工现场标牌、生活设施、保健急救、社区服务以及职工风貌、企业文化等。其实，很多都是以安全为前提条件的。

2. 文明施工的意义

（1）文明施工能促进企业综合管理水平的提高。
（2）文明施工是适应现代化施工的客观要求。
（3）文明施工代表企业的形象。

3. 文明施工的内容

（1）规范施工现场的场容，保持作业环境的整洁卫生。
（2）科学组织施工，使生产有序进行。
（3）减少施工对周围居民和环境的影响。
（4）保证职工的安全和身体健康。

4. 文明施工的组织与管理

（1）组织和制度管理要求。

①主管挂帅，即公司和工区均成立主要领导挂帅，各部门主要负责人参加的施工现场管理领导小组，施工现场成立以项目经理为第一责任人的文明施工管理组织。在企业范围内建立以项目管理班子为核心的文明施工组织管理体系。

②系统把关，即各管理业务系统对现场的管理进行分口负责，每月组织检查，发现问题便及时整改。

③普遍检查，加强和落实现场文明施工的检查，包括生产区、生活区、场容场貌、周边环境及制度落实等，逐项检查，填写检查报告，评定现场管理先进单位。

④建章建制，即建立施工现场管理规章制度和实施办法，包括个人岗位责任制、经济责任制、安全检查制度、持证上岗制度、奖罚制度等，依法办事，不得违背。

⑤责任到人，即管理责任不但明确到部门，而且各部门要明确到人，以便落实管理工作。

⑥落实整改，即对各种漏洞，一旦发现，必须采取措施纠正，避免再度发生。

⑦严明奖惩，如果成绩突出，便应按奖惩办法予以奖励；如果有问题，要按规定给予必要的处罚。

(2) 收集文明施工的资料及其保存的措施。
(3) 加强文明施工的宣传和教育。

5. 现场文明施工的基本要求

(1) 施工现场必须设置明显的标牌，标明工程项目名称、建设单位、设计单位、施工单位、项目经理和施工现场总代表人的姓名、开工和竣工日期、施工许可证批准文号等。施工单位负责现场标牌的保护工作。

(2) 施工现场的管理人员在施工现场应当佩戴证明其身份的证卡。

(3) 应当按照施工总平面布置图设置各项临时设施。现场堆放的大宗材料、成品、半成品和机具设备不得侵占场内道路及安全防护等设施。

(4) 施工现场的用电线路、用电设施的安装和使用必须符合安装规范和安全操作规程，并按照施工组织设计进行架设，严禁任意拉线接电。施工现场必须设有保证施工安全要求的夜间照明；危险潮湿场所的照明及手持照明灯具，必须采用符合安全要求的电压。

(5) 施工机械应当按照施工总平面布置图规定的位置和线路设置，不得任意侵占场内道路。进场的施工机械必须经过安全检查，经检查合格后方能使用。施工机械操作人员必须按有关规定持证上岗，禁止无证人员操作。

(6) 应保证施工现场道路畅通，排水系统处于良好的使用状态；保持场容场貌的整洁，随时清理建筑垃圾。在车辆、行人通行的地方施工，应当设置施工标志，并对沟井坎穴进行覆盖。

(7) 施工现场的各种安全设施和劳动保护器具必须定期检查和维护，及时消除隐患，保证其安全有效。

(8) 施工现场应当设置各类必要的职工生活设施，并符合卫生、通风、照明等要求，职工的膳食、饮水供应等应当符合卫生要求。

(9) 应当做好施工现场安全保卫工作，采取必要的防盗措施，在现场周边设立围护设施。

(10) 应当严格依照《中华人民共和国消防条例》规定，在施工现场建立和执行防火管理制度，设置符合消防要求的消防设施，并保持完好的备用状态。在容易发生火灾的地区施工，或者储存、使用易燃易爆器材时，应当采取特殊的消防安全措施。

(11) 施工现场发生的工程建设重大事故的处理，依照《工程建设重大事故报告和调查程序规定》执行。

9.3.2 施工现场环境保护

施工现场环境保护是按照法律法规、各级主管部门和企业的要求，保护和改善作业现场的环境，控制现场的各种粉尘、废水、废气、固体废弃物、噪声、振动等对环境的污染和危害。环境保护也是文明施工的重要内容之一。

1. 现场环境保护的意义

(1) 保护和改善施工环境是保证人们身体健康和社会文明的需要

采取专项措施防止粉尘、噪声和水源污染，保护好作业现场及其周围的环境，是保证职工和相关人员身体健康、体现社会总体文明的一项得国得民的重要工作。

(2) 保护和改善施工现场环境是消除对外部干扰，保证施工顺利进行的需要

随着人们的法制观念和自我保护意识的增强，尤其在城市中，施工扰民问题反映突出，应及时采取防治措施，减少对环境的污染和对市民的干扰，也是施工生产顺利进行的基本条件。

(3) 保护和改善施工环境是现代化大生产的客观要求

现代化施工广泛应用新设备、新技术、新的生产工艺，对环境质量要求很高，如粉尘、振动超标就可有损坏设备，影响功能发挥，使设备难以发挥作用。

(4) 节约能源，保护人类生存环境，是保证社会和企业可持续发展的需要

人类社会即将面临环境污染和能源危机的挑战。为了保护子孙后代赖以生存的环境条件，每个公民和企业都有责任和义务来保护环境。良好的环境和生存条件，也是企业发展的基础和动力。

2. 防止环境污染的方法

(1) 大气污染的防治

①大气污染物主要有气体状态污染物、粒子状态污染物。大气污染的防治措施有：

a. 除尘技术。在气体中除去或收集固态或液态粒子的设备称为除尘装置。主要种类有机械除尘装置、洗涤式除尘装置、过滤除尘装置和电除尘装置等。工地的烧煤茶炉、锅炉、炉灶等应选用装有上述除尘装置的设备。工地其他粉尘可用遮盖、淋水等措施防治。

b. 气态污染治理技术。包括吸收法、吸附法、催化法、燃烧法、冷凝法、生物法。

②施工现场空气污染的防治措施有：

a. 严格控制施工现场和施工运输过程中的降尘和飘尘对周围大气的污染，可采用清扫、洒水、遮盖、密封等措施降低污染。如施工现场垃圾渣土要及时清理出现场；高大建筑物清理施工垃圾时，要使用封闭式的容器或者采取其他措施处理高空废弃物，严禁凌空随意抛散；施工现场道路应指定专人定期洒水清扫，形成制度，防止道路扬尘；车辆开出工地要做到不带泥沙，基本做到不洒土、不扬尘，减少对周围环境污染；对于如水泥、粉煤灰、白灰等细颗粒散体材料的运输、储存要注意遮盖、密封，防止和减少飞尘；在容许设置搅拌站的工地，应将搅拌站封闭严密，并在进料仓上方安装除尘装置，采用可靠措施控制工地粉尘污染；拆除旧建筑物时，应适当洒水，防止扬尘等。

b. 严格控制有毒有害气体的产生和排放。如禁止在施工现场随意焚烧油毡、橡胶、塑料、皮革、树叶、枯草、各种包装物等废弃物品，以及其他会产生有毒、有害气体的物质，尽量不使用有毒有害的涂料等化学物质。

c. 所有机动车的尾气排放应符合国家现行标准。

d. 严格控制工地茶炉和锅炉的烟尘排放。如工地茶炉应尽量采用电热水器，若只能使用烧煤茶炉和锅炉时，应选用消烟除尘型茶炉和锅炉，大灶应选用消烟节能回风炉灶，使烟尘降至允许排放范围为止。

(2) 水污染的防治

施工现场的水污染物主要是现场施工废水和固体废物随水流流入水体的污染废水，如泥浆、水泥、混凝土添加剂、油漆、有机溶剂、重金属、酸碱盐等。

施工过程中水污染的防治措施，应包括：控制水污染的排放；改革施工工艺，减少污水的产生；综合利用废水。具体防治措施：禁止将有毒有害废弃物作土方回填；施工现场搅拌

站废水、现制水磨石的污水、电石的污水必须经沉淀池沉淀合格后再排放,最好将沉淀水用于工地洒水降尘或采取措施回收利用;现场存放油料,必须对库房地面进行防渗处理。如采用防渗混凝土地面,铺油毡等措施。使用时,要采取防止油料跑、冒、滴、漏的措施,以免污染水体;施工现场100人以上的临时食堂,污水排放时可设置简易有效的隔油池,定期清理,防止污染;工地临时厕所,化粪池应采取防渗漏措施;中心城市施工现场的临时厕所可采用水冲式厕所,并有防蝇、灭蛆措施,防止污染水体和环境;化学用品,外加剂等要妥善保管,库内存放,防止污染环境。

(3) 防止噪声影响的方法

①正确选用噪声小的施工工艺,如采用免振捣混凝土,可减少噪声的强度。

②对产生噪声的施工机械采取控制措施。包括打桩锤的锤击声,以及其他以柴油机为动力的建筑机械、空压机、振动器等。有可能条件下将电锯、柴油发电机等尽量设置在离居民区较远的地点,降低扰民噪声;夜间施工应减少指挥哨声、大声喊叫;要教育职工减少噪声,注意语言文明。

(4) 爆破作业

施工中需要进行爆破作业的,必须经上级主管部门审查同意,并持说明爆破器材的地点、品名、数量、用途、四邻距离的文件和安全操作规程,向所在地县、市公安局申请"爆破物品使用许可证"方可进行作业。

(5) 光污染

现场晚间施工照明应尽量不照向居民。

(6) 垃圾污染

施工工地常见的垃圾有:建筑渣土,包括砖瓦、碎石、渣土、混凝土碎块、废钢铁、碎玻璃、废屑、废弃装饰材料等;废弃的散装建筑材料包括散装水泥、石灰等;生活垃圾,包括炊厨废物、丢弃食品、废纸、生活用具、玻璃和陶瓷碎片、废电池、废旧日用品、废塑料制品、煤灰渣、废交通工具等;设备、材料等的废包装材料;粪便等。建筑垃圾应有指定堆放地点,并随时进行清理。高空废弃物可使用密封式的圆筒作为传送管道或者采取其他措施处理。提倡采用商品混凝土。要减少建筑垃圾的数量。

对于固体废弃物处理的基本思想:采取资源化、减量化和无害化的处理,对固体废物产生的全过程进行控制,建立固体废物的回收和综合利用体系。

(7) 建筑施工现场的厕所问题

对于高层建筑尤为突出。在考虑临时厕所实施时,应按现场人员数量考虑厕所的设置。要求封闭严密,通风良好,定期清除粪便。高层建筑工程应考虑设立楼内厕所。目前已有定型的箱式厕所,可通过吸管进行粪便的清除。现场随地大小便问题只有在解决了相关设施后方能彻底解决。

(8) 资源浪费问题

资源浪费也是环境保护的一个要点。除去现场的水电浪费外,还应当着眼于生产过程中的浪费。如工程的质量返工、由于控制不当而造成抹灰过厚等现象,都在应改进的范围之内。对于原有的绿化也应视作资源进行保护,应尽量保持现场原有的树木。

(9) 环境污染

建设工程施工由于受技术、经济条件限制,对环境的污染不能控制在规定范围内的,建设单位应当事先报请当地人民政府主管部门和环境保护行政主管部门批准。

（10）污染是一种风险

可根据风险为害的程度和频率采取风险消灭、回避、分担、转移等措施。对于可能发生的污染事故，应事先进行应急措施计划。建筑施工单位应当还应当与发包人在签订合同时，就风险及保险范围的划分做出安排。目前，《建筑工程施工合同（示范文本）》已规定由发包方办理建设工程保险和第三人人员生命财产保险。但就具体条款和范围也应进行商榷。按照国际惯例发包人和总包人均将所投的保险的复印件作为合同附件交付承包人。承包人如发现保险范围尚不够完善时则需另行投保。

9.3.3 规范场容

场容是指施工现场、特别是主观场的现场面貌。包括入口、围护、场内道路、堆场的整齐清洁，也应包括办公室内环境甚至包括现场人员的行为。

1. 场容管理的基本要求

（1）创造清洁整齐的施工环境，达到保证施工顺利进行和防止事故发生的目的。目前有的施工周期较长的项目已在可能条件下对现场环境进行绿化。使建筑施工环境有了较大的改变。

（2）通过合理的规划施工用地，分阶段进行施工总平面设计。要通过场容管理与其他工作的结合，共同对现场进行管理。例如，在安全工作中防止高空坠落物体对人身的伤害是一项重要工作。特别是高层建筑项目施工现场高空作业多，高空坠落物体的伤害在安全事故中占有较大比例。而且由于城市土地的紧张造成了市区施工场地的狭窄，施工建筑物有时紧靠场地边缘。高空坠落物体还会对场外的第三者造成损害。因此，注意防止高空坠落物体也应当是场容管理和管理结合考虑的一件工作。此外，结合料具管理建立现场料具、器具管理标准，特别是对于易燃、有害物体，如汽油、电石等的管理是场容管理和消防管理结合的重点。

（3）场容管理还应当贯穿到施工结束后应将地面上施工遗留的物资清理干净。现场不作清理的地下管道，除业主要求外应一律切断供应源头。凡业主要求保留的地下管道应绘成平面图，交付业主，并做交接记录。

2. 施工平面图

施工平面图可根据项目的规模分为施工总平面图和单位工程施工平面图。

施工总平面图是现场管理、实现文明施工的依据。施工总平面图应对施工机械设备设置、材料和构配件的堆场，以及现场临时运输道路、临时供水供电线路和其他临时设施进行合理布置。在编制施工总平面图前应当首先确定施工步骤。例如，按施工步骤区分，可编制先作管网后作建筑施工的施工平面图，也可编制先做主题后作辅助建筑，或先作辅助建筑后作主体的施工平面图。在确定施工步骤后，可根据工程进度的不同阶段编制按阶段区分的施工平面图；一般可划分为土方开挖、基础施工、上层建筑施工和装修等阶段，并编制相应的施工平面图。

施工平面图的内容应包括：

（1）建筑现场的红线，可临时占用的地区，场外和场内交通道路，现场主要入口和次要入口,现场临时供水供电的入口位置。

(2) 测量放线的标桩、现场的地面大致高程。地形复杂的大型现场应有地形等高线,以及现场临时平整的高程设计。需要取土或弃土的项目应有取、弃土地区位置。

(3) 现场已建并在施工期内保留的建筑物、地上或地下的管道和线路;拟建的地上建筑物、构筑物。如先作管网时应标出拟建的永久管网位置。

(4) 现场主要施工机械如塔式起重机、施工电梯或垂直运输龙门架的位置。塔式起重机应按最大臂杆长度绘出有效工作范围。移动式塔式起重机应绘出铁轨位置。

(5) 材料、构件和半成品的堆场。

(6) 生产、生活用的临时设施的位置。包括临时变压器、水泵、搅拌站、办公室、供水供电线路、仓库的位置。现场工人的宿舍应尽量安置在场外,必须安置在场内时应与现场施工区域有分隔措施。

(7) 消防入口、消防道路和消火栓的位置。

(8) 平面图比例,采用的图例、方向、风向和主导风向标记。

施工总平面布置要求做到布置紧凑,减少二次搬运,符合环保、市容、卫生的要求,并应考虑减少对邻近地区或居民的影响。

目前,高层建筑日益增多,过去按平面考虑的施工平面图已不能完全满足工作的需要。对于高层建筑施工应进行施工立体设计。施工立体设计是指设计一个能够满足高层建筑施工中结构、设备和装修等不同阶段施工要求的供水供电、废物排放的立体系统。过去未进行立体设计时,当结构阶段施工完毕,其供水供电系统将妨碍装修,不得不拆除,而由装修单位另行设置供水供电系统。这种各行其是的方式造成了很大的浪费,延误工期。而立体设计是考虑了各个阶段供水、供电及废物排放的要求,把各种临设安排在不影响施工的位置,避免浪费,便利使用。如将施工用电的干线设置在电梯井的墙内的适当位置,并在每层或每隔一层留出接口,这种方法可满足所有阶段的施工而无须重复设置临时供电设施,待工程结束后将此线路封闭即可。供水及废物排放的设计原则也与此相同。

3. 场容管理

现场的入口应设置大门,并标明消防入口。有横梁的大门高度应考虑起重机机械的运入,也可设置成无横梁或横梁可取下的大门。入口大门以设立电动折叠门为宜。目前,不少企业已设计了标准的施工现场大门作为企业的统一标志,在大门上还设置有企业的标志,这种做法是可以借鉴的。

(1) 主观场入口处应有标牌

①工程概况牌。

②安全纪律牌。

③防火须知牌。

④安全无重大事故牌。

⑤安全生产、文明施工牌。

⑥施工总平面图。

⑦项目经理部组织架构及主要管理人员名单图。

现场标牌由施工单位负责维护。国防及保密工程可不作标牌。

(2) 场容管理要划分为现场参与单位的责任区

各自负责所管理的场区，划分的区域应随着施工单位和施工阶段的变化而改变。

(3) 现场道路应尽量布置成环形，以便于出入

消防通道的宽度不小于3.5m。现场道路应尽量利用已有道路，或根据永久道路的位置，先修路基作为临时道路以后再做路面。施工道路的布置要尽量避开后期工程或地下管道的位置。防止后期工程和地下管道施工时造成道路的破坏。场内通道及大门入口处的上空如有障碍应设高度标志，防止超高车辆碰撞。

(4) 现场的临时围护包括周边围护和措施性围护

周边围护是指现场周围的围护。如市区工地的围护设施高度应不低于1.8m。临街的脚手架也应当设置相应的围护设施。措施性围护是指对特殊地区的围护，如危险品库附近应有标志及围挡，起重机臂杆越过高压电缆应设置隔离棚。有的城市已规定塔式起重机越过场外地区时必须设安全棚。由于场外搭设安全棚和维护工作的困难，这也是有的项目选用内爬式塔式起重机进行施工原因之一。

(5) 施工现场应有排水设施

做到场地不积水、不积泥浆，保证道路干燥坚实。工地地面宜做硬化处理。硬化处理一般是针对钻孔打桩采用泥浆护壁的工程采取的。由于这种工程流出的泥浆不易控制，常常使工地及其周围产生泥浆污染。硬化处理就是在打桩开始前先做好混凝土地面，留出桩孔和泥浆流通沟渠，并将施工机械设置在混凝土地面上工作，使能有效地控制泥浆的污染。

(6) 现场办公室应保持清洁

办公室墙上应有明显的紧急使用电话号码告示，包括火警、匪警、急救车、就近的医院、专科医院、派出所等。紧急使用的电话号码应单独张贴，禁止在上面做其他记录。

(7) 要教育职工注意举动和语言的文明

特别是在市区施工时，应把服装整洁、举止文明等列入纪律教育的内容。

9.3.4 项目消防与保安

消防与保安是现场管理最具风险性的工作。一旦发生情况，后果十分严重。因此，落实责任是首要的问题。凡有总分包单位的工程，总包应负责全面管理，并与分包签订消防保卫的责任协议。明确双方的职责，分包单位必须接受总包单位的统一领导和监督检查。

1. 消防管理

现场管理应当严格按照《中华人民共和国消防法》的规定，在施工现场应建立和执行消防管理制度，现场必需安排消防车出入口和消防道路、紧急疏散通道等，并应有明显标志或指示牌。有高度限制的地点应有限高标志。

设置符合要求的消防设施，并保持其良好的备用状态。在容易发生火灾的地区施工，或储存、使用易燃、易爆器材时，施工单位应采取特殊的消防安全措施。

根据大量资料的分析，火警发生的概率与风速、相对湿度、季节等有关。以北京为例，北京市的火警概率以冬季为最高，占全年的33%；春季次之，占29%；夏季最少，仅占全年火警的17%；秋季为21%。冬季的最高峰为18时至20时，春季为14时至16时，夏、秋季无明显的峰值时间。

在城市中施工，还应注意在并排的高层建筑中，由于狭窄效应而造成横向的风速加大，称为高楼强风。据日本进行的风洞试验和现场测试数据表明，自20层开始即会发生此种现象。高楼强风约为地面风速的1.5~2倍。高楼强风有利于火势的蔓延扩大，增加灭火难度，是防火的不容忽视的不利因素。

施工现场消防管理还应注意现场的主导风向。特别是城市中受到建筑物的影响各个地区风向有明显的区别。以北京为例，北京市出现偏南风和偏北风的频率较高，但青年湖地区受建筑物的影响，几乎终年吹东南偏东风和东南偏南风。在安排疏散通道时以安排在上风口为宜。

建筑施工所造成的火灾因素包括明火作业、吸烟、不按规定使用电热器具等因素。现场严禁吸烟，必要时可设吸烟室。进行电焊作业时应注意电焊火星能落入木脚手板缝中，逐渐蔓延，其起火延时可能造成的危险，对过去现场围护所采用的彩条布，已发现在火灾中易燃并大量发烟，会造成极大的危害，因此现场应采用密网作为围护。

室外消防道路的宽度不得少于3.5m。消防车道不能为环形，应在适当地点修建车辆回转场地。施工现场进水干管直径不应小于100mm。现场消火栓的位置应在施工总平面图中作规划。消火栓处昼夜要设有明显标志，配备足够的水龙带，其周围3m内，不准存放任何物品。高度超过24m的工程应设置消防竖管，管径不得少于65mm，并随楼层的升高每隔一层设一处消火栓口，配备水龙带。消防竖管位置应在施工立体组织设计中确定。

要注意消防教育，特别是对不同工作地点的人员进行一旦火灾发生后逃生路线的教育。例如，某市粮库筒仓施工时电焊火花引起地面着火，发现火情后，向屋顶逃生的人员全部获救，而向下逆火势逃生的人员因窒息而全部死亡，造成多人死亡事故。施工现场必须设有保证施工安全要求的夜间及施工必需的照明。高层建筑应设置楼梯照明和应急照明。

2. 保安管理

保安管理的目的是做好施工现场安全保卫工作，采取必要的防盗措施，防止无关人员进入和防止不良行为。现场应设立门卫，根据需要设置流动警卫。非施工人员不得擅自进入施工现场。由于建筑现场人员众多，入口处设置进场登记的方法很难达到控制无关人员进入的目的。因此，提倡采用施工现场工作人员佩戴证明其身份的证卡，并以不同的证卡标志各种人员。有条件时可采用进退场人员磁卡管理。在磁卡上记有所属单位、姓名、工作期限等信息。人员进退场时必须通过入口处划卡。这种方式除了防止无关人员进场外，还可起到随时统计在场人员的作用。

保安工作应从施工进驻场开始到撤离现场应贯彻始终。其中，施工进入装修阶段时，现场工作单位多，人员多，使用材料易燃性强，保安管理应担负着防火、保安和半成品保护等三样重任。此时的保安管理由于责任重大，以区别工作人员的工作区域和允许入场期限的方式。现场人员凭胸卡进入有关区域工作。胸卡应定期更换，防止由于遗失而造成漏洞。

9.3.5 卫生防疫

卫生防疫是涉及现场人员身体健康和生命安全的大事。要防止传染病和食物中毒事故发生，提高文明施工水平。

1. 卫生管理

施工现场不宜设置职工宿舍，必须设置时应尽量和建筑现场分开。现场应准备必要的医务设施。在办公室内显著地点张贴急救车和有关医院电话号码,根据需要制定防暑降温措施,进行消毒、防病工作。

2. 防疫管理

防疫管理的重点是食堂管理和现场卫生。

食堂管理应当从组织施工时就进行策划。现场食堂应按现场就餐人数安排食堂面积、设施及炊事员和管理人员。食堂卫生必须符合《中华人民共和国食品卫生法》和其他有关卫生管理规定的要求。炊事人员应经定期体格检查合格后方可上岗。炊具应严格消毒、生熟食应分开。原料及半成品应经检验合格,方可采用。

现场食堂不得出售酒精饮料。现场人员在工作时间严禁饮用酒精饮料。要确保现场人员饮水的供应,炎热季节要供应清凉饮料。

本章小结

建筑施工是一个高风险的事业,施工现场的工作环境,在工程项目建设过程中重视人员的职业健康安全与环保,具有特别重要意义,本章在介绍影响职业健康安全与环境管理的主要风险基础上,详细介绍了职业健康安全与环境管理体系,施工安全控制;文明施工等方面的内容。

工程案例:邮电通信大楼建设工程项目管理规划(续)

10. 工程项目安全文明施工计划

为争创省安全文明工地,本项目要做好三清、六好、一保证。即现场清整、物料清楚、操作面清洁;职业道德好、工程质量好、降低消耗好、安全生产好、完成任务好、职工生活好;保证使用功能。

(1)现场清整

①施工现场必须设置围护设施。围护要安全、牢固、有效,高度一致。在风景区、繁华区和主要街道的施工现场围护不得有碍观瞻。临街的脚手架应设置相应的围护设施。施工工地必须设置大门,并有明显五种标牌,即工程概况牌;施工管理网络牌;施工现场总平面图;安全宣传牌;文明施工措施牌。凡在施工现场外公共场地临时存放的施工材料要码放整齐,并符合有关规定。散体、流体材料必须设置围挡,围挡高不得低于0.5m,白灰必须加以苫盖、防止飞扬。

②施工场地要平整、整洁,工程废料及时清理,道路要坚实、平整、畅通。

③临时给排水设施要符合使用要求,无跑、冒、滴、漏现象。施工污水应回收使用或按标准排放,不准污染现场。有危险的排水沟、排水井必须设置明显标志,并有夜间防护设施。

④应有宣传党的方针、政策,鼓舞士气,保证工程质量,注意安全,消防保卫,文明施工等标语口号。

(2)物料清楚

①施工材料堆放区、机械设备安置区、机具车辆停放区、构件加工区、生活办公区、仓库等要按施工现场平面布置图分设清楚,并有区域标志和责任人。

②砖瓦码放要成丁、成行。砌块等砌筑材料要成方、成垛。整碎分离,随用随清,不留

料底。砂石等散体材料要成堆，不混杂；材料堆放场地要平整坚实，料底随时清用。

③库存水泥须设垫板，库房不漏。露天存放须垫上盖，无散包。散装水泥无飞灰，无受潮变质。

④成品、半成品材料及构件的放置须符合要求，整齐。须防潮的应有防雨，防潮措施，不准有水浸现象。

⑤大型工具要严格管理，分类码放。扣件、附件使用完毕及时清理，要入库存保管。

(3) 操作面清洁

①施工操作区分明，保洁责任人明确。活完料净场地清，落地材料及时回收或清理，保持工作面清洁。

②运输机具必须严密，运输时不撒、不漏，随时保持道路清洁。机具车辆保养良好，用后擦洗干净，定点存放。

③搅拌站前必须设排水沟，并设置回水池或渗水池，要经常清理，保持畅通。后台无乱料，前后无淤浆。

④搅拌机、砂浆机、卷扬机、发电机、空压机、电焊机必须搭设临建棚。其他电动机械亦应采取有效的防晒、防雨措施，随时保持机电设备的清洁。

⑤加工操作面应保持清整洁净，木屑、刨花、锯末、钢筋短头等废料及时清理。场地无废料、杂物，成品码放整齐。

复习思考题

1. 简述职业健康安全与环境管理的特点。
2. 简述职业健康安全管理体系与环境管理体系的要素。
3. 简述施工安全控制的特点。
4. 简述施工项目安全控制的程序。
5. 简述文明施工的内容。
6. 简述场容管理的基本要求。

本章参考文献

[1] 建筑工程项目管理规范编写委员会. 建筑工程项目管理规范实施手册[M]. 北京：中国建筑工业出版社，2002.

[2] 全国建筑业企业项目经理培训教材编写委员会. 全国建筑业企业项目经理培训教材《施工项目质量与安全管理》(修订版)[M]. 北京：中国建筑工业出版社，2002.

[3] 宋伟，刘岗. 工程项目管理[M]. 北京：科学出版社，2006.

第10章 工程项目沟通管理

本章导读

1. 介绍协调、沟通的概念及沟通方式和渠道。
2. 介绍工程项目沟通的有关规定及工程项目中的几种重要沟通和常用沟通方式。
3. 介绍工程项目沟通计划的主要内容及沟通计划编制的依据、方法和过程。
4. 介绍工程项目沟通的障碍和冲突管理。

10.1 概 述

10.1.1 协调

1. 协调的概念

协调是使两个或两个以上的单位（部门）及其人员配合适当、步调一致的行为过程，是各种关系显现和谐、适应、互补、统一等状态的过程。协调是项目成功的重要保证。为了实现项目的目标，协调工作需要围绕项目的中心任务和重点工作，保持和加强项目有关组织上下、左右、前后各个方面的沟通和联络，及时调解各种矛盾或冲突。通过协调可使矛盾的各个方面居于统一体中，使组织界面明确清晰、和谐一致，使系统结构均衡，使项目实施和运行过程顺利。在项目实施过程中，项目经理是协调的中心和沟通的桥梁。

2. 组织协调的内容

现代项目中参加单位非常多，形成了非常复杂的项目组织系统，由于各单位有不同的任务、目标和利益，在项目的实施过程中，矛盾和冲突是不可避免的。项目管理者必须采取各种有效的协调手段，使各方面协调一致、齐心协力的工作，才能最终实现项目目标。

在项目的各种协调中，组织协调具有独特的地位，它是其他协调有效性的保证，只有通过积极的组织协调才能实现整个系统全面协调的目的。搞好组织协调协调是项目领导者的一项重要职责。领导者要善于协调各方面的关系，充分发挥组织成员的作用，提高组织的整体效能。组织协调的内容包括协调目标、沟通、协商、明确责任和协调利益关系。

（1）目标是协调的方向

项目实施过程中，参加的组织多，项目管理者必须通过协调将每个组织的个体目标与项目总目标一致，项目才能获得成功，否则，就会分散力量，项目目标就难以实现。

(2) 沟通是协调的杠杆

项目组织内部及组织之间，通过沟通使信息传递迅速，彼此联系密切，相互了解、理解，矛盾就少，即使产生了矛盾也容易解决。

(3) 协商是协调的重要手段

协调不是强迫命令，而是感情与信息的交流。因此，协调要发扬民主，遇到问题能心平气和地坐到一起来商量解决。上级领导要主动与下级沟通联系，诚恳解决矛盾，消除误会和隔阂。尤其项目组织之间的协调，必须建立在协商一致的基础上。

(4) 明确责任是协调的得力措施

领导者在明确各部门的工作任务和职权范围的同时，还须明确有关单位协调的责任，建立必要的协调制度并提倡主动支援、配合的精神，这样就可以减少相互推诿。对于项目各组织之间可通过细化合同，明确各组织的责任。

(5) 利益是协调的基础

参与项目的每一个组织，其任务之一是为获取一定的利益。项目管理者必须充分注意各方面的利益，协调好利益关系，实现项目组织的共赢，这是做好协调工作的基础。

3. 协调的主要方法

(1) 职责连锁式协调

组织之间、组织内部各部门之间、上下级各层次之间要分工协作，明确责、权、利，使之环环相扣。现代管理中的"目标管理"就充分体现了这种协调方式。

(2) 制度式协调

按规章制度、组织程序进行协调解决。若在某一环节、层次发生问题，责任者既不主动解决，又不向上级报告，则应按规章制度追究其责任。

(3) 例会式协调

由一个组织的主要领导者牵头，组织有关部门以定期召开例会的方法，来协调各部门之间的关系。

(4) 合署办公式协调

对于新出现的较为复杂或重大的问题，由有关部门抽调工作人员联合办公加以解决。

(5) 精简合并式协调

将工作性质相近、管理业务相连的职能科室进行调整、合并，同时精简有关人员，就会减少横向摩擦、互相扯皮的现象，从而提高工作效率。

10.1.2 沟通

1. 沟通的概念

沟通是信息的传递与理解的过程。它包含两方面的内容：

(1) 信息的传递

沟通必须是信息的发送者将信息或想法传送给接受者，否则就意味着沟通没有发生。

(2) 传递的信息要被接收方所理解

如果接收方不能理解其所接收到的信息，同样意味着沟通没有发生。完美的沟通意味着，经过传递后被接收方感知到的信息与发送方发出的信息完全一致。

另外需要注意的是，良好的沟通不能错误地理解为沟通双方达成协议。因为，通过沟通我们能充分理解对方的观点和见解，但沟通双方的意见可能不一致。

2. 沟通的作用

沟通不仅是一个人获得他人思想、感情、见解、价值观的一种途径，而且是一种有效的、重要的影响他人的工具和改变他人的手段。沟通也是组织协调的手段，解决组织成员间障碍的基本方法。项目协调的程度和效果常常依赖于各项目参加者之间沟通的程度。通过沟通，不但可以解决各种协调的问题，如在目标、技术、过程、管理方法和程序中间的矛盾、困难和不一致，而且还可以解决各参加者心理的和行为的障碍和争执。它具有以下几方面的作用：

(1) 沟通是使组织成为一个充满活力和生机的有机体的凝聚剂

由于组织成员各个体的地位、利益和能力的不同，他们所掌握的组织内外的信息不同，对组织目标的理解也不同。各个个体的目标有可能偏离组织的总体目标，甚至完全背道而驰。要保持组织目标的完全实现，就需要通过有效的沟通，在组织内部交流意见，统一思想认识，协调好各个体的工作行动。使个体目标与组织目标相一致，使组织成为一个有机的整体。

(2) 沟通是调动员工积极性，实现领导职能的基本途径

有效的沟通可以促进管理者改进管理，可以激励员工的工作热情和参与组织管理的积极性。管理者的知识、经验、观念及对工作实施的想法往往与员工的有差距。成功的领导者必须通过沟通将其领导意图和想法传递给下属。只有这样，下属才能领会和理解领导的意图，按照领导的意图去努力工作。同时，为了正确地制定决策和激励下属的工作积极性，领导者还必须通过沟通了解下属的意见、想法和要求。

(3) 沟通是建立组织与外部环境之间联系的桥梁

任何一个组织在运行过程中都要与其外部环境发生各种各样的关系，如组织与顾客、供应商、承包商、竞争者、政府等的关系。组织必须按照顾客的需要调整产品结构，遵守政府的法令和法规，承担自己应尽的社会责任，获得生产所必需的原材料。通过向市场提供经得起竞争，能满足消费者需要的产品，从而在激烈的竞争中占有一席之地。要实现这一目标，组织就必须与外部环境之间进行及时而有效的沟通，并随外部环境的变化，不断调整沟通的方式、方法及沟通渠道。

3. 沟通的过程

沟通过程是指信息交流的全过程。即信息的发送者通过选定的渠道将信息传输给接受者的过程。其过程如图 10-1 所示。具体步骤为：

(1) 发送者选择、确定需要向接受者传送的信息。如想法、观点、资料等。

(2) 编码。即发送者将需传送的信息编译为接受者能理解的一系列符号。如文字、图表、照片、图像、声音等。

(3) 选择沟通渠道。沟通渠道也称媒体，是指信息的流通载体。如纸质的、口头的、磁带、软件等，其选择是由信息的发送者视具体情况而选择的。

(4) 接受者接受信息。接受者根据符号传递的方式选择相对应的接受方式。

(5) 解码。是指接受者对接受到信息所做的解释和理解。只有当发送者和接受者对信息抱有相同的或至少是类似的理解时，才是有效的沟通。

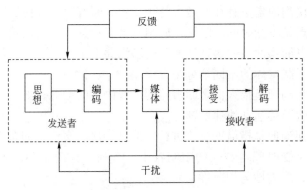

图 10-1 信息沟通过程

（6）反馈。反馈是指接受者对信息所做出反应的回路。经过反馈可使发送者了解其传递的信息是否被对方准确无误地理解，可及时做出正确的解释，及时修正沟通的内容。

10.1.3 沟通的方式

根据不同的划分标准，沟通方式可分为以下几种类型：

（1）正式沟通与非正式沟通。

（2）上行沟通、下行沟通、横向沟通和斜向沟通。

按信息交流的方向划分为：

①上行沟通。上行沟通是指下级机构或人员按组织的隶属关系与上级机构或领导者进行的沟通。这种沟通一般表现为两种形式：

a. 上级向下级征求意见。

b. 下级主动向上级反映情况，提出意见或建议。

②下行沟通。下行沟通是指上级领导者或机构按照组织的隶属关系与下级机构的沟通。如上级向下级发布或传达命令、指示计划等。

③横向沟通和斜向沟通。横向沟通是指组织部门或同级人员之间通过协商、合作解决问题而进行的沟通；斜向沟通是指信息在不同层次的没有直接隶属关系的不同部门或人员间流动时的沟通。通过有效的横向和斜向沟通，能够使组织各部门及组织员工和谐同步地去完成组织既定的目标。

（3）单向沟通和双向沟通。

按信息是否反馈划分为：

①单向沟通。单向沟通是指在信息沟通时，信息发送者将信息发送给信息接受者，信息接受者接收到信息后不再向发送者反馈信息的沟通。

②双向沟通。双向沟通是指在信息沟通时，信息发送者不仅要发出信息且还要听取信息接收者对信息的反馈，发送与反馈可进行多次，直到双方有了共同的理解为止。

（4）直接沟通和间接沟通。

按信息是否需要第三者传递划分为：

①直接沟通。直接沟通指信息发送者与信息接受者之间直接沟通，无须第三方传递。例如，面对面谈话、电话直接对话等。其优点是双方可以充分交换意见，获得准确的信息；其缺点是受时间、地点等客观条件的限制。

②间接沟通。间接沟通指信息在发送者与接受者之间有第三方传递，有时需要两个以上的第三方传递。其优点是不受时间的限制，应用机会多；其缺点是浪费人力与时间。

(5) 口头沟通、书面沟通、非语言沟通和网络沟通。

按照沟通中信息承载媒体的不同划分为：

①口头沟通。口头沟通是指人们之间直接的声音语言的沟通。如演讲、交谈、讨论、电话联系等。其优点是快速传递和快速反馈。

②书面沟通。书面沟通是指借助文字进行的信息传递与交流。如布告、通知、书信、刊物、报告等。其优点是受时间与空间的限制较小，有利于长期保存，条理清楚、逻辑性较强，并具有可追溯性、严肃性与规范性。

③非语言沟通。非语言沟通是指通过某些媒介而不是讲话或文字来传递信息，包括身体语言沟通，语调、物体的运用及空间距离等多种形式。

④网络沟通。网络沟通是指通过互联网进行的沟通，其主要的形式是电子邮件和网上论坛。电子邮件的信息传递速度快，信息量大，费用少，尤其是信息的保真率高，也不受国界和距离的限制。

(6) 人际沟通、群体沟通、组织沟通和多文化沟通。

按沟通主体的不同划分为：

①人际沟通。人际沟通就是指人与人之间的信息传递与交流，它是群体沟通和组织沟通的基础。

②群体沟通。群体沟通指群体与群体之间的沟通。协商、互通情报、联席会议等是这种沟通中常见的方式。它是加强组织性的必要条件，可协调关系，减少冲突。

③组织沟通。组织沟通是以人际沟通为基础的，涉及组织特征的各种类型的组织沟通一般分为组织的外部沟通和组织的内部沟通两大类。

④多文化沟通。多文化沟通是指不同文化背景的人员、组织进行的信息沟通和情感交流。其目的是消除不同文化背景之间的交流障碍。

10.1.4 沟通的渠道

当组织选择了沟通方式后，还要考虑选择沟通渠道，同一沟通方式也存在着不同的沟通渠道。沟通渠道是指沟通过程中信息在特定的组织人群中流动的途径，有正式沟通渠道和非正式沟通渠道两种形式。

1. 正式沟通渠道

正式沟通渠道是指按照组织管理的程序和规则进行信息传递和交流的渠道，在不同的组织结构中，由于管理的程序和规则不同，其正式沟通渠道也不一样。例如，在职能式组织中存在着纵向的信息传递渠道，而在矩阵式组织中却存在着纵向和横向两个方向的信息交流渠道。

正式沟通渠道是组织中的主要沟通渠道，组织中的信息主要是由其进行传递的，这种渠道传递的信息比较规范，一般对组织成员具有约束力。其缺点是信息传播途径固定，缺乏灵活性。

正式沟通渠道按信息传递模式分为链形、Y形、轮盘形、环形、全通道形五种。如图10-2所示。

第10章 工程项目沟通管理

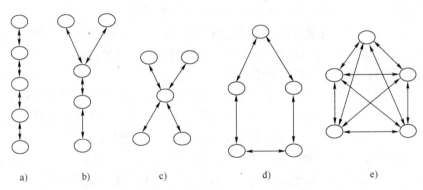

图 10-2 正式沟通渠道的信息传递模式
a) 链形；b) Y形；c) 轮盘形；d) 环形；e) 全通道形

(1) 链形

链形是信息按链状结构传递，即信息沿着链可自上而下或自下而上进行传递。信息经层层传递、筛选，容易失真，各个信息传递者所接受的信息差异很大，平均满意程度有较大差距。这种信息传递表明在组织主管人员与下级部属之间存在若干管理者，属于控制型结构，是命令型的信息传递方式。这种线形组织结构中，信息就是按这样的规律进行传递的。如果某一组织系统过于庞大，需要实行分权、授权管理，链式结构是一种有效的方法。

(2) Y形

这是一个纵向沟通网络，其中只有一个成员位于沟通的中心，成为沟通的媒介。在组织中，这一网络大体相当于组织领导、秘书班子再到下级主管人员或一般人员的纵向关系。在职能组织结构中，信息是按这样的方式进行传递的。这种信息传递方式集成化程度高，解决速度快，但使领导之间的协调困难，同时下级接收到不同的信息时，也会感到无所适从，且易导致信息曲解或失真，影响组织中成员的士气，阻碍组织提高工作效率。它适用于主管人员的工作任务十分繁重，需要有人选择信息，提供决策依据，节省时间，而又要对组织实行有效控制的组织。

(3) 轮盘形

发布命令者居中，下级与领导者进行单向的沟通，下级之间没有沟通。这种沟通信息传递的集中度高，速度快，但沟通通道少，组织成员的满意度低，士气可能低落，它要求领导的能力强，使领导者的工作变得很繁重。一般地说，如果组织接受攻关任务，要求进行严密控制，同时又要争取时间和速度时，可采用这种网络。

(4) 环形

此形态可以看作是链式形态的一个封闭式控制结构，只有相邻的成员之间才能进行信息沟通，不存在其他的多向交流。这个网络中，组织的集中化程度和领导人的预测程度都较低；信息传递不集中，传递速度慢，传递过程中的信息失真度高，但组织中成员具有比较一致的满意度，组织士气高昂。如果在组织中需要创造出一种高昂的士气来实现组织目标，环式沟通是一种行之有效的措施。

(5) 全通道形

这是一个全方位开放式的网络系统，组织中的成员可以自由地多向交流。交流时成员的地位是平等的，没有明显的领导者。这种沟通渠道由于成员间有充分的交流，交流的效果好,信息传播速度快;组织成员的平均满意程度高且差异小,士气高昂,合作气氛浓厚,有利于集思广益,提高沟通的准确性。这对于解决复杂问题,增强组织合作精神,提高士气均有很大作用。但是集中度差,缺乏领导,容易造成混乱,且讨论过程通常费时,也会影响工作效率。委员会方式的沟通就是全通道式沟通网络的应用实例。

组织管理者应针对不同组织的需要创造不同的信息传递模式。如果组织对信息传播的精度要求高,组织层次较少,链形模式或轮盘型模式比较合适;如果组织主管人员需处理的信息量很大时,采用 Y 形模式;如果组织需要强调员工之间充分的信息交流,这时最好采用环形模式或全通道形模式;如果组织需要强调领导的权威性,轮盘型模式可能是最好的选择;如果组织要求信息传播的速度,最好采用轮盘形模式或全通道形模式。

2. 非正式沟通渠道

非正式沟通渠道是指以组织中个人的社会关系为基础的,与正式沟通渠道无关的信息交流渠道。它超越了部门、单位及管理层次的限制,其沟通对象、时间及内容等各方面,都是未经计划和难以辨别的。例如,员工的私下交谈、对某人某事的议论、小道消息等都属于非正式沟通。

非正式沟通渠道在任何一个组织中都存在,它能提供正式沟通渠道无法获得的信息,这种渠道传递的信息更能反映员工的真实思想、意见和感情,传播速度快。其缺点是传播无规律可循,有很强的感情色彩。管理者如能因势利导地利用好这些渠道,将会对组织管理产生积极的效果。

在管理决策时,管理者应以正式沟通渠道传递的信息为主,注重非正式沟通渠道传递的信息。管理者尤其应注意,组织中正式沟通渠道不畅通时,组织中非正式沟通渠道会特别活跃。

非正式沟通渠道的信息传播模式可以归结为单串形、饶舌形、集合形和随机形,如图 10-3 所示。

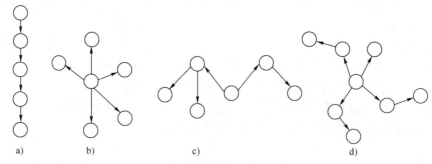

图 10-3 非正式沟通渠道的信息传递模式
a) 单串形; b) 饶舌形; c) 集合形 d) 随机形
(资料来源:吴照云. 管理学[M]. 北京:经济管理出版社,2003)

(1) 单串形

信息在个人之间依次相互传递。这种方式传递信息的速度慢,信息传递过程中的失真率高。适宜传递不宜公开的信息或机密的信息。

(2) 饶舌形

非正式组织常常有正式的聚会,在聚会上往往通过闲谈来沟通。在此沟通中有一个信息发送者，他不一定是该非正式组织的领导，可能只是信息率先获取者或喜欢传递各种信息的人，他将信息传递给多个信息接受者。管理者要特别注意这个非正式传播渠道中的信息发送者，管理好他就有可能左右非正式渠道的信息传播。

(3) 集合形

信息由一个人传递给几个特定的对象，再由这几个人传播给其他几个特定的对象。这种方式传递信息的速度快，对组织的影响大。

(4) 随机形

信息不断地由一个人传向另一个人，这种人与人之间的传播是随机的。这种方式传递信息的速度慢，是非正式组织中最常用的一种沟通方式，也是传递非正式信息最常用的一种渠道。

非正式沟通渠道是任何人都不能消灭的一种沟通渠道，传递的信息并非总是起消极作用的，管理者通过因势利导可使它在组织中起到积极作用。

10.1.5 沟通管理的概念

项目的沟通管理是一种系统化的过程。沟通管理的目的是要保证项目信息及时、准确地提取、收集、分发、存储、处理，保证项目组织内外信息的畅通。在项目组织内，沟通是自上而下或自下而上的一种信息传递过程。在这个过程中，关系到项目组织团队的目标、功能和组织机构各个方面。同样，与外部的沟通也很重要。而项目的沟通管理就参与项目的人员与信息之间建立了联系，成为项目各方面管理的纽带，对取得项目成功是必不可少的。

任何一个项目都有其特定的项目周期，其中的每一阶段都是至关重要的。要做好项目各个阶段的工作，达到预期的标准和效果，就必须在项目内部的各部门、部门与部门之间、项目与外部之间建立起一种有效的沟通渠道，使项目成员明确各自职责；并通过这种信息传递，找出项目管理中存在的一些问题。所以，项目的沟通管理，就是为了确保项目信息及时准确地提取、收集、分发、存储、处理而采取的一系列管理过程。

10.2 工程项目沟通

10.2.1 工程项目沟通的困难

由于项目组织和项目组织行为的特殊性，使得在现代工程项目中沟通是十分困难的。尽管有现代化的通信工具和信息收集、储存和处理手段，减小了沟通技术上的和时间上的障碍，使得信息沟通非常方便和快捷，但仍然不能解决人们许多心理上的障碍。组织沟通的困难在于：

1. 大型项目需要复杂的沟通网络

现代工程项目规模越来越大，参加单位越来越多，每个参加者都有着复杂的联系，使项目沟通面大，沟通渠道多，信息量大，促使项目必须建立复杂的沟通网络，方能实现项目的全面沟通。

2. 专业化程度高

由于现代工程项目技术复杂，要求高度的专业化，但专业化造成了专业隔阂，妨碍了协调，增加了沟通的困难。特别是项目经理和各职能部门之间的协调配合。

3. 项目相关者利益目标不同

由于项目各参加者（如业主、项目经理、技术人员、承包商）来自不同的企业，有不同的隶属关系，有不同的利益、动机和兴趣，对项目有不同的期望和要求，承担不同的项目任务，项目目标与他们的关联性各不相同，造成项目组织成员之间行为动机的不一致和利益冲突。这造成项目沟通的难度。为了取得项目的成功，项目管理者在沟通过程中不仅应强调总目标，而且要照顾各方面的利益，使各方面都满意。只有这样才能使项目各参加者真诚合作，发挥各自的能力和优势、积极性和创造性。

4. 项目的一次性和暂时性

项目的一次性和暂时性，容易使组织成员有短期行为，即只考虑或首先考虑眼前的、本单位或本部门的局部利益，不顾整体的、长远的利益；容易使组织成员的组织归属感和安全感不强，组织的凝聚力小；容易使项目组织的下级人员对项目组织的忠诚度要比职能组织的低。同时，由于项目组织是常新的，项目成员不断遇到新的、不熟悉的、不同组织文化的合作者，项目组织很难如同企业组织一样建立自己的组织文化，所以项目组织的摩擦大，行为更为离散，协调和沟通更为困难。

5. 社会环境的多变

人们的社会心理、文化、习惯、专业、语言对沟通产生影响，特别在国际合作项目中，参加者来自不同的国度，他们适应不同的社会制度、文化、法律背景、不同的语言，这些社会环境的多变，产生了沟通的障碍。

6. 合同的复杂性和局限性

合同作为项目组织的纽带，是各参加者的最高行为准则。业主要与各参加者签订合同，在一个项目中相关的合同有几十份、几百份，而每一份合同一般仅对两个签约者有约束力，且合同的内容千差万别。所以，要实现整个项目的统一，就必须使各合同之间相协调一致，形成复杂的合同系统，这是困难的。

由于合同在项目实施前签订，不可能将任何问题都考虑周到，而实际情况又会千变万化，合同中和合同之间常常存在矛盾和漏洞，而各参加者都站在自己的立场分析和解释合同，决定自己的行为，所以项目的组织争执通常都表现为合同的争执，而合同通常又是解决组织争执的依据，这种合同的局限性，导致组织沟通的困难。

10.2.2 工程项目沟通的有关规定

（1）项目组织应建立项目沟通管理体系，健全沟通制度，采用适当的方法和手段，与相关方进行沟通。

（2）项目沟通的对象应是项目涉及的内部和外部有关组织及个人，包括建设单位、勘察设计、施工、监理、咨询服务等单位及其他相关组织。

（3）项目组织应根据项目的实际需要，预见可能出现的矛盾和问题，制订沟通计划，明确沟通的内容、方式、渠道、手段和所要达到的目标，并应针对不同阶段出现的矛盾和问题，调整沟通计划。

（4）项目组织应运用计算机、互联网平台等信息技术，进行项目信息收集、汇总、处理、传输与应用，进行沟通，并形成档案资料。

（5）沟通的内容应涉及与项目实施有关的信息，包括项目各相关方共享的核心信息、项目内部和项目相关组织产生的有关信息。

（6）项目内部沟通应包括项目经理部与企业管理层、项目经理部内部的各部门和主要成员之间的沟通。内部沟通应依据项目沟通计划、企业的规章制度、项目管理目标责任书、控制目标。内部沟通可采用委派、授权、例会、培训、检查、项目进展报告、思想工作、考核与激励等。

（7）项目组织与外部相关组织的沟通应包括发包人、承包人、分包人、供应商等组织间的沟通。外部沟通依据项目沟通计划、有关合同和合同变更资料、相关法律法规、项目情况。外部沟通可采用交底会、协调会、协商会、恳谈会、例会、联合检查、项目进展报告等方式。

（8）项目经理部应编写项目进展报告。

10.2.3 工程项目中的几种重要沟通

1. 项目经理与业主的沟通

业主作为项目所有者的代表，对工程项目承担全部责任，行使项目的最高权力，但业主由于不具备工程专业知识和工程项目管理的能力和经验，一般不直接具体管理项目，仅作宏观的、总体的控制和决策。而项目经理受业主委托为业主管理项目，必须服从业主的决策、指令和对工程项目的干预。为了取得项目的成功，使业主满意，项目经理必须获得业主的支持，作好与业主的沟通。项目经理与业主沟通应作好以下工作：

（1）项目经理要充分理解业主实施项目的意图

项目经理应主动与业主沟通，反复阅读合同或项目任务文件，掌握项目总目标的要求，理解业主的意图，制定合理可行的项目实施规划，加强项目实施过程的控制。对于未能参加项目决策过程的项目经理，必须了解项目构思的起因、出发点，了解目标设计和决策背景，才能真正掌握业主实施项目的意图。在项目管理规划的制定中，项目经理必须充分考虑业主的观点和要求，制定完成后应经过业主的审查才能实施，以保证实现业主意图。

（2）业主应对项目经理进行项目交底

业主不直接参与项目管理，其对项目实施的意图是通过项目经理实施的。为此，业主在委托项目管理任务后，应将项目前期策划和决策过程向项目经理作全面的说明、解释、交底，并提供详细的资料。最好的方法是在项目过程中，让项目经理及早参与项目，让他参与项目目标设计和决策过程，并在项目整个过程中保持项目经理的稳定性和连续性，以使项目顺利实施。

（3）让业主参与项目，但不干预项目

拒绝业主对项目的参与是不可能的，业主对项目过程的参与能加深对项目过程和困难的认识，使决策更为科学和符合实际，同时能使他有成就感，积极地为项目提供帮助，特别是当项目与上层系统产生矛盾和争执时，应充分利用业主去解决问题。对于项目经理做出决策安排时，要考虑到业主的期望、习惯和价值观念，言其所言，经常了解业主所面临的压力，以及业主对项目关注焦点；尊重业主，随时向业主报告情况。在业主作决策时，向他提供充分的信息，让他了解项目的全貌、项目实施状况、方案的利弊得失及对目标的影响。加强计划性和预见性，让业主了解承包商、了解他自己非程序干预的后果，减少他的非程序干预和越级指挥。

（4）保证项目实施指令的单一性

项目经理有时会遇到业主所属企业的其他部门或合资者各方都想来指导项目的实施，这是非常棘手的。项目经理应很好的倾听这些人的忠告，对他们作耐心的解释和说明，但不应当让他们直接指导实施和指挥项目组织成员，随便干预和指令项目，或将企业内部矛盾、冲突带入到项目中。否则，会有严重损害整个工程的巨大危险。

总之，业主和项目经理双方理解得越深，双方期望越清楚，则争执越少。否则业主就会成为一个干扰因素，而业主一旦成为一个干扰因素，则项目经理必然失败，尽管其很辛苦，项目最终成果也可能比较完美，但项目经理也得不到认可。

2. 项目经理与政府有关部门的沟通

根据我国行业管理的规定、法规、法律，政府的各行业主管部门（如发改委、规划局、土地局、园林局、交通局、供电局、电信局、建委、消防局、人防办、节水办、街道办等），均会对项目的实施行使不同的审批权或管理权，如何能与政府的各行业主管部门进行充分、有效的组织沟通，将直接影响项目建设各项目标的实现。项目经理与政府主管部门沟通时，应注意以下几点：

（1）应充分了解、掌握政府各行业主管部门的法律、法规、规定的要求和相应办事程序，在沟通前应提前做好相应的准备工作（如：文件、资料和要回答的问题），做到"心中有数"。

（2）充分尊重政府行业主管部门的办事程序、要求，必要时先进行事先沟通，决不能"顶撞"和敷衍。

（3）发挥不同人员的相应业绩关系和特长，不同的政府主管部门由不同的专人负责协调，以保持稳定的沟通渠道和良好的协调效果。

3. 项目经理与承包商的沟通

这里的承包商是指工程的施工承包商、设计单位、供应商等。他们与项目经理没有直接的合同关系，但他们必须接受项目经理的领导、组织、协调和监督。项目经理与承包商的沟通应注意以下几个方面的问题：

（1）项目经理应让承包商明确承包合同的实施目的

承包商是具体工程建设项目的实施者，是业主实施项目意图的实现者。项目经理应让各承包商在理解总目标、阶段目标及各自的目标的基础上，充分认识业主实施合同的目的，明确项目的实施方案、各自的工作任务及职责等，增加项目的透明度，提高承包商对项目的参与感和责任心。

实践证明，只有承包商对工程实施目的得到最佳的理解，才能发挥他们的创新精神和创造性，否则，即使有最优化的技术方案也不可能取得最佳的效果。

（2）项目经理应让承包商明确项目管理程序

项目管理者对承包商的管理权力是通过承包合同和委托管理合同确定的，是受业主委托实施项目管理权的，其实施管理的手段和方法因人而异。所以，项目经理必须指导和培训各参加者和基层管理者，使其适应项目工作，向他们解释项目管理程序、沟通渠道与方法，指导他们并与他们一齐商量如何工作，如何把事情做得更好。经常解释目标、解释合同、解释计划；发布指令后要做出具体说明，防止产生对抗。

(3) 项目经理应合理行使项目管理权力

业主将具体的工程项目管理事务委托给项目经理，赋予他很大的处置权力（例如 FIDIC 合同）。但项目经理在观念上应该认识到自己是提供项目管理服务，不能随便对承包商动用处罚权（例如合同处罚），或经常以处罚相威胁。这样容易引起承包商的不满和抵触情绪，对项目的实施不利。项目经理应经常强调自己是提供服务和帮助，强调各方面利益的一致性和项目的总目标，通过沟通协商，使承包商提高认识，积极投入，圆满完成项目任务的同时，使自己的管理任务取得成功。当然，对于不认真履行合同、拒不服从管理、我行我素者，不得已必须动用处罚权。

(4) 承包商应及时向项目经理汇报工作

为了减少对抗、消除争执，取得更好的激励效果，项目管理者应欢迎并鼓励承包商将项目实施状况的信息、实施结果和遇到的困难，自己心中的不平和意见向他作汇报，寻找和发现对计划、对控制的误解，或有对立情绪的承包商和可能的干扰，采取积极主动的措施，促使沟通和了解，减少项目中的争执和冲突。

4. 项目经理部内部的沟通

项目经理所领导的项目经理部是项目组织的领导核心。通常项目经理不直接控制资源和完成具体工作，而是由项目经理部中的职能人员具体实施，特别是在矩阵制项目组织中，项目经理和职能人员之间及各职能人员之间应有良好的工作关系，应当经常沟通协商。

在项目经理部内部的沟通中项目经理起着核心作用，如何协调各职能工作，激励项目经理部成员，是项目经理的重要课题。项目经理应做好以下工作：

(1) 搞好项目组织设计工作

项目经理应搞好项目组织设计工作，建立完备的项目管理系统，明确划分各成员的工作职责，设计比较完备的管理工作流程，明确规定项目中正式沟通方式、渠道和时间，使大家按程序，按规则办事。

(2) 建立和谐的工作环境

虽然项目工作富有创造性和挑战性，但在有些企业（特别是采用矩阵式项目组织形式的企业）中，项目经理没有强制性的权力和奖励的权力，资源主要掌握在部门经理手中。项目经理一般没有对项目成员提升职位，甚至提薪的权力，但项目经理可以为项目成员建立一个和谐的工作环境。

①采用民主的工作作风，不独断专行。在项目经理部内放权，让组织成员独立工作，充分发挥他们积极性和创造性，通过让职能人员自己制定方案，参与计划的编制，使他们对工作有成就感。

②改进工作关系，关心各个成员，礼貌待人。鼓励大家参与和协作，与他们一起研究目标、制订计划，多倾听他们的意见、建议，鼓励他们提出建议、质疑、设想，建立互相信任、和谐的工作气氛。

③公开、公平、公正地处理事务。例如：合理地分配资源；客观、公正地接受反馈意见；对上层的指令、决策应清楚地、快速地通知项目成员和相关职能部门；应该经常召开会议，让大家了解项目情况，遇到的问题或危机，鼓励大家同舟共济。

(3) 完善考评制度

建立公平、公正的考评工作业绩的方法、标准，可核实的目标管理的标准，对成员进行业绩考评。在向上级和职能部门提交报告中应包括对项目经理部成员和职能部门的客观评价和鉴定意见，项目结束时应对成绩显著的成员进行表彰，使他们有成就感。

5. 项目经理与职能部门的沟通

项目经理与企业职能部门经理之间的界面沟通是十分重要的，同时又是十分复杂的，特别是在矩阵式组织中。职能部门必须对项目提供持续的资源和管理工作支持，项目才能够获得成功，他们之间有高度的相互依存性。项目经理与职能部门注意处理好如下问题：

(1) 项目经理与职能经理之间的权力和利益平衡问题

项目经理和职能经理都是有企业的上层管理系统确定的，其各自的权利和义务也是由上层领导决定，并与项目组织形式有关。在项目实施过程中，项目的每个决策和行动都必须跨过项目经理和职能经理之间的权利和利益界面来协调，而项目的许多目标与职能管理目标差别很大。项目经理本身能完成的事极少，他必须依靠职能经理的合作和支持，所以在此界面上的沟通协调是项目成功的关键。企业组织应合理确定项目组织的结构方式，明确项目经理和职能经理之间的界面，避免扯皮、冲突的尖锐化，以确保项目成功。

(2) 项目经理与职能经理的沟通协调问题

项目经理必须发展与职能经理的良好工作关系，这是他的工作顺利进行的保证。两个经理间有时会有不同意见，会出现矛盾。当项目经理与职能部门经理工作不协调时，有的项目经理可能被迫到企业最高管理层处寻求解决，将矛盾上交，但这样常常更会激化他们之间的矛盾，使以后的工作更难协调。所以，他们可以通过沟通协商的方法，建立良好的工作关系。如项目经理应该在计划制订的过程中与职能经理交换意见，就项目所需要的资源，或职能服务问题与职能经理取得一致意见；同样，职能经理在给项目上分配人员与资源时应与项目经理商量。如果在资源分配过程中不让项目经理参与意见，必然会导致组织争执。

(3) 项目经理与职能经理的沟通方式的选择

项目经理与职能经理之间应有一个清楚的、便捷的信息沟通渠道。主要的信息沟通工具是项目计划和项目管理手册。项目经理制订项目的总体计划后应取得职能部门资源支持的承诺。这应作为计划过程的一部分。如果计划有任何变动，首先应通知相关的职能部门。除正式的沟通渠道以外，项目经理与职能经理之间也可采用一些非正式的沟通渠道加强沟通，通过个人感情促使工作的顺利进行。

10.2.4 工程项目沟通中的常用方式

1. 通过项目手册

项目手册在项目的实施过程中有重要作用，它是项目参加者、项目管理者沟通和管理项目的依据。一份好的项目手册可以使项目的基本情况透明，有利于程序化、规范化工作，使各参加者，特别是刚进入这个项目的参加者很快熟悉项目的基本情况和工作过程，方便与各方面进行沟通。项目手册内容可以按需要设计。对建筑工程项目，通常它包括：项目的概况、规模、业主、工程目标、主要工作量、各项目参加者、项目结构、项目管理工作规程、信息管理等。其中应说明项目参加者的责任、项目沟通方法、管理程序等。

2. 通过各种书面文件

由于工程项目实施时间长、内容复杂、具有很强的专业性，项目参与者多且目标利益不一致，容易出现争执、遗忘和推诿责任的情况，进一步会导致法律纠纷。为此，在实际工程中要形成文本交往的风气，对工程项目问题的各种磋商结果（指令、要求）都应落实在文本上，应以书面文件作为沟通的最终依据。各种书面文件包括各种计划、政策、过程、目标、任务、战略、组织结构图、组织责任图、报告、请示、指令、协议等。

3. 通过协调会议

协调会议是项目沟通中常用一种的沟通方式，包括常规的协调会议和非常规的协调会议两种。常规协调会议，一般在项目手册中规定每周、每半月或每一月举办一次，在规定的时间和地点举行，由规定的人员参加。非常规的协调会议，一般在特殊情况下根据项目需要举行，其形式有：信息发布会、解决专门问题的会议、决策会议等。

协调会议是一个沟通的极好机会，通过协调会议可以获得大量的信息，以便对现状进行了解和分析；可以检查任务、澄清问题、了解各子系统完成情况；可以布置下阶段的工作，研究问题的解决措施，选择方案和分配资源；可以造成新的激励，动员并鼓励各参加者努力工作；可以形成决议，体现集体决策，对与会各方形成约束力。

4. 通过项目进展报告

项目进展报告是用于描述项目进展情况和取得的成果，传递项目执行绩效的汇总报告。通过项目进展报告，可以明确项目按照进度计划已经到达的阶段，项目已按时完成的活动和未按时完成的活动，已完成的项目活动对项目资源的使用情况，原定的项目目标是否已经达到等。项目进展报告可以由团队成员向项目经理提供，或由项目经理向项目业主提供，或由项目经理向其上层管理者提供。项目进展报告的报告期根据项目的具体情况确定。项目进展报告是为项目所有利益相关者编写的，是项目利益相关者之间沟通的重要资料，而且可以提醒项目团队注意到将来有可能遇到的问题。

项目进展报告一般有日常报告、例外报告和特别分析报告三种。其内容主要包括本期项目的进展情况，本期项目实现过程中存在的问题，以及解决情况、计划采取的措施、项目变更、下一期的项目进展预期目标等。

5. 通过各种工作检查

各种工作检查，质量检查，分项工程、分部工程检查验收等都是非常好的沟通方法。通过这些工作不仅可以检查工作成果、了解实际情况，而且可以沟通各方面、各层次的关系。检查过程常常又是解决存在问题、使组织成员之间互相了解的过程，同时又是协调新工作的起点，所以它不仅是技术性工作，而且是一个重要的管理工作。

6. 其他沟通方法

如指挥系统、建议制度、申诉和请求程序、申诉制度、离职交谈等，还有些沟通方式位于正式和非正式之间。

10.3　工程项目沟通计划

项目沟通计划是项目整体计划中的一部分，它是关于确定项目利益相关者的信息交流和沟通要求的计划，即确定何人、何时需要何种信息、应如何将信息传送给信息需求者。项目管理者必须在项目部门内部、部门与部门之间,以及项目与外界之间建立良好的沟通渠道,通过快速、准确地传递沟通信息,以使项目内各部门关系达到协调一致;使项目成员明确各自的工作目标和职责,并且了解他们的工作对实现整个组织目标所做出的贡献;通过大量的信息沟通,找出项目管理的问题,制定政策并控制评价结果,才能协调好项目管理中各项工作,才能有可能更好地实现项目目标。

项目沟通计划编制涉及项目全过程,其大部分工作是在项目早期阶段完成的,在计划实施过程中,随着项目的进展应根据计划实施的结果对其进行定期检查、调整和评价,以保证计划满足项目沟通的实际需要。

10.3.1 工程项目沟通计划编制的依据

项目沟通计划的编制应由项目经理主持,其编制的依据主要包括:

1. 合同文件

工程项目的利益相关者众多,其参与项目的程度决定于与业主签订的合同条件,通过合同确定了相关者在项目中行使的权利和应尽的义务,每一合同都具体规定了参加者何时、何地、如何履行合同,它是各参加者参与项目的最高行为准则,它既是沟通计划的编制依据,也是项目总规划结果的反映。

2. 有关管理规定

项目组织在编制沟通计划时,应满足国家法律法规和当地政府的有关规定,并与项目管理组织所属企业的相关制度相一致。

3. 沟通需求

项目沟通需求是指所有的项目利益相关者在项目实施过程中的信息需求的总和,如项目的工期、进度、环境影响、资源需求、预算控制、经费结算等。项目沟通需求通常可以通过对所需的信息内容、形式和类型及信息价值的分析来确定,在对项目沟通需求进行分析和确定时,应把精力放在适合项目并能为项目的成功与决策带来帮助和支持的信息需求的分析和确定上,避免将资源和精力浪费在不必要的信息需求上。

4. 项目的实际情况

每一项目都是为了满足业主的特殊需要,项目的一次性决定了项目实施的独特性,每一项目的功能、类型、规模、复杂程度、周围环境、参加单位等不尽相同,为此在实施过程中,项目的实施情况各不相同,沟通的内容、方法、渠道等也不尽相同,所以每一项目都应根据实际情况编制沟通计划。

5. 项目的组织结构

工程项目的承发包模式的不同决定了项目组织结构不同,如代建制、采用设计-采购-施工总承包、分阶段总承包等。各种组织结构所要求沟通的深度、广度不同,沟通的方式和方法也不同。如设计—采购—施工总承包方式时,设计与施工之间的沟通是组织内部的沟通,其沟通可通过发布命令进行;而采用分阶段总承包,则设计与施工的沟通为组织外部的沟通,其沟通需要通过协商进行。

6. 沟通技术

沟通计划编制需要对项目全过程中的沟通方法、渠道等进行安排,因此沟通技术是沟通计划编制的重要依据。各种沟通技术在项目沟通计划编制中都可以考虑选用，但在一个特定项目中选用何种沟通技术才能获得有效的沟通，主要取决于下列因素：信息需求的紧迫程度；项目沟通的性质；项目组成员的能力和习惯；项目本身的特点等。例如，集体决策的沟通需要采用会议沟通方式，而规章制度的发布则采用公告的方式更合适一些。

7. 约束条件和假设

在沟通计划编制中，需要输入的约束条件和假设就是限制项目管理班子选择沟通方案的因素，沟通计划编制必须对这些因素进行考虑，以发现它们可能影响项目沟通的方面，并采取相应的措施。例如，如果需要大量地采购项目资源，那么处理合同的信息就需要更多考虑。

10.3.2 工程项目沟通管理计划的主要内容

项目沟通计划应与项目的其他各类计划相协调，并应包括以下主要内容：

1. 信息沟通的方式和渠道

主要说明在项目的不同实施阶段，针对不同的项目相关组织及不同的沟通要求，拟采用的信息沟通方式和沟通渠道。即说明信息（包括状态报告、数据、进度计划、技术文件等）流向何人、将采用什么方法（包括口头、书面报告、会议等）分发不同类别的信息。

2. 信息收集的归档格式

用于详细说明收集和存储不同类别信息的方法。应包括对先前收集和分发材料、信息的更新和纠正。

3. 信息的发布与使用权限

用以说明各种信息的发布权限，以及最终用户的使用权限。

4. 发布信息说明

包括对信息的内容、格式、详细程度、信息来源等方面的说明。项目沟通管理计划要对准备发布的信息进行详细的描述。

5. 信息发布的时间表

即用于说明每一类沟通将发生的时间，确定提供信息更新依据或修改程序，以及确定在每一类沟通之前应该提供的现时信息。

6. 更新和修订沟通管理计划的方法

为了保证项目沟通管理计划适应项目沟通的实际需要，随着项目的进展需要对沟通管理计划进行更新和修订。项目沟通计划编制工作是贯穿于项目全过程的一项工作。因此，项目沟通管理计划还需要注明对计划进行更新和修订的方法和程序。

7. 约束条件和假设前提

约束条件是限制项目团队进行沟通的各种因素，假设前提是那些被认定是实际存在的、确定的、并作为制订计划依据的前提条件。约束条件和假设前提是项目沟通管理计划编制的重要依据，沟通管理计划需要对此加以说明，以便在这些条件发生变化时对沟通管理计划进行修订。

沟通管理计划根据项目需要可以是正式的,也可以是非正式的,可以是详细的,也可以是简要的框架。一种简单的项目沟通管理计划如表 10-1 所示。

项目沟通管理计划　　　　　　　　　　　　　　　　表 10-1

项目利益相关者	需求的信息	何时需要	以什么方式需要	由谁发出

10.3.3　工程沟通计划编制的方法

沟通计划编制的主要方法是项目利益相关者分析,即对各利益相关者的信息需求进行分析,形成一个有关他们的信息需求和信息来源的逻辑看法,并找到满足他们信息需求的来源渠道和传递渠道,以满足他们对信息的需求。其具体步骤如下:

1. 沟通需求所需信息的收集

为了确定项目的沟通需求,通常需要收集项目沟通的内容、沟通方式、方法和渠道、沟通时间和频率、沟通信息的来源和最终用户。

(1) 项目沟通内容

项目沟通的内容就是项目沟通中项目利益相关者所需信息的内容,主要包括:项目组织之间信息、项目组织内部管理信息、有关项目技术工作及其产品方面的信息、有关项目实施方面的信息和项目组织所需的各种公众信息(如当地社区的风俗文化方面的信息),以及社会公众需要了解的项目信息(如项目给社区带来的好处等)。

项目沟通内容可通过对项目利益相关者的信息需求的调查来获得。为了保证项目沟通管理计划能满足项目组织各个方面的信息需求,项目沟通内容的调查收集要注意全面,不能有所遗漏。

(2) 项目沟通方式、方法和渠道

项目沟通的内容需要通过一定的方式、方法和渠道来传递,因此在收集项目沟通内容的同时,还要注意收集各种沟通内容所需要的沟通方式、方法和渠道方面的信息。例如,哪些沟通内容需要采用口头的或书面的沟通方式,哪些内容需要采用个人面谈的、会议的或电子媒介的方式等。

(3) 项目沟通的时间和频率

确定项目沟通需求还需要收集项目沟通的时间和频率。项目沟通的时间是指一次沟通需要持续的时间长短,如一次会议需要开多长时间。项目沟通的频率则是指同一种沟通间隔多长时间进行一次,例如,某种报表是一个季度一次,一个月一次,还是一周一次。

(4) 项目沟通信息的来源和最终用户

项目沟通信息的来源是指项目沟通中所交流信息的生成者和发布者(生成者和发布者可能是同一主体,也可能不是同一主体),项目沟通信息的最终用户就是项目沟通中所交流信息的接收者。谁是信息的生成者,谁是信息的发布者,谁是信息的接收者,这些信息需要全面收集,否则将不能正确地确定项目的沟通需求。

2. 确定沟通需求所需信息的加工处理

所收集到的信息如果不进行加工处理,往往不能直接用于确定项目的沟通需求和编制项目沟通计划。对所收集的信息进行的加工处理工作通常包括归纳、整理、汇总和其他的必要工作。另外，在信息的加工处理中，如果发现所收集信息不全或信息之间有矛盾，则需要做进一步的信息调查和收集工作。

3. 项目沟通需求的全面决策

项目沟通需求的全面决策涉及项目各方面所需信息的内容、格式、类型、传递方式、更新频率、信息来源等方面的决策。例如，对项目经理信息需求的决策涉及项目经理需要哪些信息，这些信息需用什么形式（如报表或报告等）提供，这些信息通过什么方式（如面谈或会议等）传递，这些信息多长时间传递一次，这些信息由谁提供（如项目财务主管或项目技术主管等）等。

表10-2是项目利益相关者分析结果的具体例子，表中项目利益相关者是信息需求者，文件名称指明所需求的信息，文件格式指定需求信息所需要的格式，联系人指明了信息的来源，交付期限确定了交付信息的时间，从该表中就能看出项目利益相关者何时需要何种信息，从何人那里获得该种信息等方面的项目利益相关者的信息需求。

工程项目利益相关者分析举例 表10-2

项目利益相关者	文件名称	文件格式	联系人	交付对象	交付时间
设计单位	施工图纸	硬拷贝		建设单位	5月18日
承包商	施工组织设计	硬拷贝		建设单位 监理单位	6月8日
供应商	购销合同	硬拷贝		承包单位	6月17日

10.3.4 工程项目沟通计划编制的过程

项目沟通计划是对项目全过程的沟通工作、沟通方法、沟通渠道等各个方面的计划与安排。项目沟通计划编制的过程与一般计划编制的过程基本上是一致的，主要包括以下几个步骤：

1. 项目沟通计划编制的前期准备工作

项目沟通计划编制的前期准备工作主要是确定项目的沟通需求，也就是在对确定沟通需求所需要的信息进行收集和加工的基础上对沟通需求进行全面的决策，该工作为项目沟通计划的编制提供重要的依据。

另外，项目沟通计划编制的前期准备工作还包括明确项目沟通的约束条件和假设前提，这两方面也是项目沟通管理计划编制的重要依据。

2. 项目沟通计划的编制工作

在确定项目的沟通需求后，可以开始项目沟通计划的编制工作，具体包括确定项目沟通的目标；根据目标和沟通需求确定项目沟通的各项任务；根据项目沟通的时间和频率要求安排项目沟通的任务；确定保障项目沟通的资源需求和预算。

3. 项目沟通计划编制的结果输出

项目沟通计划编制完成后,就可以输出其结果,用于指导和规范项目团队的沟通管理工作。项目沟通计划的主要输出结果是项目沟通管理计划。

10.3.5 沟通管理计划实施的监督

沟通管理计划是规定项目未来沟通管理的文件。在项目早期阶段制订一个沟通管理计划是相当重要的,这样可以防止或减少以后的沟通问题。但为了保证沟通管理计划发挥应有的作用,在其实施过程中有必要对其进行监督。

1. 对沟通管理计划实施过程进行监督的作用

(1) 通过监督,可使项目团队成员及时交流项目沟通管理计划的变化和目前所处的状况。
(2) 可以使项目的管理层掌握项目沟通管理的最新动态。
(3) 为项目沟通管理计划的调整决策提供信息上的支持。
(4) 记录项目沟通管理计划的调整和变化,为项目沟通管理的总结提供分析资料。

2. 对沟通管理计划实施过程进行监督的内容

(1) 同沟通管理计划相比,沟通工作完成的情况如何?包括各项沟通工作是否按时完成,质量如何等。
(2) 在沟通管理过程中,实际完成的工作的复杂程度如何?通过这方面的监督以保证沟通工作不至于过于复杂或过于简单。
(3) 在沟通管理过程中,项目的利益相关者执行项目沟通管理计划的态度如何?项目利益相关者的态度对项目沟通管理计划的实施有着重大影响,因此应予以监督。
(4) 在沟通管理过程中,项目成员之间的配合、协作如何?项目成员只有密切配合、协调工作,才能保证项目沟通管理计划顺利实施。

3. 对沟通管理计划实施的监督步骤

(1) 对沟通管理计划实施的信息进行收集,掌握最新情况。
(2) 对收集到的信息进行分析,即将实际情况与计划进行比较,如果存在问题,要仔细分析存在问题的原因。
(3) 对出现的问题进行处理,如果情况良好就不需要采取进一步的行动。

为了节省对沟通管理计划实施进行监督的时间,可以采用简单形式的项目报告,这是一种有效的方法,这种方法已在许多大型和小型项目的计划实施中得到了广泛的应用。

10.4 工程项目沟通障碍和冲突管理

10.4.1 沟通障碍

如果由于某种原因需要传递的信息不能如预期的那样在沟通过程中顺畅地传递,就表明沟通过程中存在着障碍。在沟通中,信息发送者、信息接收者,以及在行业中约束信息发送者或接收者行动的因素（如道德、品行、信仰、偏好、政治、偏见等）都会影响到沟通效果，导致沟通障碍。

1. 沟通过程中的障碍

（1）发送者方面可能的障碍

发送者方面出现的沟通障碍也称为原发性障碍。这类障碍一般是由于对含义理解不同、表达不够清楚、编码失误等造成的。

在项目沟通中表现为：组织运作规则没有设计好，项目目标之间存在矛盾或表达上有矛盾；项目经理与企业职能经理的权力、责任界限不明确；在企业中，同期的项目之间优先级不明确，导致项目之间资源争执；项目存在许多投资者，他们进行非程序干预，形成实质上的多业主状况。项目经理自负经验丰富、不了解实施者的具体能力和情况，未听取基层实施者意见武断决策，致使计划不符合实际，总体目标不明，不同部门和单位兴趣与目标不同；缺乏对项目组织成员工作的明确的结构划分和定义，使组织成员不清楚他们的职责范围，项目经理部内工作含混不清，职责冲突；项目经理缺乏管理技能、技术判断力或缺少与项目相应的经验，没有威信，发出的指令不被接受或执行。

（2）沟通过程中可能的障碍

信息沟通一定要通过媒介，在一定的渠道中选择合适的时间进行。因此，沟通过程的障碍可能由于媒介选择与信息信号选择不匹配而导致无法有效传递，或信息传递渠道过差、过长、负荷过重等导致信息传递失误，或信息传递不及时，导致信息无使用价值等。

在项目沟通中表现为：管理信息系统设计功能不全，信息渠道、信息处理有故障，没有按层次、分级、分专业进行信息优化和浓缩；信息未能在正确的时间内，以正确的内容和详细程度传达到正确位置，人们抱怨信息不够，或太多，或不及时，或不着要领；项目得不到职能部门的支持，无法获得资源和管理服务；项目组织与外界不能进行正常的信息流通；组织协调会议主题不明确等。

（3）接收者方面的障碍

接收者在接受信息时会因为自己本身的问题造成沟通中的障碍。例如，接收者在接受信息过程中心神不定导致接收的信息不完整；又如，接收者自身的价值观、理念不同于他人导致对信息意思的曲解；此外，接收信息的技术失误、接收者的心理状态、行为习惯等均有可能导致信息沟通过程中出现这样那样的障碍。

在项目沟通中表现为：组织对合同、指令、责任书理解不一或不能理解，特别在国际工程及国际合作项目中，参加者来自不同的国度、不同的专业领域、不同的部门，有不同的习惯，不同的概念理解，甚至不同的法律参照系，而在项目初期没有统一解释文本，造成理解的混乱；项目经理与业主之间缺乏沟通，项目经理对目标、对项目任务有不完整的，甚至无效的理解；项目参加者介入项目组织时，缺少对目标、责任、组织规则和过程统一的认识和理解。

（4）反馈过程中的障碍

沟通过程中的障碍是不可能避免的，故而须要沟通双方或诸方建立一个信息反馈渠道，以便修正参与者的行为从而使沟通更为有效。一般而言，单向沟通速度较快，较有规律，对发送者威胁不大，但双向沟通更准确、更有效。反馈过程中可能出现的障碍有：反馈渠道本身设置如何，能否有效运作等；反馈过程中传递技术和编译码是否存在问题等。

在项目沟通中表现为：项目经理的领导风格和项目组织的运行风气不正，业主或项目经理独裁，不允许提出不同意见和批评，内部言路堵塞，反映为项目经理部中没有应有的争执，但它在潜意识中存在，人们不敢或不习惯将争执提出来公开讨论，而转入地下；项目经理部中存在或散布着不安全、气愤、绝望的气氛，特别在项目遇到危机，上层系统准备对项目作重大变更，或据说项目不再进行，或对项目组织作调整，或项目即将结束时；由于信息封锁，信息不畅，上级部门人员故弄玄虚或存在幕后问题；项目经理部内有强烈的人际关系冲突，项目经理和职能经理之间互不信任，互相拆台；不愿意向上司汇报坏消息，不愿意听那些与自己事先形成的观点不同的意见，采用封锁的办法处理争执和问题；将项目管理看作是办公室的工作，作计划和决策仅依靠报表和数据，不注重与实施者直接面对面的沟通；经常以领导者的居高临下的姿态出现在成员面前，不愿多作说明和解释，喜欢强迫命令，对承包商经常动用合同处罚权或以合同处罚相威胁等。

2. 消除沟通障碍的方法

项目沟通应减少干扰，消除障碍，保持沟通渠道畅通、信息真实。消除沟通障碍可采取下列方法：

（1）挑选适宜的沟通渠道

沟通渠道有正式和非正式沟通渠道。项目组织中大量的工作事务的沟通是通过正式渠道进行的，一般情况下这种沟通比较规范，沟通效果好。而有关感情和情绪问题的沟通常采用非正式沟通渠道传递。管理者如果能利用好非正式渠道的信息，就能更容易获得员工对项目的真实想法，增强项目团队的凝聚力。在做决策时，除了要以正式沟通渠道为主，还应参考从非正式沟通渠道获得的信息，用非正式渠道的沟通来加强正式沟通渠道。

但是，非正式沟通渠道不宜过多使用，否则，会造成信息沟通渠道的混乱。大多数项目经理喜欢口头上的、非正式的沟通，因为正式沟通的成本可能很高，且时间滞后。如项目经理对成本、进度的了解往往是通过下属的口头汇报，以便及时采取措施，而并非等到滞后的正式报表呈上来后才采取措施。

（2）充分利用反馈信息

许多沟通问题的产生是由于沟通双方的信息反馈机制不通畅造成的。反馈是完整的沟通过程中关键的一环，如果信息发送者能充分利用信息反馈及时了解信息接收者是否完全掌握了信息，是否愿意遵循并采取相应的行动等，就可以及时发现并排除沟通中的障碍。信息发送者不仅要善于从接收者的言语中获得反馈信息，还应善于从接收者的表情、行动中获得反馈信息。

（3）组织沟通检查

组织沟通检查是对项目组织中正式沟通渠道而言，项目组织制订了相应的沟通计划后，在项目实施过程中，要对沟通计划的实施情况进行检查，检查的内容主要有：信息是否按照规定的时间、内容、范围发出，所采取的沟通渠道、媒体、方式是否适合，信息接收者是否完全理解并实施等。通过检查，一方面督促相关方按规定的要求进行沟通，另一方面可以发现沟通中的问题，对沟通计划加以补充、调整。

（4）灵活选用沟通方式

沟通方式多种多样，但每种沟通方式都具有其特殊性和适用性，不能一概而论。项目组织在选择沟通方式时，应根据所需沟通的内容、范围、时间要求，以及沟通成本等具体考虑，灵活应用，以确保沟通的准确、及时、高效、低耗。

(5) 其他方法

①选择合适的语言与文字。

②选择适当的时间和场合。

③多渠道沟通。

④适当进行重复。

⑤营造信赖和诚实的组织氛围。

⑥制定共同的目标。

10.4.2 冲突管理

1. 冲突的概念

所谓"冲突"是指各个利益主体内部或主体之间由于利益、目标等的差异而导致的一种对立情形。其典型表现形式就是利益主体在做出决策或选择时处于矛盾状态。

冲突在项目中普遍存在，项目冲突是项目组织的必然产物。在项目过程中，冲突可能来源于各种情形，尤其是在项目发生变化之时，更容易产生冲突。在许多项目里，项目经理通常从启动阶段开始，便为解决项目的冲突而忙碌。

项目成员通常是冲突的起源，如果冲突处理不当，它能破坏团队的沟通，造成成员之间的互相猜疑和误解；严重时，冲突还能破坏团队的团结和精神，从而削减集体的战斗力。冲突也有其有利的一面，它可以将问题及早地暴露出来，便能以较低的代价解决项目进展中的障碍；冲突迫使项目团队去寻求新的方法，激发成员的积极性和创造性；它能激起讨论和思考，形成好的工作方法和民主气氛等。

2. 冲突源

在项目环境中，冲突是不可避免的。在大多数情况下，冲突总是因人而起。如果采取正确的方式，这些冲突通常在不影响项目计划之前就能够被化解。认识冲突的起因和来源有助于更好地解决冲突。

(1) 项目成员

在项目的进行过程中，项目成员在项目的开始时间、项目进度、实施技术等方面会产生分歧。涉及项目成员的冲突主要表现为以下四个方面：

①项目成员的个性冲突和角色冲突。例如，项目成员有时会感到无法达到项目的期望，在项目进程中，当遇到某些挫折时，感到心灰意冷；再如，总工程师兼做项目经理，他既有项目工作，又有原部门的工作，常常以总工程师的立场和观点看待项目，解决问题。

②成员之间的冲突。例如，两位项目成员无法和谐共处，或其中的一位成员不能与其他成员相处。

③团队之间的冲突。例如，项目参与组织间利益争执、行为的不协调、合同中存在矛盾和漏洞，以及权力的争执和互相推诿责任；项目经理部与职能部门之间的界面争执；业主与承包商之间的索赔与反索赔等。

④团队内部的冲突。当项目团队的凝聚力不高或团队精神建设出现问题时，团队内部会发

生内讧，成员之间可能会产生竞争角逐、猜疑和怨恨，这经常表现为小帮派、小集体斗争。

(2) 项目目标

项目目标的冲突体现在以下两方面：

①组织目标与组织成员目标的冲突，表现在团队中每位成员对项目目标的理解不一致，如项目经理可能希望项目的技术性能高些，这样会有一种成就感，从而获得更高的社会知名度，而团队成员考虑则更为现实一些，希望项目能顺利成功，从而拿到既定的报酬。

②项目的目标系统之间的冲突，如同时过度要求压缩工期，降低成本，提高质量标准；项目成本、进度、质量目标之间优先级不明等。

(3) 技术问题

例如，在项目中存在技术上的矛盾，各专业对工艺方案、设备方案、施工方案的设计和理解存在不一致，建筑造型与结构之间存在矛盾等。

(4) 项目计划

项目计划几乎是产生冲突的最主要因素。项目中存在各种计划形成计划体系，各计划之间相互联系相互影响，有些影响是来自于组织外部，为此制订一份完善、详细的项目计划是不现实的，也是不可能的，这不可避免地会导致计划实施中的争议和冲突。

(5) 成本

在项目的进程中，经常会由于计划成本与实施所需成本之间产生冲突。这种冲突多发生在客户和项目团队之间、管理决策层和执行成员之间。

(6) 优先权问题

优先权问题带来的冲突主要表现在两个方面：

①工作活动的优先顺序。

②资源分配的先后顺序。

优先顺序的确定常常意味着重要的程度和项目组织对其的关注程度，这常常会引起冲突。当同一成员被同时分配在几个项目中工作，当不同的项目、不同的成员需要同时使用某种资源时，冲突就会发生。

(7) 管理程序

在项目管理中，如决策、计划、控制之间的信息、程序、方式方法的冲突，项目报告的数量、种类及信息管理渠道等管理程序的冲突。

3. 正确对待组织冲突

通常情况下，人们对冲突是采取回避的态度，其原因主要在于冲突往往是不受欢迎的，对组织的影响也是弊多利少，但组织中的冲突又是不可避免的，管理者应该正确对待它。

(1) 正视冲突的存在

组织冲突产生的原因在于个体之间的相互依赖性和彼此间的差异性，而组织所面临的社会环境越来越复杂，使得人们工作上的独立自主性减少，工作越来越依赖于其他人；同时经过分工以后工作之间的差异越来越大，导致人们在实现目标的过程中只能扮演不同的角色，于是人与人之间在目标上、认识上、行动上会存在许多的差异，这种差异导致的冲突不可避免。领导者不要排斥或者忽视组织中的冲突现象，应该正视组织中的冲突问题。

(2) 分清冲突的性质

虽然组织冲突是一种客观现象，管理者应该正视它的存在，但对冲突的态度应根据冲突的性质区别对待。

从冲突的性质来看,组织冲突有建设性冲突和破坏性冲突之分。建设性冲突对组织目标的实现是有益的,破坏性冲突对组织目标的实现是有害的。对破坏性冲突应采取适当的方法进行有效的管理,使冲突双方都满意,以降低其对组织目标实现的妨碍作用;对建设性冲突应充分利用,以发挥其建设性功能,帮助实现组织的目标。

(3) 寻找解决冲突的途径

冲突解决的途径有多种,采用何种途径决定于项目管理者的性格及对冲突的认识程度。项目管理者应有效地管理冲突,有意识引导冲突,通过冲突发现问题、暴露矛盾、获得新的信息;然后通过讨论、协商和沟通,照顾到各方面的利益,达成一致,化解矛盾,达到项目目标的最优解决。

4. 冲突的解决方式

冲突是由于双方的观点、需要、欲望、利益或要求的不相容而引起的矛盾。冲突的产生不仅影响个人情绪,还会影响正常的组织活动与组织秩序。领导者面对冲突,既不能回避,也不能贸然行事,而要想方设法协调、控制、解决冲突。解决冲突应遵循"具体问题具体分析"的原则,采取有效的方法去解决。

(1) 协商

即冲突的双方通过谈判、协商达成一定的协议来解决彼此间的冲突。协商时双方公开自己的观点,阐明各自的意见,把冲突因素明朗化,共同寻找解决冲突的途径。通过协商冲突双方在一定程度上都得到满意。但是,通过协商解决冲突,只能使冲突问题暂时得到缓解,其根源依然可能再次出现。

(2) 妥协

其根本特征是"妥协",即冲突一方放弃自己的主张和要求,同意对方的观点或满足对方的要求。如当两个方案势均力敌、难分优劣之时,妥协也许是较为恰当的解决方式,但是,这种方法并非永远可行。

(3) 回避或撤出

回避是不问冲突的原因而允许冲突有控制地存在下去,其目的只是缓和冲突,使矛盾不致激化。具体做法可以是将冲突双方人为隔离或只允许双方有限制地进行接触,使双方感到冲突并未发生;或者对发生了的冲突漠然视之,似乎冲突从来就没有发生过。撤出的方法就是让卷入冲突的项目成员从这一状态中撤离出来,从而避免发生实质的或潜在的争端。有时,这种方法并不是一种积极的解决途径。例如,项目中某个成员对另一个成员提出的技术方案有异议,如果其采取回避或撤出的态度,把自己更好的方法掩藏起来,这会对项目工作产生重大的不利后果。

(4) 竞争或强制

这种方法的精神实质就是"非赢即输"。它认为在冲突中获胜要比"勉强"保持人际关系更为重要。这是一种积极的冲突解决方式,如在上例中,如果该团队成员据理力争,项目必定会以更好的技术方式实施。当然,有时也会发生另一种极端情形,即用权力进行强制处理。

(5) 缓和或调解

"求同存异"是这种方法的精神实质。这种方法认为,团队成员之间的关系是重要的,通过调解或相互的理解,在不伤害成员之间的感情的情况下,冲突双方忽视差异,在冲突中找出一致的方面。尽管这一方式能缓和冲突,避免某些矛盾,但它并不利于问题的彻底解决。

(6) 正视

直接面对冲突是克服分歧、解决冲突的有效途径。通过这种方法,团队成员直接正视问题、正视冲突,要求得到一种明确的结局。这种方法既重视问题的结局,也重视团队成员之间的关系。每位成员都必须以积极的态度对待冲突,并愿意就面临的问题、面临的冲突广泛地交换意见,暴露冲突和分歧,才能寻求最好的、最全面的解决方案。由于新信息的交流,每位成员都愿修订或放弃自己的观点和主张,以便形成一个最佳的方案。在这种方式下,团队成员之间的关系是开放的、真诚的、友善的,分歧和冲突能激发团队成员的讨论,通过民主的讨论更能增强组织的凝聚力和战斗力。这是一个积极的冲突解决途径,这需要一个良好的项目组织环境。

本章小结

本章首先介绍了沟通、协调的概念及项目沟通的方式和渠道;然后,介绍了工程项目沟通的有关规定,及工程项目中存在的几种重要的沟通和沟通中的常用方式。在此基础上,详细介绍了工程项目沟通计划的内容、编制依据、编制方法、编制过程,以及沟通计划实施的监督管理。最后,指出项目沟通障碍是不可避免的,项目组织之间、成员之间的冲突也是时有发生的,作为项目管理者,要正视沟通中的障碍和冲突,通过沟通知识的掌握,编制好项目的沟通计划,并认真贯彻实施并跟踪实施过程,通过反馈及时了解沟通情况。通过沟通管理,使组织、组织成员的目标协调一致,并通过组织成员的共同努力,最终实现项目的总目标。

复习思考题

1. 项目沟通的重要性体现在哪几个方面?
2. 项目沟通计划的主要组成部分是什么?在项目沟通计划编制中为什么要分析项目干系人的信息需求?
3. 讨论信息发送各种方式的有利和不利之处。
4. 项目会议是信息发送的一种方式,项目会议包括哪几种类型?为确保会议有效,会议期间应做些什么?
5. 讨论信息发送障碍和改善信息发送有效性的方法与途径。
6. 请简要说明项目执行报告的类型。
7. 说明不同项目周期中的冲突强度特点。
8. 上行沟通有那两种方式?
9. 常用的处理冲突的模式有哪些?请对它们的实际应用加以分析。
10. 项目经理提问的问题有哪些类型?
11. 通常项目经理会面临哪几种类型的冲突?
12. 非正式沟通有什么作用?
13. 项目沟通方式由哪几种?

14. 收集相关的项目冲突管理案例，说明案例中发生的冲突及解决方式。
15. 试述国际项目沟通中的障碍与对策。

本章参考文献

[1] [美]波特尼. 如何做好项目管理[M]. 宁俊，等译. 北京：企业管理出版社，2001.
[2] 布鲁斯·兰登. 项目管理[M]. 王钦，张飞译. 上海：上海科学技术出版社，2001.
[3] 柴宝善，殷永昌. 项目管理学[M]. 北京：中国经济出版社，2001.
[4] 陈飞. 工程项目管理[M]. 成都：成都科技大学出版社，1993.
[5] 陈灿华，卢守. 工程项目管理与建设法规[M]. 长沙：湖南大学出版社，1998.
[6] 陈光健. 中国建设项目管理实用大全[M]. 北京：经济管理出版社，1993.
[7] 陈永强. 项目采购管理[M]. 北京：机械工业出版社，2002.
[8] 成虎. 工程项目管理[M]. 3版. 北京：中国建筑工业出版社，2009.
[9] 丛培经. 实用工程项目管理手册[M]. 北京：中国建筑工业出版社，1999.
[10] 杜嘉伟，郑煜，梁兴国. 哈佛模式——项目管理[M]. 北京：人民出版社，2001.
[11] [英]菲尔德（Field·M）. 项目管理[M]. 严勇，等译. 大连：东北财经大学出版社，2000.
[12] 冯之植，何永春，鏖仁兴. 项目采购管理[M]. 北京：清华大学出版社，2000.
[13] 符志民. 项目管理与实践[M]. 北京：中国宇航出版社，2002.

第11章 工程项目信息管理

本章导读

1. 工程项目信息的构成、类型、特征与基本要求。
2. 工程项目信息管理的基本任务与作用。
3. 工程项目信息管理系统的概念与建筑工程项目中相关信息流。
4. 工程项目的信息管理系统的组建。
5. 工程项目管理信息计划的制订、计划的内容及计划的方法。
6. 工程项目文档的来源、种类与特点。
7. 工程项目文档管理的任务和基本要求,以及文件档案管理的通用职责。

11.1 工程项目信息

11.1.1 工程项目信息的概念

近二十年来,我国不断从工业发达国家引进项目管理的概念、理论、组织、方法和手段,取得了不少成绩。但是,应认识到当前我国在建筑工程项目管理中最薄弱的工作环节是信息管理。目前,多数建设单位(业主)和建筑施工企业的信息管理还相当落后,其落后表现在对信息管理的理解,以及信息管理的组织、方法和手段基本上还停留在传统的方式和模式上。

信息指的是用口头、书面或电子等方式传输(传达、传递)的知识、新闻,或可靠或不可靠的情报。声音、文字、数字和图像等都是信息表达的形式。

11.1.2 工程项目信息的构成

由于建筑工程项目管理涉及多单位、多部门、多环节、多专业、多渠道,其信息量大、来源广泛、形式多样,主要由下列信息构成:

1. 文字信息

包括设计图纸及说明书、施工组织设计、工程地质勘察报告、原始数据记录、各类报表、来往信件等信息等。

2. 语言信息

包括口头分配任务、做指示、汇报、工作检查、介绍情况、谈判交涉、建议、批评、工作讨论和研究、会议等信息等。

3. 新技术信息

包括电话、电报、电传、计算机及网络、电视会议、数码照片与摄像、广播通信等信息。建筑工程项目管理者应当捕捉各种有用的信息并加工处理和运用各种信息。

11.1.3 工程项目信息的分类

工程项目建设过程中，涉及大量的信息，这些信息依据不同标准可划分如下：

1. 按工程项目建设的目标划分

（1）投资控制信息

投资控制信息是指与投资控制直接有关的信息，如各种估算指标、类似工程造价、物价指数、概算定额、预算定额、工程项目投资估算、设计概预算、合同价、施工阶段的支付账单、原材料价格、机械设备台班费、人工费、运杂费等。

（2）质量控制信息

如国家有关的质量政策及质量标准、项目建设标准、质量目标的分解结果、质量控制工作流程、质量控制的工作制度、质量控制的风险分析、质量抽样检查的数据等。

（3）进度控制信息

如施工定额、项目总进度计划、进度目标分解、进度控制的工作流程、进度控制的工作制度、进度控制的风险分析、某段时间的进度记录等。

（4）安全控制信息

如安全管理目标、安全控制的基本要求。

（5）合同管理信息

如经济合同、工程建设施工承包合同、物资设备供应合同、工程咨询合同、施工索赔等。

2. 按工程项目建设的来源划分

（1）项目内部信息

内部信息取自建设本身。如工程概况、设计文件、施工方案、合同结构、合同管理制度、信息资料的编码系统、信息目录表、会议制度、项目的投资目标、项目的质量目标、项目的进度目标。

（2）项目外部信息

来自项目外部环境的信息称为外部信息。如国家有关的政策及法规、国内及国际市场上原材料及设备价格、物价指数、类似工程造价、类似工程进度、招标单位的实力、投标单位的信誉、毗邻单位情况等。

3. 按信息的稳定程度划分

（1）固定信息

是指在一定时间内相对稳定不变的信息，包括标准信息、计划信息和查询信息。标准信息主要指各种定额和标准，如施工定额、原材料消耗定额。计划信息反映在计划期内已定任务的各项指标。查询信息主要指国家和工业部颁发的技术标准、不变价格等。

（2）流动信息

是指反映在某一时刻或某一阶段项目建设的实际进程及计划完成情况等的不断变化着的信息，如项目实施阶段的质量、投资及进度的统计信息，项目实施阶段的原材料消耗量、机械台班数、人工工日数等。

4. 按信息的层次划分

（1）战略性信息

指有关项目建设过程中的战略决策所需的信息，如项目规模、项目投资总额、建设总工期、施工单位（分包单位）的选定、合同价的确定等信息。

（2）策略性信息

提供给建设单位（或施工单位）中层领导及部门负责人作短期决策用的信息，如项目年度计划、财务计划等。

（3）业务性信息

指的是各项目经理部的日常信息，如日进度、月付款额等。这类信息较具体，因而精度较高。

5. 按信息的管理功能划分

建筑工程项目信息按项目管理功能又可划分为：组织类信息、管理类信息、经济类信息和技术类信息四大类，每类信息根据工程项目各阶段项目管理的工作内容还可以进一步细分，如图 11-1 所示。

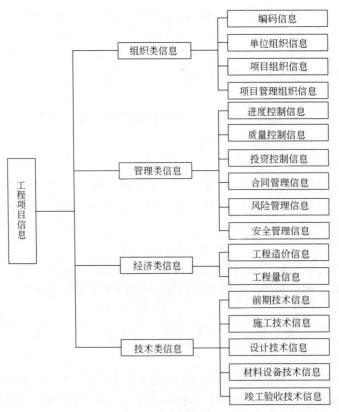

图 11-1　工程项目信息分类图

6. 按其他划分

（1）按照信息范围的不同，可以把工程项目建设信息分为精细的信息和摘要的信息两类。

(2) 按照信息时间的不同,可以把工程项目建设信息分为历史性信息和预测性信息两类。

(3) 按照对信息的期待性不同,可以把工程项目建设信息分为预知的和突发的信息两类。预知的信息是项目管理者可以估计的,它产生在正常情况下;突发的信息是项目管理者难以估计的,它发生在特殊情况下。

以上是常用的几种分类形式。按照一定的标准将建筑工程项目建设信息予以分类,对信息管理工作有着重要意义。因为不同的范畴,需要不同的信息,而把信息予以分类,有助于根据管理工作的不同要求,提供适当的信息。

11.1.4 信息的基本要求

信息必须符合管理的需要,要有助于项目系统和施工管理系统的运行,不能造成信息泛滥和污染。一般它必须符合如下基本要求:

1. 信息专业对口

专业对口不同的施工管理职能人员、不同专业的项目参加者,在不同的时间,对不同的事件,就有不同的信息要求。故信息首先要专业对口,按专业的需要提供和流动。

2. 反映工程施工的实际情况

信息必须符合实际应用的需要,符合目标,而且简单有效。这是正确的有效的管理的前提,否则会产生一个无用的废纸堆。这里有两个方面的含义:

(1) 各种工程施工文件、报表、报告要实事求是,反映客观。

(2) 各种计划、指令、决策要以实际情况为基础。不反映实际情况的信息容易造成决策、计划、控制的失误,进而损害项目成果。

3. 及时提供

只有及时提供信息,才能有及时的反馈,管理者才能及时地控制项目施工的实施过程。信息一旦过时,会使决策失去时机,造成不应有的损失。

4. 简单、便于理解

信息要让使用者不费气力地了解情况,分析问题。所以信息的表达形式应符合人们日常接收信息的习惯,而且对于不同人,应有不同的表达形式。例如,对于不懂专业、不懂项目管理的业主,要采用更直观明了的表达形式,如模型、表格、图形、文字描述、多媒体等。

11.1.5 信息的基本特征

项目管理过程中的信息数量大,形式多样。

1. 常见的信息载体

(1) 纸张,如各种图纸、各种说明书、合同、信件、表格等。

(2) 磁盘、磁带,以及其他电子文件的载体。

(3) 照片、微型胶片、X光片。

(4) 其他,如录像带、光盘等。

2. 选用信息载体的影响因素

(1) 科学技术的发展,不断提供新的信息载体,不同的载体有不同的介质技术和信息存取技术要求。

(2) 项目信息系统运行成本的限制。不同的信息载体需要不同的投资，有不同的运行成本。在符合管理要求的前提下，尽可能降低信息系统运行成本，是信息系统设计的目标之一。

(3) 信息系统运行速度要求。例如，气象、地震预防、国防、宇航之类的工程项目要求信息系统运行速度快，则必须采取相应的信息载体和处理、传输手段。

(4) 特殊要求。例如合同、备忘录、工程项目变更指令、会谈纪要等必须采用书面形式，由双方或一方签署才有法律证明效力。

(5) 信息处理和传递技术和费用的限制。

3. 信息的使用说明

(1) 有效期：暂时有效、整个施工期有效、无效信息。

(2) 使用的目的：

①决策：各种计划、批准文件、修改指令、运行执行指令等。

②证明：表示质量、工期成本实际情况的各种信息。

(3) 信息的权限：对不同的项目参加者和施工管理职能人员规定不同的信息使用和修改权限，混淆这种权限容易造成混乱。通常须具体规定，有某一方面（专业）的信息权限和综合（全部）信息权限，以及查询权、使用权、修改权等。

4. 信息的存档方式

(1) 文档组织形式：集中管理和分散管理。

(2) 监督要求：封闭、公开。

(3) 保存期：长期保存、非长期保存。

11.1.6 工程项目信息管理的任务

工程项目管理者承担着项目信息管理的任务，他是整个项目的信息中心，负责收集各种信息，作各种信息处理，并向各级、向外界提供各种信息。他的信息管理的任务主要包括：

(1) 组织建筑工程项目基本情况的信息，并使之系统化，编制项目手册。项目管理的任务之一是按照项目的任务、项目的实施要求设计项目实施和项目管理中的信息和信息流，确定它们的基本要求和特征，并保证在实施过程中信息流通畅。

(2) 项目报告及各种资料的规定，例如资料的格式、内容、数据结构要求。

(3) 按照项目实施、项目组织、项目管理工作过程建立项目管理信息系统流程，在实际工作中保证这个系统正常运行，并控制信息流。

(4) 文档管理工作。

11.2 工程项目管理信息系统

11.2.1 概述

在工程施工管理中，信息、信息流和信息处理各方面的总和称为建设工程项目施工管理信息系统。管理信息系统是将各种管理职能和管理组织沟通起来并协调一致的系统。建立管理信息系统,并使它顺利地运行,是建筑工程项目施工管理者的责任,也是完成施工任务的前提。建筑工程项目施工管理者作为一个信息中心,他不仅与每个参加者有信息交流,而且他自己也有复杂的信息处理过程。不正常的管理信息系统常常会使建筑工程项目施工管理者得不到有用的信息,同时又被大量无效信息所纠缠,而损失大量的时间和精力,容易使建设工程施工及其管理工作出现失误或者错误。

项目管理信息系统有一般信息系统所具有的特性。它的总体模式如图 11-2 所示。

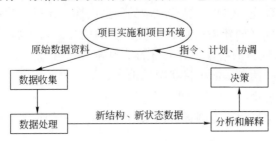

图 11-2 项目管理信息系统总体模式

项目管理信息系统必须经过专门的策划和设计,并在项目实施中控制它的运行。

11.2.2 施工中的信息流

在项目的施工过程中产生如下几种主要流动过程:

1. 工作流

由项目的结构分解得到项目的所有工作,任务书(委托书或合同)则确定了这些工作的实施者,再通过项目计划具体安排它们的实施方法、实施顺序、实施时间以及实施过程中的协调。这些工作在一定时间和空间上实施,便形成项目的工作流。工作流即构成项目的实施过程和管理过程,主体是劳动力和管理者。

2. 物流

项目的施工需要各种材料、设备、能源,它们由外界输入,经过处理转换成工程实体,最终得到项目产品,则由工作流引起物流。物流表现出项目的物资生产过程。

3. 资金流

资金流是工程过程中价值的运动形态。例如,从资金变为库存的材料和设备,支付工资和工程款,再转变为已完工程,投入运营后作为固定资产,通过项目的运营取得收益。

4. 信息流

建筑工程项目的施工过程需要同时又不断产生大量信息。这些信息伴随着上述几种流动过程按一定的规律产生、转换、变化和被使用,并被传送到相关部门(单位),形成项目实施过程中的信息流。项目管理者设置目标、作决策、作各种计划、组织资源供应、领导、激励、协调各项目参加者的工作,控制项目的实施过程都靠信息来实施的;靠信息了解项目实施情况,发布各种指令,计划并协调各方面的工作。

这四种流动过程之间相互联系、相互依赖又相互影响,共同构成了项目实施和管理的总过程。在这四种流动过程中,信息流对项目管理有特别重要的意义。信息流将项目的工作流、物流、资金流，将各个管理职能、项目组织，将项目与环境结合在一起。它不仅反映而且控制和指挥着工作流、物流和资金流。例如，在项目实施过程中，各种工程文件、报告、报表反映了工程项目的实施情况，反映了工程实物进度、费用、工期状况，各种指令、计划、协调方案又控制和指挥着项目的实施。所以它是项目的神经系统。只有信息流通畅、有效率，才会有顺利的、有效率的项目实施过程。项目中的信息流包括两个最主要的信息交换过程：

（1）项目与外界的信息交换

项目作为一个开放系统，它与外界有大量的信息交换。这里包括：

①由外界输入的信息，如环境信息、物价变动的信息、市场状况信息，以及外部系统（如企业、政府机关）给项目的指令、对项目的干预等。

②项目向外界输出的信息，如项目状况的报告、请示、要求等。

（2）项目内部的信息交换

即项目实施过程中项目组织者因进行沟通而产生的大量的信息。项目内部的信息交换主要包括：

①正式的信息渠道，它属于正式的沟通，信息通常在组织机构内按组织程序流通。一般有三种信息流：

a. 自上而下的信息流。通常决策、指令、通知不是一般的翻印，而是进行逐渐细化、具体化，直到成为可执行的操作指令。

b. 由下而上的信息流。通常各种实际工程的情况信息，由下逐渐向上传递，这个传递不是一般的叠合（装订）而是经过归纳整理形成的逐渐浓缩的报告。而项目管理者就是做这个浓缩工作，以保证信息浓缩而不失真。通常信息太详细会造成处理量大、没有重点，且容易遗漏重要说明；而太浓缩又会存在对信息的曲解或解释出错的问题。

在实际工程项目中常有这种情况，上级管理人员如业主、项目经理，一方面哀叹信息太多，桌子上一大堆报告没有时间看，另一方面他又不了解情况，决策时又缺乏应有的可用信息。这就是信息浓缩存在的问题。

c. 横向或网络状信息流。按照项目管理工作流程设计的各职能部门之间存在的大量的信息交换，如技术人员与成本员、成本员与计划师、财务部门与计划部门、与合同部门等之间存在的信息流。在矩阵式组织中及在现代高科技状态下，人们已越来越多地通过横向和网络状的沟通渠道获得信息。

②非正式的信息渠道，如闲谈、小道消息、非组织渠道地了解情况等，属于非正式的沟通。

11.2.3 管理信息系统的建立过程

信息系统是在项目组织模式、项目管理流程和项目实施流程基础上建立的，它们之间互相联系又互相影响。

项目管理信息系统的建立要确定如下几个基本问题：

1. 信息的需要

项目管理者和各职能部门为了决策、计划和控制需要哪些信息？以什么形式、何时、从什么渠道取得信息？

上层系统和周边组织在项目过程中需要什么信息？这是调查确定信息系统的输出。不同层次的管理者对信息的内容、精度、综合性有不同的要求，上述报告系统主要解决这个问题。

管理者的信息需求是按照他在组织系统中的职责、权力、任务、目标设计的，即确定他要完成他的工作，行使他的权力应需要的信息，以及他有责任向其他方面提供的信息。

2. 信息的收集和加工

（1）信息的收集

在项目实施过程中，每天都要产生大量的原始资料，如记工单、领料单、任务单、图纸、报告、指令、信件等。必须确定，由谁负责这些原始数据的收集？这些资料、数据的内容、结构、准确程度怎样？由什么渠道（从谁处）获得这些原始数据、资料？并具体落实到责任人，由责任人进行原始资料的收集、整理，并对它们的正确性和及时性负责。通常由专业班组的班组长、记工员、核算员、材料管理员、分包商、秘书等承担这个任务。

（2）信息的加工

这些原始资料面广量大，形式丰富多彩，必须经过信息加工才能符合不同层次项目管理的要求。信息、加工的概念很广，包括：

①一般的信息处理方法，如排序、分类、合并、插入、删除等。

②数学处理方法，如数学计算、数值分析、数理统计等。

③逻辑判断方法，包括评价原始资料的置信度、来源的可靠性、数值的准确性，利用资料进行项目诊断和风险分析等。

3. 编制索引和存储

为了查询、调用的方便，建立项目文档系统，将所有信息分类、编目。许多信息作为工程项目的历史资料和实施情况的证明，必须被妥善保存。一般要保存到项目结束，有些则要作长期保存。按不同的使用和储存要求，数据和资料储存于一定的信息载体上，要做到既安全可靠，又使用方便。

4. 信息的使用和传递渠道

信息的传递（流通）是信息系统活性和效率的表现。信息传递的特点是仅传输信息的内容，而保持信息结构不变。在项目管理中，要设计好信息的传递路径，按不同的要求选择快速的、误差小的、成本低的传输方式。

11.2.4 工程项目管理信息系统总体描述

工程项目管理信息系统是在项目管理组织、项目工作流程和项目管理工作流程基础上设计的，并全面反映它们之中的信息和信息流。所以，对项目管理组织、项目工作流程和项目管理流程的研究是建立管理信息系统的前提，而信息标准化、工作程序化、规范化是它的基础。

项目管理信息系统可以从如下几个角度进行总体描述：

1. 项目参加者之间的信息流通

项目的信息流就是信息在项目参加者之间的流通。在信息系统中，每个参加者为信息系统网络上的一个节点，他们都负责具体信息的收集（输入）、传递（输出）和信息处理工作。

项目管理者要具体设计这些信息的内容、结构、传递时间、精确程度和其他要求。

例如,在项目实施过程中,业主需要如下信息:

(1) 项目实施情况月报,包括工程质量、成本、进度总报告。

(2) 项目成本和支出报表,一般按分部工程和承包商作成本和支出报表。

(3) 供审批用的各种设计方案、计划、施工方案、施工图纸、建筑模型等。

(4) 决策前所需要的专门信息、建议等。

(5) 各种法律、规定、规范,以及其他与项目实施有关的资料等等。

业主通常提供如下信息:

(1) 各种指令,如变更工程、修改设计、变更施工顺序、选择承包商等。

(2) 各种计划的审批资料、设计方案、施工方案等。

(3) 向董事会提交工程项目实施情况报告。

而项目经理通常需要:

(1) 各项目管理职能人员的工作情况报表、汇报、报告、工程问题请示。

(2) 业主的各种口头和书面的指令,各种批准文件。

(3) 项目环境的各种信息。

(4) 工程各承包商,监理人员的各种工程情况报告、汇报、工程问题的请示。

项目经理通常提供如下信息:

(1) 向业主提交各种工程报表、报告。

(2) 向业主提出决策用的信息和建议。

(3) 向社会其他方面提交工程文件。这些通常是按法律必须提供的,或为审批用的。

(4) 向项目管理职能人员和专业承包商下达的各种指令,答复各种请示,落实项目计划,协调各方面工作等。

2. 项目管理职能之间的信息流通

项目管理系统是一个非常复杂的系统,它由许多子系统构成,可以建立各个项目管理信息子系统。例如成本管理信息系统、合同管理信息系统、质量管理信息系统、材料管理信息系统等。它们是为专门的职能工作服务的,用来解决专门信息的流通问题。它们共同构成项目管理信息系统。例如,成本计划信息流程可由图11-3 表示。

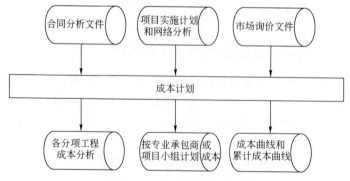

图11-3 成本计划信息流程

又如,合同分析的信息流程可由图 11-4 表示。

这里对各种信息的结构、内容、负责人、载体、完成时间等要作专门的设计和规定。

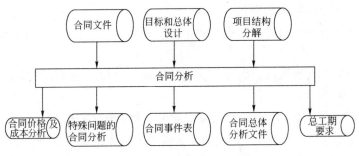

图 11-4 合同分析信息流程图

3. 项目实施过程的信息流通

项目过程中的工作程序既可以表示项目的工作流，又可以从一个侧面表示项目的信息流。故应设计在各工作阶段的信息输入、输出和处理过程及信息的内容、结构、要求、负责人等。

11.3 工程项目管理信息计划

11.3.1 项目信息管理计划的制定

项目信息管理计划的制订应以项目管理实施规划中的有关内容为依据。在项目执行过程中，应定期检查其实施效果，根据需要进行计划调整。

在制订项目管理信息计划时应满足：

(1) 信息管理的有效性和针对性。
(2) 信息管理的必要的精度。
(3) 综合考虑信息成本及信息收益，实现信息效益最大化。

11.3.2 项目信息管理计划内容

项目信息管理计划应包括信息需求分析、信息代码系统、信息流程和信息管理制度等内容。应确定信息的来源、信息内容、标准、时间要求、传递途径、反馈的范围、责任人员的工作职责、工作程序等。

11.3.3 项目信息计划的计划方法

1. 信息需求分析

信息需求分析应明确实施项目所必需的信息，应包括信息的类型、格式、传递要求、传递复杂性等，并应进行信息价值分析。

(1) 建设工程项目信息的收集

①项目决策阶段的信息收集。在建设工程项目决策阶段，信息收集应从以下几个方面进行：

a. 项目相关市场方面的信息。如预计产品进入市场后的市场占有率、社会需求量、产品价格变化趋势、产品的生命周期等。

　　b. 项目资源相关方面的信息。如资金筹措渠道和方式、原材料和辅助材料来源、水电供应等。

　　c. 自然环境相关方面的信息。如城市交通、运输、气象、地质、水文、废料处理的可能性等。

　　d. 新技术、新设备、新工艺、新材料及专业配套能力方面的信息。

　　这些信息的收集是为了帮助业主避免决策失误，进一步开展调查和投资机会研究，编写可行性研究报告，进行投资估算和项目经济评价。

　　②设计阶段的信息收集。在建设工程项目设计阶段，信息收集应从以下几个方面进行：

　　a. 同类项目相关信息。如建设规模、结构形式、工艺和设备的选型、地基处理方式和实际效果、技术经济指标等。

　　b. 拟建项目所在地相关信息。如地质和水文情况、地形地貌、地下埋设和人防设施情况、城市拆迁政策和拆迁户数、青苗补偿、周围环境等。

　　c. 勘察设计单位相关信息。如同类项目完成情况和实际效果、完成该项目的能力、人员和设备投入情况、专业配套能力、质量管理体系完善情况、收费情况、设计文件质量、合同履约情况等。

　　d. 设计进展相关信息。如设计进度计划、设计合同履行情况、不同专业之间设计交接情况、规范和标准的执行情况、设计概算和施工图预算结果、各设计工序对投资的控制、超限额的原因等。

　　设计阶段信息收集的范围广泛，不确定因素较多，难度较大，要求信息收集者要有较高的技术水平和一定的相关经验。

　　③施工招投标阶段的信息收集。在建设工程项目施工招投标阶段，信息收集应从以下几个方面进行：

　　a. 拟建项目相关信息。如工程地质勘察报告、施工图设计与施工图预算、本工程适用的标准和规范及有别于其他同类工程的技术要求等。

　　b. 建设市场相关信息。如工程造价的市场变化规律及当地的材料、构件、设备、劳动力差异；当地有关施工招投标的管理规定、管理机构及管理程序；当地施工招标代理机构的能力、特点等。

　　c. 施工投标单位相关信息。如施工投标单位的管理水平、施工质量、设备和机具情况、以前承建项目的情况、市场信誉等。

　　在施工招投标阶段，要求信息收集人员要熟悉施工图设计文件和施工图预算，熟悉法律、法规、招投标管理程序和合同示范文本，这样才能为业主决策提供依据。

　　④施工阶段的信息收集。在建设工程项目施工阶段，信息收集应从以下几个方面进行：

　　a. 施工准备相关信息。如施工项目经理部的组成和人员素质、进场设备的型号和性能、质量保证体系与施工组织设计、分包单位的资质与人员素质；建设场地的准备和施工手续的办理情况；施工图会审和交底记录、施工单位提交的开工报告及实际准备情况；监理规划、监理实施细则等。

　　b. 施工实施相关信息。如原材料、构配件、建筑设备等工程物资的进场、检验、加工、保管和使用情况；施工项目经理部的管理程序和规范、规程、标准、施工组织设计、施工合同的执行情况；原材料、地基验槽及处理、工序交接、隐蔽工程检验等资料的记录和管理情况；工程验收与设备试运转情况；工程质量、进度、投资控制措施及其执行情况；工程索赔及其处理情况等。

c. 竣工保修相关信息。如监理工作总结及监理过程中各种控制与审批文件、有关质量问题和质量事故处理的相关记录；建筑安装工程和市政基础设施工程的施工资料和竣工图；竣工总结、竣工验收备案表等竣工验收资料；工程保修协议等。

在施工阶段，信息的来源较多、较杂，因此，应建立规范的信息管理系统，确定合理的信息流程，建立必要的信息秩序，规范业主、监理单位、施工单位的信息管理行为，按照《建设工程文件归档整理规范》的要求，完善全部资料的收集、汇总和归类整理。

2. 项目信息代码系统的建立

项目信息代码系统应有助于提高信息的结构化程度，方便使用，并且应做到与企业信息编码保持一致。

有效的信息管理是以与用户友好和较强表达能力的资料特征（编码）为前提的。在项目实施前，就应专门研究，建立该项目的信息编码体系。最简单的编码形式是用序数，但它没有较强的表达能力，不能表示信息的特征。一般项目编码体系有如下要求：

（1）统一的、对所有资料适用的编码系统。
（2）能区分资料的种类和特征。
（3）能"随便扩展"。
（4）对人工处理和计算机处理有同样效果。

通常，项目管理中的信息编码有如下几个部分：

（1）有效范围

说明资料的有效使用范围，如属某子项目、功能或要素。

（2）资料种类

①外部形态不同的资料，如图纸、书信、备忘录等。
②资料的特点，如技术的、商务的、行政的等。

（3）内容和对象

资料的内容和对象是编码的着重点。对一般项目，可用项目结构分解的结果作为资料的内容和对象。但有时它并不适用，因为项目结构分解是按功能、要素和活动进行的，与资料说明的对象常常不一致。在这时就要专门设计文档结构，如图11-5所示。

（4）日期/序号

相同有效范围、相同种类、相同对象的资料可通过日期或序号来区别；对于不同规模的工程要求不一样。如对一个小的、仅有一个单项的工程，则有效范围可以省略。

这里必须对每部分的编码进行设计和定义。例如，某工程用11个数码作资料代码，如图11-6所示。

3. 信息流程的制定

信息流程应反映各有关单位、部门及人员之间的关系，企业内的纵、横向信息流、有关的外部信息流，并有利于保持信息畅通。

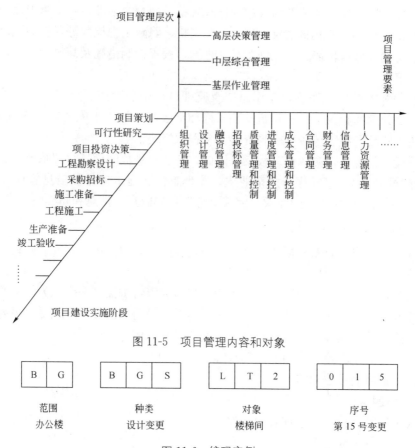

图 11-5　项目管理内容和对象

| B | G | | B | G | S | | L | T | 2 | | 0 | 1 | 5 |

范围　　　　　种类　　　　　对象　　　　　序号
办公楼　　　设计变更　　　楼梯间　　　第 15 号变更

图 11-6　编码实例

（1）项目管理信息系统的外部结构与处理流程

正确规划项目管理信息系统的外部结构与功能，首先要建立项目信息源的总体结构与处理流程。一个大型建设项目的信息管理，涉及建设项目业主、项目规划、工程设计、建筑施工承包商、设备材料供应商、工程监理、贷款银行以及政府有关管理部门（投资和项目管理部门、环保、土地、工商、进出口、税务、质量监督等相关管理部门）等诸多项目参与方。在项目建设不同阶段，项目参与各方参与程度不同，相应的信息管理的内容和要求也不同。项目管理信息系统的结构和功能要求也不相同。

建设项目业主，必须在项目建设前期对项目管理信息系统的内部信息流程和外部信息的供需关系做出规划和设计。例如，对外部信息需求，应在招标文件中向所有承包商和供应商明确指明本项目管理信息系统拟采用的网络平台、数据库平台、安全控制平台等系统特性；明确建设项目业主拟采购的管理软件（如财务软件、进度控制软件、设计图和文档管理软件等）的供应商、版本号及数据接口等。统一和规范项目管理信息系统的范围和外部信息处理流程的规划，都应该在采购招标开始之前完成。建设项目业主关于项目管理信息系统的范围和外部信息处理流程规划设计报告，应作为全部招标文件的重要附件和当然标的。也就是说在编制建设项目招标文件的同时，就应进行建设项目管理信息系统的设计（规划），并根据信息系统设计，将合同各方在信息系统中的权利和义务作为合同条件，写进相关招标文件。

建设项目管理信息系统的性能、效率，取决于系统的外部接口结构与环境。

(2) 项目管理信息系统的内部结构和信息流程

建设项目管理信息系统的内部结构和信息流程是建设项目内部管理机构和职能分工在信息处理过程中的反映。建设项目管理信息系统的总体框架，如图 11-7 所示。

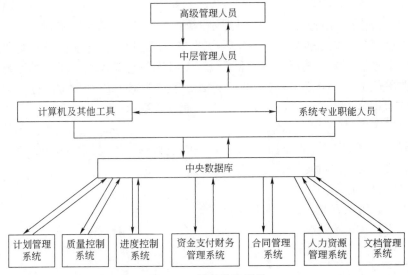

图 11-7　管理信息系统

①大型建设项目的管理信息系统的内部功能一般包括：项目管理信息子系统、进度管理和控制信息子系统，质量管理和控制信息子系统，设备管理信息子系统，合同管理信息子系统，资金支付和财务管理信息子系统，物资供应管理信息子系统，人力资源管理信息子系统，设计图和稳当管理信息子系统，办公和决策管理信息子系统等。在项目建设的不同阶段，管理信息系统的核心功能和管理目标会有所侧重和区别。

②项目管理信息处理流程。由于不同建设项目所采用的管理信息系统的结构和功能目标不同，在项目建设不同阶段，项目管理信息系统的内部处理流程也会有所不同。根据我国大型建设项目管理信息系统的实际应用的经验，建设项目业主在规划设计项目管理信息系统内部处理流程时应掌握以下原则：

a. 统一信息编码。目前，统一信息编码的重要性已被大家接受，在各种项目管理信息系统中都已采用信息编码技术，并且在项目管理信息系统设计阶段，根据建设项目的实际情况和未来发展的需要，制定统一的信息编码，确保项目质量管理、进度管理、造价（成本）管理三大信息控制子系统在分部工程、单位工程、单项工程的内容与项目信息编码一一对应，物资需求计划与采购合同的编码一一对应，项目财务管理信息系统的项目与概预算的项目划分编码一一对应，施工合同、采购合同编码及财务科目编码一一对应等；

b. 以施工图设计和概预算数据库为基础，以进度计划网络图为工具，自动生成指导性项目资源计划，作为项目管理和控制的预期目标，以实际工程进度、财务数据为依据，动态生成实际资源支出消耗数据，并自动进行对比，为成本控制、合同支付和结算提供动态实时信息和依据。

4. 信息过程管理

信息过程管理应包括信息的收集、加工、传输、存储、检索和输出等内容，宜使用计算机进行信息过程管理。

(1) 建设工程项目信息的加工、整理

建设工程项目信息的加工、整理主要是把建设各方得到的信息进行鉴别、选择、核对、合并、排序、更新、计算、汇总，从而生成不同形式的信息，提供给不同需求的各类管理人员使用。

建设工程项目信息的加工、整理要从鉴别开始，对于监理单位，特别是施工单位提供的信息，要从信息采集系统是否规范，采集手段是否可靠，提供信息的人员素质如何，精度是否达到要求入手等信息加以选择、核对和汇总，对动态信息要及时更新；对于施工中产生的信息，要按照单位工程、分部工程、分项工程组织在一起，每一个单位工程、分部工程、分项工程又要把信息分为质量、进度、造价三个方面分别组织。

(2) 建设工程项目信息的存储

建设工程项目信息的存储一般需要建立统一的信息库，各类信息以文件的形式组织在一起，组织的方法可由单位自定，但要考虑规范化。

(3) 编制索引和存储

为了查询、调用的方便，建立项目文档系统，将所有信息分类、编目。许多信息作为工程项目的历史资料和实施情况的证明，必须被妥善保存。一般要保存到项目结束，有些则要作长期保存。按不同的使用和储存要求，数据和资料储存于一定的信息载体上，要做到既安全可靠，又使用方便。

(4) 信息的使用和传递渠道

信息的传递（流通）是信息系统活性和效率的表现。信息传递的特点是仅传输信息的内容，而保持信息结构不变。在项目管理中，要设计好信息的传递路径，按不同的要求选择快速的、误差小的、成本低的传输方式。

在信息计划的实施中，应定期检查信息的有效性和信息成本，不断改进信息管理工作。

11.4 工程项目文档管理

工程项目的文档管理是工程项目信息管理系统的重要组成部分。这里所说的工程项目文档管理，主要是指对建设项目实施过程中产生的和与项目实施相关联的各种文档、资料，按照一定的原则进行整理、保存和管理。其主要目的是为了在项目实施期提供便利的查阅条件，并为今后的档案管理奠定基础。与规范的档案管理相比，项目实施期间的文档被查阅的频度更高，因此，要在确保文档安全的前提下，要以方便实用为原则，有效地服务于项目的实施。

工程项目档案资料的管理涉及建设单位、施工单位等，以及地方城建档案管理部门。为了做好文件档案管理工作，均应采用计算机。并且在工程开工前，就建立一套文件档案管理程序，对所有文件档案的编号、登记及合同各方之间的传递文件必须有明确的规定。程序建立后，就要遵照执行，并定期检查文件是否已发出，应该答复的文件是否已经答复。对拖延的文件档案应及时处理，对失职的部门要督促他们采取行动及时纠正。严格的文件档案管理可以避免工程失误、施工错误、工期延误和索赔等事件的发生。

11.4.1 文档来源

工程项目实施期间的文档来源很多。概而言之，任何与项目建设有关的，直接的或间接的文件、资料，不管是什么形式，什么载体，都属于工程项目文档管理范围。按照文档资料的内容，大致可以分为以下几种：

(1) 建设项目实施过程中直接形成的文件、资料。如项目决策阶段形成的文件资料、工程勘察设计文件、招标投标文件、各种合同文件（包括合同变更和补充文件）、设备材料方面的文件、工程施工过程形成的文件、资料和现场记录（包括施工单位、工程监理单位、业主单位的现场记录）、资金来源和财务管理文件资料、工程竣工验收文件、项目审计监督文件、工程项目内部各单位之间各种形式来往文件、各种会议记录、纪要、领导讲话、专家咨询意见等。

(2) 对建设项目的实施有直接或间接影响的法律、法规及有关政策，政府有关部门和各级地方部门的有关规定或其他类似文件。

(3) 国际、国内与建设项目有关的各种社会、经济信息。

(4) 各种媒体发表的与项目有关的评论和文章。这一点往往容易被忽视，但有时却能起到意想不到的作用。

(5) 与建设项目有关的其他资料。

11.4.2 项目文件资料的种类与特点

1. 工程项目建设过程中形成文档资料的种类

工程项目建设过程中形成的文档资料主要有：

(1) 工程项目文件（Project Document）

工程项目文件是指在工程建设过程中形成的各种形式的信息记录，如设计文件、合同文件、各种部门（如业主、承建商、工程咨询机构）之间相互传递的文件、施工文件、竣工图和竣工验收文件等，也可简称为工程文件。

(2) 工程项目档案（Project Archives）

工程项目档案是指在工程建设活动中直接形成的具有归档保存价值的文字、图表、声像等各种形式的历史记录，也可简称为工程档案。

(3) 工程文件归档范围

对与工程项目建设有关的重要活动、记载工程项目建设主要过程和现状、具有保存价值的各种载体的文件，均应收集齐全，整理立卷后归档。

2. 文档资料上的数据类型

资料是数据或信息的载体，在项目实施过程中，资料上的数据有两种：

(1) 内容性数据

它为资料的实质性内容，如施工图纸上的图、信件的正文等。它的内容丰富，形式多样，通常有一定的专业意义，其内容在项目过程中可能有变更。

(2) 说明性数据

为了方便资料的编目、分解、存档、查询，对各种资料必须做出说明和解释，用一些特征加以区别。它的内容一般在项目管理中不改变，由文档管理者设计。如图标、各种文件说明、文件索引目录等。

通常，文档按内容性数据的性质分类，而具体的文档管理，如生成、编目、分解、存档等以说明性数据为基础。

3. 文档资料的分类方法

在项目实施过程中，文档资料面广量大，形式丰富多彩。为了便于进行文档管理，首先得将它们分类。通常的分类方法有：

(1) 重要性：必须建立文档，值得建立文档，不必存档。
(2) 资料的提供者：外部、内部。
(3) 登记责任：必须登记、存档，不必登记。
(4) 特征：书信、报告、图纸等。
(5) 产生方式：原件、拷贝。
(6) 内容范围：单项资料，资料包（综合性资料），例如综合索赔报告、招标文件等。

11.4.3 文档管理的任务和基本要求

在实际工程中，许多信息由文档系统给出。文档管理指的是对作为信息载体的资料进行有序地收集、加工、分解、编目、存档，并为项目各参加者提供专用的和常用的信息的过程。文档系统是管理信息系统的基础，是管理信息系统有效率运行的前提条件。

许多项目经理经常哀叹在项目中资料太多、太复杂。办公室到处都是文件，太零乱，没有秩序，要找到一份自己想要的文件却要花很多时间，不知道从哪里找起。这就是项目管理中缺乏有效的文档系统的表现。实质上，一个项目的文件再多，也没有图书馆的资料多，但为什么人们到图书馆却可以在几分钟内找到自己要找的一本书呢？这就是由于图书馆有一个功能很强的文档系统。所以，在项目中也要建立像图书馆一样的文档系统。

1. 文档系统的要求

(1) 系统性，即包括项目相关的，应进入信息系统运行的所有资料，事先要罗列各种资料种类并进行系统化。

(2) 各个文档要有单一标志，能够互相区别，这通常通过编码来实现。

(3) 文档管理责任的落实，即有专门人员或部门负责资料工作。对具体的项目资料要确定：谁负责资料工作？什么资料？针对什么问题？什么内容和要求？何时收集、处理？向谁提供？

(4) 内容正确、实用，在文档处理过程中不失真。

2. 文档的形式

在项目过程中文档可能有三种形式：

(1) 企业保存的关于项目的资料，这是在企业文档系统中，例如，项目经理提交给企业的各种报告、报表，这是上层系统需要的信息。

(2) 项目集中的文档，这是关于全项目的相关文件。这必须有专门的地方并由专门人员负责。

(3) 各部门专用的文档，它仅保存本部门专门的资料。

当然这些文档在内容上可能有重复，例如，一份重要的合同文件可能复制三份，部门保存一份、项目一份、企业一份。

11.4.4 工程项目文件档案资料管理的通用职责

(1) 工程各参建单位填写的工程档案应以施工及验收规范、工程合同、设计文件、工程施工质量验收统一标准等为依据。

(2) 工程档案资料应随施工进度及时收集、整理，并应按专业归类，认真书写，字迹清楚，项目齐全、准确、真实，无未了事项。表格应采用统一表格，特殊要求需增加的表格应统一归类。

(3) 工程档案资料进行分级管理，工程项目建设各单位技术负责人负责本单位工程档案资料的全过程组织工作并负责审核，各相关单位档案管理员负责工程档案资料的收集、整理工作。

(4) 对工程档案进行涂改、伪造、随意抽撤或损毁、丢失等行为，应按有关规定予以处罚，情节严重的，应依法追究法律责任。

11.4.5 规范文档系统的建立

1. 建立合理的文档分类体系

文档分类是文档管理的一项重要工作，在项目建设开始就要制定合理的、系统的、前后一致的分类方法。

(1) 文档分类必须合理，既合乎逻辑，又符合人们的思维习惯。一个大型工程项目的文档分类要作为一个专项工作加以研究确定，确保文档分类的合理性和科学性。文档分别越细，文档管理难度和工作量越大，但查阅方便，能有效地服务于项目建设。

(2) 文档分类要有系统性，要对项目建设全过程可能产生的所有文档类别有通盘考虑。

(3) 文档分类的一致性非常重要。文档分类原则和分类体系确定后，在整个项目建设期间应尽量做到前后一致，不能随着工程进展或管理人员变动而随意改变文档分类体系。为此，应把文档分类原则和分类体系及文档管理的有关规定形成一份文档管理书面文件，发给项目管理的有关人员，这对文档管理是极为有益的。

2. 建立文档资料编码体系

文档管理的重要功能之一是检索和查阅。实现方便快捷检索查寻功能的手段是建立一个科学的合理的文档资料编码体系，而且必须在项目建设初期建立一套科学的完整的文档资料编码体系，并确保编码体系的一致性。

3. 建立文档资料收发、登记和处理制度

建立文档资料收发、登记和处理制度明确文档资料处理流程，避免造成混乱和延误。当利用计算机系统进行文档登记时，登记内容的规范化、准确性和翔实度对文档的查阅显得非常重要。

4. 用链接原理解决文档共享问题

在工程项目文档管理实践中，按照文档分类原则，同一份资料应该存放在两个或几个类别中，否则会给检索和查阅带来困难。采用传统的文档管理方法，需复印多份分别存放，既会增加管理成本，又要占用有限的存放空间。如果运用计算机网络链接原则，即可解决文档共享问题。

5. 要有必要的硬件设施

项目建设期的文档管理设施，要从文档的安全性考虑，文档保管场所必须具有防火、防水和防盗的起码条件，同时还应具备文档管理的基本条件。

6. 建立完善的文档管理制度和处理流程

在项目建设初期，容易出现文函资料"私人占有"的情况：

（1）个人或部门收到外单位送来的文函资料时，不按规定转到文档管理部门登记处理，滞留在个人或部门手中。

（2）在文档处理流通周转过程中，没有及时转给有关人员，事情处理完毕后，没有及时退回文档管理部门。这样容易造成因人事变动而带来的文档散失，也不利于文件资料共享，影响工作的顺利进行。为此，要及早制定完善的文档管理制度和处理流程。

文档管理，关键在"管理"，有了完善的制度并持之以恒地坚决执行，就能实现良好的管理。

7. 工程项目档案验收

工程档案由建设单位进行验收，属于向地方城建档案管理部门报送工程档案的项目，还应同地方城建档案管理部门共同验收。

（1）列入城建档案管理部门档案接收范围的工程，建设单位在组织工程竣工验收前，应**提请城建档案管理部门对工程档案进行预验收**。建设单位未取得城建档案管理部门出具的认可文件，不得组织工程竣工验收。

（2）档案管理部门进行工程档案预验收。

（3）国家、省市重点工程项目或一些特大型、大型的工程项目的预验收和验收，必须有**地方城建档案管理部门参加**。

（4）为确保工程档案的质量，各编制单位、地方城建档案管理部门、建设行政管理部门等要对工程档案进行严格检查、验收。编制单位、制图人、审核人、技术负责人必须签字或盖章。对不符合技术要求的，一律退回编制单位改正、补齐，问题严重者可令其重做。不符合要求者，不能交工验收。

（5）凡报送的工程档案，如验收不合格将其退回建设单位，由建设单位责任者重新编制，待达到要求后重新报送。检查验收人员应对验收的档案负责。

（6）地方城建档案管理部门负责工程档案的最后验收，并对编制报送工程档案进行业务指导、督促和检查。

8. 工程项目档案移交

对于一个工程项目而言，档案移交有三方面含义：

（1）建设、勘察、设计、施工等单位将本单位在工程项目建设过程形成的文件向本单位档案管理机构移交。

（2）勘察、设计、施工等单位将本单位在工程项目建设过程中形成的文件向建设单位档案管理机构移交。

（3）建设单位按照现行《建设工程文件归档规范》（GB/T 50328—2014）要求，将汇总的该建设工程档案向地方城建档案管理部门移交。

本章小结

信息管理是工程项目管理知识体系的一部分。在整个工程项目管理体系中，信息管理是贯穿整个知识**体系的一部分**，在本文中信息管理是总结全文的一章。无论建筑工程项目管理的计划体系、控制理论，还是决策、风险、安全、现场等管理知识都要依靠信息作为保障。在建筑工程项目开始阶段，特别是投标时，竞争性较强，需要竞争情报的支持，这个阶段信息管理的主要工作是竞争情报的活动；而建筑工程项目实施阶段的信息管理活动是一般的信息管理活动过程；建筑工程项目结束阶段，是项目信息的归档管理，在这阶段强调信息技术在其中的应用。因此，将信息管理内容置于此，意在对本书前面知识的贯穿与健全。

工程案例：某大学科技园住宅区项目信息管理手册

工程项目信息管理是工程项目管理的重要组成部分，项目信息是预测项目未来、决策项目实施方案及追溯项目实施过程的依据，是项目管理的重要基础资源。工程项目信息管理的水平和质量是工程项目管理水平的具体反映。

工程项目信息涉及项目管理的各种数据、表格、图纸、文字、音像资料等。无论项目原始信息，还是项目再生信息都是项目信息管理的组成部分。

工程项目信息管理，是一项复杂而又细致的工作，涉及专业项目和内外纵横相关部门很多，信息的发生和收集整理的环节错综复杂，有一个环节错位，即可造成信息拖延或遗漏不全。因此，必须依照部门业务职责分工，建立严格的岗位责任制，并设专人依据各专业规范、规程和有关信息管理规定负责收集整理和管理工作。工程项目信息管理的具体要求如下：

1. 工程项目管理中的信息

某大学科技园教职工生活区项目，项目规模大、持续时间长，在实施建设（工程）项目管理过程中，所涉及的信息类型广泛，信息量大，形式多样，大致有如下几种：

（1）项目基本状况的信息。

主要包括：

①项目决策立项文件、项目目标设计文件。

②项目建设用地、征地、拆迁文件。

③勘查、测绘、设计文件。

④工程招投标及合同文件。

⑤工程开工文件。

⑥商务文件。

⑦工程竣工备案文件等。

（2）项目现场实际工程信息。

主要包括：

①投资控制信息，包括：

a. 费用规划信息：

（a）投资计划，估算、概算、预算资料，资金使用计划。

（b）各阶段费用计划，实际费用信息，支出的各类费用，各种付款账单。

b. 工程计量数据。

c. 工程变更情况，现场签证。

d. 物价指数，人工、材料设备、机械台班的市场价格信息等。

e. 费用计划与实际比较分析信息。

②进度控制信息，包括：

a. 项目总进度规划，总进度计划，各阶段进度计划，物资采购计划等。

b. 工程实际进度统计信息，计划进度与实际进度比较信息，工期定额、指标等。

③质量控制信息，包括：

a. 项目的功能、使用要求，有关标准及规范。

b. 质量目标和标准，设计文件、资料、说明、质量检查、测试数据。
c. 质量问题处理报告，各类备忘录、技术单，材料、设备质量证明等。
④ 合同管理信息，包括：
a. 建筑法规，招投标文件。
b. 项目参与各方情况信息。
c. 各类工程合同，合同执行情况信息，合同变更、签证记录。
d. 工程索赔与反索赔有关文件。
⑤ 项目其他信息，包括：
a. 项目其他信息包括有关政策、制度规定等文件。
b. 政府及上级有关部门批文，市政公用设施资料。
c. 工程来往函件。
d. 工程会议信息，如设计工作会议、施工协调会、工程例会等的会议纪要。
e. 各类项目报告等。

(3) 各种指令、决策方面的信息。

(4) 其他信息。

如市场情况、气候、外汇波动、政治动态等。

2. 项目信息流程图（图 11-8）

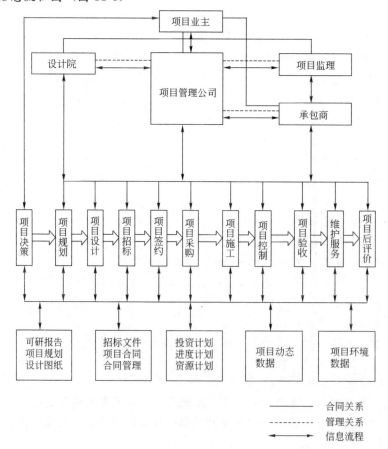

图 11-8　项目管理信息流程图

3. 项目信息编码体系及信息编码
(1) 项目管理信息编码体系（表1-1）

项目管理信息编码体系　　　　　　　　　　表11-1

管理范围			信息对象				信息内容	
			标段	编号	单位工程	编号	信息分类	信息编号
J	D	1	BD	0　1	GZ	0　0	A	0　12

(2) 信息编码的内容

①管理范围（表11-2）。

管理范围　　　　　　　　　　表11-2

序 号	内 容	编 码	备 注
1	计划部	JD1	1. 管理范围表明文件的起草、经手、主办的部门； 2. 范围界定的部门，则为该文件的主要储存部门，并应对该文件的真实、准确及文件的传输负责
2	工程部	JD2	
3	技术部	JD3	
4	材料部	JD4	
5	办公室	JD5	

②信息对象（表11-3）。

信息对象　　　　　　　　　　表11-3

序 号	内 容	编 码	备 注
1	标段	BD	整个工程按合同标段统一编号
2	高层住宅	GZ	
3	多层住宅	DZ	
4	连体别墅	LZ	
5	学校	XX	
6	幼儿园	YR	
7	会所	HS	
8	商店	SD	1. 同一标段内单位工程按工程类别统一编号； 2. 不在标段内的项目，编号"00"； 3. 不在列表内的项目，可随时编码加入列表； 4. 凡列入项目公司保存的信息，应送一份交办公室保存
9	售楼中心	ZX	
10	道路	DL	
11	绿化	LH	
12	变电站	BZ	
13	水泵房	SB	
14	污水处理站	WS	
15	锅炉房	GL	
16	天然气供应站	TG	
17	雨水排放站	YP	

(3) 信息内容

①信息分类（表 11-4）。

信息分类　　　　　　　　　　　　　　　　　　　　　　　表 11-4

序号	内容	编码 类别	编码 编号	备注
1	基建文件	A	0	-00	项目开工前，关于项目整体情况的文件，关于整个项目的文件标注"0-00"
2	监理文件	B			项目开工后，因监理公司形成的文件
3	施工文件	C			项目开工后，因施工企业形成的文件
4	竣工文件	D			与竣工有关的文件
5	其他文件	E			不能归入以上四类的文件

②信息编号（表 11-5）。

信息编号　　　　　　　　　　　　　　　　　　　　　　　表 11-5

序号	内　容	编码	序号	内　容	编码
A	基建文件		18	施工物资	4
1	立项文件	1	19	施工测量	5
2	用地文件	2	20	施工记录	6
3	勘测文件	3	21	施工试验	7
4	招（投）标文件	4	22	工程质量事故处理记录	8
5	合同文件	5	23	施工验收	9
6	开工审批文件	6	D	竣工文件	
7	财务文件	7	24	综合竣工图	1
8	建设、施工、监理机构及负责人名单	8	25	市政基础设施工程竣工图	2
B	监理文件		26	专业竣工图	3
9	监理规划	1	27	工程竣工总结	4
10	监理管理	2	28	竣工验收记录	5
11	监理工作记录	3	29	财务文件	6
12	监理通知	4	E	其他文件	
13	监理验收资料	5	30	会议纪要	1
14	合同与其他事项管理	6	31	项目简报	2
C	施工文件		32	考勤表	3
15	施工现场准备	1	33	电子档案	4
16	施工管理	2	34	缩微品	5
17	施工技术	3	35	声像档案	6

③信息序号(表11-6)。

信息序号 表11-6

序号	文件种类	保存单位				
		建设单位	项目公司	施工企业	设计单位	监理公司
基建文件 A						
A1	立项文件					
A1-1	项目建议书	●	●			
A1-2	项目建议书审批意见及前期工作通知书	●	●			
A1-3	可行性研究报告及附件	●	●			
A1-4	可行性研究报告审批意见	●	●			
A1-5	关于立项有关的会议纪要、领导讲话	●	●			●
A1-6	专家建议文件	●	●		●	●
A1-7	调查资料及项目评估研究材料	●	●			
A2	建设用地、征地、拆迁文件					
A2-1	选址申请及选址规划意见通知书	●	●			
A2-2	用地申请报告及政府建设用地批准书	●	●			
A2-3	拆迁安置意见、协议、方案等	●	●			
A2-4	建设用地规划许可证及其附件	●	●			
A2-5	建设用地文件	●	●			
A2-6	国有土地使用证	●	●			
A3	勘察、测绘、设计文件					
A3-1	工程地质勘察报告	●	●		●	●
A3-2	水文地质勘察报告	●	●			
A3-3	建设用地钉桩通知单	●	●	●	●	
A3-4	验线通知单	●	●	●	●	●
A3-5	规划设计条件通知书及附图	●	●			
A3-6	初步设计图纸和说明	●	●		●	
A3-7	技术设计图纸和说明	●	●			
A3-8	审定设计方案通知书及审查意见	●	●			
A3-9	有关行政主管部门(人防、环保、消防、交通、园林、市政、文物、通信、保密、河湖、教育、卫生等)批准文件或取得的有关协议	●	●			
A3-10	施工图及其说明	●	●	●	●	●
A3-11	设计计算书				●	
A3-12	政府有关部门对施工图的审查意见	●	●		●	●
A4	招投标文件					
A4-1	勘察、设计招投标文件	●	●		●	

续上表

序号	文件种类	保存单位				
		建设单位	项目公司	施工企业	设计单位	监理公司
基建文件 A						
A4-2	勘察、设计承包合同	●	●		●	
A4-3	施工招投标文件	●	●	●		●
A4-4	施工承包合同	●	●	●		●
A4-5	工程监理招标文件	●	●			●
A4-6	监理委托合同	●	●			●
A5	开工审批文件					
A5-1	建设项目列入年度计划的申报文件	●	●			
A5-2	年度施工任务批准文件或年度计划项目表	●	●			
A5-3	规划审批申报表及报送的文件和图纸	●	●			
A5-4	建设工程规划许可证及其附件	●	●			
A5-5	建设工程开工审查表	●	●			
A5-6	建设工程施工许可证	●	●	●	●	●
A5-7	投资许可证、审计证明等	●	●			
A5-8	工程质量监督手续	●	●	●		●
A6	商务文件					
A6-1	工程投资估算	●	●			●
A6-2	工程设计概算	●	●			●
A6-3	施工图预算	●	●	●	●	●
A6-4	施工预算	●	●	●	●	●
A7	建设、施工、监理机构及负责人					
A7-1	工程项目管理机构及负责人名单	●	●			●
A7-2	工程项目监理机构及负责人名单	●	●			●
A7-3	工程项目施工管理机构（施工项目经理部）及负责人名单	●	●			●
监理文件 B						
B1	监理规划	●	●			●
B1-1	监理规划	●	●			●
B1-2	监理实施细则	●	●	●		●
B1-3	监理部总控制计划等	●	●			●
B1-4	监理月报	●	●			●
B1-5	监理会议纪要	●	●	●		●
B1-6	监理通知	●	●	●	●	●

复习思考题

1. 简述项目管理信息系统的概念。
2. 工程项目信息管理对信息的分类及基本要求是什么?
3. 工程项目管理信息系统建立的主要工作和步骤是什么?
4. 工程项目管理信息计划的内容是什么?
5. 工程项目管理信息计划的主要方法有哪些?
6. 建设工程项目文件资料的特点是什么?
7. 文档管理的主要任务是什么?

本章参考文献

[1] 白思俊. 现代项目管理[M]. 北京:机械工业出版社,2012.
[2] [英]柏茨纳(Posner. K.),[英]艾泊嘉(Applegarthnh. M.). (英汉对照)项目管理[M]. 上海:上海交通大学出版社,2003.
[3] 北京信达思信息技术有限公司. 项目管理常用工具[M]. 北京:中国对外经济贸易出版社,2001.
[4] 毕星,翟丽. 项目管理[M]. 上海:复旦大学出版社,2000.
[5] 边萌,王英杰. 建设工程招投标与合同管理[M]. 北京:机械工业出版社,2001.
[6] [美]波特尼. 如何做好项目管理[M]. 宁俊,等译. 北京:企业管理出版社,2001.
[7] 布鲁斯·兰登. 项目管理[M]. 王钦,张飞译. 上海:上海科学技术出版社,2001.
[8] 柴宝善,殷永昌. 项目管理学[M]. 北京:中国经济出版社,2001.
[9] 陈飞. 工程项目管理[M]. 成都:成都科技大学出版社.1993.
[10] 陈灿华,卢守. 工程项目管理与建设法规[M]. 长沙:湖南大学出版社,1998.
[11] 陈光健. 中国建设项目管理实用大全[M]. 北京:经济管理出版社,1993.

第12章 工程项目管理的进展与未来

本章导读

1. 中国工程项目管理的发展现状。
2. 工程项目管理所面临的新环境。
3. 工程项目管理的发展动态。

12.1 中国工程项目管理的发展现状

1. 中国工程管理项目管理取得的成绩

工程项目管理传入我国虽然只有几十年的时间,但是无论从学科体系上,还是实践应用上都取得了突飞猛进的发展。归纳起来,主要表现在如下几个方面:

(1) 中国项目管理学科体系的成熟

1987 年,PMI 了公布全球第一个 PMBOK,1996 年及 2000 年又两度进行了完善。国际项目管理协会(IPMA)在 PMBOK 方面也做出了卓有成效的工作,IPMA 从 1987 年就着手进行"项目管理人员能力基准"的开发,在 1999 年正式推出了 ICB,即 IPMA Competency Baseline。在这个能力基准中,IPMA 把个人能力划分为 42 个要素,其中 28 个核心要素,14 个附加要素,当然还有关于个人素质的 8 大特征及总体印象的 10 个方面。

2001 年 5 月,我国正式推出了《中国项目管理知识体系》(Chinese Project Management Body of Knowledge,简称为 C-PMBOK),并建立了符合中国国情的《国际项目管理专业资质认证标准》(C-NCB),C-PMBOK 和 C-NCB 的建立标志着中国项目管理学科体系的成熟。与其他国家的 PMBOK 相比较,C-PMBOK 的突出特点是以生命周期为主线,以模块化的形式来描述项目管理所涉及的主要工作及其知识领域。基于这一编写思路,C-PMBOK 将项目管理的知识领域共分为 88 个模块。由于 C-PMBOK 模块结构的特点,使其具有了各种知识组合的可能性,特别是对于结合行业领域和特殊项目管理领域知识体系的构架非常实用。

(2) 项目管理应用领域的多元化发展

建筑工程和国防工程是我国最早应用项目管理的行业领域,然而随着科技的发展、市场竞争的激烈,项目管理的应用已经渗透到各行各业,软件、信息、机械、文化、石化、钢铁等各种领域的企业更多地采用了项目管理的管理模式。项目的概念从原有工程项目的领域有了新的含义，即一切皆项目，按项目进行管理成为各类企业和各行各业发展的共识。

(3) 项目管理的规范化与制度化发展

一方面，中国项目管理为了适应日益交往的国际需要，中国必须遵守通用的国际项目管理规范，如同国际承包中必须遵守的 FIDIC 条款及各种通用的项目管理模式；另一方面，中国项目管理的应用也促使中国政府出台相应的制度和规范，如住房和城乡建设部关于项目经理资质的要求，以及关于建设工程项目管理规范的颁布等，都是规范化和制度化的体现。不同的行业领域都相应的出台了相应的项目管理规范，招投标法规的实施大大促进了中国项目管理的规范化发展。

(4) 学历教育与非学历教育竞相发展

项目管理学科发展与其他管理学科发展之间的差异最大特点是其应用层面上的差异，项目经理与项目管理人员更多的是从事各行各业技术的骨干。项目经理通常要花 5~10 年的时间，甚至需要付出昂贵的代价后，才能成为一个合格的管理者。基于这一现实及项目对企业发展的重要性，项目管理的非学历教育走在了学历教育的前头。在中国，这一现象尤为突出。目前，各种类型的项目管理培训班随处可见。这一非学历教育的发展极大地促进了学历教育的发展，国家教委已经在清华大学等五所学校设立了项目管理本科的教育试点，项目管理工程硕士的设立也在酝酿之中，项目管理方向的硕士和博士在许多学校已经设立。

(5) 项目管理资质认证如日中天

在我国项目管理资质认证的工作最早应起源于建设行业推广项目法施工的结果，1991年，建设部就提出要加强企业经理和项目经理的培训工作，并将项目经理资格认证工作纳入企业资质就位管理。经过 10 多年的发展，全国已有 80 万名项目经理通过培训，有超过 50 万人取得了项目经理资格证。这应该说是国际上通过人数最多的一种项目管理资质认证。

2000 年，PMI 推出的 PMP 登录中国，在我国掀起了项目管理应用的热潮。2001 年，IPMA 的 IPMP 在 PMRC 的推动下正式登录中国，掀起了我国项目管理认证的高潮。IPMP 认证是一种符合中国国情，同时又与国际接轨的国际项目管理专业资质认证，在中国获得 IPMP 证书同时也获得世界各国的认可。短短的一年多时间就有超过 4000 人参加了 IPMP 认证，有超过 1600 人获得了相应级别的证书。

2002 年，劳动保障部正式推出了"中国项目管理师（CPMP）"资格认证，标志我国政府对项目管理重要性的认同，项目管理职业化方向发展成为必然。

2. 中国工程项目管理面临的问题

工程项目管理给中国建筑业带来巨大的利益的同时，我们也应该看到工程项目管理的发展还面临着许多问题。

(1) 工程建设法律法规不健全

我国工程建设的法规还有许多不健全的地方，在实际的管理实践中存在着许多"无法可依，有法不依，违法不究"的现象，严重影响了建筑市场的秩序。为此，必须建立和健全各类建筑市场管理的法律、法规和制度。做到门类齐全，互相配套；避免交叉重叠，遗漏空缺和互相抵触。同时政府部门也要充分发挥和运用法律、法规的手段，培养和发展我国的建筑市场体系，确保建设项目从前期策划、勘察设计、工程承发包、施工到竣工等全部活动都纳入法制轨道。

(2) 对项目的可行性研究不够重视

可行性研究是研究项目是否合理可行,在实施前对该项目进行调查研究及全面的技术经济分析论证,为项目的决策提供科学依据的一种科学分析方法,由此考察项目经济上的合理性、盈利性,技术上的先进性、适用性,实施上的可能性、风险性。然而,我国目前许多投资项目都很少做这方面的工作,要么一哄而起、盲目上马,要么草草了事,这样不仅造成经济上的巨大损失,而且也可能埋下质量隐患。因此,必须加强建设项目的前期工作,做好项目的可行性研究和经济评价工作,使各投资项目获得最好的经济效益和社会效益。

(3) 项目管理人员素质较低

由于我国对项目管理的系统研究和行业实践起步较晚,到 1991 年才成立全国性的项目管理研究会,也仅仅只是个二级学会。同时,项目管理作为管理科学的一个分支,在国家教委 1997 年新修订的学科目录中还没有列入。目前,我国还没有一个正式发行的项目管理专业刊物。这表明,项目管理的发展现状和重要性还没有在科技教育界取得共识,也说明了我国项目管理人才培养的软硬环境还很落后。现阶段,我国项目管理人才培养和资质认定工作多偏重于承包商和监理工程师方面,忽视了对业主项目管理人员的培训、考核和资质认定。

随着我国工程项目管理的发展,工程项目管理人员的水平虽然有了较大的提高,但是具有在大型工程项目管理能力的专业人员十分稀缺。而且与国外工程公司相比,我国的项目管理队伍还不配套,而且在许多工程项目上的管理决策人员的水平还不够高,有的还是十分传统的施工管理方法。我国要想与国际型工程项目接轨,就必须注重工程项目管理人员的培养,包括质量控制、费用控制、工期控制、材料管理、文件管理及合同管理等管理人员的配套建设,使之形成一个各类人员比例适当的项目管理组织体系。与此同时,还应加强提高管理人员在组织,综合分析及专业技术水平能力,逐步培养出在 EPC 各阶段的不同层次的项目管理人才和专家。此外,要特别注重培养一些能够应对十分复杂的,大型的工程项目管理人员。

12.2 ▶ 工程项目管理所面临的新环境

自 20 世纪 50 年代项目管理作为一门系统的管理学科建立以来,虽然只有短短几十年的时间,但是却获得了飞速的发展。项目管理不仅普遍应用于建筑、航天、国防等传统领域,而且在科研、电子、通信、计算机、软件开发、制造业、金融业、保险业甚至政府机关和国际组织的运作过程中发挥着越来越重要的作用。

在新的世纪,竞争已经触及全球的每个角落,没有哪个国家、哪个企业可以避免,挑战与机遇并存,工程项目管理正面临着新的环境。

1. 项目驱动型组织

知识经济的到来,网络经济和信息技术的飞速发展要求企业必须以项目为中心,提高自身参与竞争的能力。项目管理的组织形式已经为企业组织的发展,提供了一种新的扩展形式,21 世纪企业的生产与运作将更多地采用以项目为主的发展模式。

项目驱动型组织通过项目作为主要工具和手段来实现其观点、目标和战略。组织的方向、战略与项目之间的联系是非常明确的。这些组织将非常仔细地选择优先考虑的项目,这将明确地指导该组织满足不断变化的需求。这些组织改进了它们的合作能力，提高了团队的绩效，更好地做到了持续的改进和创新。相关各方对这些组织的技能要求从纯技术能力转移到了对商业技能和流程的深刻理解与熟练运用。以项目为导向的组织提供了快速适应所处的充满变化与不确定性的环境所需要的空间。

2. 跨国界、跨文化的项目增加

20 世纪 90 年代的大并购和 21 世纪的到来促使项目管理者们要有全球眼光。企业的重组也使得项目管理者们需要与其他国家的同行一道工作。管理一个相距遥远的全球性的项目团队要求项目经理们的管理风格能够适应项目的独特环境。国际项目管理已成为业界讨论的一个热点。

全球化知识经济时代的一个重要特点是知识与经济的全球化。因为竞争需要信息技术的支撑，促使了项目管理的全球化发展。具体体现是：

(1) 国际项目合作日益增多

国际的合作与交流往往都是通过具体项目实现的。通过这些项目，使各国的项目管理方法、文化、观念也得到了交流与沟通。

(2) 国际化的专业活动日益频繁

现在每年都有许多项目管理专业学术会议在世界各地举行，少则几百人，多则上千人，吸引着各行各业的专业人士。

(3) 项目管理专业信息的国际共享

由于 Internet 的发展，许多国际组织已在国际互联网上建起了自己的站点，各种项目管理专业信息可以在网上很快查阅。例如，美国 PMI 的《A Guide to the Project Management Body of Knowledge》，整本书都可以从网上查阅或下载。项目管理的全球化发展既为我们创造了学习的机遇，也给我们提出了高水平国际化发展的要求。

3. BIM 技术的大规模应用

1975 年，"BIM 之父"——乔治亚理工学院的 Chunk Eastman 教授创建了 BIM 理念。发展到现在，BIM 技术已经成为一种应用于工程设计建造管理的数据化工具。BIM 的英文全称是 Building Information Modeling，国内较为一致的中文翻译为：建筑信息模型。其以建筑工程项目的各项相关信息数据作为模型的基础，进行建筑模型的建立，通过数字信息仿真模拟建筑物所具有的真实信息。它具有可视化、协调性、模拟性、优化性和可出图性五大特点。

由于国内《建筑工程信息模型应用统一标准》还在编制阶段，这里暂时引用美国国家 BIM 标准（NBIMS）对 BIM 的定义：

(1) BIM 是一个设施（建设项目）物理和功能特性的数字表达。

(2) BIM 是一个共享的知识资源，是一个分享有关这个设施的信息，为该设施从建设到拆除的全生命周期中的所有决策提供可靠依据的过程。

(3) 在项目的不同阶段，不同利益相关方通过在 BIM 中插入、提取、更新和修改信息，以支持和反映其各自职责的协同作业。

BIM 是基于三维数字设计解决方案所构建的"可视化"的数字建筑模型，为设计师、建筑师、水电暖工程师、开发商乃至最终用户等各环节人员提供"模拟和分析"的科学协作平台，帮助他们利用三维数字模型对项目进行设计、建筑及运营管理。

BIM建筑信息模型的建立，是建筑领域的一次革命。将成为项目管理强有力的工具。BIM建筑信息模型适用于项目建设的各阶段，应用于项目全寿命周期的不同领域。掌握BIM技术，才能在建筑行业更好地发展。

12.3 工程项目管理的发展动态

1. 现阶段中国工程项目管理发展趋势

（1）项目管理的国际化

项目管理国际化不仅在中国而且在全球越来越明显，这主要是由于国际合作项目越来越多。现在不仅是一些大型项目，连一些中小型项目要素都呈国际化趋势。随着我国加入WTO，项目管理要走出国门，参与国际竞争，开拓国际市场就必须全面与国际惯例接轨。主要从合同管理，工程管理，质量管理，安全管理，报价管理等方面向国际惯例靠拢。对于项目管理国际上有一套全面完备的法规。普遍对承包商进行严格要求的资源管理，对工程开工、竣工和投入使用都有严格的制度，对建筑师等专业技术人员的资格注册实行严格的管理，通过各种详尽的技术法规规范施工方法，保证质量标准；通过监理工程师的监督检查，保证技术法规的实施和工程质量的合格。面对变幻莫测的国际竞争市场，我们只有懂得并真正吃透国际惯例、法规、标准等，才有可能按国际惯例进入国际市场，同时受到国际法律的保护。

（2）项目管理的信息化、网络化

伴随着知识经济时代的到来，项目管理的信息化已成必然趋势。工程项目管理是一门综合学科，应用性强，很有发展潜力。目前，人们把它与信息技术相结合，用计算机辅助工程项目管理，使工程项目管理的效益大大提高，并促进了工程项目管理的标准化和规范化；用Internet进行工程建设管理方面的信息交流，促进了工程项目管理水平的提高，推动了工程项目管理研究的深入。

在计算机网络技术日益普及的今天，各方面的信息流铺天盖地，纷至沓来。面对如此庞大的信息流，传统的管理的模式、管理方法显然已无能为力了，我们必须寻找现代化的管理手段。这时计算机网络、软件就成了时代的宠儿，普遍为人们看好。计算机的引入标志着我们的工作有了新意，同时也给社会创造了效益。充分发挥现代化管理手段，既是向国际接轨的需要，也是工程建设管理的需要。为此，我们应努力做好项目管理信息化、网络化方面的工作，真正实行网上办一切事。

①在施工管理全过程广泛应用基于局域网、因特网的信息共享平台及网上办公系统。现代建设项目规模大，参与单位人员多，而且往往涉及国内国外，建设工程文件多（如信函、通知、图纸、合同、进度报告、采购订单、检查申请和批准、设计变更记录等），信息量大。传统的项目信息管理是以纸为载体，其传输方式是与传统的金字塔式管理体制相适应的纵向沟通方式，这种方式层次多，效率低，费用高，极易因信息交流沟通失误造成损失。正如美国BRICSNET公司的调查显示，项目成本中的3%～5%是由于信息失误导致的，其中使用错误或过期图纸造成的占30%。在美国，每年为了传递项目管理的文件和图纸而花在特快

专递上的费用约 5 亿美元，项目成本中的 1%～2% 都用于日常的印刷、复印和传真等。调查还显示，建设项目参与任何一方在竣工时所掌握的有用记录文件都不到总量的 65%。在信息高速膨胀的今天，建筑企业管理必须充分利用信息技术。

②开发基于因特网（Internet）的各种应用系统，如电子商务，网上项目管理等。以互联网技术提升项目管理水平。建筑企业运用信息技术的重点是开发应用以 Internet 为平台的项目信息管理系统，建立数据库和网络连接，实现网上投标、网上查询、网上会议、网上材料采购等。通过建立网上虚拟组织这一概念，变纵向信息交流方式为平行交流方式，提高效率和准确性，实现信息资源的共享，改进沟通与合作，提高决策的科学性和时效性。在施工阶段，利用以 Internet 为平台的项目管理信息系统和专项技术软件实现施工过程信息化管理。例如，项目经理可以在一天中的任何时候，任何地点召开虚拟的工作会议，项目组成员可以在任何时候、任何地点与相关的工程师交换资料信息，审阅施工质量，会签图纸和文件；施工现场管理人员可以通过掌上电脑将施工质量检测信息直接传送到公司本部进行评定；在竣工验收阶段，各类竣工资料根据质量记录自动生成的信息管理。

③继续大力推进计算机辅助施工项目管理。当前，要大力推进施工管理三个控制过程（进度、质量、成本）相关软件的应用。例如，在进度控制方面，利用网络计划技术可以显示关键工作、机动时间、相互制约关系的特性，使用网络进度管理软件控制进度，根据施工进度及时进行资源调整和时间优化，适应施工现场多变的情况，目前这类软件已较为成熟；在质量控制方面，工程质量管理是施工管理中重要的一环，具有信息量大、综合性强、技术难度高的特点，利用质量管理软件与人手操作相比，其优越性非常突出，如处理时间短，结果的可靠性高等。质量管理软件系统可用于施工过程各阶段的质量控制和评定，包括各种质量评定报表的生成，各种质量评定曲线的绘制，以及根据各种实测数据对分部分项工程质量等级进行评定，从而为质量管理人员对工程质量实施动态控制提供可靠的物质保证。

（3）项目管理的专业化

建设项目是一个系统工程，由于系统工程有其内在的规律，需要通过与之相适应的管理模式、管理程序、管理方法、管理技术去实现，也就是说，需要有专门从事工程项目管理的组织为之服务。这种组织应该有与项目管理相应的功能、机构、程序、方法和技术，有相应的资质、人才、经验，能够为业主提供最优秀的项目管理服务，能够为业主创造最大限度的效益。

项目管理的广泛应用促进了项目管理向专业化方向的发展，突出表现在项目管理知识体系（PMBOK）的不断发展和完善、学历教育和非学历教育竞相发展、各种项目管理软件开发及研究咨询机构的出现等。应该说这些专业化的探索与发展，也正是项目管理学科逐渐走向成熟的标志。

（4）项目管理的职业化

现代社会对项目的要求越来越高，项目的数量越来越多，规模越来越大，越来越复杂，越来越需要职业化的项目管理者，这样才能有高水平的管理。项目管理发展到今天已不仅是一门学科，而且成为一个职业。在现代社会中，专业化的项目管理公司专门承接项目管理业务提供全过程的专业化咨询和管理服务，这是世界性的潮流。项目管理已成为一个新兴产业，已探索出许多比较成熟的项目管理模式。

成为项目经理是没有固定道路的。不同的行业、不同的组织、不同的职业都有着不同的职业发展途径。

项目管理一个比较独特的方面是其任务分派的临时性。在直线型的任职结构中，绝大部分提升都是永久性的，并且自然地，随着职位的提高，所拥有的权力和所承担的责任也越来越大。一旦项目结束，经理就要回到他原来的部门，甚至也许是一个更低的职位。或者，根据所接手的项目，他可能被分派管理一个举足轻重或比较重大的项目。以后的工作要看在需要你的时候，你能遇到什么样的项目以及上一个项目完成得如何。一个美妙的前程可能会毁于一个不成功的项目。

大多数项目经理从未接受过有关项目管理的正式培训。通过工作实践的培训，辅以偶尔的对某些具体的项目主题的讨论，比如项目时间管理或交际谈判，逐步熟悉这一工作。直到最近，大学才开始在工程学院之外提供项目管理的课程；到今天我们只有几个关于项目管理的学位。无论你受到的培训水平如何，你可能都需要接受补充教育。很多大公司都有项目管理的内部培训课程。例如，惠普公司项目管理课程里的培训单元超过了32个，根据经验水平的不同，划分为五个层次：项目成员、新项目经理、项目经理、资深项目经理及项目经理主管。利用专业讨论的机会，它可能覆盖了一系列具体的项目管理手段和论题。后续教育不应该只限于项目管理本身。很多专业技术人员重新回到大学完成MBA课程或者上管理夜校来扩展基本的商业管理背景。

随着知识与技术的积累，你需要在眼前的工作岗位上应用它们。大部分人的工作只是某些形式的项目细化，或者是实现某个既定的目标，或者仅仅就是策划提高业绩质量的途径。甘特图、责任矩阵、CPM网络及其他项目管理工具可以用来计划和完成这些工作。在工作场所之外寻找提高项目管理技能的机会应该是个明智的想法。积极地参与附近和当地社区的工作能为你提供项目管理的无数机会。组织一场足球赛、一个慈善募捐活动或者某地区公园的修缮都可以使你实践项目管理。更进一步说，由于这些项目大部分都是自愿性质的，在没有正式授权的情况下，它们为你提高感召力提供了绝好的培训机会。

随着项目管理应用的普及及企业化项目管理的发展，项目管理的职业化发展就成为必然，就像现在出现了越来越多的职业经理人一样，未来职业项目管理者及职业项目经理会越来越多。项目管理职业化发展使得人们在企业中的职业发展有了更多的选择余地和发展空间，员工可以从负责一个小的项目开始，慢慢成长为负责一个中等规模，甚至负责一个影响企业未来发展的大项目。更多企业员工追求的不再是数量有限的部门经理，而是有广阔前景的、具有较大成长空间的、无限的大大小小的项目管理者。广泛开展的项目管理资格认证将更有助于项目管理的职业化发展。

(5) 项目管理的社会化

在现代社会中，项目管理越来越趋向社会化。将整个项目管理任务以合同的形式委托出去，让专业管理公司负责管理，这是项目管理的一大趋势，最典型的是建设工程监理制度。我国自20世纪90年代以来推广建设项目监理制度，这是建设工程管理社会化的一个重要步骤。另外，在项目管理社会化的进程中，行业协会发挥着重要的作用。因此需要积极培育和发展行业协会，充分发挥行业协会在行业管理、信息交流、业务培训、专业展览、国际合作、咨询服务等方面的作用。

(6) 项目管理的法制化

必须建立和健全项目管理的有关法律、法规。目前，我国建筑市场比较混乱，项目管理极不规范,"无法可依,有法不依,执法不严"的现象极为普遍。为此,我们必须贯彻国家有关的方针政策,建立和健全各类建筑市场管理的法律、法规和制度。做到门类齐全,互相配套,避免交叉重叠,遗漏空缺和互相抵触。同时政府部门也要充分发挥和运用法律、法规的手段,培养和发展我国的建筑市场体系,确保建设项目从前期策划、勘察设计、工程承发包、施工到竣工等全部活动都纳入法制轨道。

(7) 项目管理经营战略的现代化

针对知识经济时代的特点,有些学者认为项目管理除积极开展网络化经营,实现管理信息化的同时,还应实施先进的经营战略。具体地讲,它包括虚拟经营,合作竞争,全球战略和跨文化竞争等。虚拟经营是知识经济时代的经营管理潮流,在虚拟经营建设企业必须控制关键性的资源和能力,不能受控于人,其目的是运用自身强大的优势和有限的资源和能力,最大限度地提高企业的竞争力。合作竞争的目的则是面对急剧变化的环境和激烈的市场竞争,争取在更多的利益的前提下,形成双赢的结果。跨文化竞争必须识别文化差异,在保持本国文化优点的同时认识到其他文化的长处,提高适应能力和国际竞争能力。

在关注项目管理发展趋势的同时,我们也注意到在项目管理发展过程中尚存在以下较难解决的问题:

①虚拟项目管理如何发展。虚拟项目团队的概念,这些团队的成员们基本上是通过电子进行接触。目前,大多数的项目交流仅限于E-mail、电话会议、传真,某些情况下也有电视会议。随着电信系统日趋完善,高清晰度的可视会议将变得普及,项目团队相距遥远的成员可以面对面地开会了,E-mail 也将增加可视信息。与此相似,电话交谈将由通过电脑的直接可视交流所替代。

一些有技术条件的企业正在尝试 24 小时产品设计队伍。这些团队的成员工作在不同的时区里,项目的工作是不停顿的。举个例子,部分成员在纽约的正常工作时间上班,然后将工作转交给在夏威夷的同伴们,他们开始工作时差不多是纽约那边下班的时间。夏威夷的成员再把工作转交给在曼谷的成员,他们接着将工作转交给在丹麦哥本哈根的成员,最后,丹麦的队伍又将工作转回了纽约,这个循环不断重复。尽管现在还不能对这种紧随其后的做法在项目管理中取得多大的成功下结论,但它表明了现有的信息技术所能达到的水平。

在未来的世界里项目人员将利用技术手段减少因距离和时间带来的障碍,提高他们在虚拟状态下的交流能力。问题是虚拟项目管理的局限在哪里?哪些项目及在何种情况下虚拟项目管理最合适?或最不合适?在虚拟环境里是否要求不同的技能组合与个性特点?成功地管理一个虚拟的项目团队需要具有什么样的方法、习惯和步骤?空间相隔的成员通过可视的接触能否产生信任?从反面看,新技术往往无意中会带来副作用(如柴油发动机带来的烟雾,使用电脑造成的腕管病等)。在虚拟环境中工作会有哪些潜在的对身体和心理的负面影响?当员工们的睡眠不断地被来自波兰克拉可的紧急电话打断,或者当他们在晚上 11 点看完电影回到家里后又要参加一个可视项目会议,他们会如何反应?

②如何在极不确定情况下管理项目。对项目成败的研究总是表明差的计划是项目失败的主要原因。我们总是被建议要多花时间和精力来明确项目的范围和制订项目的计划。然而,差的计划可能并不是简单地归于努力不够,而更可能是由于内在的不确定性使项目计划难以制订。例如,软件开发项目常常延期并超支。这是由于计划不周吗?或者是由于那些涉及一系列紧密相连的活动,试验—失败—再试验,不断修改设计参数的项目的固有特性。

现代制订项目管理计划的工具和技巧对范围明确的项目是适用的。对于范围模糊或不稳定的项目而言，这些工具和技巧就不那么适用了。纯粹派人士会反驳说这个问题是学究式的讨论。因为根据定义，项目管理只涉及目标明确的项目。但这只是对问题的纯学术答案，并不能反映项目管理的现实情况。越来越多的人参与的项目在开始时范围是故意定得很宽的，或者将有重大的改动。客户的需求会改变，高层管理者们的战略与优先考虑会改变，创新产生了不可能，竞争改变着竞技场。在今天的商业世界里，肯定性成了一种奢侈品，灵活性将得到回报。

关键问题是如何有效地管理那些范围不清晰、不稳定，伴有高度不确定性的项目？经理们如何去计划一个他们不知道最后结果的项目？他们如何制定既灵活应变，又保证可计量性并能提供可靠预测的项目控制系统？如何通过周密的分析避免项目挫折，同时进行谨慎的风险管理？如何知道明确界定项目范围或设计并开始正式实施的适宜时机？从反面看，如果把不确定性作为不做计划的借口，盲目向前，就会给日后的失败制造机会。

2. 新形势下中国工程项目管理的对策

应该很清楚地意识到，项目管理在中国起步较晚，项目管理水平与高速增长的经济建设不相适应，也不利于参与国际竞争，所以必须奋起直追，赶超国际先进水平。展望未来，我们面临的不仅有广阔市场的大好机遇，还有必须认真对待的严峻挑战：

（1）随着中国加入 WTO，工程建设市场竞争时代的来临，加大项目管理力度势在必行。只有稳定提高实力，迅速熟悉并掌握国际规则，主动融入贸易体系，不断加强竞争实力和项目管理水平，才不会在激烈的市场竞争中失败。

（2）随着中国宏观控制体制调整和市场经济改革的深化，工程公司、项目管理公司和工程咨询公司等企业必须进一步深化管理体制和运行机制改革，加快重组，与世界接轨，建立现代企业制度，才能成为自主经营、自担风险、自负盈亏和自我发展的良好经济实体，在项目管理中提供高质量、有针对性、有竞争力的服务。

（3）目前，中国建设市场在管理体制、法制建设、运行机制、中介服务、价格政策和社会习惯等方面仍有许多有待改进的工作要做。中国必须建立法制的、政府监督的、自我约束的管理体系，建立公开、公平、公正的投资中介市场，加大投资中介服务的法律责任，为工程咨询和项目管理创造更好的市场环境。

（4）中国公司应该进一步加强与美国、欧洲和澳大利亚的国际项目管理机构和协会之间的合作与交流。充分利用理工大学和学院来加强项目管理的理论与实践研究，建立自己的项目管理体系，引进和开发先进的项目管理软件系统，提高项目管理水平，为工程公司、项目管理公司和工程咨询公司的发展提供更好的环境。

（5）中国必须培养自己的优秀项目管理专业人员，大力提高项目管理水平。专业人才匮乏是影响中国项目管理快速发展的主要因素，中国应当把培训和建立一支优秀项目管理专业人员队伍作为战略任务来抓。中国项目管理人力资源结构必须通过国内国际相关培训和认证机构，以及项目管理实践来改进。

（6）大力推广采用 FIDIC 项目管理模式和 FIDIC 合同条件。

FIDIC（国际咨询工程师联合会的英文简称）推荐的项目管理模式基本上有两种类型：一种是以 FIDIC《土木工程施工合同条件》为代表的模式，这种模式业主在委托完成设计的基础上，通过招标选择承包商，但承包商不负责设计。另一种是以 FIDIC《设计——建造与交钥匙工程合同条件》为代表的模式,这种模式业主在完成雇主要求或项目定义的基础上,通过招标选择总承包商,这种模式承包商负责设计、采购、施工管理和开车全过程服务,这就是 EPC 总承包模式。FIDIC 合同条件是在总结近百年来工程承包合同经验的基础上,经多次修改出版的范本。FIDIC 合同条件反映了建设项目的共同规律;充分考虑和兼顾了业主、承包商、分承包商各方的责、权、利,力求不偏袒任何一方。它的有关条款以法律为依据,经过多年的实践和改进,按照国际工程承包的惯例进行编写,许多条款在工程承包界都有共同的理解。它不仅在发达国家被普遍采用,也逐渐被发展小国家和地区接受和采用,尤其是被世界银行和亚洲开发银行等有权威性的金融机构接受。因此,FIDIC 合同条款具有科学、公正、严谨、规范化和国际化的特点。

FIDIC 推荐的项目管理模式和 FIDIC 合同条件,我国已在一些大型工程和国际承包工程中采用并积累了一定经验,但采用还不够普遍,宣传面也不够广泛。1999 年,FIDIC 出版了一套新的合同条件范本。对老版本从结构上、定义上和适用范围上作了较大改进,这对我国工程项目承包业将起积极作用。我们应尽快组织制定以 FIDIC 合同条件为基础的适合我国社会主义市场经济条件下的合同范本,加大推广和宣传力度,改变工程项目管理体制改革滞后,一些业主单位和部门主管领导观念陈旧,地方和部门条块分割,在项目管理上政企不分,行政干预盛行,保护主义严重等的局面。尽快让工程项目管理从传统的自营式管理走向社会化、专业化的市场运作模式,实现同国际惯例接轨。

(7) 大力培育 EPC 全功能工程公司和项目管理公司。

目前,我国设计力量和施工力量总体过剩,设计队伍和施工队伍都存在"僧多粥少"现象,而专门从事 EPC 全过程项目管理的力量却十分薄弱,能为业主提供全过程项目管理服务和具有 EPC 承包能力的工程公司寥寥无几,发育不全。以化工行业为例,全行业仅有成达化学工程公司等少数几家公司基本具有 EPC 全过程总承包能力,其余绝大部分设计、施工单位都还不具备单独进行 EPC 全过程总承包能力。造成这种现状的原因:

① 对全过程项目管理能为项目和业主创造可观效益这一点认识不足。实践证明,全过程项目管理是一种高附加值的服务活动,是最能为业主创造价值和效益的一种服务。

② 对项目管理要求具备较高的知识和技能,也就是项目管理需要专业化这一点认识不足。国内有相当多的业主和主管领导认为项目管理很简单,谁都可以管理,因而不愿意委托专业化的工程承包公司实施工程项目管理。

为迅速扭转这种局面,必须在我国大力培育 EPC 全功能的工程公司或项目管理公司。我国大型设计院最有条件改建为 EPC 全功能的工程公司或项目管理公司。我国大型设计院最有条件改建为 EPC 全功能的工程公司,因为设计在工程建设中起主导作用,设计院人才较集中,人才资源丰富。把一批骨干设计院转变为具有 EPC 全功能的工程公司,是当前工程项目管理体制改革的一项重要而又迫切的任务。

(8) 加快落实投资项目法人制,组织业主培训。

1992 年,国家计委颁发了《关于建设项目实行业主责任制的暂行规定》,并随后推行项目法人责任制,2007 年国家十五计划纲要又指出:全面实行投资项目法人责任制、招投标制、工程收理制、合同管理制,健全投资约束机制。这使我国建设项目管理体制改革向前迈进了一大步。但在实际运作中,还存在一些问题,主要有两点:

① 业主责任问题。业主责任问题的根本还是"真业主"和"假业主"的问题没得到彻底

解决。业主是项目的投资主体，而由于所有权和机制上的各种原因，业主真正关心的或者在决策时实际上考虑的，往往不是项目的最终效益。在立项阶段，他们往往考虑怎样使项目能被批准，什么时候能被批准；在决定项目管理模式时，他们必须考虑如何附和政府官员的意志；在决策是否推行EPC总承包时，他们更关心本部门人员安排及利益等。这样做的直接后果是浪费和腐败，最终后果是损害项目的效益，造成大量的无效投资。这些现象的根本原因就是项目法人责任制没有真正落实到实处。

②业主素质问题。业主是项目的投资主体，在项目实施过程中有最大的决策权，能否正确决策取决于业主的素质。业主不一定必须是项目管理专家，但作为工程建设项目的业主应该具备必要的项目管理方面的知识。他们应该了解项目管理费用、进度、质量三大控制，他们应该懂得项目的费用不一定越低越好，费用低到不能保证工程质量的程度，工程就会出质量事故。进度也不一定越快越好，建设周期压缩到不合理程度，就会不得不增加费用或影响质量；质量也不一定越高越好，质量的标准应是适宜和合格，质量过剩是一种浪费。也就是说，应该用最终创造的效益来衡量和决定项目的合理费用、合理周期和合格的质量标准。当业主盲目拍板一个不合理的费用、不合理的周期或不合理的质量标准，实际上往往已适得其反，埋下了项目失败的祸根。

业主的项目管理涉及项目管理模式的选择、设计和承包商的选择、项目的协调和控制、项目的合同管理和接收等诸多方面。业主既不要代替和过多于预专业化的工程公司的项目管理，又不放弃对项目的监督和控制，这要涉及项目管理方面的许多知识。实践证明，业主的素质很大程度上决定项目的成败，推行项目法人责任制以后，对业主（项目法人）进行培训是很有必要的。

（9）组织开展项目管理技术研究开发，提高项目管理水平。

我国建设项目管理体制由于长期受计划经济体制影响，项目设计、采购、施工是分离的。EPC全功能的工程公司和项目管理咨询公司还为数不多。我国现有的工程咨询公司主要业务是项目建议书、项目可行性研究报告的编制或评估；现有的设计院不负责采购和施工管理；现有的监理公司主要任务实际上是项目施工阶段的现场施工质量监督；因此，项目管理作为一门科学，EPC全过程作为一个系统过程，以及项目管理技术作为一种科学的先进工具，还缺乏研究、总结和提高。发达国家的某些业主和承包商甚至认为中国的工程公司和承包商目前还不具备独立管理和控制大型工程项目的能力，主要是指我国项目管理技术水平还比较低。提高项目管理技术水平是我国工程建设界的当务之急。为了提高我国建设项目管理水平，应重视和提倡工程项目管理技术的研究、开发、应用和推广。

（10）在工程项目管理过程中大力提倡协作精神。

一个工程项目的实施，要管理的内容十分复杂，涉及的工作面很多。要想成功地完成项目，必定是业主、承包商及工程师按照一种项目伙伴关系，以协作的团队精神和"双赢"原则来共同努力完成项目，目前在国际工程项目管理合同中，非常注意提倡这种精神。我国的工程项目管理的发展也要大力提倡这种精神，将更加有力地促进我国工程项目管理的发展，有利于我国参与国际工程项目的竞争能力。

只有采取上述的措施，中国企业才能适应可持续发展要求并在激烈的市场竞争中立于不败之地。

本章小结

项目管理是未来的浪潮，21世纪是项目管理的黄金时代，不仅对项目管理的技能和方法的需求在增长，而且组织机构的发展与变化也将支持更有效的项目管理。项目管理不再是只顾完成任务而不管其他，组织的文化、结构、激励系统和管理系统将进行重新地架构以支持成功的项目管理，在项目管理中人的因数变得更加重要，项目管理的范围已经深入到组织的所有细胞中并不断带来项目管理新的进展，如持续改进、同步工程、虚拟项目管理、多项目管理等。

本章参考文献

[1] 成虎. 工程项目管理[M]. 3版. 北京：中国建筑工业出版社，2009.
[2] 白思俊. 现代项目管理[M]. 北京：机械工业出版社，2012.
[3] 工程项目管理与国际接轨的几点问题，中国注册建造师网（www.btedu.com.cn）：2005年12月14日.
[4] 论信息技术在项目管理中的应用，中国注册建造师网（www.btedu.com.cn）.2005年12月31日.
[5] 论工程项目管理体制的改革方向，中国注册建造师网（www.btedu.com.cn）.2005年12月14日.
[6] 中国项目管理的发展现状及趋向，中国注册建造师网（www.btedu.com.cn）.2005年10月10日.